BASTEI
LÜBBE

Catherine Maurice

Ich würde euch so gern verstehen!

Aus dem Amerikanischen von
Dagmar Hartmann

BASTEI LÜBBE

BASTEI LÜBBE TASCHENBUCH
Band 25 592

Limitierte, vollständige Taschenbuchausgabe

Bastei Lübbe Taschenbücher ist ein Imprint
der Verlagsgruppe Lübbe

Umschlaggestaltung: Manfred Peters
Titelfoto: Mechthild Op Gen Oorth, Köln
Satz: hanseatenSatz-bremen, Bremen
Druck und Verarbeitung: Cox & Wyman Ltd.
Printed in Great Britain
ISBN 3-404-25592-5

Sie finden uns im Internet unter
http://www.luebbe.de

Der Preis dieses Bandes versteht sich einschließlich
der gesetzlichen Mehrwertsteuer.

Für

Marilyn, Georgianna, Galina, Robin, Leslie
Cindy, Lucille P., Lucille S., Joanne, Maureen, Melissa,
Donna, Joan, Paula, Emmy, Amy P., Amy S.,
Elizabeth, Wendy, Lalitha, Patty, Cathie
und Lynn

und für ihre Kinder

Meine Taube in den Felsklüften, in den Steinritzen,
zeige mir deine Gestalt, laß mich hören deine Stimme:
denn deine Stimme ist süß,
und deine Gestalt ist lieblich.

(Hohelied Salomos)

Zum Schutz der Privatsphäre ihrer Kinder schreibt die Autorin unter Pseudonym.

Ebenso wurden die Namen der in diesem Buch erwähnten Ärzte und Psychologen geändert; unter ihrem wahren Namen kommen vor: Dr. Steven Blaustein, Dr. Ira Cohen, Dr. Regina DeCarlo, Dr. O. Ivar Lovaas, Dr. Lilia Pasik, Dr. Richard Perry, Dr. Bernard Rimland, Dr. Vicky Sudhalter und Dr. Martha Welch.

Inhalt

Vorwort

Auf den vorliegenden Seiten bezeichnet mich Catherine Maurice freundlicherweise als ihren Mentor. In gewisser Weise stimmt das, denn wenngleich wir beide als Eltern autistischer Kinder überraschend ähnliche Pfade einschlugen, begann mein Kampf mit den Drachen des Autismus schon drei Jahrzehnte vor ihrem. Mir half mein Wissen als Psychologe in der Forschung, ihr half das ihre auf dem Gebiet der Literaturwissenschaft. Dennoch trafen sich unsere Wege. Wie schön ist es zu wissen, daß die eigenen Kämpfe und schwer errungenen Lektionen den Weg für alle geebnet haben, die später kommen. Andere Eltern von autistischen Kindern kennen die Abfolge nur zu gut – die ersten nagenden Zweifel, die wachsende Verzweiflung und Furcht, das Entsetzen, wenn man schließlich erkennt, daß es sich um Autismus handelt, die darauf folgenden Schrecken ... Aber lassen wir Catherine Maurice die Geschichte erzählen. Sie macht das hervorragend.

In mancher Hinsicht ist Catherine auch *mein* Mentor. Ihre scharfsichtige Analyse psychoanalytischer Mutmaßungen und Folgerungen ermöglicht eine neue und notwendige Kritik dieser sinnlosen und veralteten Einstellung zur Therapie. Mit scharfem Auge und wachem Verstand beurteilt sie auch eine Reihe anderer Behandlungsmethoden. Man sollte von Eltern wie Ärzten gleichermaßen verlangen, das 32. Kapitel zu lesen, das eine brillante Analyse zum Thema Therapie ist.

Jahrelang habe ich die Eltern autistischer Kinder gedrängt, »alle Hebel in Bewegung zu setzen«, die verschiedenen Behandlungsformen auszuprobieren, bei denen sich irgendeine positive Wirkung gezeigt hat. Jedes autistische Kind ist anders; jedes reagiert anders. Bei manchen Kindern bessert sich der Zustand, bei anderen nicht. Für mich steht fest, daß die Heilungschancen sich deutlich verbessern, wenn die Eltern wie im Fall der Familie »Maurice« eine aktive, aggressive Rolle übernehmen und alle Behandlungsmethoden ausprobieren, die anderen geholfen haben.

Dieses Buch zeigt nachdrücklich, wie wichtig eine solche dynamisch-positive Haltung ist. Noch vor zehn Jahren war die Heilung von Autismus so gut wie unbekannt. Innerhalb der letzten fünf, sechs Jahre häuften sich plötzlich die Berichte von erstaunlichen Heilungserfolgen, wenngleich in fast allen dieser Fälle bestimmte autistische Merkmale bestehen blieben. Zu meiner Freude kann ich sagen, daß ich bei meinen Besuchen bei der Familie Maurice an den Kindern – *entzückenden* Kindern – keinerlei derartige Restsymptome festgestellt habe. Wir können nicht mit Gewißheit die Zukunft voraussagen, aber im Fall der Maurice-Kinder scheinen die unablässigen Bemühungen der Eltern und ihr glücklicher Stern eine erstaunliche Heilung bewirkt zu haben.

Die Behandlung, die bei der Heilung der Maurice-Kinder den Durchbruch ermöglicht zu haben scheint, ist die sogenannte Verhaltensmodifikation. Kurz nach dem Erscheinen meines Buches *Infantile Autism* im Jahr 1964 erfuhr ich, daß die Verhaltensmodifikation bei Autismus helfen kann. Ich begab mich zur UCLA, wo der Psychologe Ivar Lovaas diese neue Methode einsetzte. Meine Beobachtungen bestätigten, was ich in den wissenschaftlichen Beiträgen gelesen hatte: Diese einfach erscheinende Technik half autistischen Kindern nicht nur, sie half ihnen *ungeheuer.*

»Es ist erstaunlich«, erzählte mir Dr. Lovaas. »In all den

Jahren haben wir gewußt, wie gut es bei Helen Keller funktioniert hat, aber keiner hat daran gedacht, es mit autistischen Kindern auszuprobieren.«

Daß die Verhaltensmodifikation bei autistischen Kindern nicht schon früher eingesetzt worden war, lag daran, daß man annahm, autistische Kinder seien physiologisch gesunde Kinder, die sich infolge mutmaßlicher seelischer Mißhandlung durch »gefühlskalte Mütter« psychisch zurückgezogen hatten. Man hielt sie für »emotional gestört« und glaubte, sie benötigten eine Psychotherapie, um normal zu werden. Es gab nur zwei Behandlungsweisen: Psychotherapie und Medikamente. Die Ergebnisse haben gezeigt, daß die Analyse nutzlos ist und eher einen nachteiligen Effekt zeitigt, während die Medikamente den Kindern schaden. Ich war von den Möglichkeiten der Verhaltensmodifikation so beeindruckt, daß ich eine Organisation von Eltern ins Leben rief (die heutige Autism Society of America mit nahezu 200 lokalen Untergruppen), um die öffentliche Aufmerksamkeit auf diese Methode zu lenken und um genauere Informationen austauschen zu können.

Es klappte. Innerhalb weniger Jahre entwickelte sich die Verhaltensmodifikation zur bevorzugten Behandlungsform bei autistischen Kindern. Schuldgefühle wichen der Hoffnung, und Mitte der siebziger Jahre trat der Kongreß auf Betreiben der Eltern dafür ein, daß das öffentliche Schulsystem für die Ausbildung autistischer Kinder aufkam. Bis dahin war Autismus in den meisten US-Staaten in den Aufgabenbereich von Psychologen und Psychiatern gefallen (»Sagen Sie, gute Frau, was haben Sie getan, daß Ihr Kind autistisch wurde?«). In Kalifornien war autistischen Kindern der Zugang zu öffentlichen Schulen ausdrücklich untersagt gewesen, da ihre Krankheit als »psychisch« galt.

Die Verhaltensmodifikation, eine ursprünglich eher primitive Methode, Tiere durch den systematischen Einsatz von Belohnungen und Strafen abzurichten, hat sich im Lauf des letzten Vierteljahrhunderts zu einem raffinierten und wirksamen pädagogischen Ansatz entwickelt. Sie stützt sich in erster Linie auf die Auflösung von Aufgaben – auch von abstrakten Aufgaben wie der Sprache – in eine Reihe hierarchischer Schritte, bei denen jeder Schritt den Weg zum nächsten vorbereitet. Therapeuten und Eltern arbeiten als Team zusammen, um in kleinen Einzelschritten ein strukturiertes, konstantes Lernklima zu schaffen. Das Kind wird für jeden Schritt, den es gemeistert hat, belohnt. Nach und nach lernen die Kinder nicht nur die kleinen Stückchen dessen, was man sie lehrt, sondern sie lernen auch – und das ist viel wichtiger –, ihre Aufmerksamkeit auf eine bestimmte Sache zu richten, sich zu konzentrieren und somit leichter zu lernen. Dies alles erläutert Catherine Maurice anhand der Geschichte ihrer Familie. Gegen Ende ihres Buches betont sie nachdrücklich, daß man die Verhaltensmodifikation nicht lediglich als Möglichkeit sehen sollte, »Verhalten zu ändern«, sondern daß man in ihr einen wissenschaftlich abgesicherten Lehrplan sehen kann, um autistische und andere lernbehinderte Kinder zu unterrichten.

Zahlreiche neuere Studien belegen, daß die Hälfte bis zwei Drittel aller autistischen Kinder, die früh genug, im Alter von weniger als vier oder fünf Jahren, einer intensiven Verhaltensmodifikation unterzogen wurden, später mit anderen Kindern zusammen die Schule besuchen können.

Doch trotz der überragenden Erfolge wird die Verhaltensmodifikation von vielen Seiten angegriffen, wie Catherine Maurice' Buch beweist. Viele Ärzte raten den Eltern noch immer von dieser Methode ab. Warum? Manche Ärzte scheinen wenig Ahnung von verhaltenstherapeutischen Programmen zu haben. Manche scheinen zu glauben, eine solche Therapie würde auf grausame und unnötige Strafen zurückgreifen. Wie Catherine Maurice ausführt, sind einige sogar so naiv zu glauben, der bloße Umstand, etwas von einem behinderten Kind zu verlangen, stelle bereits eine Mißhandlung dar. Ein paar klammern sich immer noch an die alte psychoanalytische Betrachtungsweise. Und es wird immer diejenigen geben, die ihre Art für die einzig richtige halten. Dennoch zeigen die empirischen Daten deutlich, daß der streng gegliederte Ablauf eines verhaltenstherapeutischen Programms sich auf die meisten autistischen Kinder positiv auswirkt. Die Unbelehrbaren, die all das nicht beeindruckt, kann ich nur als Eiferer betrachten, denen die eigene Ideologie wichtiger ist als das Wohl der Kinder.

Als glühender und sehr früher Verfechter der Verhaltensmodifikation bin ich häufig gefragt worden: »Wenn Sie glauben, daß Autismus durch eine *biologische* Störung ausgelöst wird, wie können Sie dann die Verhaltenstherapie für eine wirksame Behandlung halten?« Meine Antwort war einfach: »Die Verhaltensmodifikation hat Helen Keller weder sehen noch spüren lassen – ihre biologischen Mängel blieben bestehen –, aber sie hat ihr ermöglicht, die Fähigkeiten zu erwerben, die sie benötigte, um sich an ihre Umwelt anzupassen.« (Wie wäre wohl Helen Kellers Leben verlaufen, hätte Ann Sullivan geglaubt, daß eine strukturierte und disziplinierte Behandlung für ihr armes, mehrfach behindertes Mündel zu hart und unmenschlich gewesen wäre? Ich bin überzeugt, daß es falsch gewesen wäre, so zu denken – wie ich davon überzeugt bin, daß solche Fehler heutzutage von wohlmeinenden Ignoranten täglich gemacht werden.)

Der Autismus ist eine biologische Störung, auch wenn die Ursachen bis heute kaum bekannt sind. In den letzten Jahrzehnten habe ich viel Mühe in die Suche nach Nährstoffen und anderen natürlichen Substanzen – nicht Medikamenten – investiert, die die Gehirnfunktion von autistischen Kindern und Erwachsenen normalisieren helfen. Untersuchungen durch mich und andere (bis heute liegen sechzehn entsprechende Untersuchungen vor) zeigen, daß etwa die Hälfte aller autistischen Personen eine Besserung erleben, wenn sie mehr als die normalen Mengen an Vitamin B und Magnesium erhalten. Weitere Substanzen werden gegenwärtig erforscht. Die Verhaltensmodifikation – und nicht nur sie – schlägt weit besser an, wenn der Stoffwechsel im Gehirn der Kinder korrigiert wurde. Auf diesem Gebiet ist die Forschung noch lange nicht abgeschlossen.

Catherine Maurice' Bericht übermittelt Eltern und Ärzten eine wichtige Botschaft: Wenn Sie autistischen Kindern helfen wollen, dann vergessen Sie Ihre Vorlieben und Vorurteile. Stellen Sie fest, was anderen geholfen hat, und probieren Sie diese Methoden aus. Catherine Maurice und ihrer Familie hat es genutzt, Pragmatismus statt Dogmatismus zu beweisen.

Bernard Rimland, Ph.D.
Autism Research Institute
4182 Adams Avenue
San Diego, Kalifornien 92116

Juni 1992

Danksagung

An erster Stelle muß ich hier Marc erwähnen, der mir immer wieder Kraft gegeben hat. Ich hoffe, daß unsere Kinder in späteren Tagen seine Liebe vergelten und wertzuschätzen wissen werden – dann, wenn sie wissen, wie sehr ihr Vater ihre Mutter geliebt hat und wie glücklich er sie gemacht hat.

Ich danke meiner Familie und Marcs Familie, ich danke Schwester Damian und »Tante Carmel« für ihre unablässige Unterstützung und ihre Gebete. Vielen unserer Freunde, die die schweren Zeiten mit uns durchlitten und uns nie ihr Ohr verschlossen haben, bin ich zu tiefem Dank verpflichtet.

Bridget Taylor, Robin Rosenthal Parker, Mary Beth Villani, Anne Marie Larkin und Kelly McDonough verdanke ich, daß meine Kinder eine helle, glückliche Zukunft vor sich haben. Ihnen werde ich nie genug danken können. Ich wünsche allen Eltern, die ein ähnlich schweres Schicksal zu meistern haben, daß sie Therapeuten von so großer Hingabe, Klugheit und Befähigung finden mögen.

Ich danke den Lehrern meiner Kinder für ihr Vertrauen in meine Kinder, für ihre Geduld und Freundlichkeit. Gretchen Buchenholz und Rachel Cullerton seien hier als besonders um das Wohl aller Kinder bemühte Erzieherinnen genannt, ob die Kinder nun »normal« oder behindert sind.

Für die Ermutigung beim Schreiben dieses Buches und für die sensible und kenntnisreiche Lektüre des Manuskripts bin ich meinem Mentor Dr. Bernard Rimland, meiner Freundin Debbie Attanasio, meiner Agentin Heide Lange und meiner Lektorin Corona Machemer zu Dank verpflichtet. Es mag übertrieben klingen, doch kann ich mir kaum einen intelligenteren und einfühlsameren Leser als Corona vorstellen. Sie alle – Dr. Rimland, Debbie, Heide und Corona – haben an mich geglaubt, bevor ich selbst an mich glaubte, und haben mich vom ersten Kapitel an tatkräftig unterstützt.

Zu guter Letzt: Sollte es mir gelungen sein, in diesem Buch eine mögliche Behandlung autistischer Kinder anzusprechen, so ist dies nicht mein Verdienst. Andere waren vor mir da und haben das Terrain geebnet. Lange vor mir hat Dr. Rimland den Kampf gegen die psychoanalytisch orientierten Goliathe auf dem Gebiet des Autismus aufgenommen und als Einzelkämpfer falschen Diagnosen den Krieg erklärt. Dr. Ivar Lovaas hat neue Wege gefunden, unbekannte Gebiete zu erforschen. Auch wenn ich in Einzelheiten anderer Meinung sein mag, weiß ich, daß wir Anne-Marie und Michel ohne die Ergebnisse seiner Arbeiten nicht gerettet hätten. Es erfüllt mich mit großer Freude und einem Gefühl des Danks, das sich nur unvollkommen ausdrücken läßt, daß diese Wissenschaftler und Vorbilder mir den Weg gewiesen haben.

Erster Teil
ANNE-MARIE

1. Kapitel

»Sie ist so ernst!« meinte ihr Vater und lachte verwirrt.

Wir feierten Anne-Maries ersten Geburtstag. Nur die nächsten und liebsten Angehörigen hatten sich um sie versammelt: ihre Mutter, ihr Vater und ihr großer Bruder Daniel, der schon fast zweieinhalb Jahre alt war. Sie saß mit ihrem blau-weißen Festtagskleidchen in ihrem Hochstuhl, die Hände im Schoß verkrampft, und ihre kleinen Füße berührten kaum das Fußteil. Gerade waren wir mit dem Kuchen hereinmarschiert.

Daniel sang laut und aufgeregt mit. Wir hielten die Torte hoch, riefen »Ah!« und »Oh!« und bliesen die Kerze aus. Anne-Maries zartes Gesichtchen mit der Porzellanhaut und den leicht geröteten Wangen war von dünnen, braunen Locken umrahmt. Ihre blaugrünen irischen Augen blickten ernst auf den Kuchen. Sie saß ganz still und lächelte nicht.

»Marc, das ist eben ihre Art. Du kannst nicht erwarten, daß sie genauso ist wie Daniel.«

Ich mußte mich jedoch ein wenig zu dieser Zuversicht zwingen. Ich hatte mir in letzter Zeit selbst schon Gedanken über Anne-Maries ernstes Wesen gemacht.

»Anne-Marie, schau mal, Liebes, für dich!« Ich hielt ihr ein Geschenk hin, ein paar bunte Kugeln, Kegel und Würfel, die zusammengesteckt waren.

Sie sah sie kurz an und schob sie lustlos ein, zwei Minuten auf dem Tisch herum. Eines nach dem anderen öffnete ich ihre übrigen Geschenke und gab sie ihr. Sie hielt jedes eine kurze Zeit in der Hand, ehe sie das Interesse zu verlieren schien.

Sie wirkte beinahe traurig, fast . . . ein wenig besorgt? Ich konnte nicht umhin, sie innerlich noch einmal mit ihrem Bruder zu vergleichen: An seinem ersten Geburtstag hatte er sich vor Ungeduld und Freude kreischend auf seine Geschenke gestürzt, konnte es kaum erwarten, das Papier zu entfernen.

Aber wieder verdrängte ich den Vergleich und die Sorge. Sie war einfach anders, das war alles.

Wer könnte noch sagen, was wirklich das erste Anzeichen war? Wann Anne-Marie tatsächlich anfing, sich von uns zu entfernen: War es bei dieser ersten Geburtstagsfeier? Danach? Oder schon früher? Wahrscheinlich sollte man besser fragen: Wann haben wir die ersten Anzeichen bemerkt? Rückblickend erscheint alles soviel deutlicher.

Schon als sie erst zehn Monate alt war, hatte ich ein paar sonderbare Handbewegungen bemerkt, als sie ein bißchen Essen auf dem Tablett ihres Hochstuhls herumschob. Sie schien es nicht normal greifen zu können, sondern versuchte immer wieder, es ausgerechnet mit Daumen und kleinem Finger aufzunehmen.

In diesem Augenblick meldete sich ganz flüchtig, kaum spürbar ein Hauch von Sorge: Gibt es hier ein Problem? Stimmt etwas nicht? Diese gespreizten Finger, diese merkwürdige Art, Daumen und kleinen Finger zu benutzen, das sah so . . . so . . . *bizarr* aus. Die Angst krampfte mir einen Moment lang das Herz zusammen, bis ich mir selbst befahl, mich zu entspannen.

Wahrscheinlich spielte sie einfach nur mit ihren Fingern, war es nur ein Experiment.

Noch früher hatte Patsy, ihr Babysitter, gestaunt, wie pflegeleicht sie war, wie sie einfach in einer Ecke sitzen und still für sich spielen konnte. »So ein braves Kind!« hatte Patsy eines Nachmittags ausgerufen. »Sie hat zwei ganze

Stunden lang auf einem Fleck gesessen und gespielt!« Ich wußte nicht, ob mir das so gefiel. Mir war diese Ruhe bei Anne-Marie auch schon aufgefallen, dieses beinahe zu stille, einsame Spielen.

Sie krabbelte nicht viel, kroch schon gar nicht in alle Schränke und Schubladen, wie Daniel es getan hatte, der ein Chaos hinterließ, wohin er auch ging. Wir mußten so gut wie alle Schubladen und Türen in der Wohnung versperren, um zu verhindern, daß Daniel sich umbrachte. Was nicht verschlossen, befestigt oder außerhalb seiner Reichweite war, versuchte er in den Mund zu stecken oder über den Kopf zu ziehen.

Aber jetzt hatte ich manchmal das Gefühl, ich könnte Ammoniak unter der Spüle stehen und eine Schachtel Zündhölzer auf dem Boden liegen lassen, und Anne-Marie wäre dennoch nicht in Gefahr, einfach aus fehlendem Interesse. Sie schien völlig damit zufrieden, ein Spielzeug einfach nur anzustarren und in den Händen zu drehen oder es über den Boden zu schieben.

Während dieses ganzen ersten Jahres machten wir immer wieder Bemerkungen über ihre Schüchternheit, ihre Sensibilität. »Meine Überempfindliche«, nannte ich sie meiner Mutter gegenüber. Sie weinte schnell, aber es war uns nicht immer klar, warum sie unglücklich war. In den ersten Monaten hatten wir es auf Koliken geschoben, aber später gehörte es für uns einfach zu ihrem Wesen. Als ich zum erstenmal versuchte, sie in die Laufhilfe zu setzen, erstarrte sie. Sie schien regelrecht entsetzt. Da begann ich mich zu fragen, ob ihr Weinen zum Teil durch die Angst vor unbekannten Dingen ausgelöst wurde.

Doch in diesen frühen Tagen ihres Lebens war es noch leicht, unsere gelegentlich aufkeimenden Ängste zu verdrängen. Noch gab es keine Verhaltensmuster. Vielleicht hie und da Anzeichen, aber wir wußten nicht, was sie bedeuteten – damals noch nicht.

Wurde doch jedes Weinen durch viel Charme und Freude aufgewogen.

Da war Anne-Marie mit sechs Monaten, wie sie vor Freude jauchzte, die Augen auf die ihres Vaters geheftet, erwartungsvoll das nächste Kitzeln herbeisehnend, das nächste In-die-Luft-Werfen, den nächsten schmatzenden Kuß.

Da war sie mit dreizehn Monaten, wie sie ihre ersten zögernden Schritte machte, mich dann ansah und vor Entzücken über ihre neue Kunst strahlte. Sie war so stolz auf sich und wollte, daß ich genauso stolz war.

Mehr noch: Sie lernte. Nicht nur zu sitzen, zu krabbeln, zu laufen; nein, nach ihrem ersten Geburtstag lernte sie auch sprechen.

Ich kann mich noch daran erinnern, wie sie zur Tür »wackelte«, wenn ihr Vater heimkam, wie sie die Ärmchen hochreckte und sagte: »Daddy!« Sie war damals fünfzehn Monate alt, die liebe Tochter ihres Vaters.

Ich erinnere mich auch, wie oft sie in die Küche kam, wo ich das Abendessen vorbereitete, wie sie die Arme um meine Beine schlang, mit ihren ernsten Augen liebevoll aufblickte und mir ein halbes Lächeln schenkte. Ich pflegte sie dann hochzuheben und mit Küssen zu überschütten: drei, weil du süß bist, drei, weil du vollkommen bist, drei, weil ich dich lieb habe! Zufrieden damit, daß in ihrer Welt alles gut war, wackelte sie dann wieder davon.

Morgens, wenn ihr Vater auf dem Weg zur Dusche vorbeiging, richtete sie sich in ihrem Bettchen auf. Das kleine Babygesicht schaute über den Rand, und die Stimme piepste: »Hi, Daddy!«

Sie war ein hübsches, rehgleiches Kind, mit heller Haut, dunklem Haar und von graziler Zartheit. Wir liebten sie, freuten uns an ihr, so wie sie war, mit ihrer zögernden Schüchternheit, ihrem stillen Verhalten. Wir schoben es auf die Einzigartigkeit ihres Wesens. Schließlich bestand sie die regelmäßigen Untersuchungen beim Kinderarzt mit Bravour.

Nach ihrem ersten Geburtstag sprachen Dr. Baxter und ich unter anderem über die Sprachentwicklung, und wir waren beide zufrieden, weil sie nicht hinter der Norm zurückblieb. Ich fand sogar, sie sei für ihr Alter schon ein wenig zu weit.

»Sie verbindet bereits zwei Wörter miteinander«, erzählte ich ihm eines Tages im Juni, als Anne-Marie fünfzehn Monate alt war. Ich dachte dabei an das »Hi, Daddy«, das sie manchmal von sich gab. Ich war etwas überrascht, daß ein fünfzehn Monate altes Kind so etwas konnte.

»Das ist ein wenig früh«, stimmte Dr. Baxter mir zu. »Man erwartet in diesem Alter eigentlich viel Geplapper und ein paar einzelne Wörter.«

»Allerdings weint sie viel«, erzählte ich. »Ich kann mich nicht mehr erinnern, ob Daniel in dem Alter auch so viel geweint hat.«

Dr. Baxter und ich unterhielten uns noch darüber, daß sich das Streben nach Selbständigkeit und das mürrisch-sonderbare Verhalten bei Kindern häufig schon lange vor dem zweiten Geburtstag zeigt. Vielleicht ist alles ganz normal, dachte ich. Vielleicht ist sie einfach nur selbständiger als der Durchschnitt.

Aber wir konnten uns nicht mehr lange mit diesem Gedanken trösten. Schon kurz nach dem Gespräch mit Dr. Baxter wurden die Anzeichen deutlicher, auch wenn wir noch immer nicht wußten, worauf sie hindeuteten.

Im selben Monat, im Juni 1987, heiratete Marcs Bruder in Paris. Wir hatten versprochen, an der Hochzeit teilzunehmen. Doch je näher der Tag der Abreise kam, desto größer wurde meine Angst davor, Anne-Marie zu verlassen.

»Warum bist du so nervös?« fragte Marc. »Patsy ist doch hier, Anne-Marie ist in ihrer gewohnten Umgebung, es ist nur für ein paar Tage . . .«

Für vier Tage, um genau zu sein. Wir hatten mit dem Gedanken gespielt, einen Kurzurlaub daraus zu machen, hatten uns aber schließlich doch für einen der Wochenendflüge entschieden, bei denen man Donnerstag abend fliegt und Montag nachmittag zurückkommt. Trotzdem machte ich mir große Sorgen. Würde es ihr auch gutgehen? Sollte ich nicht lieber meine Eltern bitten, so lange zu kommen? Warum machte ich mir ihretwegen so große Gedanken, nicht aber wegen Daniel? Nun ja, sie war nun einmal so *sensibel*! In letzter Zeit hatte sie immer häufiger geweint. Würde sie das ganze Wochenende über weinen?

»Nein, nein, nein . . .«, versicherten mir Freunde und Verwandte. »Es wird ihr gutgehen.« Ja, natürlich. Ich hatte von vielen Kindern gehört, die wegen eines Urlaubs oder Krankenhausaufenthalts viel länger von ihren Müttern getrennt gewesen waren und das hervorragend überstanden hatten.

Aber während des Fluges nach Frankreich und das ganze Wochenende über ging mir Anne-Marie nicht aus dem Sinn. Ich rief daheim an. »Es geht ihnen gut«, berichtete Patsy. »Aber Anne-Marie vermißt ihre Mutter . . .«

»Was meinen Sie damit?«

»Sie wollte heute morgen nicht aus dem Bett. Sie wollte einfach drin bleiben.«

»Und geht es ihr jetzt gut?«

»O ja.«

Trotzdem konnte ich es nicht erwarten, heimzukommen.

Wir trafen Montag nachmittag ein, mit kleinen Geschenken aus Paris für beide Kinder. Als wir hereinkamen, versetzte es Daniel in einen Freudentaumel, seine Mutter und seinen Vater zu sehen und ein Spielzeug zu bekommen.

Anne-Marie saß auf Patsys Schoß und schluchzte. Ihre Lippen zitterten. »Liebling, komm zu Mama!« Ich streckte ihr die Arme entgegen. Aber sie wollte Patsy nicht loslassen. Selbst den Tränen nahe, nahm ich sie Patsy schließlich ab und ging ins Schlafzimmer, um sie zu beruhigen und zurückzugewinnen.

Marc und ich hatten beide schon von Kindern gehört, die wütend auf ihre Mütter gewesen waren, weil diese sie »verlassen« hatten. Unsere Schwägerin hatte uns von ihrem Zweijährigen erzählt, der sich nach einer Woche der Trennung geweigert hatte, zu ihr zu kommen, dann aber schließlich einlenkte und sich dazu herabließ, ihr einen Kuß zu geben. Aber Anne-Marie schien nicht wütend. Sie schien vor allem Angst zu haben. Der Gedanke war mir zwar unerträglich, aber sie schien sich tatsächlich nicht zu erinnern, wer ich war! Ich hielt sie im Arm, sie war schrecklich aufgewühlt, aber sie sah mich kein einziges Mal an oder schmiegte sich an mich. Sie schien nur in die Sicherheit von Patsys Armen zurückkehren zu wollen.

Ich hielt sie und wiegte sie und sang ihr vor, bis sie nach einer Stunde endlich aufhörte zu weinen und sich an mich lehnte.

Als die Ruhe wiederhergestellt war, fragte ich Patsy nach dem Wochenende.

»Es lief prächtig, bloß Anne-Marie war wirklich komisch.«

»Wieso?«

»Nun, ja, sie hat viel auf meinem Schoß gesessen. Aber nicht nur das. Wenn ich nur meinen Arm bewegt habe, hat sie geweint. Ich mußte reglos sitzen, den Arm auf eine bestimmte Art um sie gelegt, und sobald ich mich bewegte, hat sie zu weinen angefangen!«

Ich dachte darüber nach. Damals verstand ich es nicht, aber ich glaube, heute, da ich mehr über Autismus weiß, tue ich es. Meine Abfahrt bedeutete nicht nur eine schwierige Trennung für Anne-Marie. Sie bedeutete die Zerstörung einer kostbaren Ordnung in ihrer Welt. Auf ihre Art versuchte sie, die Dinge zu erhalten: unveränderlich, berechenbar. Wenn sie reglos in Patsys Armen saß, dann war das für sie eine Möglichkeit, weitere Veränderungen abzuwehren.

Damals aber verstand ich nichts davon. Ich wußte nur, daß etwas nicht in Ordnung war, aber ich wußte nicht, was das war. Manchmal hatte ich das frustrierende, beinahe erschreckende Gefühl, sie wäre eine Fremde. »Ich mache mir Sorgen ihretwegen«, platzte ich einmal meiner Schwester Debbie gegenüber heraus. Aber als diese mich nach dem Grund fragte, wußte ich keine Antwort.

Der Sommer verstrich. In der Stadt war es heiß, ich war wieder schwanger. Daniel wuchs und gedieh und war aktiv – und Anne-Marie war unglücklich.

Das Weinen wurde schlimmer. Es kam mir so vor, als hätte es sich verändert: Sobald man sich um sie kümmerte, sie dazu brachte, etwas zu tun, begann sie zu weinen. Wenn sie in die Badewanne gesetzt wurde. Wenn sie aus der Wanne genommen wurde. Sie weinte, wenn ich sie anzog, wenn ich sie auszog, wenn ich sie zum Tisch brachte, damit sie etwas aß. Sie weinte, wenn ich sie hochhob, und noch heftiger, wenn ich sie absetzte. Kam irgendwer, egal ob Fremder oder Freund, in die Wohnung, dann weinte sie entweder oder ignorierte ihn völlig.

Verwirrt, wie wir waren, versuchten Marc und ich einfach, diese unglückliche Phase hinter uns zu bringen. Wir hofften und erwarteten, daß bald alles besser werden würde. Ich hatte dem Arzt gegenüber ihren Kummer erwähnt, einmal bei der Untersuchung mit fünfzehn Monaten und ein-, zweimal am Telefon, aber er schien nicht übermäßig beunruhigt. Das war gewiß nur vorübergehend. Auch wenn unser Alltag von Anne-Maries Weinen beherrscht wurde, versuchten wir, weiterhin ein normales Leben zu führen.

»Laßt uns alle in den Park gehen!« schlug ich fröhlich vor. Darauf folgte die Qual, Anne-Marie in den Kinderwagen zu setzen, wogegen sie sich heulend wehrte. Daniel, Anne-Marie, Patsy und ich zogen los: ein glücklicher kleiner Junge, ein unglückliches kleines Mädchen und zwei verstörte Erwachsene mit zum Zerreißen gespannten Nerven.

Patsy erfand Gründe. Ich erfand Gründe.

»Sie ist müde.«

»Ihr ist heiß.«

»Sie hat Hunger.«

»Sie will nicht in den Park.«

»Sie will nicht aus dem Park.«

Es wurde unmöglich, den Bus oder ein anderes öffentliches Verkehrsmittel zu benutzen, denn Anne-Marie weinte nur noch heftiger, wenn sie von so vielen Fremden umgeben war. Betraten wir ein Geschäft, fing sie entweder zu heulen an oder wurde vollkommen apathisch, starrte blicklos ins Leere.

Vielleicht langweilte sie sich. Ja, das mußte es sein. Ihr Leben war langweilig, und sie brauchte Anregung. Ich überlegte mir kleine Ausflüge und Abenteuer. Eines Tages unternahmen wir einen Ausflug ins Naturkundemuseum. Daniel war begeistert, als er die Elefanten und Dinosaurier sah. Sie gefielen ihm. Anne-Marie saß in ihrem Kinderwagen, stumm, ausdruckslos, die ganze Zeit mit hängendem Kopf. »Natürlich interessiert sie das nicht«, redete ich mir ein, mehr, um mich selbst, als um Patsy zu überzeugen. »Sie ist noch viel zu jung. Wir müssen ihr noch ein wenig Zeit lassen.«

Im August traten wir alle eine schon lange geplante Reise nach Spanien an. Dort sollten wir Marcs Eltern treffen, außerdem all seine Brüder, Schwägerinnen, Nichten und Neffen.

Wir freuten uns darauf, daß die Kinder mit ihren französischen Cousins und Cousinen zusammensein konnten. Mit einundzwanzig Jahren war Marc aus seiner Heimat Frankreich in die USA gekommen, hatte seinen Master of Business Administration an der Northwestern University gemacht und dann eine Laufbahn bei der Bahn eingeschlagen.

Wir hatten uns bei einer Bastille Day Party kennengelernt, die ein gemeinsamer Freund veranstaltet hatte. Ich studierte damals französische Literatur an der Universität New York. Seit unserer Hochzeit hatten wir immer versucht, seine Eltern und unsere Nichten und Neffen wenigstens einmal im Jahr zu sehen. Seine Eltern kamen zu unseren Familienfesten, oder wir besuchten sie. Dies sollte der erste gemeinsame Sommerurlaub werden.

Der Flug war ein Alptraum. Wir mußten die Kinder in Madrid wecken, wo wir umstiegen, standen dann mit unseren Pässen in der Schlange, mußten meilenweit zur Anschlußmaschine laufen, und all das um eine Zeit, die für uns drei Uhr morgens war. Daniel und Anne-Marie waren beide fast hysterisch und wollten sich nur von Mami tragen lassen. Weit und breit waren keine Gepäckwagen zu sehen, also mußte Marc vier große Koffer schleppen. Wir müssen ein trauriger Anblick gewesen sein, als wir uns durch die Hallen mühten: zwei schreiende Kinder, eine schwangere Frau, die versuchte, beide zu tragen, und ein mit Koffern beladener Ehemann, der die Papiere zwischen den Zähnen trug. »Spaß? Haben wir Spaß?« fragte ich mich immer wieder.

Aber ein paar Tage später hatte sich alles beruhigt. Wir hatten uns an die Zeitverschiebung gewöhnt und uns in unserer Unterkunft eingerichtet.

Wir lagen mit der halben Bevölkerung Frankreichs – so schien es uns jedenfalls – am Strand der Costa Brava. Jeder Mensch belegte seinen Quadratmeter und bemühte sich, alle anderen zu ignorieren. Unsere Familie fiel schon ein wenig auf, das muß ich zugeben, denn wir waren nicht nur die blassesten Menschen am Strand, sondern auch die am meisten bekleideten. Vor allem mein voluminöser Schwangerschaftsbadeanzug hob sich von den winzigen »Monikinis« an den gebräunten Körpern um uns herum ab wie ein Abendkleid.

Faul sahen wir eines Morgens den Kindern zu, wie sie

mit ihren Schaufeln und Eimern spielten. Anne-Marie nahm eine rote Schaufel und hielt sich für den Rest des Tages daran fest. Offen gesagt, sie hielt sich für den Rest des Urlaubs daran fest. Sie wachte morgens auf und suchte als erstes nach dieser roten Schaufel. Sobald sie sie gefunden hatte, war sie zufrieden und schleppte sie mit sich herum, zum Tisch, zum Strand, sie nahm sie sogar mit ins Bett. Ihre Tanten und Onkel und auch wir fanden das reizend. »Da kommt sie mit ihrer roten Schaufel!«

Die Schaufel schien für sie tatsächlich interessanter zu sein als ihre Cousins und Cousinen. Sie ging auf keinen von ihnen zu, versuchte nicht, Kontakt aufzunehmen. »Es ist erstaunlich, wie unabhängig sie ist«, meinte Marcs Mutter.

»Ja, sie ist unabhängig«, gab ich zurück. »Aber sie liebt uns sehr.« Ich sah ihr zu, wie sie wieder davonmarschierte. Ohne zu zögern, ohne sich umzuschauen, ob ihr jemand folgte, marschierte sie einfach allein davon. Wieder einmal stemmte ich mich hoch, um ihr zu folgen und sie zurückzubringen.

Ich glaubte, in einem meiner Baby-Bücher gelesen zu haben, daß Kinder sich hin und wieder vergewissern, daß ihre Mutter, ihr Vater oder der Babysitter noch da sind. Sie marschieren davon, aber sie kommen immer wieder zurück. Das schien mir auch logisch zu sein. Wann also würde sie damit anfangen?

Ein paar Tage später gingen wir alle zusammen einkaufen. Ich saß mit den Kindern im Wagen und wartete darauf, daß Marc mit dem Einkauf fertig wurde. Es war heiß, und wir versuchten, uns die Zeit mit Geplapper zu vertreiben. Anne-Marie und ich spielten ein kleines Spiel. Ich sagte etwas, sie wiederholte es.

»Baba« ... »Baba«

»Cookie« ... »Cookie«

»Daddy« ... »Daddy«

Ich muß ungefähr zehn Wörter gesagt haben, Anne-Maries gesamtes Vokabular. Am Ende dieses Spiels dachte ich: »Na also, sie kann reden, ich wußte doch, daß sie reden kann.« Ich hatte immer das Gefühl, sie verteidigen zu müssen. Ihre französischen Onkel und Tanten meinten immer wieder, sie sei so schweigsam.

Aber wenn sie reden kann, überlegte ich, warum sitze ich dann hier und versuche sie dazu zu bringen, Wörter zu wiederholen? Diese mit schlechtem Gewissen vermischte Unruhe stahl sich immer wieder in meine Gedanken. Dachte ich etwa, meine Tochter sei zurückgeblieben? Verglich ich sie mit ihrem Bruder? War ich unfair? Sie hatte etwas ... ich fühlte mich nicht wohl damit. Was stimmte nicht mit mir? Warum freute ich mich nicht an meinem Kind?

2. Kapitel

Nach unserer Rückkehr nach New York nahmen wir unser altes Leben wieder auf. Der Sommer neigte sich dem Ende zu, und zwischen den Ausflügen in den Park, zum Doktor oder Einkaufen bereitete ich Daniel auf den Kindergarten vor und suchte nach einer Mutter-Kind-Gruppe für Anne-Marie und mich. Ich las immer mehr Bücher über die Entwicklung von Kindern. Marc machte sich Anne-Maries wegen keine Sorgen, ich aber schon, und ich fing an, mit jedem über sie zu sprechen, der bereit war zuzuhören. Ich sprach mit meinen Freundinnen, las Bücher, beobachtete sie. Die erhoffte Besserung zeigte sich nicht. Anne-Marie schien sogar noch ruhiger und launenhafter zu werden. In letzter Zeit hatte sie damit angefangen, ihren Kopf auf den Boden zu schlagen, wenn sie besonders wütend war oder heftig weinte.

Eines Tages im Park saß sie auf der Schaukel und ich schubste sie an. Eine Frau, die wir dort oft trafen, stand in der Nähe. Anne-Marie schaukelte vor und zurück und lächelte. Die Frau sah mich an.

»Das ist das erste Mal, daß ich dieses Kind lachen sehe!« Diese fröhlich herübergerufenen Wörter waren ein Schlag für mich. Etwas setzte sich in mir fest: ein Gedanke, der noch keine feste Gestalt angenommen hatte, aber von ersten Ängsten durchsetzt war.

»Was stimmt nicht mit Anne-Marie?« fragte ich Marc an diesem Abend.

»Wie meinst du das?«

»Sie ist so unglücklich. Sie weint und jammert so viel. Und warum spricht sie nicht mehr?«

»Sie sagt doch ein paar Wörter. Sie sagt ›Hi‹ und ›Byebye‹, ›Juice‹ und ›No‹ und ›Baba‹ und ›Cookie‹. Sie sagt sogar ›I love you‹.«

Ja, er hatte recht. Sie sagte »I love you« auf ihre eigene Art. Sie sagte »Ah-oh-uu«, wenn ich sie hochnahm und an mich drückte und »I love you« murmelte. Bestimmt würde sie bald ein paar neue, andere Wörter sprechen, dachte ich, nicht immer diese paar, die wir anführten, wann immer die Rede auf ihr Sprechen kam. Danach würde sie anfangen, Wörter zu verbinden, würde mich nach Dingen fragen und mir etwas erzählen . . . und noch etwas: Sie würde mir erlauben, sie kennenzulernen.

Bis dahin wollte ich noch mehr Zeit mit Anne-Marie verbringen, wollte ihr vorlesen, auf dem Boden mit ihr spielen. Ich mußte wirklich eine Spielgruppe finden, in der sie mehr Zeit mit anderen Kindern verbringen konnte. Ja, das war's. Sie mußte mehr Kontakt zur Außenwelt haben, nicht weniger. Sie mußte andere Kinder sehen, nicht nur ihren Bruder. Das würde dazu beitragen, daß sie flexibler wurde. Ich wußte, wo das Problem lag! Ich hatte ihr jeden Wunsch von den Augen abgelesen, bis es für sie gar nicht mehr nötig war, zu sprechen. Oder lag es vielleicht an Daniel mit seiner überschäumenden Art, dem wir ganz gegen unseren Wunsch nach Gerechtigkeit den Löwenanteil unserer Aufmerksamkeit schenkten? Ich suchte immer weiter nach Gründen für Anne-Maries Verhalten.

Natürlich versicherten uns einige unserer Bekannten auch, daß dies alles nur darauf zurückzuführen war, daß Anne-Marie von dem neuen Baby wußte und mir ihren Ärger darüber zeigte. Doch da schüttelte ich ungeduldig den Kopf. Freudsche Psychoanalyse bei Kindern hatte mich schon immer wütend gemacht, auch wenn ich damals noch nicht so gründlich darüber nachgedacht hatte. Ihre Anhänger praktizieren eine seltsame Allwissenheit in bezug auf das Innenleben eines Kindes, auf seine Wahrnehmungen, Gefühle und seine Art, die Welt zu erfassen.

Anne-Marie war achtzehn Monate alt. Selbst wenn sie begriffen haben sollte, daß ein dicker werdender Bauch bedeutete, daß ein neues Baby geboren werden würde, durch welchen kognitiven Prozeß hatte sie daraus geschlossen, daß dieses künftige Ereignis sie verdrängen würde? Hatte sie jemals ein neues Baby im Haus erlebt? Hatte sie bereits Verständnis für zukünftige Vorgänge? Verstand sie mehr als »Zeit zum Aufwachen«, »Zeit zum Zubettgehen«, »Zeit für das Abendessen/ein Bad/eine Geschichte?« Aber wenn ich den psychologischen Erklärungsversuchen anderer Leute nichts abgewinnen konnte, wenn sie mich gar wütend machten, so häufte ich doch Schuld und Schande auf mein eigenes Haupt. Vom Verstand her wies ich bereits zu diesem frühen Zeitpunkt die Vorstellung zurück, eine so schlechte Mutter zu sein, daß ich ein chronisch unglückliches Kind hervorgebracht hatte. Gefühlsmäßig war die Lage jedoch nicht so klar. Ganz allmählich machte sich ein Gefühl des Versagens breit. Irgend etwas ging hier vor – ich nahm unser Familienleben unter die Lupe, um herauszufinden, was es war.

Das Problem mußte einfach bei mir liegen. Ich war eine Nur-Hausfrau. Patsy war mir seit Daniels Geburt eine große Hilfe; theoretisch hatte ich meinen Kindern also ungeteilte mütterliche Aufmerksamkeit schenken können. Aber irgendwie gab ich Anne-Marie wohl nicht genug von mir. Vielleicht verfügte ich einfach nicht über die richtigen Fähigkeiten. Wahrscheinlich regte ich sie nicht ausreichend an. Doch das verwirrte mich nur noch mehr. Drei meiner sechs Schwestern waren Anwältinnen, und die beiden, die jetzt berufstätig waren, verbrachten viele harte Arbeitsstunden in der Kanzlei, kamen dann sehr müde nach Hause, wo ihre

Kinder die hundertprozentige Aufmerksamkeit ihrer Mütter forderten. Das bedeutete erschöpfende Routine, und die Kinder sahen ihre Mütter nur einen Bruchteil der Zeit, die Anne-Marie mit mir verbrachte. Trotzdem waren Jeans und Theresas kleine Töchter, beide jünger als Anne-Marie, dieser sprachlich schon voraus. Sie schienen glückliche, intelligente Kinder zu sein. Vielleicht brachte also die Zeit, die ich meiner Tochter widmete, ihr zu wenig.

Mehr und mehr vermied ich es, Anne-Marie auch nur für ein, zwei Stunden allein zu lassen. Wann immer ich gezwungen war, auszugehen, hastete ich zurück und erkundigte mich bei Patsy, wie es Anne-Marie ergangen war, wie sie die Zeit verbracht hatte. Wenn ich bei ihr war, versuchte ich, so viel Zeit wie möglich auf dem Boden zu verbringen, wo ich mit ihr spielte. Das Problem war nur, daß nichts, was ich mit ihr anstellte, sie länger als ein paar Sekunden interessierte. Vergeblich brachte ich neue Spielsachen und Bücher heim, vergeblich hockte ich mich neben sie und versuchte, ihre Aufmerksamkeit darauf zu lenken, mit mir zusammen ein Buch anzuschauen. Unweigerlich wandte sie sich ab, wieder den zwei, drei Spielsachen zu, mit denen sie sich zu jener Zeit beschäftigte, und immer blieb sie stumm.

Bevor ich sicher war, daß hier ein Problem vorlag, suchte ich die Schuld vor allem bei mir. Sie war schließlich mein Kind. Ich hatte sie zur Welt gebracht. Bis zu diesem Tag war ich in erster Linie für ihre Pflege und Erziehung verantwortlich gewesen. Wenn etwas nicht in Ordnung war, dann mußte es an mir liegen. Nicht an Marc, nicht an ihr – sondern allein an mir. Was immer mein Verstand auch sagte, war nichts im Vergleich zu diesem Gefühl im Bauch, dieser tief verwurzelten Überzeugung, daß mein Kind ein Produkt, eine Verlängerung meiner selbst war. Noch komplizierter wurde all dies durch die unguten Gefühle, die jede Beschäftigung mit Anne-Marie in jenen Tagen begleiteten: Verwirrung, Frustration, Traurigkeit. Die Frage, die mich seit dem Sommer quälte, ließ sich einfach nicht vertreiben: Was stimmte nicht mit mir, warum empfand ich kein Glück, keinen Stolz, wenn ich an sie dachte?

Ich war so glücklich gewesen, als ich beobachtete, wie Daniel wuchs und gedieh, wie sich seine Persönlichkeit entfaltete – ein Prozeß, der praktisch mit dem Tag seiner Geburt begonnen hatte. Doch bei Anne-Marie wartete ich jetzt, wo sie schon fast anderthalb Jahre alt war, noch immer darauf, daß sie etwas von sich zeigte.

Es war alles so unklar. War etwas mit ihr nicht in Ordnung oder mit mir? Diese Frage setzte sich in meinem Kopf fest. Und gleichzeitig wurde mir immer deutlicher, wie unterschiedlich die Gefühle waren, die ich meinen beiden Kindern entgegenbrachte. Daniel erfüllte mich noch immer mit Stolz und Freude, während Anne-Marie in mir bange Fragen auslöste. Deshalb glaubte ich, weniger Zeit mit Daniel verbringen zu dürfen. Immer wieder fühlte ich mich zu dem stummen, unglücklichen Kind hingezogen und ließ zu, daß Patsy sich mehr um Daniel kümmerte, während ich für Anne-Marie sorgte. Aber diese Verlagerung der Aufmerksamkeit half niemandem, vergrößerte nur die Trauer, die sich langsam auf die ganze Familie legte. Ich vermißte Daniel, wenn ich nicht mit ihm zusammen war, verbot mir aber meine frühere Freude an ihm.

Immer wieder sagte ich mir, ich würde mich wohler fühlen, wenn ich der Sache auf den Grund ging. Ich war besessen von dem Gedanken an »Normalität«. Ich verschlang Bücher über frühkindliche Entwicklung. Doch nirgendwo erkannte ich darin Anne-Marie. Die meisten warnten mich davor, mein Kind mit anderen zu vergleichen. »Wenn Johnny nebenan schon in ganzen Sätzen spricht, während Ihr Kind noch immer nur einzelne Wörter sagt, BLEIBEN SIE RUHIG«. Das war die Botschaft, die sich durch diese Bücher zog. »Ziehen Sie keine Vergleiche. Ihr Kind hat seinen eigenen Zeitplan.« Nicht in einem einzigen Buch fand sich auch nur ein Hinweis darauf, daß manche Kinder vielleicht Probleme mit ihrer Entwicklung hatten. Fürchtete man, Eltern grundlos zu verängstigen? Daß »durchschnittliche« Eltern mit dem Thema Entwicklungsstörung nicht umgehen konnten? Ich sehnte mich nach einem Buch, das sich weniger ausführlich mit Warnungen wie »Trampeln Sie nicht auf dem Selbstwertgefühl Ihres Kindes herum« beschäftigte, dafür aber mehr über die, sagen wir, normalen Stufen kindlicher Sprachentwicklung aussagte.

Obwohl ich Anne-Marie in keinem dieser Bücher wiedererkannte, erzählten mir meine Freunde doch von Dutzenden von Kindern und schworen, diese wären genauso wie sie gewesen.

Ich brauchte diese Geschichten, suchte Menschen, die mir noch mehr davon erzählten ... von der kleinen Mary, die kein Wort sagte, bis sie drei Jahre alt war ... von Sam, der die ganze Zeit über weinte ... von Jonathan, der nichts sagte, ehe er vier Jahre alt war! und der dann den Mund aufmachte und in ganzen Sätzen redete ... und eine Geschichte von irgend jemandem, der angeblich im Alter von sieben Jahren sein erstes Wort sagte. Aber obwohl ich nach Trost suchte, erschien mir diese Geschichte doch zweifelhaft. Und wieder und wieder hörte ich von Einstein, der nicht sprechen konnte bis er ... wie alt war? Das hing von dem Erzählenden ab, aber Einstein bewies die Relativitätstheorie eigentlich schon, ehe er sprechen konnte.

Inzwischen wurde Anne-Marie stiller und stiller. Ich konnte ihr keine Wörter mehr entlocken. Ich erinnerte mich noch daran, wie sie zur Tür gewackelt war, um ihren Vater zu begrüßen. Wann hatte sie das zum letztenmal getan? Wann hatte sie zum letztenmal zu jemandem »Hi« oder »Bye« gesagt? Wann hatte ich zum letztenmal »Ah-oh-uu« gehört?

Wenn ich Anne-Marie also in keinem dieser populärwissenschaftlichen Bücher über die kindliche Entwicklung wiedererkannte, und wenn mich all die Geschichten von anderen Kindern nicht mehr genug trösteten, dann mußte ich eben ernsthaftere Forschungen betreiben.

Seit der Zeit, als Marc und ich unter unserer Kinderlosigkeit gelitten hatten (unser erstes Kind war eine Totgeburt, gefolgt von drei Fehlgeburten), hatte ich medizinische Fachzeitschriften und Bücher verschlungen, alles, was zu uns und unserer Situation paßte.

Aber ich las das alles irgendwie heimlich. Als ich noch zur Schule ging und alle annahmen, ich würde meine Abschlußarbeit schreiben, blätterte ich in einer Bibliothek *The New England Journal of Medicine* durch. Neben meinem Bett lag das *Merck Manual*, das ich langsam und gründlich studierte, fast so, als wäre es meine Bibel. Eines Tages erstand ich hastig ein dickes Buch über Gynäkologie. Ich hatte das Gefühl, etwas zu kaufen, über das man die Stirn runzeln würde, ungefähr so wie über die Geschichten des Marquis de Sade. Aber jeder, der sich schon einmal die düsteren Schwarz-Weiß-Fotos in einem solchen medizinischen Buch angesehen hat, weiß, daß es nichts gibt, was weniger erotisch ist. Eigentlich peinlich war mir daran mein Vorstoß in eine Domäne, die normalerweise den Fachleuten vorbehalten ist. Ich war kein Arzt. Ich bemächtigte mich einer gewissen Autorität und brach somit unausgesprochene Regeln, die zwischen den Ärzten und ihren Patienten bestehen.

Obwohl ich selbst Doktor war, qualifizierte mich mein Doktor der Philosophie wohl kaum dazu, in der Welt der Medizin Sachkenntnis zu heucheln. Darüber hinaus hatte ich die Hochachtung unserer Gesellschaft Ärzten gegenüber teilweise ebenso kritiklos angenommen wie die geringe Wertschätzung eines Titels in den Geisteswissenschaften. Ich habe eigentlich nie so recht gewußt, was ich mit meinem Titel anfangen sollte: Sollte ich ihn dick und fett auf mein Briefpapier drucken lassen, wie es einige meiner ehemaligen Kommilitonen getan hatten? Oder sollte ich die Jahre einfach als Ausbildung in Analyse betrachten und den Titel vergessen? Ersteres erschien mir affektiert und großspurig, vor allem, da ich jetzt »nur« Hausfrau und Mutter war; letzteres bedeutete, mich von einer kulturellen Strömung mitreißen zu lassen, der ich widerstehen wollte. Meistens knirschte ich nur stumm mit den Zähnen, wann immer mich ein Doktor – ein Arzt – mit dieser leicht väterlichen Vertraulichkeit anredete, die selbst junge Leute schon im dritten Jahr ihrer Ausbildung annehmen: »Hallo, Catherine? Hier ist Dr. Jones.«

Sobald ich fähig war, einen großen Teil der medizinischen Fachausdrücke in diesen Texten zu entziffern, stellte ich fest, daß ich nach etwas suchte, was sie bereitstellten. Objektivität. Empirische Forschung.

Die französische Literatur und Neue Kritik waren zu der Zeit, als ich das College besuchte, geradezu davon besessen, die Unsicherheit jeglichen Wissens zu verkünden. Nachdem ich eingewilligt hatte, geliebte Poesie und Prosa vom Standpunkt des Strukturalismus, des Post-Strukturalismus, der Phänomenologie, der feministischen Literaturkritik und des Dekonstruktivismus aus zu betrachten, stürzte ich mich auf die Medizin wie eine arme, nach Tatsachen ausgehungerte Ratte. Ich wollte in der Wahrheit nicht länger einen relativen Begriff sehen, die persönliche Perspektive eines Menschen, einen Aspekt. Ich wollte Information. Wissenschaft. Kenntnisse, die danach beurteilt wurden, ob ihre Daten empirisch zusammenpaßten, und nicht danach, ob ihre Anwender ein gutes Mundwerk hatten. Ein bißchen mehr Körper, ein bißchen weniger Seele – oder was französische Linksintellektuelle unter Seele verstehen.

»Wissen ist Macht«, sagte eine meiner Freundinnen, als ich ihr von meinem Zeitvertreib erzählte. Sie selbst gehört zu der seltenen Spezies von Medizinern, die es tatsächlich zu begrüßen scheinen, wenn sich ein Laie auf ihr Territorium wagt und anmaßende Fragen stellt. Andere Freundinnen von mir waren weniger tolerant: »Du wirst noch zum Hypochonder.«

»Du machst dir nur selbst angst.«

»Warum willst du eigentlich jede Krankheit, die dich befällt, in allen Einzelheiten kennen? Das ist doch Sache des Arztes.«

Aber ich las trotzdem weiter in meinem *Merck Manual.* Die Gesundheit meiner Tochter war in erster Linie meine Sache, und ich würde meinen Fragen weiter auf den Grund gehen, bis diese schmerzhafte Unruhe vergangen war.

Eines Abends im September, als sich das Jahr dem Ende zuneigte und auch unsere Zeit der Unwissenheit ablief, fand ich es, als ich neben Marc im Bett lag.

Unter *Pediatrics and Genetics*, Untertitel *Psychiatric Conditions in Childhood and Adolescence*, Untertitel *Infantile Autism, or Kanner's Syndrome.* (»Pädiatrie und Genetik/Kinderheilkunde und Vererbungslehre«, Untertitel »Psychische Zustände bei Kindern und Jugendlichen«, Untertitel »Kindlicher Autismus oder Kanner-Syndrom«).

Es handelte sich um eine kurze, flüchtige Darstellung, die nur die hervorstechendsten Merkmale der Störung definierte, ohne auf die unzähligen Verhaltensvarianten einzugehen, die es für jeden so schwierig machen, der Diagnose wagt.

Autismus, las ich dort, ist ein frühkindliches Syndrom, das von äußerster Einsamkeit gekennzeichnet ist (Vermeidung von Blickkontakt, Fehlen von emotionalem Kontakt), von dem Beharren auf Gleichförmigkeit (Widerstand gegenüber dem Ändern von Ritualen; Klammern an vertraute Gegenstände, das Wiederholen von Handlungen), von Sprachstörungen (von völliger Stummheit über die Verzögerung der Sprachentwicklung bis hin zum ausgesprochen idiosynkratischen Gebrauch der Sprache) und von deutlichen Schwankungen unterworfenen intellektuellen Leistungen.

Viel mehr verriet das Buch nicht. Was Autismus verursachte, stand nicht dort, aber es wurde angedeutet, daß bei manchen Kindern eine neurologische Störung vorlag, eine Vererbung. Was die Prognose anging, so wiesen mehr als die Hälfte der Kinder eine »einheitlich ungünstige Prognose« auf, und nur ein Viertel von ihnen führte ein »verhältnismäßig gutes« Leben, was immer das heißen mochte. »Behandlung« oder »Heilung« – diese Wörter fehlten zu meinem Entsetzen völlig.

Als erstes überfiel mich abgrundtiefe Angst. Ich erinnere mich, wie es mir kalt den Rücken hinunterlief, als ich zum erstenmal von diesen Verhaltensweisen las, auch wenn sie nur vage beschrieben wurden. Etwas an Anne-Marie entsprach *vielleicht* einem Teil dessen, was dort stand. Ich konnte nicht alles, was ich dort las, unverzüglich und absolut zurückweisen. Ein »Gott sei Dank, das ist es nicht!« kam mir nicht über die Lippen. Statt dessen krümmte sich etwas in mir vor Entsetzen zusammen.

Ich las alles noch einmal. Du bist verrückt, Catherine. Werde bitte vernünftig. Nun, los. Frag Marc, was er davon hält.

»Hör mal, was hier steht, Marc.«

Marcs Reaktion bestand in kaum verhohlenem Ärger. »Zeig her«, befahl er. Er las die Seite noch einmal und schleuderte das Buch dann wütend von sich. »Anne-Marie ist nicht so!«

Natürlich war Anne-Marie nicht so. O Gott, jetzt hatte ich es wirklich getan! Ich hatte meine Tochter als psychisch krank eingestuft!

»Du hast recht, Marc. Das ist albern. Was soll schon dieser Unsinn von der ›äußersten Einsamkeit‹? Anne-Marie liebt uns! Sie will die ganze Zeit auf dem Arm sein!«

Wir gingen die vier Verhaltenskategorien nacheinander durch. Äußerste Einsamkeit – nein, völlig falsch. Sie war zwar Fremden gegenüber ein wenig schüchtern, aber sie liebte uns von ganzem Herzen. Sprachstörungen – sie kannte noch nicht genug Wörter, um sie durcheinander zu bringen. Sie fing einfach ein bißchen spät zu sprechen an, mehr nicht. Das Beharren auf Gleichförmigkeit – sie zeigte dieses Verhalten zwar, war aber doch nicht so davon besessen, wie es hier beschrieben wurde! Was die Schwankungen unterworfenen intellektuellen Leistungen anging, so wußten wir einfach nicht, was das bedeutete. Wir kannten ihren Intelligenzquotienten nicht, aber sie wirkte doch intelligent genug.

Also ließen wir das Thema fallen, und ich schwor wieder einmal, nicht weiter nach Problemen zu suchen und Doktor zu spielen.

Aber am nächsten Tag rief ich Dr. Baxter an. »Ich wollte sie nur zur Achtzehn-Monats-Untersuchung anmelden«, erklärte ich forsch.

Eine Woche später saßen wir in seinem Sprechzimmer, und ich leierte meine Sorgen herunter. Das Weinen, die Ängste, das Schlagen mit dem Kopf . . . sie ist immer so unglücklich. Wäre es möglich, daß sie . . . autistisch ist?

»Nein«, erklärte Dr. Baxter sofort. »Haben Sie schon einmal ein autistisches Kind gesehen?« Das hatte ich nicht. Offen gestanden wußte ich nur sehr wenig über Autismus, nur das, was ich im *Merck Manual* gelesen hatte. Ich hatte nur – vielleicht aus einem längst vergessenen Dokumentarbericht – eine vage Vorstellung von einem Kind, das einsam und allein in einer Ecke sitzt und sich stumm vor- und zurückwiegt.

»Die sind normalerweise vollkommen gleichgültig. Dann würde sie sich nicht so an Sie klammern. Sie würde sich von einem Arzt untersuchen lassen, ohne irgendeine Reaktion zu zeigen. Es wäre ihr egal.«

Mir wurde fast schwindlig vor Erleichterung. Aber ich schämte mich auch ein bißchen. Wann würde ich mich endlich entspannen und meine Tochter so akzeptieren, wie sie war? Wofür hielt ich mich eigentlich, das Wort »Autismus« aufs Tapet zu bringen, nachdem ich gerade mal eine Seite in einem Buch darüber gelesen hatte?

»Gott sei Dank. Tut mir leid, daß ich so eine nervöse Mutter bin.«

Ich lachte, wünschte mir, der Arzt würde mich ebenfalls ein wenig schelten. Ich wollte bestraft werden, weil ich Probleme schuf, wo offensichtlich keine waren. Aber dann fiel mir noch etwas ein, was mich beunruhigt hatte – etwas, was ein bißchen konkreter war. Sollte ich es erwähnen?

»Nur noch eines, Dr. Baxter. Sie scheint immer weniger zu sprechen. Ich habe den Eindruck, sie kennt jetzt weniger Wörter als noch vor ein paar Monaten ... sie plappert nicht einmal mehr ...«

Ohne es zu wissen, hatte ich damit ein Signal gegeben. So wenig Kinderärzte auch über die frühen Anzeichen von Autismus wissen: die meisten haben doch gelernt, Anzeichen von Sprachverlust niemals zu ignorieren.

»Also, *das* müssen wir untersuchen. Sie sollten so bald wie möglich einen Hörtest machen lassen.« Er verwies mich an die örtliche Zweigstelle des Hunter College, der Schule für Gesundheitswissenschaften. Im dortigen Zentrum für Kommunikationsstörungen konnte ich einen Termin bei der für Sprachentwicklung zuständigen Abteilung vereinbaren.

»Natürlich, ich werde mich sofort darum kümmern. Ich bin nur froh, daß wir Autismus vollkommen ausschließen können.« Erwartungsvoll sah ich ihn an.

Er zögerte. »Wir können niemals irgend etwas vollkommen ausschließen. Aber ich halte es für höchst unwahrscheinlich. Höchst unwahrscheinlich.«

Dr. Baxter ist ein guter Arzt, und gerechterweise muß hier gesagt werden, daß nichts, was ich ihm von Anne-Marie erzählt hatte, abgesehen von dem scheinbaren Sprachverlust, wirklich außergewöhnlich war. Bei einer zwanzigminütigen Untersuchung war es schwer festzustellen, wie unglücklich sie tatsächlich war. »Sie weint viel«, war kaum eine angemessene Beschreibung dessen, wie unsere Tage mit ihr inzwischen verliefen. Und wenn sich seine Beschreibung autistischer Kinder später in ihrer Verallgemeinerung als falsch erwies, so lag dies vermutlich daran, daß die einzigen autistischen Menschen, die er jemals gesehen hatte, katatonisch gewesen waren. Kinderärzte scheinen nicht dafür ausgebildet zu werden, die sehr frühen Anzeichen von Autismus bei Kindern zu erkennen, die jünger als fünf, sechs Jahre sind. Häufig wird die Diagnose erst gestellt, wenn das Kind in den Kindergarten kommt, wo es sich von seinen Altersgenossen so deutlich abhebt, daß nicht einmal die sorglosesten Eltern und Kinderärzte es übersehen können.

Ich rief im Hunter an, um einen Termin für das Gutachten zu vereinbaren. Ich wollte die ganze Angelegenheit so schnell wie möglich hinter mich bringen, wollte nicht mehr ständig über Anne-Marie nachdenken, der es doch offensichtlich gutging.

Doch das Schicksal wollte es anders. Nur wenige Tage nach diesem Besuch bei Dr. Baxter wurde ich selbst von meiner Ärztin ins Krankenhaus eingewiesen. Blutungen im letzten Drittel der Schwangerschaft und eine Ultraschalluntersuchung hatten gezeigt, daß die Plazenta gefährlich tief lag – eine Placenta praevia, die sowohl für mich als auch für das Baby katastrophale Folgen haben konnte. Die Hebamme wollte mich noch am selben Abend im Krankenhaus haben. Schlimmer noch, sie wollte mir nicht sagen, wie lange ich bleiben mußte. Eine Woche? Einen Monat? »Ich weiß es noch nicht.«

»Nein, ich gehe nicht ins Krankenhaus«, erklärte ich.

Ich war einer Panik nahe. Ich tobte, ich argumentierte. Ich weinte sogar. Die Ärztin war wütend. Noch nie hatte sie mich so gesehen. »Ich werde noch eine zweite Meinung einholen«, verkündete ich. »Das ist doch lächerlich. Sie sind bestimmt übervorsichtig. Ich habe zwei kleine Kinder daheim. Was soll ich denn machen? Sie allein lassen?«

Ich ging natürlich ins Krankenhaus, setzte mein Theater aber in den ersten Tagen dort fort. Irgendwann einmal kam die Stationsschwester an mein Bett und hielt mir einen Vortrag darüber, daß ich meine Kinder hin und wieder allein lassen müßte. Wie sollte ich sie denn sonst wohl zur Unabhängigkeit erziehen? Ich nickte und murmelte »Ja, ja«, damit sie wegging, aber als sie dann fort war, weinte ich weiter.

Wie sollte ich Marc, meiner Hebamme oder diesen Krankenschwestern erklären, warum ich so bestürzt war, wenn ich es doch selbst nicht recht verstand? Ich übertreibe nicht, wenn ich behaupte, daß mich bei dem Gedanken, Anne-Marie zu verlassen, Panik ergriff. Im Innersten wußte ich etwas, was ich doch nicht so recht zugeben wollte: Sie entglitt uns, und sie entglitt uns schnell. Da war ein Kind auf dem Weg ins Dunkel, und seine Mutter hatte neben der schlafenden Gestalt gestanden, hatte gefühlt, wie sich ihr Herz ängstlich zusammenkrampfte, hatte Gott um seinen Segen angefleht und sich dann »für unbestimmte Zeit« ins Krankenhaus begeben.

Meine Eltern und meine Schwester Burke waren in die Stadt gekommen, um in meiner Abwesenheit für die Kinder zu sorgen. Marc nahm sich jeden Tag einige Zeit frei, um heimzufahren, die Kinder zu holen und sie zum Besuch ins Krankenhaus zu bringen. Sie kamen jeden Tag, und jeden Tag weinte Anne-Marie, wenn sie gebracht wurde, verbrachte schluchzend einige Zeit mit mir und brach beim Abschied wieder in Tränen aus. Eines Tages nahm Marc beide Kinder in die Arme und betrat einen vollen Fahrstuhl. Daniel weinte, weil er mich verlassen mußte. Anne-Marie schrie und weinte auch, aber im Gegensatz zu Daniel streckte sie nicht die Arme nach mir aus, schenkte mir keinen flehenden Blick. Wie immer schien sie verängstigt, aber nicht in der Lage, bei ihrem Vater oder mir Trost zu finden.

Nachdem mein Zustand nicht mehr bedrohlich war, wurde ich nach etwa zehn Tagen aus dem Krankenhaus entlassen. Als ich zur Tür hereinkam, rannte Anne-Marie um die Ecke – und einfach an mir vorbei.

»Mensch, dieses Kind ist vielleicht scheu«, meinte mein Vater an diesem Abend beim Essen. »Die ganze Woche über hat sie mich nicht ein einziges Mal angesehen!«

Als wir schließlich unseren Termin im Hunter bekamen, erwies sich dies nur als die erste von vielen, frustrierenden Erfahrungen im Umgang mit Menschen, die sich beruflich mit der Entwicklung von Kindern befassen. Wir machten einen Hörtest, dessen Ergebnisse gut waren, und dann die stundenlangen Sprachuntersuchungen. Drei ernste junge Frauen, die ihre Prüfungen in frühkindlicher Erziehung machen wollten, und ihre Leiterin in der Klinik hockten sich mit Anne-Marie und mir auf den Boden. Sie machten Seifenblasen, spielten mit Luftballons, einem Schachtelteufel und anderen Spielzeugen, um Anne-Marie ein paar Worte zu entlocken. Endlich verkündete die Leiterin, was sie herausgefunden hatten.

»Also, Mrs. Maurice, wir glauben, daß ein Problem vorliegt, und wir . . .«

»Welches Problem?«

»Oh, wir diagnostizieren nicht. Wir würden Ihnen empfehlen, einen Psychologen aufzusuchen. Der wird eine Diagnose stellen. In der Zwischenzeit empfehlen wir Ihnen, Anne-Marie zweimal die Woche zur Spieltherapie hierher zu bringen.«

»Aber warum? Was ist eine Spieltherapie? Und warum sollte sie die nötig haben?«

»Spieltherapie ist das, was wir heute hier gemacht haben, Mrs. Maurice. Wir glauben, daß sie die braucht, weil wir denken, daß sie ein Problem hat . . .«

Welches ihr mir unterschlagen wollt, dachte ich, aber an dem ihr festhaltet wie an einem strenggehüteten Geheimnis.

»Also, Mrs. Maurice, sollen wir den Plan für diese Spieltherapie ausarbeiten?«

»Nein. Ich möchte erst mit meinem Kinderarzt darüber sprechen. Außerdem möchte ich eine Kopie Ihres Berichts.«

»O nein, Mrs. Maurice, eine Kopie des Berichts schicken wir nur Ihrem Kinderarzt zu. Sie können ihn mit ihm besprechen, wenn er ihm vorliegt. Aber wir sind im Augenblick sehr beschäftigt. Er wird den Bericht also wohl erst in zwei oder drei Wochen bekommen. Bis dahin werden Sie sich hoffentlich entscheiden, zur Spieltherapie zu kommen.«

Spieltherapie.

Diese so ernsten und so sehr beschäftigten Leute wollten das klaffende Loch, das Autismus in die Zukunft eines Kindes reißt, mit einer Reihe niedlicher, kleiner Pflaster zukleben. Zwei Stunden Spieltherapie in der Woche – mal sehen, ob ein paar weitere Seifenblasen und Luftballons sie zum Sprechen bringen!

Ich rief Dr. Baxter an. Er stimmte meiner Ansicht bezüglich der Spieltherapie zu. »Sie bekommt zu Hause von Ihnen und ihrem Bruder genügend Stimulation. Die bieten ihr nichts, was Sie ihr nicht schon geben. Lassen Sie uns ihren Bericht abwarten. Danach werde ich entscheiden, ob wirklich ein Problem vorliegt. Wenn ja, dann fangen Sie keine Therapie an, ohne vorher Dr. DeCarlo zu Rate gezogen zu haben.«

»Wer ist Dr. DeCarlo?«

»Eine Kinderneurologin.«

Alle paar Tage rief ich in Dr. Baxters Praxis an und erkundigte mich, ob die Ergebnisse gekommen seien. In der Zwischenzeit fing ich wieder an, »das Wort« zu erwähnen. Autismus. Meinen Schwestern und Freundinnen gegenüber sprach ich es allmählich laut aus, stellte es in den Raum, wo wir es gemeinsam »anschauen« und erklären konnten, daß es Anne-Marie nur sehr ungenau beschrieb. »Diese Kinder sollen doch völlig in sich gekehrt sein«, sagte eine meiner

Schwestern. »Anne-Marie ist so auf ihre Mama fixiert. Sie ist Fremden gegenüber nur ein wenig schüchtern.«

Es kam mir fast so vor, als wäre das Wort zu einem eigenständigen Leben erwacht. Indem wir uns gemeinsam darüber lustig machten und schimpften, konnten wir irgendwie die teuflische Bedeutung vertreiben, die es für uns hatte.

Marc empfand genauso, nur stärker. Er wollte sich ihm nicht nur stellen und es entwaffnen, so wie ich es versuchte, er wollte es in Grund und Boden stampfen. »Ich will nichts mehr von diesem Autismus-Zeug hören!« erklärte er wütend. »Ich sehe keine Verbindung zwischen diesem Wort und Anne-Marie!«

Aber ich fing an, mehr darüber zu lesen. Nur ein bißchen, weil alles, was ich las, so entsetzlich war, so hoffnungslos schien. Unweigerlich tauchten immer wieder die Worte »schwere, lebenslange Unzulänglichkeit« auf. Aber nicht das »schwer« war so erschreckend, sondern das »lebenslang«.

Endlich, im November, war der Bericht vom Hunter eingetroffen. Dr. Baxter kam ans Telefon, als ich an diesem Tag anrief. »Ja, das Gutachten ist gekommen, und ich habe es gelesen. Ich bin mir allerdings nicht sicher, ob ich allem zustimme. Ich würde Sie bitten, einen Termin bei Dr. DeCarlo auszumachen. Sie ist die einzige, die eine derartige Diagnose stellen kann.«

»Welche Diagnose?«

»Ich möchte noch keine Spekulationen anstellen. Kommen Sie einfach her und sprechen Sie mit Dr. DeCarlo. Sie ist immer freitags vormittags hier.«

Ich bekam einen Termin am 18. Dezember. Das Baby konnte jetzt zwar jeden Tag kommen, aber ich mußte den Termin trotzdem vereinbaren. Ich hielt es nicht noch länger aus, zu warten und mir wegen Anne-Marie Sorgen zu machen.

Die Weihnachtsvorbereitungen waren in vollem Gange, aber wir hatten keinen Baum, keinen Adventskranz, ich hatte noch kein einziges Geschenk gekauft. Ich war vollkommen lethargisch. Dick und schwerfällig, nur noch mühsam laufend, wartete ich auf die Erlösung. Während sich das Jahr seinem Ende zuneigte und die Tage kürzer wurden, war ich nur noch von einem Wunsch besessen: dem nach Erlösung. Erlösung von dieser Schwangerschaft natürlich, aber auch Erlösung von diesem ganzen Jahr der lastenden Sorge um meine Tochter. Ich sehnte ein Ende all dessen herbei, und ich hatte alle Pläne und Hoffnungen für die Zukunft von mir geschoben, bis dieses Joch von uns genommen sein würde.

Ein strahlendheller Augenblick durchbrach die uns umgebende Dunkelheit. Michel wurde geboren.

Die Wehen setzten am 13. Dezember abends gegen 22.30 Uhr ein. Nach etwa einer Stunde kamen sie schnell und heftig, ungefähr alle fünf Minuten. Um Mitternacht fuhren wir ins Universitätskrankenhaus von New York, und als wir die Entbindungsstation erreichten, wußte ich schon, daß dieses Kind keine Zeit verlieren wollte. Es wollte heraus, sofort.

Meine Schwestern und ich reden gern über Kinder, und wir sind uns in einem Punkt vollkommen einig. Wir sind alle keine Heldinnen, wenn es um die Wehen geht. Wir wollen unsere Epidural-Anästhesie, und zwar lange bevor es zur Austreibung kommt. Ich bin sicher, daß jede Frau die Wehen anders empfindet, und ich bewundere die Frauen, die von Anfang bis Ende ohne Medikamente auskommen und anschließend erklären, die Erfahrung wäre »nicht so schlecht« gewesen. Aber mir kommt es so vor, als hätte irgendein böser Riese beschlossen, mir still und heimlich ein paar Muskeln und Organe im Unterleib zu zerreißen.

Immer, wenn mich eine dieser Wehen zerriß, fragte ich mich, was um Gottes Willen mich dazu getrieben hatte, noch einmal schwanger zu werden. »Ich will eine Betäubung!« kreischte ich. Aber nein, dafür war es viel zu spät. Das Baby war auf dem Weg nach draußen, und wir waren auf dem Weg in den Kreißsaal. »Marc, bitte hilf mir!« stöhnte ich voller Selbstmitleid, aber er fragte nur – nicht ohne selbst beunruhigt zu sein –, was ich denn genau von ihm erwartete.

Die Sache wurde dadurch noch schlimmer, daß nicht mein Arzt anwesend war, sondern ein Stellvertreter. Und der glaubte an die »Fußball-Trainer-Methode« bei der Geburt – je lauter er mich anbrüllte, desto stärker sollte ich pressen. »Kommen Sie, Catherine!« brüllte er aus vollem Hals. »Wenn ich sage pressen, dann meine ich auch pressen! Ich mach' keine Witze!« Zu dieser Zeit weinte ich schon. Aber es gelang mir, das gerade lang genug zu unterbrechen, um ihm höflich zu erklären, daß ich soeben beschlossen hätte, einen Kaiserschnitt zu wollen. Ob er bitte auf der Stelle den Anästhesisten holen könne?

Zum Glück tauchte in diesem Augenblick ein wundervoller, sanfter Engel in Form einer Hebamme auf, die mich irgendwie überredete zu pressen, und zwar richtig.

Plötzlich erfüllte der Schrei eines Babys das Zimmer.

Das Schönste an den Wehen ist das herrliche Gefühl, wenn sie aufhören. So abrupt in das Land SCHMERZLOS einzutreten, nachdem man vorher ein paar Stunden lang in Fetzen gerissen worden ist, erzeugt etwas, was man wohl nur als Euphorie des Augenblicks bezeichnen kann. Wenn dann noch hinzukommt, daß einem mit den schlichten Worten: »Hier ist Ihr Sohn (Ihre Tochter)« ein kleines Wunder in die Arme gelegt wird, dann fällt man in Ekstase. Ich bin niemals so glücklich gewesen wie in dem Augenblick, als man mir eines meiner Kinder in die Arme legte und ich sanft die feuchte Wange küßte.

Michel war vollkommen. Ein wunder-, wunderschöner kleiner Junge.

Marc und ich sahen uns an, völlig erschöpft. Irgendwie war es uns fehlerhaften Geschöpfen gelungen, dieses andere Leben zu erwecken, dieses vollkommene, über alle Maßen reizende Wesen, diese Unschuld, die unserer Obhut anvertraut war. Wir wußten bereits, daß die Aufgabe, ihn zu behüten und anzuleiten, die härteste Arbeit war, die das Leben für uns bereithielt. Trotzdem waren wir glücklich darüber, an seiner Entstehung beteiligt gewesen zu sein. Dieses Baby war ein völlig eigenständiger Mensch, getrennt von Marc und mir, und doch spiegelte es das Beste und Wertvollste von uns wider, verlangte nach unserer Vervollkommnung. Unter die Erleichterung, Erschöpfung und Freude in Marcs und meinen Augen mischte sich eine unausgesprochene Ehrfurcht, ein gegenseitiges »Danke« dafür, daß wir miteinander diesen harten Weg gegangen waren, daß wir uns dieses Baby geschenkt hatten.

Marc nahm das Neugeborene in die Arme und murmelte ein zärtliches Willkommen: »Michel ... *mon fils* ...«

Ich stieß ein stummes Dankgebet aus und überließ mich dann diesem Augenblick reinster Freude.

Diese Freude sollte noch eine kurze Weile anhalten. Seltsamerweise verspürte ich am nächsten Morgen keinerlei Anzeichen von Depression oder Launenhaftigkeit, nur eine mildere Version dieser glücklichen Euphorie. Die ersten Tage von Daniels und Anne-Maries Leben waren ein wenig von der Sorge überschattet gewesen, ob ich der Aufgabe wohl gewachsen sein würde. Ich sorgte mich, ob ich sie ausreichend stillen könnte, diskutierte über jedes kleine Schnüffeln und Niesen, jedes Zucken des Körpers. Bei Michel war ich schon erfahren, zuversichtlich, unbeschwert in meiner Mutterrolle und wußte genau, was ich zu tun hatte. Ich genoß seine ersten Tage in vollen Zügen, wiegte ihn friedlich an meiner Brust.

Ich freue mich, daß ich diese Zeit so ausgiebig genossen habe, denn die Dunkelheit, die in der Nähe gelauert hatte, überrollte uns schnell und heftig nur vier Tage nach seiner Geburt. Die Zeit der Trauer stand bevor.

Am 18. Dezember, zwei Tage nach meiner Entlassung aus dem Krankenhaus, machten Marc und ich uns mit Anne-Marie und Michel wieder auf den Weg zum Universitätskrankenhaus, um unseren Termin bei Dr. DeCarlo wahrzunehmen. Daniel war mit Patsy zu Hause geblieben. Es war ein kalter, regnerischer Tag. Wir redeten unterwegs nicht viel, hielten einfach unsere Kinder im Arm und dachten über sie nach.

Anderthalb Stunden lang befragte uns Dr. DeCarlo ruhig und freundlich in allen Einzelheiten. Schließlich legte sie ihren Stift nieder und sah mich an. Ihr Ton war freundlich, aber ernst.

»Ich kann Ihnen wohl versichern, daß Anne-Marie physisch gesund ist. Sie scheint auch intelligent und aufmerksam. Aber . . .«

Mein Herz fing an zu hämmern; meine Hände waren plötzlich feucht.

». . . ich glaube, es gibt Grund zu der Annahme, daß Ihre Vermutungen korrekt waren, Mrs. Maurice . . .«

Ich nehme alles zurück! Tut mir leid, daß ich diese ganze dumme Sache in Gang gesetzt habe! Meine Gedanken überschlugen sich in stummem Entsetzen, als ich versuchte, diesen Schlag abzuwehren.

»Anne-Marie weist das Profil eines Kindes mit einer Entwicklungsstörung auf . . .«

O Gott. Laß das nicht zu.

». . . Sie sollten umgehend noch andere Spezialisten aufsuchen, aber ich glaube . . .«

O bitte, sagen Sie es nicht.

». . . daß ihre Geschichte und die Symptome auf frühkindlichen Autismus schließen lassen.«

Ich spürte den Schlag fast körperlich. Eine Faust bohrte sich in meine Brust. Aus dem Reflex der Selbstverteidigung heraus versuchte ich, einfach zu streichen, was die Ärztin sagte. Wenn ich Augen und Ohren verschloß und in der Zeit zurückging, dann würden wir nicht hier sitzen, dann würde sie das alles nicht mehr sagen. Verrückte Gedanken überschlugen sich: Komm Marc, laß uns heimfahren! War eine dumme Idee, hierher zu kommen. Warum hatte ich das getan? Ich mußte ja immer und immer wieder von Anne-Marie und Autismus reden, und jetzt hatte ich dieses Ungeheuer erschaffen! Ich verspreche es, ich mache mir wirklich keine Sorgen ihretwegen, es geht ihr gut! Ich werde nie wieder davon reden, ich verspreche es!

Das Baby fing zu weinen an. Ich nahm meinen Sohn automatisch in den Arm und starrte die Ärztin an. Tränen stiegen mir in die Augen. Woher kamen die? Ich verspürte keinen Kummer, nur Schock. Und eine betäubende Angst.

Marc fing an, Fragen zu stellen. Ich wandte mich ihm langsam zu. Diesen Blick hatte ich nur ein einziges Mal an ihm gesehen, damals, als er seinen leblosen erstgeborenen Sohn in den Armen hielt. Sein Gesicht war blaß, seine Augen entsetzt, sein Mund verkniffen.

Wir wußten schon ein bißchen über Autismus. Und was wir wußten, war sehr, sehr schlimm.

3. Kapitel

Wir stellten Dr. DeCarlo nur die wenigen Fragen, die uns in diesem Augenblick am wichtigsten schienen:

»Wie lautet die Prognose?«

»Im Augenblick kann niemand sagen, wie schwer sie betroffen ist. Sie ist noch so jung. Ich kann Ihnen aber versichern, daß sie nicht geistig zurückgeblieben scheint. Häufig leiden Kinder mit dieser Diagnose zusätzlich noch unter einer schweren geistigen Behinderung, die alles noch komplizierter macht.«

»Was sollen wir tun?«

»Fangen Sie sofort mit einer Therapie an, auch wenn die Diagnose noch nicht eindeutig ist. Je früher sie damit anfängt, desto größere Fortschritte kann sie erzielen.«

»Fortschritte.« Da war es wieder, dieses höfliche Wort. Immer wieder wurde es in den Artikeln verwendet, die wir bisher gelesen hatten – aber niemals Wörter wie »Heilung« oder »Erholung«. Etwas wußten wir schon, als wir in Dr. DeCarlos Sprechzimmer saßen: daß Autismus für eine lebenslange Behinderung gehalten wurde und daß die meisten Ärzte der Ansicht waren, unsere Tochter würde niemals normal sprechen, handeln oder lieben lernen.

Wir fuhren im Taxi mit Anne-Marie und Michel heim. Weder Marc noch ich wußten, was wir sagen sollten. Der graue, kalte Tag zog sich hin. Taxis hupten, Busse rumpelten durch die Stadt, die Leute gingen ihren Geschäften nach. Das Leben – mit seinem Kaufen und Verkaufen, dem

Aufstehen, Arbeiten und sich Beschäftigen – geht immer weiter, als wäre nichts geschehen.

Aber wir machten nicht einfach so weiter. Etwas hatte sich geändert. Wir waren aus dem Hauptstrom herauskatapultiert worden und wechselten jetzt Zeit und Raum. Noch kannten wir weder Ausmaß noch Grenzen, aber wir waren sicher, daß die neue Dimension von den dumpfen Tönen des Kummers widerhallte. Es gibt Augenblicke – nicht viele –, die uns wie unumkehrbare Sprünge vom Bekannten ins Unbekannte erscheinen, Augenblicke, in denen der glatte Fluß der Zeit zu einer Sturzflut wird; wir werden in eine Zukunft geschleudert, die plötzlich bedrohlich, erschrekkend geworden ist. »Aber ich will diesen Weg nicht gehen!« rufen wir verängstigt. »Ich will zurück. Soll doch das Kind eines anderen Leukämie haben. Soll doch die Mutter eines anderen sterben, eine andere Frau von ihrem Mann verlassen werden. Ich bin nicht bereit! Ich bin nicht bereit, meine süßen Tage, den Trost meiner Nächte aufzugeben. Ich *will* nicht.«

Dieser Schrei ist alte Gewohnheit. Wir bilden uns ein, die Kontrolle zu haben, selbst wenn die Wahrheit uns böse und indifferent anstarrt. »Egal, ob du schwimmst oder untergehst, du hast es mit mir zu tun«, flüstert die Stimme der Katastrophe. »Ob du mich nun haben willst oder nicht, ich bin hier, für immer und ewig. Es steht nicht in deiner Macht, mich zu ändern. Ich werde dich verändern.«

So erging es uns in diesem Augenblick. Ich wußte nicht, was Marc empfand, aber ich war in diese zeitlose Dimension eingetreten. Ich konnte nicht mehr zurück: Ich wußte, vor mir lag ein furchtbarer Verlust. Mit meiner ganzen Willenskraft wehrte ich mich dagegen. Ich klammerte mich an die Gegenwart, war mir bewußt, daß ich mich in gedämpfter Unwirklichkeit bewegte, in einem Kokon der Gefühllosigkeit, aber dennoch nahm ich undeutlich wahr, daß außerhalb davon meine Welt zerbrach.

Wir kamen heim. Ich bewegte mich wie ein Roboter. Ich legte das Baby aufs Sofa, um die Windel zu wechseln. Aufmerksam hörte ich dem zu, was Daniel mir erzählte. Es war sehr wichtig, daß ich ihm antwortete, die richtigen, zu einem korrekten Satz verbundenen Wörter verwendete. Verdränge es, verdränge es, denk noch nicht daran, beschwor mich mein Verstand.

»Was hat die Ärztin gesagt?« wollte meine Schwester Burke wissen, die bei uns war.

»Sie ist wahrscheinlich autistisch«, antwortete ich. Sorgfältig formte ich die Wörter in meinem Mund. Wieder waren die Tränen da – komisch, daß sie so locker saßen. Dabei hatte ich noch nicht einmal angefangen, den Schmerz zuzulassen. Autismus, Autismus, Autismus, hämmerte es wie eine dumpfe Trommel. Noch immer war dieses Geräusch da draußen, überall um mich herum, drang auf mich ein, ergriff mich aber noch nicht.

Sorgfältig organisierte ich Haushalt und Kinderversorgung. »Anne-Marie und Daniel müssen jetzt essen, und Michel sollte ein paar Stunden schlafen. Ich komme bald wieder. Ich habe einiges zu erledigen.« Ich ging ins Schlafzimmer.

Marc folgte mir enttäuscht und unschlüssig. »Catherine, ist mit dir alles in Ordnung?«

»Marc . . . ich . . .«

»Was ist los?«

»Entschuldige. Es tut mir leid.«

»Wie meinst du das? Entschuldige?«

»Es ist meine Schuld. Ich habe dir das angetan.«

»Wovon sprichst du?«

»Ich wollte die Kinder kurz hintereinander, und jetzt sieh dir an, was ich getan habe!«

Ich hatte diesen Alptraum hervorgerufen. Ich war mir dessen ganz sicher. Entweder war Anne-Marie autistisch geworden, weil ich ihr nicht genug Aufmerksamkeit geschenkt hatte, oder ich hatte dafür gesorgt, daß alle sie für autistisch hielten, weil ich zuviel darüber gelesen und gesprochen hatte.

Traurig und verwirrt nahm Marc mich in die Arme. »Es ist nicht deine Schuld, Liebling. Wir werden dagegen ankämpfen. Es muß doch irgend etwas geben, was wir tun können. Ich glaube einfach nicht, daß es nichts gibt, was wir tun können!«

Aber ich konnte nicht mit ihm reden. Schon gar nicht konnte ich darüber sprechen, was wir mit Anne-Marie *tun* würden, denn in diesem Moment konnte ich mir nicht einmal gestatten, ihren Namen auch nur zu denken. Ich verließ das Haus, um meine Besorgungen zu machen.

»Herzlichen Glückwunsch zum neuen Baby, Mrs. Maurice!« rief mir der Pförtner in der Halle zu. »Wie heißt der Junge denn?«

»Michel.«

Bei meinem gleichgültigen, ausdruckslosen Ton machte der Mann ein langes Gesicht. Ich wußte, daß meine Stimme hohl und hölzern klang, aber ich konnte es nicht ändern. Er war da draußen und rief mir seine freundlichen Worte über einen tiefen Abgrund hinweg zu. Ich war hier drinnen, und es kostete mich enorme Mühe, hier zu bleiben. Ich mußte meine Worte über diesen breiten Abgrund schleudern. Ich mußte sie zusammensetzen und ihm entgegenwerfen, und ich mußte mich ganz fest an die Normalität klammern.

Autismus. Eine Frau in der Bank redete ungeduldig auf mich ein. Ich war die erste in der Schlange und stand einfach nur da. Oh, Verzeihung. Ich rückte auf.

Autismus. Schwerwiegend. Lebenslang.

Wieder sammelte ich die Bruchstücke der sich auflösenden Realität zusammen und öffnete den Mund, um mit der Bankangestellten zu sprechen. Wieder kamen die Worte übermäßig beherrscht und mühsam über meine Lippen. Es wurde immer schwieriger. Mein Mund, meine Zunge, meine Stimmbänder schienen eingefroren; das Bilden von Sätzen, das Übermitteln einfachster Informationen wurde zu etwas Unwirklichem, Traumhaftem. Das Wort selbst wirkte zerbrechlich, als wollte es jeden Augenblick auseinanderfallen. Ich war es, die alles in Gang hielt, die die Höflichkeiten, die Geschäftigkeit, den Sinn und Zweck des Lebens aufrechterhielt.

»Oh, wie ich sehe, haben Sie Ihr Baby schon, Mrs. Maurice!« rief die Apothekerin aus.

»Ja.«

Schweigen.

»Ich brauche Windeln für Neugeborene«, erklärte ich, konzentrierte mich angestrengt und versuchte, meinen Blick auf sie zu heften, ». . . und zwölf Sauger . . . und ein paar Flaschen Babynahrung, bitte.«

»Gern.« Sofort wurde sie wieder geschäftig. Hatte ich sie erschreckt? Sie mußte glauben, mit dem Baby sei etwas nicht in Ordnung. Ich mußte sie beruhigen. Ja, es war wichtig, daß sie sich nicht aufregte.

»Dem Kleinen geht es gut. Er ist ein sehr hübsches Kind.«

»Oh, das freut mich.«

Hübsch wie sein Bruder.

Unendlich kostbar wie seine Schwester.

Seine Schwester . . . meine Tochter . . . meine Anne-Marie . . . O Gott!

Der erste Schluchzer stieg in mir auf, explodierte. Tränenblind stürzte ich aus dem Laden. Denk nicht daran! Sag ihren Namen nicht! Verdränge alles! Aber das Wort hatte sie jetzt eingeholt, hatte sie bereits in einen dunklen Umhang aus Geheimnis und Andersartigkeit gehüllt. Ihre süßen Augen. Autismus. Ihr zarter Mund. Autismus. Meine Kleine, deren Augen einst zu mir aufgelacht hatten – wo steckte sie? Wer war sie? Meine letzten Schutzwälle brachen auf einem Trottoir in New York zusammen, als ich das

Wort schließlich in mein Leben eindringen ließ, als ich ihm gestattete, meine Tochter zu ergreifen. Ja, sie ist autistisch. In diesem Augenblick der Kapitulation brach mein Herz, das sich so hartnäckig geweigert hatte. Schluchzend trat ich den Heimweg an, zurück zu meinen Kindern. Ich wollte sie umarmen. Sie alle. Für immer und ewig. Konnte ihnen im Schutz meiner Arme denn irgendein Leid geschehen?

4. Kapitel

Die folgenden Tage erschienen mir seltsam unwirklich, wie ein Alptraum.

Es fiel uns schwer, unser Zeitgefühl zu bewahren. Wir befanden uns inmitten eines Wirbelsturms. Michel wurde am 14. Dezember geboren. Am 18. Dezember erhielten wir Anne-Maries Diagnose. Weihnachten stand vor der Tür. Ich erinnere mich, daß meine Eltern und meine Schwester Debbie mit ihrer Familie am 19. oder 20. Dezember zu Besuch kamen. Sie brachten Geschenke für Daniel und Anne-Marie und Babysachen. Ich weiß noch, daß ich dachte: Gott sei Dank kümmert sich jemand um Geschenke für die Kinder. Wir erhielten Blumen zu Michels Geburt. Jemand schickte eine Flasche Champagner, jemand anders einen riesengroßen blauen Luftballon: »Hurra, ein Junge!« Das Telefon läutete unaufhörlich: Freunde gratulierten uns, hörten dann entsetzt zu, wenn wir versuchten, ihnen die Sache mit Anne-Marie zu erklären; Dr. Baxter rief mich aufgrund meiner verzweifelten Anrufe zurück; Verwandte aus Chicago, Long Island, Kalifornien versicherten uns: »Wir beten für euch«; Marcs Eltern fragten besorgt: *»L'autisme? Qu'est-ce que c'est? C'est sérieux?«*

Wir wußten nicht, was wir den Leuten erzählen sollten. Wir wußten nicht, wo wir uns informieren konnten. Wir kannten zwar den Namen der Krankheit, die Anne-Maries Zukunft so plötzlich verdunkelt hatte, aber wir wußten so gut wie gar nichts darüber.

Ich hatte mich noch nicht einmal von der Geburt erholt. Meine Brüste waren geschwollen und schmerzten, als die Milch einschoß, meine Augen brannten nach langer Schlaflosigkeit, und ich fühlte, wie meine Welt aus den Fugen geriet. Zuviel passierte: Weihnachten, die Geburt von Michel, Anne-Marie, der es von Tag zu Tag schlechter zu gehen schien. Telefon, Kinder- und Krankenpflege, Blumen, Autismus. Fragen über Fragen, und niemand da, um sie zu beantworten. Daniel, dem man zuhören mußte, und das Baby, das in den Arm genommen werden wollte. Weihnachtsbeleuchtung und Fröhlichkeit überall, Menschen, mit denen man sich unterhalten, Mahlzeiten, die man zubereiten sollte, und das krampfhafte Schluchzen spät nachts.

Ein Verlust folgte dem anderen. Als erstes verloren wir die Vergangenheit. In der Rückschau erkannten wir plötzlich einen Riß zwischen der Realität des vergangenen Jahres und unserer undeutlichen Wahrnehmung dieser Realität.

Anne-Marie war anders, nicht nur anders als andere Kinder, sondern auch anders als das kleine Mädchen, das wir zu kennen geglaubt hatten. Trotz unserer Befürchtungen hatten wir in ihr ein normales Kind gesehen, mit normalen Bedürfnissen, Wünschen und Spielereien.

Aber diese Spielereien nahmen jetzt, da wir sie in einem anderen Licht sahen, etwas Groteskes an.

Wieder und wieder pflegte sie mit einem Gegenstand – zum Beispiel dem Schnabel ihres »großen Vogels« – auf etwas anderes zu deuten und es zu berühren. Wenn sie ihren großen Vogel nicht finden konnte, nahm sie einen anderen spitzen Gegenstand – einen Stock, einen Löffel – und wanderte stumm durchs Haus, berührte die Wände, die Möbel, die Beine des Klaviers. Besonders von den Heizkörpern fühlte sie sich angezogen, stand davor und ließ die Finger über die Rippen gleiten, hin und her, hin und her. Wir hatten sie oft in ihrem Schlafzimmer gefunden, wo sie unter dem Bett kauerte. Sie konnte stundenlang darunter sitzen, wie hypnotisiert von der kleinen Feder auf der Unterseite des Bettgeländers. Sie hob sie an, ließ sie fallen, rauf, runter, wieder und wieder.

Weihnachten kam und ging, Silvester rückte näher, düster und bedrohlich. Ich sah meine kleine Tochter an und sah ein Kind, das ich nicht kannte, das ich nicht verstehen konnte.

Unserer Illusionen beraubt, sahen wir Anne-Marie plötzlich als Fremde. Nein, sie war nicht einfach nur »scheu«, nichts und niemand weckte ihr Interesse oder ihre Neugier – nicht einmal ihre Familie. Jetzt, da uns alles bewußt gemacht worden war, war mir plötzlich klar, wie sich ein schüchternes Kind verhalten würde. Es würde sich hinter dem Rock der Mutter verstecken und den Fremden ängstlich betrachten, aber es würde ihm trotzdem in die Augen sehen. Die Mutter wäre der sichere Hafen. Mit Lächeln, Schmeicheleien und sanften Berührungen würde man es hervorlocken.

Aber Anne-Marie war ganz und gar nicht so. Anne-Marie war nicht schüchtern; sie bemerkte andere Menschen überhaupt nicht, ging ihnen manchmal einfach aus dem Weg, selbst ihrer eigenen Mutter. Sie zog sich in einsame Winkel zurück: in Zimmerecken, hinter die Vorhänge, hinter den Sessel. Wenn ich mich irgendwo in der Wohnung aufhielt, suchte sie mich nie, sondern verbrachte Stunden damit, mit einem Spielzeug zu hantieren oder mit dem Finger in den Teppich zu bohren. Wenn Besucher kamen, schenkte sie ihnen höchstens einen flüchtigen Blick, ehe sie sich mit ausdruckslosem Gesicht abwandte, trotz aller Bemühungen der anderen, freundlich zu sein.

Nein, sie lernte nicht einfach nur spät sprechen; sie war ein Kind, das einige wenige Wörter – hauptsächlich Substantive – gelernt und diese fast alle vergessen hatte.

Auch verstand sie fast nichts. Es war erschreckend, das jetzt begreifen zu müssen. Natürlich verstehen normale

Kinder, dachte ich und schalt mich selbst, weil ich nicht gesehen hatte, was jetzt so offensichtlich war. Kinder verstehen lange, ehe sie sprechen lernen. Sie verstehen vielleicht nicht alles, was sie hören, aber sie verstehen ganz gewiß Ausdrücke wie »Zeit zu baden«, »Mittagessen«, »Willst du spazierengehen?«. Die Kinder meiner Freunde, meine Nichten und Neffen, Daniel, sie alle zeigten schon lange vor ihrem zweiten Geburtstag, daß sie viel verstanden.

Aber Anne-Marie verstand nichts. Vergeblich nahm ich ihre Hand und wiederholte meinen Satz in einfacheren Worten: »Anne-Marie, willst du nach draußen gehen?« – »Spazierengehen?« Nichts schien mehr zu greifen, nicht einmal die wenigen Wörter, die einst ihr Interesse geweckt hatten.

Mein Vater, ein ehemaliger Lateinlehrer, erklärte mir das Wort »Autismus« zum erstenmal richtig. »Vom griechischen Wort für ›Selbst‹«, erklärte er. »Es hat denselben Stamm wie ›autonom‹, ›automatisch‹: selbständig, unabhängig, nach eigenen Gesetzen lebend.« Es war keine medizinische oder psychiatrische Beschreibung, und es hätte mir schon früher klar sein müssen. Auf jeden Fall stimmte es mit dem überein, was ich nun über Anne-Marie entdeckte. Für mich verlieh es ihrer Andersartigkeit in gewisser Weise Gestalt, einer Andersartigkeit, die in beängstigender Geschwindigkeit zuzunehmen schien. Im wesentlichen lief es auf folgendes hinaus: Daniel sog gierig alles an Leben und Liebe und Wissen in sich auf, was wir ihm geben konnten; Anne-Marie igelte sich immer mehr ein, stumm zog sie sich von jedem zurück, driftete immer weiter in eine geheime, innere Welt ab.

Das lag nicht nur daran, daß sie die Sprache nicht verstand. Sie schien ihre Umwelt überhaupt nicht wahrzunehmen. Sie versuchte nicht herauszufinden, wie ihre Welt funktionierte, lernte nichts über Schlüssel, die in Türen paßten, über Lampen, die aus gingen, weil man einen Schalter betätigte, über Milch, die im Kühlschrank »wohnt«. Daniel hatte schon mit einem Jahr versucht, den Sauger auf sein Fläschchen zu bugsieren. Hatte Anne-Marie irgendwann einmal demonstriert, daß sie verstand, sich erinnerte, etwas von einem Tag zum anderen hinüberrettete, die einfachsten Dinge aus der Welt, in der sie lebte? Von dieser Art zu lernen bemerkten wir fast nichts. Wenn sie sich überhaupt auf etwas konzentrierte, dann auf winzige Staubkörnchen oder Haare, die sie vom Teppich aufhob, um sie intensiv zu mustern.

Noch schlimmer war, daß sie die Gefühle anderer Menschen nicht wahrzunehmen schien. Ich kann mich erinnern, daß ich mich mit Daniel schon lange, ehe er sprechen konnte, »unterhalten« habe – er war damals noch ein Baby. Ich hatte mit ihm gelacht, hatte seine Freude geteilt, seine Aufregung, als er im Zoo in der Bronx zum erstenmal einen lebenden Bären gesehen hatte. Ich kann mich an seine Angst vor plötzlichen Geräuschen oder fremden Gesichtern erinnern, daran, wie er trostsuchend die Ärmchen nach mir ausstreckte, wann immer er mich brauchte. Wann hatte Anne-Marie im vergangenen Jahr irgend etwas mit mir geteilt? Wann hatte sie das letztemal auf mich reagiert, mit mir Kontakt aufgenommen? Wenn hinter diesem traurigen, ausdruckslosen Gesicht irgend jemand steckte, dann versuchte dieser Jemand nicht, auf eine mir bekannte Art mit einem von uns Kontakt aufzunehmen.

Es gab mir einen Stich, als mir klar wurde, daß sie mich niemals gerufen, niemals von der anderen Seite eines Zimmers aus »Mama« gesagt hatte, um meine Aufmerksamkeit auf sich zu ziehen.

Überhaupt – wann hatte sie dieses Wort zum letztenmal auch nur imitiert, es mir nachgesprochen?

Man hatte uns die Augen geöffnet, und jetzt sahen wir so viel mehr, als wir sehen wollten: Sie schien fast nicht zu kommunizieren, auch nicht ohne Worte. Kein Lächeln, kein

Nicken, kein Kopfschütteln, kein Gestikulieren, Achselzukken, Nachahmen unseres Gesichtsausdrucks. Früher einmal hatte sie Winke-Winke gemacht. Jetzt ahmte sie diese Geste nur noch selten nach. Selbst das Zeigen mit dem Finger – was sie im Alter von zehn, elf Monaten sehr oft getan hatte verschwand. Wenn sie etwas haben wollte – ein Spielzeug, etwas zu essen, eine Flasche –, ergriff sie das Handgelenk des nächstbesten Erwachsenen, wobei sie niemals aufsah, und schob die Hand auf den gewünschten Gegenstand zu.

Am schlimmsten jedoch war das Fehlen dieser ersten Kontaktaufnahme, dieses süßen, festen Blicks eines Kleinkinds in die Augen der Erwachsenen, wie wir es überall um uns herum beobachten konnten.

Dr. DeCarlo hatte uns nach Blickkontakt gefragt, und in den ersten Tagen nach ihrer Diagnose war uns plötzlich aufgefallen, wie selten unsere Tochter irgend jemanden direkt ansah. Im Lauf der Zeit wurde es schlimmer. Im Vergleich zu Daniels eifrigem, forschendem, neugierigem Blick fielen Anne-Maries flüchtige Blicke und ihre niedergeschlagenen Augen nur noch mehr auf. Ihr Blickkontakt war auf ein kurzes desinteressiertes Flackern zusammengeschrumpft.

Manchmal ertappte ich sie dabei, wie sie in meine Richtung schaute. Dann zuckte ich zusammen, um ihrer Einladung zu folgen, ihrem Blick zu begegnen. Aber zu meinem Schrecken war ihr Blick auf einen Punkt zwischen mir und der Wand hinter mir geheftet. Sie sah mich überhaupt nicht. Sie sah einfach durch mich hindurch!

Dr. DeCarlo hatte uns gefragt, ob Anne-Marie unser Verhalten nachahmte. Wir hatten überlegen müssen. Imitierte sie uns? Ja . . . ich meine . . .

Unsicher hatten wir uns angesehen. Wenn man so darüber nachdachte, imitierte sie uns vielleicht doch nicht, nicht viel jedenfalls, nicht in letzter Zeit.

Ob wir ihr ein *bestimmtes* Beispiel nennen konnten, wann und worin uns Anne-Marie imitiert hatte?

Äh . . . nicht im Augenblick . . .

In den ersten Wochen nach Dr. DeCarlos Diagnose wurde dieser Mangel an Nachahmung täglich offensichtlicher. Anne-Marie war jetzt fast zwei Jahre alt, aber ich hatte sie noch nie dabei beobachtet, wie sie den Telefonhörer nahm und hineinplapperte. Noch nie hatte sie mir »geholfen«, den Tisch abzuwischen, noch nie in die Hände geklatscht, meine Bürste genommen, um sich die Haare zu bürsten, noch nie versucht, ihre Schuhe anzuziehen oder ihre Mütze aufzusetzen. Ich dachte an Daniel, der mit knapp über einem Jahr eine Nagelfeile genommen und versucht hatte, seine Babynägel zu feilen, wie er es bei mir gesehen hatte.

Ich dachte an alle Zweijährigen, die ich jemals gesehen hatte; plötzlich begriff ich, daß es genau das ist, was sie tun; sie ahmen nach. Eines Morgens beschließen sie beispielsweise, Pfannkuchen zu machen. Also schütten sie Mehl in eine Schüssel, lassen die Eier auf den Boden fallen und bringen die ganze Küche durcheinander, ehe man eingreift und dafür sorgt, daß sie ihre ausgesprochen ernste Arbeit zu einem annehmbaren Ende bringen. Sie sind außer sich vor Freude, wenn man ihnen erlaubt, bei der Wäsche zu »helfen«; strahlend werfen sie die roten Socken mit den weißen Hemden zusammen und versuchen, die ganze Packung Waschpulver in die Trommel zu schütten. Morgens »rasieren« sie sich zusammen mit Papa, und abends schmieren sie sich Mamas Lippenstift ins Gesicht. Sie wollen einfach dazugehören.

Anne-Marie wollte allein sein.

Dieses Eingeständnis von Anne-Maries Beeinträchtigung, dieses Annehmen des vollen Ausmaßes ihrer Andersartigkeit wechselte immer noch mit sporadischen Ausbrüchen des Leugnens ab. An manchen Tagen saß ich da und beobachtete sie, prüfte mit kaltem Entsetzen jedes Anzeichen asozialen oder wunderlichen Verhaltens. Aber noch war Dr. DeCarlos Diagnose von niemandem bestätigt worden, noch immer gab es Augenblicke, in denen ich in Anne-Maries hübsches Gesicht sah – beinahe selbst davon überzeugt, daß alles nur ein absurdes Mißverständnis war, verbreitet von mir und den Ärzten. Sie schien keinen Gehirnschaden zu haben. Sie wirkte nicht geistig zurückgeblieben. Wenn man sie ansah, sah man einfach nur ein süßes kleines Mädchen.

Eines Tages, zwischen Dr. DeCarlos Diagnose und einer Nachuntersuchung durch einen anderen Arzt, rief meine Mutter an. Sie war mir immer eine liebevolle Stütze, die mir in dieser schlimmen Zeit stundenlang geduldig zuhörte.

»Weißt du, Mom«, erklärte ich ihr, »die Diagnose basiert ausschließlich auf Beobachtungen ihres Verhaltens. Es gibt keine Blutuntersuchung, keine Computertomographie, keine Röntgenaufnahme, aus der sich definitiv schließen ließe, ob sie autistisch ist oder nicht. Ich habe Beschreibungen solcher Kinder gelesen, aber ich glaube immer noch nicht, daß Anne-Maries Verhalten ganz genau in dieses Schema paßt. Sie wiegt sich nicht, sie schreit nicht oder zuckt zusammen, wenn man sie berührt, sie reiht keine Gegenstände auf. Vielleicht irrt Dr. DeCarlo sich auch. Außerdem habe *ich* das Wort Autismus ins Spiel gebracht. Vielleicht hab' ich die Ärzte so beeinflußt, daß sie bei einem Kind, das einfach nur von der Norm abweicht, Autismus gesehen haben.«

Immer, wenn wir uns unterhielten, hörte meine Mutter zu, ließ mich alles sagen, was ich gerade loswerden mußte. Sie erlaubte mir meine Verzweiflung oder meine Hoffnung, ohne mir ihre eigene Meinung aufzudrängen. Nur ein einziges Mal korrigierte sie sanft und traurig eine übertrieben optimistische Bemerkung, die ich über Anne-Marie gemacht hatte.

Seufzend meinte sie: »Daddy und ich fanden neulich, daß sie sehr in sich gekehrt wirkte.«

Dazu konnte ich nur schweigen. Ich wußte, daß »in sich

gekehrt« eine recht genaue, ja sogar freundliche Beschreibung von Anne-Maries Verhalten war.

Wir legten unsere naiven Erwartungen auf professionelle Hilfe sehr schnell ab. Ich hatte gedacht, daß unser Kinderarzt wie ein rettender Held auftauchen und uns sagen würde, was wir tun mußten. »Ach, sie ist als autistisch eingestuft worden?« hörte ich ihn in meiner Vorstellung sagen. »Dann müssen Sie mit ihr sofort Dr. X und Dr. Y aufsuchen; sie muß die und die Behandlung bekommen. Hier haben Sie ein Übungsprogramm, das Sie mit ihr machen sollten. Und hier eine Liste von Therapeuten, die Sie anrufen können. Ich werde mich darum kümmern, daß dieses Problem gelöst wird. Sorgen Sie dafür, daß mir alle Berichte zugeschickt werden.« Er war die Autorität; schließlich hatte er sich um alle anderen medizinischen Probleme bei Anne-Marie »gekümmert«. Doch wir wurden unserer Illusionen sehr schnell beraubt.

Ich schrieb ihm einen langen Brief, in dem ich das Für und Wider des Falles »Anne-Marie und Autismus« erläuterte. Ich wartete neben dem Telefon, hoffte auf die günstige Beurteilung, mit der er gewiß reagieren würde; ich wollte, daß er mir bestätigte, daß ich ausreichend verdeutlicht hatte, daß es sich um eine Fehldiagnose handelte. Und wenn das nicht der Fall sein sollte, so erwartete ich, daß er mir zumindest sagen würde, was ich nun tun sollte.

Endlich rief er an, müde und erschöpft nach einem langen Tag voller Erkältungen, Windpocken und Ohrenentzündungen – und, soviel ich weiß, einigen Kindern mit Krebs im Endstadium.

»Ich habe Dr. DeCarlos Bericht gelesen«, erklärte er. »Dr. DeCarlo hält sie für autistisch.«

»Ja?« Sollte es das gewesen sein? War der Fall damit abgeschlossen?

»Wir haben ja schon über diese Möglichkeit gesprochen«, fuhr er fort.

Ja! Haben wir! Und Sie haben sie verworfen! Ein Protestschrei stieg in mir auf, aber ich blieb stumm. Was half es schon, über das Gewesene zu streiten? Ich mochte Dr. Baxter und wollte nicht mit ihm streiten. Er war ein sanfter, freundlicher und fürsorglicher Arzt, dessen Sachverstand und Wissen ich immer vertraut hatte. Ich verstand einfach nicht, warum er sich in dieser Krise so von mir distanzierte – dabei war dies so viel ernster als alles, was wir bisher gemeinsam durchgestanden hatten, einschließlich Daniels Asthma. Doch jetzt am Telefon war er reserviert und kühl. Ja, wir hatten über diese Möglichkeit gesprochen, und Dr. DeCarlo hatte sie jetzt bestätigt. Es hatte keinen Sinn zu streiten. Oder einen Angstschrei auszustoßen.

Dr. Baxter redete weiter. Er forderte mich auf, eine Fernsehsendung mit dem Titel *St. Elsewhere* anzuschauen. Scheinbar spielte dort ein autistischer Jugendlicher eine Rolle. Er empfahl mir, die Sendung anzusehen, damit ich eine Vorstellung davon bekam, was genau Autismus war. Lief sein Anruf darauf hinaus? Sollte ich nur herausfinden, was es war, und mich dann damit abfinden?

Aber ich hatte noch eine andere Frage, die sich in meinem Hinterkopf festgesetzt hatte. Sie betraf Anne-Maries Zukunft.

»Muß sie in ein Heim?«

»Manche Kinder müssen, wenn sie älter werden, irgendwann in ein Heim.«

»Verstehe. Wie . . . wie kann man ihr helfen?«

»Ich weiß nicht, ob man jetzt schon irgend etwas tun kann. Aber geben Sie die Hoffnung nicht auf. Ich glaube, daß in den nächsten zehn, zwanzig Jahren etwas gefunden werden wird, womit man diesen Kindern helfen kann. Denken Sie doch nur daran, was mit all den manisch-depressiven Patienten geschehen ist, nachdem das Lithium entdeckt wurde.«

Vorsichtig legte ich auf. Das, was Dr. Baxter unter Hoffnung verstand, war weit von meiner eigenen Ansicht entfernt. Es hatte nichts mit der momentanen Realität zu tun. Deutlicher hätte er mir gar nicht zeigen können, welche Rolle er spielen würde. Dies war nicht sein Problem; es war unseres.

Bei der Diagnose »Autismus« werden üblicherweise wenigstens drei oder vier, manchmal sogar fünf Spezialisten aufgesucht, um eine übereinstimmende Meinung zu erhalten. Ein normales Kind erscheint heute vor dem einen Arzt vielleicht still und in sich gekehrt, aber morgen vor einem anderen ausgesprochen kooperativ. Ärzte müssen sich ganz sicher sein, ehe sie das Wort »Autismus« Eltern gegenüber erwähnen. Psychiater und Psychologen sehen sich ungern Schmerzensgeldforderungen gegenüber, weil sie durch eine falsche Diagnose seelisches Leid ausgelöst haben.

Hinzu kommt, daß die Diagnose bei einem sehr kleinen Kind wie Anne-Marie ganz besonders schwierig ist. Das volle Ausmaß, die Schwere der Symptome ist vielleicht noch nicht so deutlich wie bei einem vierjährigen Kind. Auch ist es an und für sich noch kein Symptom von Autismus, wenn ein Kind nicht spricht. Viele Zweijährige haben noch keinen großen Wortschatz, und viele Zweijährige sind recht verschlossen. Es müssen noch andere Symptome vorliegen und von mehreren Menschen bestätigt werden, ehe man eine sichere Diagnose stellen kann. Anne-Marie war noch sehr jung, und Dr. DeCarlo hatte uns gedrängt, weitere Meinungen einzuholen.

Dr. Berman von der Psychiatrischen Klinik Payne Whitney am New York Hospital war uns von einer Freundin empfohlen worden, die durch eine Bekannte gehört hatte, daß er »ein anerkannter Experte«, »einer der besten seines Fachs« sei. (Wie oft sollten wir in den folgenden Monaten noch so etwas hören! »Dr. Smith ist *der Allerbeste.*« »Habt Ihr etwa noch nie von Dr. Jones gehört?« »Ihr müßt sie unbedingt Dr. Brown vorstellen. Er ist die Nummer eins auf diesem Gebiet.«) Also zogen wir eines Abends los, um zu sehen, ob der anerkannte Experte uns und Anne-Marie irgendwie helfen konnte.

Mit schleppenden Schritten ging ich auf den Eingang von Payne Whitney zu. Was war geschehen, daß wir jetzt hierher gekommen waren? Zu dieser Zeit an diesen Ort?

»Was ist?« fragte Marc.

»Ich will da nicht hineingehen. Was machen wir mit unserer kleinen Tochter in einer psychiatrischen Klinik?«

»Ich weiß«, sagte Marc nur. Er begriff, daß mein Protest nur rhetorisch war, nichts weiter als ein hilfloser Aufschrei.

Nach einem Gespräch von einer Stunde lehnte sich Dr. Berman in seinem Sessel hinter dem großen Schreibtisch zurück und zögerte. Wir wagten kaum zu atmen, während wir auf sein Urteil warteten.

Er äußerte sich nicht eindeutig. Er schien zu sagen, daß sie autistisch sein könnte, aber vielleicht auch nicht. Sie war schließlich noch so jung. Sie wies jedoch einige Verhaltensweisen auf, zusätzlich zu der Entwicklungsverzögerung, die ihm Sorge bereiteten.

Wie meinte unsere Freundin anschließend: »Ich hätte genauso ambivalent sein können, aber ich hätte euch dafür keine zweihundertfünfzig Dollar abgeknöpft.« . . .

Ein wenig später forderte der Arzt uns auf, das Zimmer zu verlassen, während Anne-Marie allein bei ihm blieb. Er nannte uns keinen Grund dafür. Vielleicht wollte er sehen, wie sie sich ihm gegenüber verhielt, wenn ihre Eltern nicht im Zimmer waren, aber mich beunruhigte es, daß er keine Erklärung abgab. Seit meinen Fehlgeburten hatte ich mich gegen diese Art der Bevormundung gewehrt. Aber das hier war ein anderes Problem, und in unserer Angst verfielen wir wieder in die Rolle des gehorsamen Patienten, der alles tut, was der Arzt verlangt, und alles akzeptiert, was er sagt.

Nach ungefähr fünfzehn Minuten wurden wir ins Zimmer zurückgerufen. Anne-Marie versteckte sich hinter einem Stuhl. Ohne Erklärung dessen, was geschehen war, wurde das Gespräch stockend fortgesetzt.

Was genau ist Autismus? wollten wir wissen.

Der Doktor erging sich in einem historischen Überblick der Störung. Leon Kanner identifizierte Autismus 1943 als ein Syndrom, das er bei einer Untergruppe von Kindern beobachtet hatte, die als schizophren galten ... Es ließ sich durch bestimmte Verhaltensweisen charakterisieren ... in erster Linie durch extreme soziale Zurückhaltung und schlechte oder fehlende Sprachentwicklung ... Bisher kannte noch niemand die genaue Ursache, aber im Lauf der Jahre, so schloß Dr. Berman launig, hatte sie vielen Psychologen und Psychiatern eine Menge Arbeit gemacht.

Wir starrten ihn an. Einen gewissen Mangel an Mitgefühl hätten wir ja noch verstanden: Man mußte wohl ein wenig abstumpfen, wenn man fünfundzwanzig Jahre in diesem Beruf war und wer weiß wie oft die Diagnose »Autismus« gestellt hatte. Aber so sehr wir es auch versuchten, wir brachten es nicht über uns, mit ihm zu lachen.

»Was sollen wir tun, wenn sie autistisch ist?«

Er informierte uns, daß es gleich hier im Payne Whitney einen therapeutischen Kindergarten gebe. Er wußte nicht, ob wir sofort einen Platz bekommen würden, aber vielleicht konnte uns Mrs. Peters irgendwann im kommenden Herbst unterbringen.

Im Herbst? Marc und ich reagierten beide gleich. Wir waren nicht am nächsten Herbst interessiert, sondern am Jetzt! So wenig wir zu der Zeit auch über Autismus und seine Behandlungsmöglichkeiten wußten, so dringend erschien es uns doch, sofort eine Therapie mit Anne-Marie in Angriff zu nehmen. Hatte Dr. DeCarlo nicht gesagt, wir sollten schon anfangen, ehe die Diagnose auch nur bestätigt war? Bis zum Herbst waren es noch neun Monate!

Und was wurde in diesem therapeutischen Kindergarten eigentlich gemacht?

Wie es schien, gab es da mehrere Psychologen und Psychiater ... auch eine Sozialarbeiterin ... Man beobachtete die Fortschritte der Kinder sehr genau ... In regelmäßigen Abständen fanden Neueinschätzungen statt ...

Ich erkundigte mich nach der Art der Therapie – und hörte etwas über Personal und Schreibarbeit, über Einschätzungen, Nachuntersuchungen und Berichte über Fortschritte. »Aber was wird da gemacht?« wiederholte ich. »Wie sieht diese ›Therapie‹ aus?«

Wieder erhielten wir keine präzise Antwort. Ehrlich gesagt schien der Doktor nicht genau zu wissen, was in diesem Teil der Klinik vorging. Er schlug uns vor, mit Mrs. Peters, der Sozialarbeiterin, zu sprechen und das Kinderzentrum zu besuchen.

Das tat ich zwei Tage später mit Anne-Marie. Ich wurde von drei Frauen empfangen, einer Lehrerin aus dem therapeutischen Kindergarten, einer festangestellten Psychiaterin und Mrs. Peters. Niemand sagte viel, außer Mrs. Peters, die mich in ein Nebenzimmer brachte und mich darüber ausfragte, wie ich mit allem fertig wurde. Die Psychiaterin saß da und beobachtete Anne-Marie, während die Lehrerin hinter ihr durchs Zimmer lief und versuchte, mit ihr zu spielen.

Wieder versuchte ich, genau herauszufinden, was in diesem Kindergarten passierte. Gab es einen speziellen Behandlungsplan für autistische Kinder? Wieviel Einzeltherapie erhielten sie? Gab es festgesetzte Ziele für jedes einzelne Kind? Was hofften sie hier zu erreichen? Vor allem versuchte ich herauszufinden: Was konnten sie ihr bieten, was sie daheim nicht bekam oder bekommen konnte? Was bedeuteten ihre gesammelten Titel für Anne-Marie? Und konnten sie mir beibringen, wie ich Anne-Marie helfen konnte? Schließlich wurde sie immer noch die meiste Zeit mit mir verbringen.

Aber die Antworten waren enttäuschend. Im wesentlichen schienen sie nichts weiter zu versprechen als wöchentlich ein paar Stunden Liebe, Verständnis und »Akzeptanz«, einhergehend mit Bergen von Papierkram und regelmäßig stattfindenden »Konferenzen«, auf denen jeglicher Fortschritt »neu bewertet« wurde.

Ich dankte ihnen dafür, daß sie mir ihre Zeit geopfert hatten, und ging. Mein erster Entschluß war gefaßt: Anne-Marie würde nicht in den therapeutischen Kindergarten im Payne Whitney gehen.

5. Kapitel

Wenn sich Dr. Berman bezüglich seiner Diagnose auch nicht sicher war, so waren doch bald darauf unsere letzten Hoffnungsreserven erschöpft. Von Tag zu Tag verschlechterte sich Anne-Maries Zustand. Mitte Januar blickte sie nicht einmal mehr auf, wenn jemand die Wohnung betrat oder verließ. Sie hockte auf dem Boden, starrte ein Staubkörnchen an, nahm es dann im Zeitlupentempo auf, hielt es sich vor die Augen und betrachtete es hingerissen. Sie zupfte kleine Fäden aus den Teppichen oder Polstermöbeln oder riß ihrer Puppe ein Haar aus. Dieses pflegte sie dann zwischen den Fingern zu zwirbeln, unendlich fasziniert. Ein andermal wieder schien sie wie hypnotisiert von einer Kombination aus Anblick und Klang, wobei sie zwei Gegenstände vor dem Gesicht rhythmisch aneinanderschlug.

Ihre Handlungen wurden immer unverständlicher und wunderlicher. Der Panik nahe beobachtete ich, wie sie die Einzelteile eines Puzzles durchforstete. Sie hielt sie paarweise empor, immer im rechten Winkel zueinander, und starrte sie an. Oh, bitte, Kleines, bitte, tu das nicht. Warum tust du das?

Zu Weihnachten hatten wir ihr einen Teddy geschenkt. Wir hatten gehofft, sie würde ihn an sich drücken wie ein normales Kind. Statt dessen entwickelte sie ein seltsames Ritual: Wieder und wieder schob sie den Bären durch die Sprungfedern eines bestimmten Sessels.

Ihre Eigenheiten verstärkten sich ebenfalls. Seit sie zu

laufen begonnen hatte, war sie immer wieder auf Zehenspitzen gegangen, aber jetzt bewegte sie sich fast ausschließlich auf diese Art fort. Eines Tages fügte sie ihrem Repertoire etwas Neues hinzu: Während sie auf dem Boden saß und verträumt ins Leere starrte, reckte sie den Hals, hielt ihn so und fing an, mit den Zähnen zu knirschen. Es fiel mir schwer, beim Anblick dieses seltsamen Verhaltens nicht vor Entsetzen aufzuschreien. Das Gefühl von Hilflosigkeit war übermächtig. Tatsächlich wimmerte ich manchmal vor mich hin, wenn ich Zeuge eines neuen Anzeichens ihrer Fremdartigkeit wurde.

Eines Morgens, ohne vorhergehende Anzeichen von Frustration oder Zorn, hob sie beide Hände und schlug sich ruhig damit ins Gesicht: einmal, zweimal, dreimal, ehe ich zitternd zu ihr stürzte und ihre Hände zurückriß.

Es wurde immer schwerer für uns, sie überhaupt abzulenken. Entweder verbrachte sie unendlich viel Zeit damit, etwas in ihren Händen anzustarren, oder sie schlenderte ziellos von einem Zimmer ins andere, sah dabei nie Menschen, immer nur Dinge an.

Wie lange lag Michels Geburt zurück? Ein paar Wochen? Ein ganzes Leben schien vergangen zu sein. Die Tage waren zu einer Reihe langer, düsterer Stunden geworden, die ich mit grimmiger Entschlossenheit hinter mich bringen mußte. Es war wichtig, mich zusammenzureißen, für alle drei Kinder das zu tun, was ich tun mußte. Ich war ihre Mutter, sie brauchten mich, meine Liebe, meine Fürsorge. Tagsüber versuchte ich, nicht allzuviel zu weinen. Ich wollte Daniel nicht ängstigen.

Doch eines Morgens fand er mich im Schlafzimmer, wo ich mir gerade die Tränen abwischte. Erschrocken blieb er stehen. Mütter weinen schließlich nicht. Seine dunkelbraunen Augen füllten sich mit Tränen.

»Mammi, weinst du?«

»Ja, Liebling, aber es geht schon wieder.«

Er bemühte sich, zu verstehen und seine Gedanken in Worte zu fassen. Ich wußte nicht, wieviel er in dieser angsterfüllten, krisendurchsetzten Atmosphäre mitbekommen hatte. Wir hatten Anne-Marie hierhin und dorthin gebracht, hatten am Telefon über sie geredet, hatten sie verzweifelt und wie besessen beobachtet. Solange sein Tagesablauf nicht zu sehr gestört worden war, hatte er dennoch ganz zufrieden gewirkt. Aber ich wußte, daß er sensibel und verletzlich war. Ich wartete darauf, daß er etwas sagte.

»Mammi, gehst du zum Doktor?« Seine Stimme klang besorgt.

»Ja.«

»Mit Annemie?«

»Ja.«

»Annemie krank?«

Ich kniete nieder und nahm ihn in die Arme. »Sie wird wieder gesund werden, Liebling. Hab keine Angst. Mammi und Daddy werden immer auf dich, Anne-Marie und Michel aufpassen.«

Er lächelte mir zu. Seine Welt war wieder in Ordnung.

Ständig machte ich mir seinetwegen Gedanken. Es gab einfach zuviel zu tun, zuviel herauszufinden und zu überdenken, um einen ganzen Vor- oder Nachmittag mit ihm zu verbringen oder um auf die zahlreichen Kommentare und Fragen eines Dreijährigen einzugehen. Außerdem gab es Momente – wenn das Baby schrie, wenn Anne-Marie in irgendeiner Ecke etwas Sonderbares machte, wenn das Telefon läutete und Daniel heulte und mich anschrie –, in denen ich nahe daran war, ihn zu schlagen. Wut krampfte mir die Brust zusammen, und dieser Krampf dehnte sich aus, bis die Muskeln in meinen Kiefern, meinem Nacken und meiner Kehle zu stahlharten Bändern geworden waren. »Laß mich in Ruhe!« hätte ich ihn am liebsten angebrüllt. »Frag nicht soviel! Warum brauchst du mich *die ganze Zeit*! Ich kann jetzt nicht! Ich kann mich jetzt nicht um dich kümmern!«

In diesen Momenten zwang ich mich, in mein Zimmer zu gehen und die Tür hinter mir zu schließen oder einen Zeichentrickfilm einzuschalten, um Daniel abzulenken – irgend etwas, um mir ein paar Augenblicke des Friedens und der Ruhe zu verschaffen, in denen ich die Kontrolle wiedergewann. Das wirst du nicht tun! rief die manchmal schon schwache Stimme der Vernunft in mir. Du wirst deine Wut und Panik nicht an ihm auslassen!

Aber die Wut fraß mich auf. Diese schreckliche Sache machte mich zu einer Furie. Ich war böse, und deshalb hatte mich das Böse heimgesucht. Nur eine böse Frau konnte Wut auf ihr eigenes Kind empfinden.

Ich brauchte etwas, um mich gegen diesen Selbsthaß, gegen den Kummer, die Wut und die Hilflosigkeit zu wehren.

Ich mußte stabiler werden, mußte lernen zu kompensieren, wenigstens ein bißchen. Zu unser beider Trost versuchte ich, jeden Tag eine gewisse Zeit allein mit Daniel zu verbringen.

Es war nicht viel Zeit, aber ich versuchte, sie so schön wie möglich zu gestalten. Notgedrungen lernte ich, jenes Konzept neu zu schätzen, das ich ein wenig abwertend als »qualitativ hochwertige Zeit« bezeichnet hatte.

Wenn Patsy oder Marc sich um die beiden anderen Kinder kümmerten, gingen wir in mein Zimmer. Ich schloß die Tür und versuchte, die heulenden Dämonen aus meinem Kopf zu vertreiben und mich ganz auf die Freuden, Kümmernisse und Fragen meines kleinen Sohnes einzulassen. Wir lasen eine Geschichte oder sprachen über irgend etwas, was ihn beschäftigte. Ich umarmte und liebkoste ihn so viel wie möglich. Ich wußte besser als er selbst, wie oft ich an diesem Tag wieder gesagt hatte: »Jetzt nicht, Daniel«, »Später«, »In einer Minute mach' ich das«, »Morgen bakken wir Kekse«, »Pst! Mammi telefoniert.«

Diese Augenblicke mit Daniel waren Balsam auf die Wunden meines angeschlagenen Selbstbewußtseins.

In einem verborgenen Winkel meines Herzens wünschte ich mir vor allem, eine gute Mutter zu sein: eine geduldige Mutter, liebevoll und zärtlich, die weiß, wie man ein junges Leben formt und leitet, wie man einen Menschen klug und gut unterweist. Obwohl ich mit Freude an meine Arbeit dachte und fand, daß alle Frauen Anspruch auf dieses schwer verdiente Recht haben sollten, wußte ich doch, daß ich mein Glück immer bei meinen Kindern suchen würde, wenn ich die Wahl hätte. Ich hatte bereits unzählige spitze Bemerkungen über mich ergehen lassen, weil wir uns entschlossen hatten, drei (drei!) Kinder kurz hintereinander zu bekommen. In den Straßen von Manhattans Upper East Side hatte ich, wenn auch nicht besonders elegant, den unerbetenen Bemerkungen der Vorübergehenden, wenn sie eine schwangere Frau mit zwei Kleinkindern sahen, die Stirn geboten. »Soziale Geburtenkontrolle« hatte eine meiner Freundinnen das genannt, eine Art ohnmächtiges Entsetzen, das besonders die oberen Klassen beherrschte. Ich hatte gelernt, auf Cocktailpartys nicht so empfindlich zu sein, wenn sich irgendeine Fünfundzwanzigjährige im Armani-Kostüm und mit Gucci-Schuhen, die die Erfolgsleiter emporkletterte, dazu herabließ, die wichtigste aller New Yorker Fragen zu stellen.

»Was machen Sie?« (Was heißen sollte: »Wie schillernd, angesehen und einflußreich sind Sie?«)

Antwort (ein wenig verlegen provokativ): »Ich bin Mutter.«

»Oh.« (Konsterniert. Wie interessant. Wie tapfer und, ach, wie edel. Wie langweilig.)

Nachdem ich nach Daniels Geburt eine schwere Zeit durchgemacht hatte, bis ich mich daran gewöhnte, mit ihm daheim zu bleiben, hatte ich gedacht, mich auf der grünen Weide des Lebens zu befinden. Im Einklang mit mir und der von mir getroffenen Wahl. Ich war Mutter – keine perfekte Mutter, aber eine gute Mutter. Eine Mutter, die erkannt hatte, daß Langeweile, Isolation und Chaos das Leben prägen, die aber immer noch aus den kleinen Triumphen und Freuden des Alltags ihre Belohnung zu ziehen wußte.

Jetzt war ich angeschlagen. In diesen Tagen war mein Gefühl des Versagens, nicht nur Anne-Marie, sondern auch Daniel und Michel gegenüber, besonders ausgeprägt. Irgend etwas lief falsch. Ich fühlte mich entsetzlich unzulänglich, wenn es darum ging, die Mutterrolle zu erfüllen. Ich konnte den Bedürfnissen und Anforderungen meiner gesunden Kinder kaum gerecht werden, und meinem kranken Kind gegenüber war ich vollkommen hilflos.

Deshalb war diese Stunde, die ich mit Daniel verbrachte, so kostbar für mich. Vielleicht kostbarer für mich als für ihn. Ich ließ ihn plappern, bestaunte seine Schönheit, wollte mich an ihn klammern. Deine Augen sind so glücklich, mein Sohn. Denke an nichts Trauriges; fürchte nicht das Böse. Wir haben einander, und du bist glücklich.

Auf ähnliche Weise entwickelte ich nach der Geburt Überlebenstechniken mit Michel. Ich war körperlich erschöpft, da er nie mehr als drei Stunden hintereinander schlief, Tag und Nacht, um dann mit einem Bärenhunger aufzuwachen und lauthals nach Nahrung und Zärtlichkeit zu verlangen. Nachts legte ich ihn in ein Körbchen neben unser Bett, und wenn er aufwachte, holte ich ihn verschlafen zu uns ins Bett. Tagsüber sorgte ich hauptsächlich für seine körperlichen Bedürfnisse: Er wurde gefüttert, gebadet, gewickelt, während meine Gedanken in tausend verschiedene Richtungen jagten und ich mich ständig sorgte.

Aber abends kam dann die Zeit, wo Anne-Marie und Daniel schliefen und Michel besonders wach war. Dann trat ich an sein Körbchen, konnte es kaum abwarten, ihn zu berühren, in den Armen zu halten. Wenn er meine Schritte hörte, machte er mir sein erstes Geschenk: Sein winziger Kopf wandte sich dem Geräusch zu, und ein Ausdruck – ich hätte schwören können, es sei Vorfreude – erhellte sein Gesicht. Wenn ich ihn dann aufnahm, wobei ich sein weiches Köpfchen stützte, starrte er mich mit diesem erstaunten Blick an, den Babys in den ersten Wochen ihres Lebens zeigen.

Hohläugig und zitternd vor Erschöpfung, zwang ich mich, diesen Augenblick zu genießen. Ich hob ihn hoch, atmete seinen süßen Babyduft ein, legte meine Wange an seine unbeschreiblich zarte Haut. Er hatte die winzigen Fäustchen an die Brust gedrückt. Sein ganzer Körper paßte in einen meiner Arme, so klein war er.

Du brauchst mich, mein Kleinster. Danke, daß du mich brauchst. Danke, daß ich dir Milch und Liebe und Wärme geben darf. Ich hielt ihn, während er trank, und genau wie bei Daniel beruhigte mich das, was er mir gab. Seine Augen waren jetzt halb geschlossen, und sein Körper war völlig entspannt. Bald schlief er ein, warm, trocken, satt und geliebt. Du weinst, und ich kann dich trösten. Dir ist kalt, und ich kann dich wärmen. Du brauchst mich; ich brauche dich. *When my arms wrap you round I press/ My heart upon the loveliness/ That has long faded from the world.* Mein Michel. Schmiege dein zartes Köpfchen an mich, laß dich von mir vor allem Bösen schützen.

Michel und Daniel bedeuteten in jener Zeit sowohl Streß als auch Trost, aber Anne-Marie war inzwischen zu einer Quelle uneingeschränkten Leids geworden. Sie ging unter, und ich wußte nicht, wie ich sie erreichen konnte. Mit jedem Tag schien sie mehr und mehr in sich selbst zu versinken, in einer ureigenen Traumwelt, in der sie ganz allein war. Wir waren im Begriff, sie zu verlieren.

»Weißt du noch, wie sie früher ›Hi, Daddy‹ zu mir gesagt hat?« fragte Marc eines Abends.

Wann war das? War sie wirklich einmal so gewesen, hatte sie gesprochen, Kontakt zu uns gehabt?

Wir erinnerten uns, versuchten den Punkt zu finden, an dem sie angefangen hatte, sich nach innen zu kehren. Wir zogen Fotoalben und Videobänder hervor, verbrachten einen Abend damit, sie anzusehen, und versuchten zu verstehen.

Es gab tatsächlich Fotos von Anne-Marie als Baby, auf denen sie direkt in die Kamera lächelte. Aber je älter sie wurde, desto weniger Aufnahmen gab es, wo sie die Person auch nur ansah, die die Fotos machte, geschweige denn lächelte.

Und hier waren auch die Videoaufnahmen von unserer Reise nach Spanien. Alle Kinder hatten sich für ein Gruppenfoto am Strand versammelt. Marc filmte, während ein Onkel fotografierte.

Von allen Kindern war Anne-Marie das einzige, das zu schluchzen anfing, als sich die Gruppe versammelte. Damals dachten wir, sie sei nur traurig – worüber, wußten wir natürlich nicht. War sie müde oder schüchtern inmitten der vielen Verwandten? Ängstigte sie der Lärm? Der Aufwand? Das Ganze dauerte nur ein paar Minuten, und dann hatte sie ohnehin aufgehört zu weinen.

Jetzt betrachteten wir sie genauer – und begriffen. Sie war in diesem kurzen Augenblick nicht »traurig« gewesen, sondern zutiefst entsetzt: Ihre Hände hatte sie abwehrend vor dem Körper hochgerissen. Ihr Mund war geöffnet, als wollte sie schreien.

»Siehst du das?« fragte ich Marc ganz leise.

»Ja.«

Ich holte ein paar Polaroid-Schnappschüsse. Die Kinder beim Spielen auf dem Spielplatz hinter dem Metropolitan Museum. Daniel, die Schultern hochgezogen, die Hände in den Taschen, wie er direkt in die Kamera lachte. Anne-Marie auf einer Schaukel, mit lustlos herabhängenden Beinen, niedergeschlagenen Augen und nach unten gezogenen Mundwinkeln.

Wir hatten ein wahnsinnig schlechtes Gewissen, weil wir es nicht sofort bemerkt hatten, als Anne-Marie anfing, sich zurückzuziehen. Wie hatten wir zum Essen ausgehen, zu Denis' Hochzeit nach Frankreich reisen, überhaupt *irgend etwas* tun können, während ihr etwas so Ungeheuerliches passierte? Wie hatten wir mit ihr im selben Haus leben können, ohne es zu merken? Die Ärzte, mit denen wir sprachen, versicherten uns, daß die Krankheit bei vielen Kindern erst mit drei, vier oder fünf Jahren festgestellt wurde, wenn sie im Kindergarten oder der Vorschule auffielen. Trotzdem hatten wir das Gefühl, sie verraten zu haben. Fast ein Jahr lang hatten wir es nicht klar gesehen, hatten nicht sofort etwas unternommen, als es anfing, was immer es auch war.

Doch dieses »es« war jetzt sie. Sie »war« autistisch, so, wie jemand ein Mann, eine Frau, groß oder klein »ist«. Es ist nicht dasselbe, wie wenn man erfährt, sein Kind habe Krebs oder AIDS oder eine andere schreckliche Krankheit. Damit will ich diese Krankheiten nicht unbedeutender machen oder behaupten, daß sie weniger schwer zu ertragen wären. Ich will damit nur ausdrücken, daß sich der Autismus das Wesentliche von Anne-Marie einverleibte. Sie »hatte« nicht Autismus: Sie »war« autistisch. Sie war bereits so fremd, so fern. Kein Licht strahlte in ihren Augen, wenn sie uns ansah, kein Lächeln des Erkennens zog über ihr Gesicht, und wir konnten ihr »Selbst« nicht mehr finden. Sie war jetzt so kalt, so gleichgültig. Ich hatte das Gefühl, sie nur noch mit den Fingerspitzen zu halten. Mit jedem Tag flackerte ihr Wesen schwächer.

Mein unruhiger Schlaf wurde von Alpträumen heimgesucht. Anne-Marie in einem dunklen Wald. Anne-Marie allein daheim. Anne-Marie, in einem Auto vergessen. Eines Nachts träumte ich, wir wären alle am Strand und spielten in der Brandung. Meine Angst nahm ständig zu, denn ich wußte, daß ich die drei Kinder festhalten mußte, oder die Strömung würde sie fortreißen. Daniel klammerte sich an mein Bein, ich hatte das Baby in einem Arm und hielt mit der freien Hand Anne-Maries Hand. Plötzlich rutschte sie aus. Sie ging unter! Ich konnte sie nicht finden! Ich keuchte und schrie. Meine freie Hand suchte am Meeresboden, versuchte, ihren Körper zu ertasten. *Liebling! Wo bist du?* Ich schrie. Schweißgebadet und vor Angst stöhnend, wachte ich auf.

Auch Anne-Marie litt unter Alpträumen. Zu dem Syndrom gehört manchmal, daß der biologische Rhythmus eines Kindes unberechenbar wird. Sie schlief immer weniger; es kam vor, daß ich nachts zu ihr ging, um nach ihr zu sehen, und sie hellwach vorfand. Mit weit aufgerissenen Augen starrte sie um zwei Uhr nachts stumm vor sich hin.

Eines Nachts erwachte sie mit einem Schrei – war es Angst? Hatte sie einen Alptraum? Ich sprang aus dem Bett und lief in ihr Zimmer. Wenn sie vor etwas Angst hatte, wollte ich sofort für sie da sein. Ich wollte, daß sie sich von ihrer Mutter trösten ließ. Ich streckte die Arme aus, um sie hochzunehmen. Sie machte sich steif, wehrte sich gegen meine Umarmung, drehte das Gesicht zur Wand. Den Blick ins Leere gerichtet, streckte sie dann bewußt die Hand nach der Decke aus und zog sie sich über den Kopf.

Der Morgen brachte keine Erleichterung. Sie rief niemals nach mir. Sie plapperte nicht einmal mehr oder machte Lärm, damit jemand kam und sie aus dem Bett nahm. Sie saß einfach nur da, bis jemand kam, sie aus dem Bett nahm und anzog. Eines Morgens ging ich mit Marc in ihr Zimmer. Da stand sie, starrte an die Wand. »Guten Morgen, Liebling!« rief ich. Sie drehte sich nicht einmal um.

Da setzte ich mich auf den Boden, den Rücken an die Wand gelehnt. »Das ist nicht Anne-Marie«, flüsterte ich. »Ich muß sie nicht mehr lieben, weil es nicht Anne-Marie ist.« Kalte Wut packte mich. So. Sie verleugnet mich also: Dann verleugne ich sie eben auch. Ich sah das ganz ruhig, sehr rational. So ist es besser. Diese kalte Gleichgültigkeit bedeutet wirklich eine Erleichterung. Das ist besser, als herumzulaufen wie ein Amputierter mit wahnsinnigen Schmerzen. Ich muß mir wirklich keine Sorgen mehr wegen dieses fremden Kindes machen, weil es nicht meine Anne-Marie ist.

Diese eisige, feindselige Ruhe hielt ein paar Stunden an. Dann überkam mich erneut der Kummer, um so heftiger, weil ich ihn geleugnet hatte. Nein, ich konnte mich niemals von ihr abwenden. Sie war in ihrer eigenen Welt verloren, und ich verstand nichts von dem, was sie fühlte, bis auf eines: Sie war dort nicht glücklich. Ich mußte nur ihr bekümmertes Gesicht ansehen, die herabhängenden Mundwinkel und die leeren Augen, um zu wissen, daß der Ort, an dem sich dieses kleine, zweijährige Kind befand, weder ein glücklicher noch ein guter Ort war. Mein Glück und mein Seelenfrieden waren mit ihr verknüpft. Ihre und meine Zukunft waren eins. Als sie tiefer und tiefer in diesen dunklen Wald gezerrt wurde, hielt sie mein gebrochenes Herz in ihren kleinen Händen. Weder durch Vernunft noch durch Willenskraft war es mir möglich, mich von ihr zu lösen. Sie war einsam und allein, und sie wußte nicht, wie sie uns wiederfinden konnte. Ich konnte mich nicht von ihr abwenden.

»Wenn sie uns nun nie wieder liebt?« schluchzte ich in Marcs Armen. Er blieb einen Moment lang stumm.

»Wir müssen lernen zu lieben, ohne wiedergeliebt zu werden«, antwortete er dann.

»Aber wenn sie nun für den Rest ihres Lebens leidet?«

Wieder antwortete er, als hätte er schon gründlich über diese Frage nachgedacht. »Sie wird nicht leiden. Wir werden alles tun, damit sie ein schönes Leben hat.«

Nur bei Marc konnte ich mich gehenlassen, konnte ich meinen Tränen freien Lauf lassen. Tagsüber häuften sich

Kummer und Angst in mir, bis ich es am Abend kaum noch aushalten konnte. Abend für Abend trat er durch die Tür, und ich schüttete meine Ängste vor ihm aus. In der Dunkelheit der Nacht hielt er mich in den Armen, während ich ihm schluchzend vom Leid des Tages berichtete. Er hörte zu, hielt mich fest, litt mit mir. Er versprach nichts, denn es gab nichts zu versprechen, außer seiner Treue. Wir würden dies gemeinsam durchstehen, wir alle, und wir würden aneinander festhalten, komme was da wolle.

6. Kapitel

Wir lasen immer mehr – Bücher, Zeitungsartikel, alles, was uns in die Hände fiel. Inzwischen erwarteten wir nicht mehr, irgendwo in der Literatur auf ein Zaubermittel zu stoßen. Doch wir wollten trotzdem so viel wie möglich über diese Störung herausfinden. Auf meinem Schreibtisch und dem Nachttisch stapelten sich Bücher und Artikel über Autismus. Ich verschlang die Texte und versuchte herauszufinden, was mit Anne-Marie geschah, wie sie die Welt erlebte.

Zum Teil handelte es sich um Erzählungen, Anekdoten vom Leben in einer Familie mit einem autistischen Kind. Der Rest ließ sich in zwei Gruppen unterteilen: die »erläuternden« und die rein »darstellenden« Bücher. Erstere waren für Eltern und Erzieher bestimmt. Hier ging es hauptsächlich darum, was man zu erwarten hatte, und es fanden sich auch Vorschläge, wie man »mit den besonderen Bedürfnissen dieses Kindes umgeht«. Ich fand darin nur Hoffnungslosigkeit und Resignation. Ich wollte nicht wissen, wie ich mit selbstgefährdendem Verhalten umgehen mußte; ich wollte wissen, wie ich es verhindern konnte. Ich wollte nichts von Gruppenheimen und Pflege hören, wenn das Kind älter wurde; ich wollte wissen, wie ich meine Tochter bei mir behalten konnte, umgeben von Sicherheit und Liebe. Die Botschaft dieser Bücher war klar: Das wird geschehen, und so kann man sich der Situation anpassen. Eines dieser Bücher trug den Titel *Autism – Nightmare Without End*.

Die darstellenden Bücher und Artikel, die sich mehr an die Gruppe der behandelnden Ärzte richteten, untersuchten die Symptomatik des autistischen Individuums unter allen vorstellbaren Gesichtspunkten. Der biochemische und neurologische Aufbau, das psychologische, soziale und sprachliche Verhalten wurden beschrieben und wieder und wieder kategorisiert. Es kam uns vor wie das endlose Wiederkäuen eines komplexen Problems, ohne daß eine klare Lösung zu erkennen war, eine peinlich genaue Analyse von Tausenden informativer Bruchstücke, ein riesiges Puzzle, bei dem zwar einzelne Teile zusammenpaßten, das aber dennoch kein ganzes Bild ergab.

Hier hatte jemand ein ganzes Jahr damit verbracht, einen bestimmten Aspekt eines besonderen Symptoms zu studieren: die Echolalie, die das Sprechen mancher autistischen Kinder kennzeichnet. Wann plapperte ein Proband wie ein Papagei die Worte eines anderen nach? Wodurch verstärkte sich die Echolalie? Wann nahm sie ab? War die Verwechslung von Pronomen – die Tendenz zu sagen »du willst Apfel« statt »ich will Apfel« – eine Form der Echolalie?

Dort hatte sich ein anderer mit der Rolle bestimmter Neurotransmitter beim Autismus beschäftigt. Wieder ein anderer untersuchte die abnormen Muster der Wach- und Schläfrigkeitszustände bei autistischen Personen. Es gab einen neuen Bericht über den Serotoninspiegel im Blut. Bei einer Untergruppe von autistischen Kindern hatte man festgestellt, daß sie an einer Chromosomen-Anomalie litten – dem Fragiles-X-Syndrom. Ganze Seiten waren diagnostischen Kriterien gewidmet, und wir fanden endlose Versuche, neue, genauere und »sichere« Checklisten für die Beurteilung zu entwickeln.

Diese Informationen bildeten zum großen Teil wohl schon die Steine und den Mörtel, die irgendwann in zehn, vielleicht auch erst in dreißig Jahren das vollständige Bauwerk ergeben werden: eine umfassende, als richtig bewiesene Theorie, die das Wesen, die Ursachen und sogar eine Behandlung des Autismus beinhaltet. Vor allem die Forschungen auf dem Gebiet der Biochemie, die zwar noch in den Kinderschuhen steckten, schienen äußerst vielversprechend zu sein.

Für uns jedoch war das alles sinnlos. Für uns änderte sich dadurch überhaupt nichts. Was wir in diesen ersten Tagen des neuen Jahres auch erfuhren, alles verstärkte nur unser Gefühl der Hoffnungslosigkeit und bestätigte die Diagnose. In all diesen Beschreibungen erkannten wir Anne-Marie wieder.

So lernten wir beispielsweise, daß keine zwei autistischen Kinder gleich waren: Glitt eines mit der Hand über jede glatte oder rauhe Oberfläche, die es erreichen konnte, so weigerte sich ein anderes vielleicht, überhaupt irgend etwas mit der Handfläche zu berühren – in letzter Zeit hatte Anne-Marie angefangen, die Finger zu krümmen, und weigerte sich, die Hand nach etwas auszustrecken oder irgend etwas zu halten. Summte ein Kind ständig vor sich hin oder schnalzte mit der Zunge, so starrte ein anderes nur immer stumm ins Leere. Reihte ein Kind wiederholt Gegenstände auf, betrachtete ein anderes das Licht oder bewegte die Finger ganz schnell vor den Augen oder strich immer wieder mit den Fingern über die Rippen eines Heizkörpers.

Bei all dem handelte es sich um »stereotype Selbsthilfemechanismen«, die mit der wie besessenen Stimulierung eines der Sinne zu tun hatten – Tast- oder Geschmackssinn, Seh- oder Hörvermögen. Einige Kinder wiegten sich vor und zurück, verrenkten ihre Körper; andere taten das nicht. Die Forscher ergingen sich in Vermutungen darüber, daß diese Aktivitäten ein Versuch sein könnten, einen gestörten Gleichgewichtssinn auszugleichen. Das Gehen auf den Zehenspitzen, das Knirschen mit den Zähnen und das Wedeln mit den Händen waren häufig zu beobachtende Symptome.

Aktivitäten, die das Kind unter Ausschluß jeglicher sozialer Interaktion immer wieder ausübte, wurden als »perseveratives Verhalten« bezeichnet. Wenn sie immer stärker einem bestimmten Muster folgten, wenn sie also zur Routine wurden, konnten sie sich zu »stereotypen Ritualen« entwickeln. Mir fiel etwas ein, was ich Anne-Marie unzählige Male hatte tun sehen, etwas, was mich schon beunruhigt hatte, ehe uns die Diagnose bekannt gewesen war. Sie pflegte ihren Großen Vogel in die eine Hand zu nehmen, dann eines ihrer Goldenen Bücher in die andere. Sie drehte das Buch um, mit der Rückseite nach oben, auf der kleine Menschen und Tiere abgebildet waren, die den Rand säumten. Mit dem Schnabel ihres Großen Vogels berührte sie ganz ernst jede kleine Zeichnung. Dabei fing sie immer in der rechten oberen Ecke an, wanderte langsam abwärts, unten herum auf die andere Seite, dort wieder hinauf. Ich weiß noch, wie ich einmal nur dasaß und und sie dabei beobachtete, wie ich mich unsicher fragte . . . Aber damals hatte ich noch nichts von »stereotypen Ritualen« gehört, geschweige denn einen einzigen Gedanken daran verschwendet.

Wir erfuhren auch, daß viele autistische Verhaltensweisen – wie das Gehen auf Zehenspitzen, das Wedeln mit den Händen oder das Sich-Wiegen – auch bei normalen Kindern vorkommen. Nicht-autistische Kinder verhalten sich jedoch nur kurze Zeit so. Bei autistischen Kindern hingegen ist es nicht vorübergehend, sondern setzt sich fest und prägt sich im Lauf der Zeit noch aus. Jetzt war uns plötzlich klar, warum es für unwissende Eltern so schwer ist, bei einem Kind in Anne-Maries Alter Autismus zu erkennen. Viele der besorgniserregenden Verhaltensweisen, die uns nach Anne-Maries erstem Geburtstag bei ihr aufgefallen waren, hatten wir irgendwann auch bei anderen Kindern beobachtet. Da wir uns immer zu beruhigen versuchten, hatten wir uns mit dem Glauben getröstet, es müsse sich um normale Verhaltensweisen handeln, da sie auch bei anderen Kindern vorkamen. Folglich mußte Anne-Marie auch normal sein.

Besonders verwirrend für uns war, daß Anne-Marie sich anfangs scheinbar normal entwickelt hatte. Sie hatte Wörter gekannt. Warum waren sie verlorengegangen? Wohin waren sie verlorengegangen? Wie hatte sie normal sein können und war jetzt doch anormal? Bedeutete die Tatsache, daß sie in der Vergangenheit ein wenig gesprochen hatte, denn nicht, daß zumindest die Fähigkeit dazu immer noch vorhanden war?

Wir erfuhren zwar täglich mehr über Autismus, wurden gar zu wahren Experten, doch paradoxerweise auch immer hilfloser. Wir lernten die Terminologie für Anne-Maries Verhalten, aber niemand konnte uns sagen, was wir tun konnten. Ich hatte den Punkt erreicht, an dem ich ein Buch in die Hand nahm, die Einführung und das Inhaltsverzeichnis las, mir fünfzehn Minuten Zeit nahm, um es zu überfliegen, und es dann auf den wachsenden Stapel anderer nutzloser Bücher warf. »Monumente der Hoffnungslosigkeit«, murmelte ich Marc zu.

Wir mußten feststellen, daß die Erforschung des Autismus – zumindest im medizinisch-biologischen Bereich – noch in den Kinderschuhen steckte. Dies ließ sich zum Teil auf frühe, irrige Vermutungen bezüglich seiner Ursache zurückführen. Nachdem Kanner den Autismus diagnostiziert hatte, waren Psychiater und Psychologen fast fünfundzwanzig Jahre lang einmütig einer falschen Fährte gefolgt. Die Experten stimmten darin überein, daß Autismus – wer hätte das gedacht? – durch die Mutter verursacht wurde! Dank der eifrigen Freudianer sollten die Mütter nicht nur die Schuld für Schizophrenie, Massenmord, Hyperaktivität und manisch-depressives Verhalten übernehmen, sondern auch noch für Autismus.

Die Bücher versicherten uns jedoch, daß diese Zeiten vorüber seien. Die meisten Ärzte vertraten jetzt die Ansicht, daß Autismus eine neurobiologische Störung und nicht psychisch bedingt sei. Ich dankte Gott dafür, als ich an die armen Eltern in den fünfziger und sechziger Jahren dachte, die nicht nur mit der Krankheit ihrer Kinder fertigwerden mußten, sondern denen man darüber hinaus noch unmißverständlich klargemacht hatte, daß sie allein die Schuld daran trugen. Aber wir lebten ja in einer aufgeklärteren Welt. Ich hatte damals keine Ahnung, wie wenig diese Zeiten tatsächlich vorüber waren.

Seit der ersten Diagnose war knapp ein Monat vergangen, aber uns erschien es wie ein halbes Jahr. Nacht für Nacht redeten Marc und ich über Autismus. Wir besprachen Anne-Maries Verhalten, redeten von ihrem Blickkontakt (wenn es welchen gegeben hatte), darüber, ob sie irgend etwas gesagt, auf irgend etwas gezeigt, sich irgend jemandem genähert hatte, ob sie mit irgendeinem Spielzeug richtig gespielt hatte. Wir lasen und faßten in kurzen, abgehackten Sätzen den Inhalt all der Seiten füreinander zusammen, durch die wir uns gequält hatten. Wir hatten beide das Gefühl, daß die Zeit drängte. Wir rasten gegen die Tage an, wollten schnellstmöglich einen Weg finden, ihrem unausweichlichen Rückschritt zu begegnen.

Zu dieser Zeit hatte alles, was wir gelesen und beobachtet hatten, uns schon auf die nächste anberaumte Beurteilung vorbereitet – wir rechneten nicht mehr damit, daß man uns sagen würde, es sei alles ein Fehler gewesen. Wir wußten, daß Anne-Marie autistisch war; unsere einzige Hoffnung bestand jetzt darin, daß der nächste Arzt uns erklären würde, es handele sich bei ihr um einen Grenzfall, den leichtesten Fall, den er – oder sie – je gesehen hatte. Aber ich ahnte bereits, daß sich nicht einmal diese Hoffnung erfüllen würde.

So machte ich mich eines Morgens mit einer gewissen fatalistischen Ruhe auf den Weg zu Dr. Doubrovsky. Marc mußte an jenem Vormittag nach Washington fliegen, und so zog ich allein mit Anne-Marie los. Irgendwer hatte uns das Albert Einstein Hospital in der Bronx empfohlen, das gute

Therapieplätze anbot, und als ich dort anrief, wurde ich an Dr. Doubrovsky verwiesen. Sie leitete dort eines von mehreren Programmen für frühkindliche Störungen.

Dieses Gespräch oder vielmehr diese Einstufung erwies sich als der Tiefpunkt in unserem Umgang mit Ärzten. Wenn ich bisher schon von der ärztlichen Reaktion auf unser Problem enttäuscht gewesen war, wenn ich die Ärzte (mit Ausnahme von Dr. DeCarlo) als wenig hilfreich empfunden hatte, war ich auf diese Größenwahnsinnige aus der Bronx dennoch nicht vorbereitet. »Wenig hilfreich« war nicht der richtige Ausdruck. Dr. Doubrovskys Verhalten war einfach abscheulich. Sie schien sich vor kaum verhohlenem Entzücken die Lippen zu lecken, als sich ihr dank uns eine Gelegenheit bot, sich in die Brust zu werfen und noch wichtiger zu machen.

Ich wartete im Vorraum, als ich sie in ihr Sprechzimmer kommen hörte. »Ist sie schon da?« hörte ich sie fragen. »Schicken Sie sie rein.«

»Sagen Sie, Mrs. Maurice, wie sind Sie auf mich gekommen?« waren ihre ersten Worte.

Ich stockte. »Jemand hatte mir geraten, im Albert Einstein anzurufen, und die Telefonistin hatte mich an eine Ärztin verwiesen, die der Ansicht war, ich solle mit Ihnen reden.«

Sie schien beleidigt. »Nun gut, mit wem haben Sie wegen Ihrer Tochter bereits gesprochen?«

Ich wollte ihr von Dr. DeCarlo und Dr. Berman erzählen, aber sie unterbrach mich.

»Wer sind diese Leute? Haben sie mich erwähnt? Haben sie Ihnen gesagt, Sie sollten zu mir kommen?«

»Nein. Ich sagte Ihnen doch schon, ich habe in der Zentrale des Albert Einstein angerufen und wurde so lange weiterverbunden, bis ich schließlich Ihren Namen . . .«

Vom ersten Augenblick unseres stundenlangen Gesprächs an schien klar, daß es nur ein Hauptthema gab, und das war Dr. Doubrovsky. Anne-Maries Diagnose war ein bequemer Aufhänger, mit dessen Hilfe sie zu den wirklich dramatischen und wichtigen Themen überleiten konnte: zu Dr. Doubrovskys Erfahrung, dem Respekt, den sie in ihrem Beruf genoß, ihrer einzigartigen Gabe, Diagnosen zu stellen, ihrer unangefochtenen Autorität. Was auch immer Dr. Berman, Dr. DeCarlo oder Dr. Baxter gesagt hatten, wurde mit einem abfälligen Schnauben und einer Tirade über ihre mangelnde Qualifikation auf dem Gebiet des Autismus bedacht. Sie hatte einen langen Fragebogen über Anne-Marie vor sich liegen, die von ihrer Kollegin Mrs. Murphy in einem Nebenzimmer beobachtet wurde. Aber jedesmal, wenn ich zu antworten versuchte, schnitt sie mir mitten im Satz das Wort ab (eine Art verbaler Aggression, die auf meiner Liste der rhetorischen Beleidigungen ganz oben steht). Irgendwann gab ich einfach auf und verstummte. Sie schien sich daran zu erinnern, daß dies eigentlich eine Art Dialog sein sollte, brach die Erzählung über die unfähigen jungen Stationsärzte ab, die sie am nächsten Tag sehen sollte, und heftete ihren Blick auf mich.

»Warum sind Sie hier, Mrs. Maurice?«

»Um eine Diagnose, eine Prognose und praktische Anweisungen zu bekommen, wie ich meiner Tochter helfen kann.«

»Eine Diagnose? Autismus natürlich!«

»Ich wußte nicht, daß es so definitiv feststeht.«

»Natürlich ist es definitiv! Sie beschreiben mir ein autistisches Kind.«

Ich hatte zwar geglaubt, auf diese Worte vorbereitet zu sein, aber sie trafen mich dennoch hart. Ich kämpfte gegen die Tränen, die in jenen Tagen locker saßen. Auf dem Schreibtisch lagen Tempos. Ich nahm mir eines und rang wütend um Beherrschung. Vor dieser Frau würde ich nicht zusammenbrechen. Einen Moment lang herrschte Schweigen.

»Wen wollten Sie als nächstes aufsuchen?«

»Dr. Cohen.«

»Wer ist das? Ich habe noch nie von ihm gehört.«

»Er leitet die Autismus-Abteilung im Institute for Basic Research in Developmental Disabilities. Und das gehört zum New York State Office of Mental Retardation.« Dr. DeCarlo hatte uns seinen Namen genannt.

»Ich empfehle Ihnen, keine weiteren Ärzte aufzusuchen. Sie sollten mit diesem Umherlaufen aufhören und morgen abend zu unserem Elterntreffen kommen.«

»Was geschieht dort?«

»Die Eltern sprechen über die Probleme und Schwierigkeiten, mit denen sie zu kämpfen haben. Entweder leite ich den Workshop selbst, oder Mrs. Murphy übernimmt das. Wir beraten die Eltern, wie sie mit den Problemen des Autismus fertigwerden und ihr Kind verstehen können. Wir treffen uns jeden Mittwoch.«

»Ich brauche keine Beratung. Alle wollen mich immer ›beraten‹! Ich brauche Hilfe für meine Tochter! Ich habe keine Zeit, um zu Ihren gruppentherapeutischen Sitzungen zu kommen!«

Ich wurde langsam wahnsinnig. All diese Leute boten mir Rat und Hilfe für mich selbst an. Sie hatten keinen blassen Schimmer davon, was mit Anne-Marie geschehen sollte, aber sie brauchten dennoch das Gefühl, wichtig zu sein, und folglich konzentrierten sie sich auf mich. Mindestens zehn Leute hatten mir im letzten Monat geraten, mir ein wenig Zeit für mich selbst zu nehmen, mir eine Maniküre zu genehmigen, ein Wochenende nur mit Marc zu verbringen, usw. »Sie sind es sich selbst und Ihrer Familie schuldig, einmal für eine Weile nicht daran zu denken.« Wenn ich den Satz »Nehmen Sie sich ein wenig Zeit für *sich*, Catherine« noch einmal hörte, würde ich explodieren. Ich hatte wirklich keine Zeit. Unsere Uhr lief ab, aber niemand war da, der mir sagte, wie ich sie anhalten konnte! O bitte, irgend jemand soll mir zeigen, was zu tun ist! Ich habe keine Zeit;

meine Tochter hat keine Zeit für Ihre Weitschweifigkeit, für Ihren Jargon, Ihre lähmende Pedanterie, Ihr nutzloses Gutachten. Ich habe keine Zeit, mich ablenken zu lassen und mich lang und breit über meine Gefühle und Fähigkeiten zu ergehen. Ich will wissen, wie ich *ihr* helfen kann, nicht mir! Ich habe noch den Rest meines Lebens vor mir. Sie droht abzustürzen. Haben Sie mir nichts Besseres anzubieten als einen Workshop für Eltern? Lassen Sie mich doch allein mit meinem Kummer und meiner Angst fertigwerden – zeigen Sie mir lieber, was ich mit meiner Tochter machen muß, jetzt und dann jeden Tag, ehe wir sie ganz verlieren! Aber natürlich, ich vergaß. Wie angenehm muß es sein, wenn sich die verzweifelten Eltern jede Woche in Ihrem Tempel versammeln und mit flehenden Blikken Ihre göttliche Führung suchen.

»Wer ist Ihnen denn eine Stütze, Mrs. Maurice?« fragte sie.

»Mein Mann.«

»Ach? Und wo ist er heute?«

»Auf einer Geschäftsreise.«

»Auf einer Geschäftsreise«, wiederholte sie dumpf.

Aus dem plötzlichen Wunsch heraus, sie zu provozieren, fügte ich noch hinzu: »Und mein Glaube an Gott. Mein Glaube gibt mir Kraft.« Es war mir egal, wie fromm diese Worte klangen, und ich fügte ihnen auch nichts weiter hinzu.

»*Ich* glaube nicht an Gott ...« erklärte sie.

Natürlich glauben Sie nicht an Gott. Sie *sind* Gott.

»... aber ich glaube, daß wir hier sind, um eine Aufgabe zu erfüllen. Und diese Aufgabe ist die gegenseitige Hilfe.«

So. Damit war der Punkt Gott erledigt. Dr. Doubrovsky war eine Psychologin, die ihren Beruf sehr ernst nahm. Als Gelehrte der Seele hatte sie sich über die Bedeutung des Lebens Gedanken gemacht und war offensichtlich zu dem Schluß gekommen, daß ein erleuchteter

Humanismus die Antwort sei. Schließlich war sie die Autorität.

»Väter!« murmelte sie. Ich hatte sie an ein anderes ihrer Lieblingsthemen erinnert. Die zentrale Gestalt und die Quelle allen Wissens war wieder einmal Dr. Doubrovsky, und die irrigen Dummköpfe in dieser Geschichte waren all die Väter, die sich geweigert hatten, ihre Diagnose bei ihren Kindern zu akzeptieren.

»Einer saß genau dort und sagte: ›Und wagen Sie es ja nicht zu behaupten, mit meinem Sohn sei etwas nicht in Ordnung‹«, schloß sie.

Zufrieden lehnte sie sich zurück. Wir wissen alle, wie diese Geschichte ausging. Natürlich war das Kind autistisch, und der dumme Vater war gezwungen gewesen, die Realität zu akzeptieren. Triumphierend sah sie mich an. Ich dachte an diesen Vater, an seinen Schmerz . . .

Ich hatte genug. Ich fühlte mich von dieser Frau geschlagen und versuchte wie üblich herauszufinden, ob ich dieses Verhalten irgendwie verdiente. Ich war mir nicht sicher. Tief verwurzelte Gewohnheiten trieben mich dazu, zu tun, was man mir sagte, der Autorität gegenüber gehorsam zu sein, zum Workshop zu gehen und der Ärztin ruhig zuzuhören. Tief verwurzelte Muster gesellschaftlichen Miteinanders rieten mir, ihr zu geben, was sie brauchte: Komplimente zu einer ausgezeichneten Diagnose, Dank für ihre wundervolle Hilfe. Sie war so stark. So selbstsicher. Aber hatte sie auch recht? Ich schwankte innerlich, stand dann auf, um zu gehen.

»Warten Sie, Mrs. Maurice. Sagen Sie mir nur noch eines. Was halten Sie . . . von *mir*?«

Ich war erschöpft, überwältigt von aufwallenden, widerstreitenden Gefühlen. Ganz langsam sagte ich: »Ich finde Sie egozentrisch und anmaßend. Sie haben jeden Satz unterbrochen, den ich begonnen habe. Und Ihre Andeutung, mein Mann würde mich nicht genügend unterstützen, ärgert mich.«

Sie fing den Schlag mühelos ab, kehrte ihn gegen mich. »*Ich* finde nicht, daß Ihr Mann Sie im Stich läßt, Mrs. Maurice. Aber vielleicht empfinden *Sie* es so?«

Diese Frau war gut gewappnet. Ihre psychiatrische Ausbildung hatte sie zweifellos gelehrt, jeglichen Angriff als symptomatisch für das pathologische Verhalten des »Patienten« auszulegen. Kritik oder Zurechtweisungen gegenüber war sie völlig unempfindlich. Ich sah die Notizen über meinen Fall direkt vor mir: »Die Patientin zeigte deutliche Feindseligkeit gegenüber der Fragestellerin. Sie würde mit Sicherheit von einer Beratung profitieren, die ihr helfen könnte, konstruktiver mit diesen unangebrachten, fehlgelenkten Wutgefühlen umzugehen . . . bla bla bla.«

In diesem Augenblick kam Mrs. Murphy herein, um Anne-Maries autistische Symptome zu bestätigen. Beide Frauen erkundigten sich erneut, ob ich an dem Workshop teilnehmen wolle. »Ich weiß nicht«, antwortete ich, noch immer hin- und hergerissen zwischen dem Wunsch, den Aschenbecher nach ihnen zu werfen, und einem schrecklichen Bedürfnis, zu kapitulieren und mich ihrer besänftigenden, therapeutischen Umarmung zu überlassen. »Auf Wiedersehen, Dr. Doubrovsky. Auf Wiedersehen, Mrs. Murphy.«

»Auf Wiedersehen, Mrs. Maurice.«

Auf dem Weg zurück nach Manhattan saß ich wie betäubt im Wagen. Zum erstenmal seit Anne-Maries Diagnose fühlte ich, wie etwas in mir Wurzeln faßte, was in diesem Moment stärker war als Kummer oder Angst.

Dieses »Etwas« war Wut. Ich wußte nicht, was ich tun oder wer uns helfen würde. Aber eines wußte ich ganz sicher: Therapeutische Kindergruppen, Spieltherapien, Eltern-Workshops, psychologische Beratungen über den Umgang mit Streß waren keine Antwort. Die Wut, die Dr. Doubrovskys Einschüchterung in mir hervorrief, zeitigte heilsame Wirkung: Sie ermöglichte es mir, wenngleich ich noch immer wie benommen von der Diagnose war, sie alle abzuschütteln – all diese »Helfer«, Experten, Autoritäten, die ihre Karrieren und ihr Ego um die Ausweglosigkeit des Autismus und die Hilflosigkeit der Eltern aufgebaut hatten. Sie rieten zur Resignation, rieten, eine Störung hinzunehmen, die mir meine Tochter raubte. Sie heuchelten »Verständnis« einem Zustand gegenüber, von dessen Ursache und Wesen sie nicht die leiseste Ahnung hatten. Die Hilfe, die sie anboten, bedeutete nicht viel mehr als das Todesurteil für Anne-Marie. Wie Dr. Berman so richtig gesagt hatte, hatte der Autismus vielen Leuten über einen langen Zeitraum hinweg eine Menge zu tun gegeben. Als ich Dr. Doubrovskys Praxis verließ, war eine Entscheidung immerhin ganz klar gefallen: Ich würde das Spiel nicht mitspielen.

7. Kapitel

Ungeduldig vor Verzweiflung hatte ich die Tür zur alten Ordnung hinter mir zugeworfen. Und ich hatte keine Ahnung, ob es so etwas wie eine neue Ordnung geben würde.

Ich wußte nur, daß ich noch nicht resigniert hatte. Es gab einfach zu viele unentdeckte Bereiche auf diesem Gebiet. Ich stolperte durch eine düstere Höhle, die sich »Autismus« nannte. Aber schon früh war mir klar geworden, daß die sogenannten Experten, die ich konsultierte, nicht viel mehr darüber wußten als ich selber. Durch meinen Schnellkurs in Autismus konnte ich ebenso wie sie mit Fachausdrücken um mich werfen. Mein verzweifeltes Lesen brachte mich an einen Punkt, wo ich Verhaltensanomalien ebenso schnell herausfinden konnte wie sie. Die einzig wirklichen Unterschiede waren folgende: Sie, mit ihrer klinischen Distanz, konnten bequem resignieren; ich wurde innerlich zerrissen. Noch schlimmer war: Sie konnten sich mit all ihren Titeln und ihrer windigen Weitschweifigkeit einreden, daß sie »halfen«. Ich jedoch konnte mir derartige Lügen nicht leisten.

Ich befand mich im Wettlauf mit der Zeit: Entweder fand ich jemanden oder etwas, um Anne-Marie wirklich zu helfen, oder ich hatte sie verloren. So einfach war das. Autistisch sein ist wie »lebendig tot« sein. Autismus bedeutet den unmöglichen Zustand des Hierseins und doch nicht Hier-Seins, einer Person ohne Selbst, eines Lebens ohne Seele.

In meiner Verzweiflung fiel ich auf die Knie.

Für eine Frau wie mich – intellektuell orientiert, ungeduldig, überaus empfindlich gegenüber Kritik oder Mißbilligung – ist es sehr schwer, über das Beten zu schreiben. In manchen Kreisen, in denen ich verkehre, herrscht traditionellen religiösen Formen und Ritualen gegenüber eine ausgeprägte Intoleranz, wird verächtlich auf jene herab gesehen, die in ihrer Verzweiflung ihre kindlichen Wünsche an den Herrn im Himmel richten, an diesen ewigen Vater, der alles in Ordnung bringt, selbst das Böse, selbst den Tod. Ich habe Jahre gebraucht, zu lernen, mich nicht darum zu kümmern.

Für mich hat die Religion viele Bedeutungen, die nicht alle tugendhaft oder lobenswert sind: die, in einer antireligiösen Kultur mein Territorium abzustecken, die eines persönlichen Trostes, wenn ich allein und unglücklich bin, die eines Zeugnisses meiner Fähigkeit, einen Weg zu finden, den Sinn und Zweck des Lebens zu definieren. Die Religion hat als herausforderndes Bekenntnis des Glaubens an Leben und Liebe gedient, als Flucht, als Hafen, als Betäubungsmittel, als ordnendes Prinzip in einer chaotischen Welt.

Aber in manchen, seltenen Augenblicken hat mir meine Religion noch etwas mehr gegeben. Mein Glaube hat mir nicht mehr und nicht weniger geboten als die Verbindung zu Gott.

Damit will ich sagen, daß es Augenblicke gegeben hat, in denen ich, wenn ich in stummes Gebet vertieft war, in der Lage war, mich zu öffnen, loszulassen und – ganz flüchtig, und doch durchdringend – eine Stimme zu vernehmen, die nicht die meine war: Ich konnte dann die Gegenwart des ANDEREN spüren. Es ist unmöglich, diese Erfahrung in all ihrer Fülle zu beschreiben. Ich kann nur sagen, daß es weniger Freude ist, die einen ergreift – wenngleich man auch Freude empfindet –, als vielmehr Angst. Rudolph Otto hat vom *mysterium tremendum* gesprochen – von etwas so Überwältigendem und Geheimnisvollem, daß sich die Seele vor Ehrfurcht verneigt, vor Angst ohnmächtig wird und vor ihrem Schöpfer erzittert.

Dieses Licht, diese Liebe geht weit über unseren Verstand hinaus, ist erfüllt von Heiligkeit. Ich habe inzwischen zwei Dinge verstanden: Erstens kann ich dieses Licht niemals loslassen. Ich werde den Rest meines Lebens gerne damit verbringen, darauf zu warten und zu hoffen, in seinen vollen Glanz getaucht zu werden. Zweitens kann ich dieses Licht niemals festhalten. Die Zeit des Gebets wird ein Ende nehmen, die Kirche wird kalt und es wird spät sein. Ich werde loslaufen müssen, um noch einzukaufen, ein Kind abzuholen, zur Routine des alltäglichen Lebens zurückzukehren, zu meinen Pflichten und Vergnügungen.

Aber angesichts dieser Krise stürzte ich mich geradezu in das Gebet. Ich klammerte mich daran, als wäre es ein schwimmendes Brett auf einem schwarzen, stürmischen Meer. Mein Gebet war reinste Bitte. Ich war weit entfernt von nachdenklicher, verehrender Liebe, von Freude und Heiterkeit dem Allmächtigen gegenüber. Ich schluchzte verzweifelt, flehte: »Lieber Gott, laß es nicht so sein. Gib mir meine kleine Tochter wieder. Gib sie mir zurück. Laß das nicht zu. Hör auf damit. Gib sie zurück!«

Jede Nacht wachte ich mehrmals auf, entweder weil Michel weinte, oder weil mich Alpträume quälten. Die Stufen des Auftauchens waren immer wieder dieselben:

Zuerst wurde mir bewußt, daß ich geschlafen hatte, und ich hatte das Gefühl, an die Oberfläche zu treiben. Dieses Stadium dauerte ein paar Sekunden, in denen mir noch nicht vollkommen klar war, wer ich war. Die Realität war noch bruchstückhaft und unscharf, Träume überlagerten noch die Denkfähigkeit. Dann verspürte ich plötzlich eine tiefe Unruhe, empfand sie direkt körperlich. Es fing mit der Haut in meinem Gesicht an, ein prickelndes Gefühl. Meine

Hände fuhren hoch, mit krampfhaften Bewegungen versuchte ich, es abzureiben. Dann saß das Gefühl plötzlich in meiner Brust, klopfende Angst. Schließlich holte es mich ein, stürzte genau in dem Moment, wenn ich zu vollem Bewußtsein erwachte, auf mich ein, die Erkenntnis, die Erinnerung, *daß etwas nicht in Ordnung war! Aber was?*

Und dann das volle Gewicht. O ja. Anne-Marie. Anne-Marie ist autistisch. Ich ertrinke unter dieser Welle.

Das einzige, woran ich mich in diesen Nächten halten konnte, war das Beten.

Meine Gebete waren so armselig. Es war das reflexhafte Wimmern eines Kindes, das aus einem Alptraum erwacht, die wiederholte Bitte eines einzigen Wunsches: Mach, daß es fortgeht. Ich habe Angst.

Am Abend des Tages, an dem ich bei Dr. Doubrovsky gewesen war, hatte ich endgültig genug. Ich fürchtete den nächsten Morgen. Nirgendwo fand ich Trost, einen Grund weiterzumachen. Natürlich wußte ich, daß ich weitermachen würde; im Grunde hatte ich keine Wahl. Aber ich wollte nicht. Das Leben erschien mir so schmerzlich, bar jeglicher Freude, alle Hoffnung war dahin. Ich konnte mich nicht damit abfinden, Anne-Marie zu verlieren, und doch sprach alles dafür, daß ich sie verlieren würde. Ich wußte, daß ich aufstehen und mich dem nächsten Tag stellen mußte, aber ich wollte nicht.

Es war gegen ein Uhr nachts. Ich konnte nicht schlafen. Ich konnte nicht weinen. Ich hatte keine Tränen mehr. Ich war leer, erschöpft, aber dennoch zum Zerreißen angespannt. Auf meinem Ankleidetisch befanden sich eine Kerze und eine Ikone. Ich zündete die Kerze an und schaute in ihr warmes, weiches Licht. Marc und die Kinder schliefen. Ich saß in diesem engen Lichtkreis und versuchte, Gottes Gegenwart zu fühlen.

»Lieber Gott, ich brauche Deine Hilfe, brauche sie so sehr . . .« Die ganze Zeit über hatte ich darum gebeten, er möge die Wirklichkeit ändern: »Bitte, mach, daß die Diagnose falsch ist, bitte, mach, daß sie nicht autistisch ist . . .« In dieser Nacht war es anders. Ich mußte um etwas anderes bitten. »Lieber Gott, gib mir . . . Erfülle mich mit . . . Deiner Kraft . . . Deinem Frieden . . . Gib mir Deine Kraft und Deinen Frieden, damit ich weitermachen kann.«

Aber da war noch etwas, was ich sagen mußte, etwas, was besonders schwer war. Ich starrte ins Licht, hob meine gefalteten Hände und neigte meinen Kopf, zwang mich, auf SEINE Liebe zu vertrauen. Dann flüsterte ich die Worte, die mein Herz haßte, aber meine Seele verlangte:

»Dein Wille geschehe«

– und wurde augenblicklich von Trost überflutet.

Ich fühlte mich wie ein Kind, das sich – zitternd und allein in der Dunkelheit – plötzlich von liebenden Armen umfangen fühlt. Liebe wiegte, Friede tröstete mich. Neue Kraft strömte durch alle Fasern meines Körpers, getragen von den Schwingen dieses nächtlichen Gebets. Es gibt einen Gott, Er weiß, Er hört alles. Er wacht über uns, »Er schläft und schlummert nicht«.

Ich blies die Kerze aus, ging zu Bett und schlief tief und traumlos, zum erstenmal seit Wochen. Ich hatte mich stolpernd und weinend vor Angst in diese dunkle Höhle gewagt, und kein Geringerer als Gott hatte mich an der Hand genommen.

Ich bin keine Theologin und habe nie mit den übelsten Auswüchsen des Bösen in der Welt umgehen können – wie beispielsweise mit Kindesmißhandlung, verheerenden Krankheiten, dem Leid der Unschuldigen, dem Triumph der Ungerechtigkeit. Aber ich glaube nicht, daß Gott das Böse herbeiruft; wie Rabbi Kushner gesagt hat, leidet Er unter dem Bösen wie wir. »Dein Wille geschehe« bedeutete für mich: Wenn wir Seiner Güte und Seiner Liebe vertrauten, würde dieses Böse uns nicht verschlingen. Etwas Gutes konnte daraus erstehen. Er würde uns die Kraft und den

Mut geben, damit umzugehen und daran zu wachsen. Ich wußte noch nicht, ob das bedeutete, daß wir den Mut finden würden, Anne-Maries Zustand zu ertragen, oder ob es hieß, daß wir sie wie durch ein Wunder zurückgewinnen würden.

Am Morgen erwachte ich erfrischt und heiterer, als ich seit Michels Geburt gewesen war. Noch immer wirbelten Angst und Kummer durch mein Bewußtsein, und dort sollten sie noch viele Monate bleiben. Aber im Herzen spürte ich Frieden. Meine Hand lag in der Hand Gottes. Er würde meine Familie und mich durch dieses Land führen. Er würde uns lehren, wieder zu leben. Und wann immer die Furcht sich erheben, wann immer sie übermächtig zu werden drohte, betete ich und dachte daran, wessen Fürsorge ich meine Liebsten überantwortet hatte. »Wenn Gott für uns ist, wer kann dann gegen uns sein?« Was konnte uns etwas anhaben? Wir würden einen Weg finden, wir würden auf Ihn vertrauen.

Und dann zeigte sich der erste Hoffnungsschimmer. Alles ging plötzlich sehr schnell.

Am nächsten Abend, als ich in der Küche stand, rief meine Cousine Maria aus Chicago an. Ich hielt Michel im Arm, während ich mit der anderen Hand die Nudelsoße umrührte. Es war Essenszeit für die Kinder, und da ging es immer laut und hektisch zu. Das Telefon läutete.

»Hallo, Catherine. Hier ist Maria. Wie geht's dir so?«

»Durchwachsen.«

»Du hörst dich müde an.«

»Ein bißchen.«

»Hör zu. Jack hat beim Zahnarzt einen Artikel gefunden und will, daß du ihn liest. Es geht um einen Dr. Lovaas von der UCLA. Es heißt dort, er hätte autistische Kinder geheilt.«

»Autistische Kinder geheilt?«

»Ja. Genau das steht hier. Ein Experiment. Vierzig Stunden die Woche Einzeltherapie. Der Artikel heißt ›Saving Grace‹. Soll ich ihn dir schicken?«

»Ja. Ja, natürlich. Sofort. Aber erzähl mir erst, was da steht.« Er hatte Kinder geheilt, die an Autismus litten? Bisher hatte noch niemand, mit dem wir gesprochen hatten, das Wort »Heilung« erwähnt. Konnte das wahr sein?

Maria und ich gingen den Artikel zusammen durch. Er war im Dezember '87 in *Psychology Today* erschienen, zu der Zeit, als Dr. DeCarlo Anne-Maries Diagnose stellte. Der Verfasser, Paul Chance, beschrieb ein kleines Mädchen namens Grace, das an Dr. Lovaas' Versuchsprogramm für autistische Kinder teilgenommen hatte. Dr. Lovaas hatte die Kinder stundenlang mit Einzeltherapie bombardiert. Wesentlich war dabei, daß jeder einzelne in der Umgebung des Kindes – Eltern, Lehrer, Pfleger – angewiesen wurde, sich streng an seine Anweisung zu halten und die für jedes Kind speziell entwickelten Lehrprogramme über längere Zeit durchzuführen. Die Versuchsgruppe bestand aus neunzehn Kindern (eines war gleich zu Beginn ausgeschieden), und jeweils zwanzig Kinder bildeten die beiden Kontrollgruppen. Die Kinder in den Kontrollgruppen und in der Versuchsgruppe waren alle von unabhängigen Gutachtern als autistisch eingestuft worden. Der Unterschied zwischen der Versuchsgruppe und den Kontrollgruppen bestand in der Anzahl der Therapiestunden. Beim Versuchsprogramm bemühte man sich, die Kinder während ihrer wachen Stunden fast ständig in therapeutischer Umgebung zu belassen, während die Kinder in den Kontrollgruppen wöchentlich nur ein paar Stunden Therapie hatten, die darüber hinaus daheim nicht fortgeführt wurde.

Die Ergebnisse waren beispiellos. Fast die Hälfte (neun von neunzehn) der Kinder aus dem Versuchsprogramm hatten eine Stufe »normalen kognitiven Verhaltens« erreicht. Legte man die Standardmaßstäbe von Intelligenz und Vernunft zugrunde, galten sie als normal. Aber waren sie wirklich geheilt? Hatten sie Freunde? Bauten sie normale Beziehungen zu Menschen auf? In dem Artikel hieß es, daß die Kinder inzwischen zu Teenagern herangewachsen seien, daß sie verschiedene Lehrer gehabt hatten, während sie ganz normale Schulen durchliefen. Zusätzlich zeigten vorläufige Unterlagen langfristiger begleitender Untersuchungen, daß sie sich sowohl sozial als auch kognitiv nicht von ihren Altersgenossen unterschieden. Grace war zwar schüchtern, aber sie hatte Freundinnen und war eine gute Schülerin.

Ich hatte zwar schon von Verhaltensmodifikation gehört, wußte aber nur sehr wenig darüber. Aus allem, was wir gelesen hatten, wußten Marc und ich inzwischen, daß es in unserer Heimat drei Hauptmethoden gab, mit denen man Autismus zu behandeln versuchte: pharmakologisch, also mit Medikamenten, psychoanalytisch und schließlich durch Verhaltenstherapie. Die pharmakologischen Versuche hatten bislang keine sehr vielversprechenden Erfolge gebracht, und in manchen Fällen war es sogar zu ernsten Nebenwirkungen gekommen. Wir hatten bereits entschieden, Anne-Marie weder Haldol noch Fenfluramin zu geben, denn wir fürchteten das toxische Potential dieser beiden Medikamente.

Die Psychoanalyse versuchte für gewöhnlich zu verstehen, *warum* die Kinder psychotisch waren. Autismus galt dabei als Manifestation eines Problems mit dem Ego. Der Psychotherapeut spielte – immer sanft und respektvoll – mit dem Kind mit Sand, Wasser oder Bauklötzen und war bemüht, ihm Liebe, Verständnis und Akzeptanz seiner Persönlichkeit zu vermitteln.

Den Verhaltenstherapeuten hingegen kümmerte der Grund für den Autismus wenig. Er arbeitete in der Gegenwart und versuchte, unerwünschte Verhaltensweisen zu beseitigen und Fähigkeiten zu lehren, die für unser Leben und Lernen besser geeignet sind. Hier ging es um das Verhalten des Kindes, nicht um seine Psyche. Dies erforderte äußerste Beständigkeit und das Zerlegen in kleinste Lernschritte, mit deren Hilfe das kindliche Verhalten »geformt« wurde, ungefähr so, wie man einen Hund erzieht.

Steven Blaustein, ein Stimm- und Sprachheiltherapeut, den ich konsultiert hatte, hatte die Existenz dieser drei Methoden bestätigt und uns glücklicherweise deutlich gemacht, welche davon er empfehlen würde. Alle Unterlagen wiesen darauf hin, so erklärte er uns, daß mit Verhaltenstherapie die besten Ergebnisse erzielt, die meisten Fortschritte gemacht würden.

Marc und ich sind dankbar, daß die Verhaltensmodifikation schon früh von ein, zwei Menschen wie Steven befürwortet wurde, denn auf den ersten Blick schreckte sie uns ab. In unserer Vorstellung gehörten dazu Pawlowsche Hunde, abgerichtete Robben, Ratten in Irrgärten. »Was sollen wir nur tun?« fragte ich Marc. »Sie zum Sprechen *abrichten,* dazu, uns zu lieben, Gefühle zu haben, menschlich zu sein?« Mir gefiel Verhaltensmodifikation schon jetzt nicht, und dabei hatte ich Anne-Maries erste Sitzungen noch vor mir!

Trotzdem: wenn jemand Kinder durch Verhaltensmodifikation heilte, dann sollten wir uns ernsthaft damit auseinandersetzen. Ich rief in der Lovaas-Klinik an und sprach lange mit einer gewissen Joanne. Sie war äußerst höflich und informierte mich gern, mußte mir aber zu ihrem Bedauern mitteilen, daß sie derzeit keinen Platz für uns hatten. Der Artikel in *Psychology Today* habe ihnen sehr viel Beachtung gebracht, erzählte sie mir, und sie würden kaum mit der Flut von Anrufen fertig. Sie erklärte mir, wie ich das Lehrbuch bestellen konnte, und forderte mich auf, einen Brief zu schreiben und um einen Zwei-Tage-Workshop bei einem der Klinikärzte zu bitten.

Am 20. Januar brachen wir zur vierten von fünf Untersuchungen auf. Diese fand bei Dr. Ira Cohen im Institute for

Basic Research in Development Disabilities in Staten Island statt. Vor uns erhob sich ein riesiges Gebäude, ein deprimierender, gefängnisähnlicher Ort mit Sicherheitsvorkehrungen an Ein- und Ausgang. Wir gingen den düsteren Korridor entlang zur Autismusabteilung, vorbei an mehreren Kindern und Erwachsenen, die stark behindert wirkten. Einem Mann, der um die dreißig schien, hing die Zunge aus dem Mund, als er mit leerem Blick am Arm seines Pflegers vorüberschlurfte. Reiß dich zusammen, Catherine, fuhr ich mich innerlich an. Du mußt lernen, diese Leute liebevoll zu betrachten, nicht entsetzt anzustarren.

Anne-Maries Zustand war zu dieser Zeit schon so weit fortgeschritten, daß sie die Einstufung einfach über sich ergehen ließ. Sie hatte sich am Boden zusammengerollt wie ein Kind im Mutterleib und weigerte sich, auch nur die Augen zu öffnen. Wir mußten am folgenden Tag wiederkommen. Diesmal ging es ihr besser, aber während der gesamten Untersuchung schrie sie und weigerte sich, irgend jemanden anzusehen. Wir verbrachten etwa zweieinhalb Stunden bei Dr. Cohen. Er machte durch einen transparenten Spiegel hindurch Videoaufnahmen von Anne-Marie, befragte uns, versuchte ihre Aufmerksamkeit zu erregen und unterzog sie schließlich noch dem Vineland-Test, um ihren Entwicklungsgrad festzustellen. Am Ende sah er uns ernst an und blieb stumm.

»Nur zu«, forderte ich ihn auf. »Sie können es ruhig sagen.«

»Ich glaube, sie ist autistisch.«

»Ja. Das wissen wir.«

Dr. Cohen sollte später in seinem Bericht schreiben, daß Anne-Marie keinerlei »altersgemäße verbale Kommunikation oder Gestik« gezeigt habe. Das hatten wir zu dieser Zeit auch nicht mehr erwartet.

»Haben Sie eine Ahnung, wie ernst es ist? Ist sie einer

der schwersten Fälle, die Sie je gesehen haben? Oder gehört sie zu den leichteren?«

Er erklärte, daß er wirklich nicht vorhersagen könne, wie sich die Störung entwickeln werde, und daß sie noch zu jung sei, um einen einigermaßen gesicherten IQ-Test zu absolvieren. Er wollte uns jedoch die Resultate des Vineland-Tests mitteilen (der Vineland-Test basiert auf klinischer Beobachtung und einer Befragung der Eltern. Obwohl Anne-Marie bei der Begutachtung selbst »keine altersgemäße verbale Kommunikation oder Gestik« gezeigt hatte, ergab die detaillierte Befragung ihrer Eltern, daß sie sich in der gewohnten Umgebung durchschnittlich besser verhielt): Was ihre Fähigkeiten betraf, sich verständlich zu machen oder soziale Kontakte aufzunehmen, so stand sie auf der Stufe eines einjährigen Kindes. Im Bereich der Motorik und der Geschicklichkeit bei alltäglichen Dingen (Essen mit dem Löffel, Trinken aus einer Tasse, etc.) verhielt sie sich schon eher ihrem Alter entsprechend, blieb aber noch hinter der Norm zurück. Dieses ungleichmäßige Entwicklungsmuster spiegelte das übliche Autismusprofil wider ebenso wie die Tatsache, daß sie früher gesprochen, diese Fähigkeit dann aber eingeschränkt und schließlich ganz verloren hatte.

Dr. Cohen schien objektiv und kompetent. Ich zögerte, fragte ihn aber schließlich nach dem, was ich kürzlich herausgefunden hatte. »Haben Sie von einem Dr. Lovaas gehört, der behauptet, einige Kinder geheilt zu haben?«

»Ja«, antwortete er. »Ja, es sieht so aus, als gebe es in dieser Richtung ein wenig Hoffnung. Sie haben den Artikel gelesen? Er ist doch erst im Dezember erschienen.«

Mein Herz schlug heftig, und ich bemühte mich krampfhaft, ruhig zu sprechen. Wir waren nichts weiter als ein paar Akademiker, die über einen interessanten Artikel diskutierten. »Ich habe nur eine Zusammenfassung dessen gehört, was wohl die laienhafte Version von dem sein muß, was in

Psychology Today veröffentlicht wurde. Wo ist der wissenschaftliche Artikel publiziert worden?«

»Im *Journal of Consulting and Clinical Psychology.*«

»Könnten Sie mir eine Kopie zuschicken?«

»Selbstverständlich.«

Fand diese Unterhaltung tatsächlich statt? Ich konnte es kaum glauben. Erbot sich hier wirklich ein Mediziner, uns zu helfen, indem er uns einen Artikel über das Werk eines *anderen* Mediziners schickte? Das strafte die Tunnelversion und das egozentrische Verhalten Lügen, mit dem wir es bei Dr. Doubrovsky und Dr. Berman zu tun gehabt hatten. Hatte er gesagt: »Selbstverständlich«?

»Glauben Sie, daß er tatsächlich einige Kinder geheilt hat?«

»Seine Aufzeichnungen scheinen sehr fundiert, sehr sorgfältig: Ich halte es für möglich . . .«

Ich hing förmlich an seinen Lippen.

»Vergessen Sie bitte nicht«, fuhr Dr. Cohen fort, »daß seine Kinder alle sehr, sehr jung waren – normalerweise noch keine dreieinhalb.«

»Ist das wichtig?«

»Nun, neurologisch gesehen wird das Gehirn noch geformt. Es verfügt noch immer über eine gewisse Plastizität, eine Schmiegsamkeit. Die Störung ist noch nicht so weit fortgeschritten.«

Dieser Gedanke bestach. Man nehme ein sehr junges Kind, dessen Entwicklung sich noch entfaltet, bombardiere es, umgebe es mit einer sehr spezifischen, sehr intensiven Therapie und sehe, was passiert. Das Gehirn – das glaubten Marc und ich, und das sollten wir uns in den folgenden Monaten noch sehr oft sagen – könnte über ein nur selten angezapftes Potential zur Selbstheilung verfügen.

»Was sollen wir tun?«

Dr. Cohen nahm kein Blatt vor den Mund. »Besorgen Sie sich das Buch und die Bänder und machen Sie sich an die Arbeit. Sie haben schon früher unterrichtet. Finden Sie heraus, wie man das hier macht, suchen Sie sich ein paar Therapiestudenten und bilden Sie die aus, und dann entwickeln Sie ein Programm für zu Hause.«

»Okay.« Wir schluckten und unterdrückten Zweifel und Unsicherheit. Okay. Wir würden das schaffen. Wir würden über Nacht Experten für diese Therapie werden, worin immer sie bestand, und dann losziehen und andere darin unterweisen. Kein Problem. Vielen Dank. Danke, lieber Gott, danke, Dr. Cohen, danke, Dr. Lovaas, wer immer Sie sind, dafür, daß Sie uns diese Tür zur Hoffnung aufgestoßen haben.

Wir brauchten ein paar Tage, bis wir das Wort »Heilung« laut aussprechen und anfangen konnten, darüber zu reden. Es schien unmöglich nach allem, was wir gehört und gelesen hatten. Konnten wir es wagen zu hoffen? Ich mußte andere Menschen finden, die von Dr. Lovaas' Werk gehört hatten und seine Aufzeichnungen bestätigen konnten.

Ein paar Tage später rief uns Mrs. Murphy vom Albert Einstein an. »Hallo, Mrs. Maurice. Wir wüßten gern, ob Sie an unserem Workshop teilnehmen wollen?«

Was soll das? dachte ich. Brauchen die ein paar warme Lebewesen an ihrem Konferenztisch, oder geht ihnen einfach das Geld aus?

»Nein, danke, Mrs. Murphy. Aber sagen Sie, haben Sie von einem Dr. Lovaas gehört und davon, daß er ein paar autistische Kinder geheilt hat?«

Eine Pause entstand. »O ja«, antwortete sie schließlich. »Aber jedermann weiß doch, daß er eine Vorauswahl unter funktionstüchtigen Kindern getroffen hat.«

Diese Leute schafften es doch tatsächlich, eine grenzenlose Wut in mir zu wecken. Wer war »jedermann«, und woher »wußten« sie, daß Dr. Lovaas eine Vorauswahl getroffen hatte? Die Artikel, sowohl der wissenschaftliche als auch die laienhafte Version, waren gerade erst veröffentlicht worden. War »jedermann« unverzüglich nach Kalifornien geflogen und hatte die Familien dieser Kinder befragt, hatte verlangt, ihre Aufnahmegutachten und die Videobänder zu sehen? Und außerdem, vielleicht gehörte Anne-Marie ja zu den »funktionstüchtigen« Kindern. Wenn Doubrovsky und Murphy tatsächlich von dem Artikel wußten, warum hatten sie mich nicht wenigstens darüber informiert, damit ich wußte, welche Möglichkeiten ich hatte? Immerhin sprachen wir von der Zukunft meines Kindes.

Zitternd vor Wut knallte ich den Hörer auf, saß dann da und versuchte, meine Gedanken zu ordnen. Ich begriff langsam, daß man alte Gewohnheiten nur schwer ablegt. Ich ging immer noch von der naiven Annahme aus, daß irgendein »Experte« eine Antwort für uns parat halten wurde. Ich nahm meine Hoffnung und machte sie den »Autoritäten« zum Geschenk. Ich bettelte um ihr »Gütesiegel«. Ich bat um ihre Erlaubnis, etwas zu glauben.

Aber ich brauchte ihre Erlaubnis nicht. Wenn Doubrovsky, Murphy und ihresgleichen uns nicht anleiten, ja nicht einmal ermutigen wollten, ein Therapieprogramm für zu Hause zusammenzustellen, dann würden wir sie eben einfach links liegenlassen und es ohne sie in Angriff nehmen.

Bereits ein paar Tage später hatte ich Gelegenheit, dieses aufkeimende Gefühl der Unabhängigkeit zu erproben. Es war beim Gespräch mit Dr. Perry, einem weiteren Psychiater, dem wir Anne-Marie in der folgenden Woche vorstellen sollten. Ich erklärte, daß wir von Dr. Lovaas' Erfolg gehört und die Absicht hatten, ein Programm bei uns zu Hause durchzuführen, sobald wir die Therapeuten gefunden hätten.

»Autistische Kinder erholen sich nicht«, erklärte er ruhig.

Ich kann mich noch gut an die Angst erinnern, an das Gefühl, gefangen zu sein, von der absoluten Gewißheit in seiner Stimme niedergeschmettert zu werden. Ich krümmte mich bei seinen Worten, schüttelte aber sofort den Kopf, versuchte, mich wieder aufzurichten. Nein. Er glaubt das, aber das heißt noch lange nicht, daß es wahr ist. Hier spricht ein Mann, nicht der liebe Gott. Man hat mir Hoffnung geboten, ich weiß, daß mich eine Kraft erfüllt, die nicht die meine ist. Ich habe hier den Beginn einer Antwort, und Gott wird uns zeigen, was wir tun müssen, damit es geschieht. Mit Gottes Hilfe ist alles möglich. Wie oft sollte ich mir diese Worte in den kommenden Monaten noch selbst sagen. Wo Leben ist, ist auch Hoffnung; mit Gottes Hilfe ist alles möglich.

Nachdem wir erst einmal Hoffnung gefaßt hatten, gab es kein Zurück mehr. Wir wichen vom Pfad ab, fingen falsch an und vergeudeten unsere Energie, während wir uns vorwärtstasteten. Aber wir hatten ein Ziel vor Augen. Es war real und erreichbar geworden. Wir richteten den Blick auf die Bergspitze, ja zu den Sternen empor. Anne-Marie würde ganz normal werden. Sie würde sprechen und lachen, heranwachsen und lieben. Sie würde gesund werden.

8. Kapitel

Entschlossenheit ist eine Sache, praktische Methodenlehre eine andere. Der Anfang des verhaltenstherapeutischen Programms bedeutete für alle Beteiligten eine Prüfung.

Marc ließ sich die Bücher und Bänder per Expreß zuschicken. Dr. Cohen sandte uns den Artikel aus dem *Journal of Consulting and Clinical Psychology.* Marc und ich gingen die Unterlagen gemeinsam durch, diskutierten und analysierten sie. Ich hängte mich ans Telefon, sobald die Unterlagen eingetroffen waren, und gab überall in der Stadt Stellenanzeigen für die Psychologiestudenten an Colleges und Universitäten auf.

Der Artikel klang sehr vielversprechend. Dank seiner Kenntnisse in Mathematik konnte Marc mir die Statistiken entschlüsseln. Wir lasen den Artikel so oft, bis wir ihn praktisch auswendig konnten. Wir entdeckten etwas, was noch mehr Trost für uns bedeutete: Die meisten Kinder in der experimentellen Gruppe, selbst jene, die nicht geheilt worden waren, hatten deutliche Fortschritte gemacht. Viele von ihnen waren in Klassen für »sprachlich zurückgebliebene« Kinder eingegliedert worden. Nur zehn Prozent wurden letztendlich in speziellen Klassen für Autistische beziehungsweise Behinderte unterrichtet. Ich wollte, daß Anne-Marie gesund wurde, aber es bedeutete dennoch Trost für mich zu wissen, daß sie mit dieser Methode wenigstens eine gewisse Stufe der Kommunikation erreichen konnte.

Der Artikel minderte meine Panik und stärkte meine

Hoffnung. Aber mit den Büchern und Bändern sah das anders aus. Wir haßten sie. Wir haßten den Anblick dieser Kinder, ihre ernsten, hölzernen Gesichter. Wir haßten den Ton der Therapeuten. Ich erinnere mich an eine Szene. Ein Therapeut trug einem kleinen Jungen auf, passende Karten herauszufinden. »Gleiches zu Gleichem« intonierte der Therapeut wieder und wieder in nasalem Singsang. »Gleiches zu Gleichem. Gleiches zu Gleichem.« Ohne zu lächeln nahm der Junge jede Karte und legte sie auf den richtigen Stapel. Bei einer anderen Szene hielt eine Mutter ein kleines Mädchen auf dem Schoß. Ein Therapeut saß dem kleinen Mädchen gegenüber. Ich weiß nicht mehr, welchen Befehl er gab, aber es war wohl so etwas wie »Klatsch in die Hände«. Jedesmal wenn der Befehl erklang, hob die Mutter die Hände des kleinen Mädchens und »half« ihm zu klatschen. Dann löffelte der Therapeut eine glitschige Masse in den Mund des Kindes. Es widerte uns an. Dies schien die entwürdigendste »Behandlung« zu sein, der ein Kind unterzogen werden konnte. Uns fiel ein, daß in Paul Chances Artikel in *Psychology Today* auch von »Aversionstherapie« die Rede gewesen war. Auf unerwünschte Verhaltensweisen, die besonders hartnäckig beibehalten wurden, wurde mit körperlicher Strafe reagiert. Die Strafe im Fall des experimentellen Programms war ein einzelner Klaps auf den Schenkel.

»Niemand legt Hand an meine Tochter«, schwor ich Marc. Schon allein die Vorstellung regte mich auf.

Er stimmte mir zu. Er war von dem, was wir lasen und sahen, ebensowenig begeistert wie ich. In unseren nächtlichen Diskussionen waren wir aber trotzdem zu dem Schluß gekommen, daß wir es wenigstens versuchen sollten. Schließlich würden die Sitzungen ja bei uns zu Hause stattfinden.

Ein, zwei Wochen nach unserem Besuch bei Dr. Cohen riefen mich die ersten Studenten aufgrund meines Stellenangebots zurück. Es schien sich um gutherzige junge Frauen und Männer zu handeln, die ausgesprochen enthusiastisch waren, aber keiner von ihnen hatte je zuvor mit einem autistischen Kind gearbeitet. Wir erwogen, einen oder zwei einzustellen, und fanden uns mit der unausweichlichen Tatsache ab, daß wir, die wir keine Ahnung von dem hatten, was wir taten, ihnen beibringen mußten, wie sie unsere Tochter retten sollten. Ich gab jedem eine Ausgabe von Lovaas' Handbuch zur Verhaltenstherapie, *The Me Book*, forderte sie auf, es gründlich zu studieren, und erklärte ihnen, daß ich sie bald wieder anrufen würde.

Dann spazierte plötzlich Bridget Taylor durch meine Tür: ein Geschenk des Himmels. Das wußte ich zu jener Zeit freilich noch nicht. In diesen ersten Wochen war ich noch von so viel Dunkelheit umgeben, stolperte ich noch so unsicher herum, daß ich einen Klumpen Gold nicht von einem Stück Kohle hätte unterscheiden können. Es war nur Gottes Gnade zu verdanken, daß ich nach wie vor die richtigen Entscheidungen traf. Anfangs hielt ich Bridget für ein (schwer zu ertragendes) notwendiges Übel.

Sie war dreiundzwanzig Jahre alt, mit langem, blondem Haar, trug Bluejeans und hohe Turnschuhe aus Leder. An der Columbia University machte sie gerade ihren Abschluß als Sonderschullehrerin. Sie sah aus wie ein Kind. Ich mißtraute ihr augenblicklich. Was wußte diese Person, die selbst kaum den Kinderschuhen entwachsen war, schon von Kindern? Geschweige denn von autistischen Kindern? Ich unterzog sie einem strengen Verhör. Sie beantwortete alle meine Fragen ernst, höflich und reserviert. Sie war weder freundlich noch feindselig, sondern wirkte gelassen und selbstsicher.

Und sie kannte Autismus. Sie war von allen, die sich mir vorgestellt hatten, die einzige, die mit autistischen Personen jeden Alters in Einzeltherapie gearbeitet hatte. Auch Verhaltensmodifikation war ihr nicht fremd. – »Genau das mache ich«, informierte sie mich. Ich holte *The Me Book* und faßte die Methode und die Techniken zusammen. Sie unterbrach mich: »Ich kenne dieses Buch vorwärts und rückwärts. Jedem, der verhaltenstherapeutisch mit autistischen Kindern arbeitet, sind *The Me Book* und Lovaas ein Begriff.« Sie reichte mir Empfehlungsschreiben von Stellen, für die sie gearbeitet hatte.

»Gut«, sagte ich. »Eines will ich hier noch klarstellen.« Ich war eisig, angespannt. »Das hier ist *mein* Haus. Ich bin für dieses Programm zuständig. Niemand wird eine Aversionstherapie mit meiner Tochter durchführen.«

»Gut«, antwortete sie ruhig. »Ich benutze keine Aversion. Zumindest war es bislang noch nicht nötig.«

Ich war ein wenig verlegen. Ich hatte nicht damit gerechnet, in diesem Punkt so leicht zu gewinnen. Ich war auf einen Streit vorbereitet gewesen – und traf statt dessen nur auf Kooperation.

»Haben Sie von Lovaas' experimentellem Programm gehört, mit dessen Hilfe er Kinder vom Autismus geheilt hat?« erkundigte ich mich.

»Ja. Aber ich habe den Artikel noch nicht gelesen. Haben Sie vielleicht eine Kopie?«

»Ja. Ich gebe Ihnen eine.« Nach einer kurzen Pause meinte ich herausfordernd: »Halten Sie diese Heilung für möglich?«

Sie blieb eine Minute lang stumm. »Ich habe es niemals erlebt«, sagte sie. »Einige Kinder werden sehr funktionstüchtig, aber es bleiben dennoch soziale Defizite, trotz der Sprachfähigkeit.«

»Nun, ich glaube an die Heilung, und Anne-Marie wird gesund werden«, erklärte ich und reichte ihr den »Saving Grace«-Artikel und den Artikel aus dem *Journal.*

Sie antwortete nicht.

Marc und ich beschlossen, Bridget aufgrund ihrer Erfahrung einzustellen. Ich rief sie am nächsten Tag an und bot ihr die Stelle mit sofortiger Wirkung an. Sie akzeptierte, im nachhinein betrachtet erstaunlicherweise und Gott sei Dank für mich, denn ich an ihrer Stelle hätte vor einer so wütenden, launenhaften potentiellen Arbeitgeberin die Flucht ergriffen. Aber sie war wahrscheinlich eine arme Studentin am Teacher's College; vielleicht sagte sie sich, daß die Stellung Erfahrung und gute Bezahlung mit sich brachte, und beides entschädigte sie dafür, daß sie sich mit einer rechthaberischen, von Wahnvorstellungen geplagten Mutter herumschlagen mußte.

Bridgets erste Vorbereitung auf ihre Arbeit mit Anne-Marie bestand darin, daß sie sich mit mir über ihre Verhaltensweisen unterhielt.

Sie bat mich, eine Liste anzulegen und zu notieren, welche Verhaltensweisen ich »abbauen« und welche ich »fördern« wollte. Für mich war dies eine merkwürdige und beunruhigende Art, über Anne-Marie nachzudenken. Ich wollte einfach nur, daß ihr Autismus verging und sich eine normale Persönlichkeit entfaltete, je schneller, desto besser. Die Vorstellung, sie auf eine Reihe guter und schlechter Verhaltensweisen zu reduzieren, erschien mir kalt und unnatürlich.

Außerdem wollte Bridget, daß ich ihr eine »Bestärkungsliste« anfertigte – also Dinge notierte, die wir Anne-Marie »zur Belohnung« geben konnten, um sie zu »guter Mitarbeit« zu motivieren. Augenscheinlich war Anne-Marie verbalem Lob gegenüber völlig gleichgültig. Deshalb mußten wir anfangs derartiges Lob mit »Primär-Reinforcern« paaren: Keksstückchen, Schokolade, Saft.

Genau, dachte ich. Wir heilen mein autistisches Kind mit einer Handvoll M&Ms und mit etwas Apfelsaft. Genauso, wie ein abgerichteter Seehund seine Tricks für ein Stück Fisch vorführt. Wo blieb bei all dem die Liebe? Zögernd schickte ich mich an, meine Listen anzulegen. Ich war noch immer davon überzeugt, daß wir diese schreckliche Therapie nur für kurze Zeit ausprobieren würden, einfach weil wir so verzweifelt waren.

Da saß ich vor dem leeren Blatt Papier, und mir kam alles so absurd vor. Welches Verhalten wünschte ich zu fördern? »Ich möchte, daß sie spricht«, schrieb ich. War es für Bridget wirklich nötig, daß ich so offensichtliche Dinge aufschrieb? »Ich möchte, daß sie richtig mit Spielzeug umgeht. Ich möchte, daß sie uns liebt.« O nein. Das letzte war zu emotional, hatte kaum mit ihrem Verhalten zu tun. Ich strich es durch. »Ich möchte, daß sie uns richtig ansieht. Ich möchte, daß sie lächelt.« Mal sehen, was noch? Ich wollte, daß sie ein wenig Initiative zeigte, etwas Freude an ihrer Welt; wie konnte ich so etwas so ausdrücken, daß es mit ihrem Verhalten zusammenhing? Es wäre auch schön, wenn sie irgendwann ein wenig Interesse an ihren Brüdern zeigen würde, aber es war wohl noch zu früh, um das hinzuschreiben.

Welches Verhalten wollte ich abgebaut sehen? Ich will, daß all ihre autistischen Symptome verschwinden! dachte ich wütend. Aber ich nahm meinen Kuli und versuchte darüber nachzudenken, was das im einzelnen bedeutete.

»Ich möchte, daß sie aufhört, so viel zu weinen . . . aufhört, Fäden zu zwirbeln . . . mit den Zähnen zu knirschen . . . allein in einer Ecke zu sitzen, mit dem Rücken zum Zimmer . . .« Ich führte alles an stereotypem Verhalten, an Selbsthilfemechanismen an, was ich in letzter Zeit bei ihr beobachtet hatte.

Dann schrieb ich meine Bestärkungsliste und händigte sie Bridget mit strengsten Ermahnungen aus, Anne-Marie nicht zu überfüttern, ihr nicht zu viel Zucker zu geben und sie nicht von diesen Keksen und Crackern abhängig zu machen. »Ja, ja«, meinte Bridget. Sie hatte all das offensichtlich schon viele Male zuvor gehört. »Ich gebe ihr jedesmal nur ganz winzige Bissen. In einer zweistündigen Sitzung ißt sie vielleicht zwei Kekse und Cracker.«

Wir trafen Vorkehrungen, damit Bridget so bald wie möglich mit der Arbeit beginnen konnte. Das wäre in ein paar Wochen. Anfangs würde sie drei Tage die Woche kommen, jeweils für zwei Stunden. Das würde sie schnell auf fünf Tage pro Woche steigern.

Mir schoß der Gedanke durch den Kopf, daß man von keinem zweijährigen Kind erwarten konnte, zwei Stunden lang eine anstrengende Therapie über sich ergehen zu lassen. Aber ich verwarf diesen Gedanken schnell.

Erstens hatte ich darüber mit Joanne von der Lovaas-Klinik gesprochen. Sie hatte mir versichert, daß die Kinder sich anpaßten: Solange die Aktivitäten wechselten und das Kind hin und wieder vom Tisch zum Boden und zurück wechseln konnte, waren zweistündige Sitzungen annehmbar.

Aber das war nicht der Hauptgrund, warum ich nicht unzählige Argumente gegen die Länge der Sitzungen vorbrachte. Der Hauptgrund war, daß wir keine Wahl hatten. Dies war die einzige Therapie, die die Möglichkeit von etwas mehr als »Fortschritten« ins Auge faßte. Ich empfand dieselbe Resignation, die ich wohl verspürt hätte, hätte ein Chirurg mir erklärt, er müsse den Körper meines Kindes aufschneiden, um einen Herzklappenfehler zu korrigieren. Würde ich wollen, daß mein Kind physisch verletzt würde? Würde mir die Vorstellung gefallen, mein Kind Fremden mit Messern in der Hand zu überlassen? Glaubte ich etwa, sie würde es genießen, an einen Tisch gefesselt und betäubt zu werden? Wohl kaum. Aber wenn diese Operation ihr das Leben retten würde, dann wäre es keine Frage für mich. Zwei Stunden, zehn Stunden, vierzig Stunden Therapie – die Zeit spielte für mich keine Rolle. Schlimm genug, daß wir das überhaupt tun mußten: Da konnten wir es ebensogut gleich richtig machen.

Es war jetzt Anfang Februar. Alles fügte sich schnell zusammen, so schnell, daß ich kaum noch wußte, was wir jeden Tag denken und fühlen sollten. Angst? Frust? Wut? Hoffnung? Wieder Angst? Für das Drama von Anne-Maries Rettung versammelten sich alle Mitwirkenden hinter der Bühne. Gerade war Bridget aufgetreten. In drei Wochen würden die anderen Hauptdarsteller auf die Bühne kommen, alle grundlegenden Entscheidungen wären dann getroffen.

9. Kapitel

Ehe wir mit den eigentlichen Therapiesitzungen anfingen, mußten wir wieder einmal Frankreich einen Blitzbesuch abstatten. Schon lange hatten wir geplant, unser drittes Kind bei Marcs Familie taufen zu lassen. Alle Vorbereitungen waren schon vor Monaten getroffen worden.

»Was soll ich bloß tun?« fragte ich meine Freundin Evelyne. »Ich weiß, daß Anne-Marie bei dieser Reise ausflippen wird. Aber ich kann den Gedanken nicht ertragen, sie zurückzulassen. Was ist schlimmer? Sie mitzunehmen oder sie hierzulassen? Sollen wir die ganze Sache abblasen?«

»Ich weiß nicht«, antwortete Evelyne. »Ich glaube, ich würde sie mitnehmen.«

Nach langem Grübeln beschlossen Marc und ich, Anne-Marie und Michel auf die Vier-Tage-Reise mitzunehmen, während Daniel bei seiner Tante Burke blieb. Sie wollte am Wochenende etwas mit ihm unternehmen, damit er sich nicht zu einsam fühlte.

Während des Fluges weinte Anne-Marie unablässig, wie schon auf der Spanienreise. Diesmal war sie jedoch noch schwerer zu beruhigen oder abzulenken. Marc und ich hielten sie abwechselnd, während sie schluchzte und schluchzte. Sie vergrub den Kopf an meiner oder der Schulter ihres Vaters, und wenn wir sprachen oder uns zu sehr bewegten, fing sie wieder an zu schluchzen.

Um allem die Krone aufzusetzen, hatten wir drei – Marc, Anne-Marie und ich – irgendeinen schrecklichen Virus aufgeschnappt, so daß unser Kopf und unser Hals schmerzten und ein krampfhafter Husten unsere Brust zerriß. Ich weiß noch, daß ich mit der tränenüberströmten Anne-Marie, dem weinenden, neugeborenen Michel und dem kranken Marc im Flugzeug saß und jeder Muskel, jedes Glied meines Körpers schmerzte. Über den Gang hinweg sahen Marc und ich uns an. Er schloß nur die Augen und lehnte den Kopf an seinen Sitz, ohne ein Wort zu sagen.

Dies ist einer der Augenblicke, in denen man einfach ausharren muß, bis er vorbei ist, sagte ich mir. Halte dich an der Überzeugung fest – auch wenn es nicht direkt Trost bedeutet –, daß es irgendwo auf der Welt noch größeres Leid gibt.

Das Zusammentreffen mit Marcs Familie am ersten Tag war eine Qual. Das Wissen um Anne-Maries Diagnose hatte über das, was eine Feier hätte sein sollen, einen Fluch gelegt. Eine der eingeladenen Damen verstärkte die Anspannung noch dadurch, daß sie ihre Meinung herausposaunte.

»Oui, c'était le choc psychologique.«

»Welches psychologische Trauma?« wollte ich empört wissen. Welche Information hatte sie, die mir unbekannt war?

Diese Person war nicht die erste, und sollte auch nicht die letzte sein, dic erklärte, daß etwas in Anne-Maries Umgebung sie in den Wahnsinn getrieben hatte. Es stellte sich heraus, daß sie die französische Übersetzung von Bruno Bettelheims *Die Geburt des Selbst* gelesen hatte und zu dem Schluß gekommen war, daß irgendein emotionales Trauma bei Anne-Marie Autismus ausgelöst hatte. Zweifellos Michels Geburt.

Dies ist nur eine der zahllosen Prüfungen, denen sich die Eltern autistischer Kinder gegenübersehen. Plötzlich darf unser Leben von jedermann untersucht und überprüft werden, und jedermann »weiß«, was genau das Problem hervorgerufen hat. Freunde, ja sogar flüchtige Bekannte, fühlen sich veranlaßt, ihre Meinung in bezug auf Ursache und Behandlung kundzutun. Wer ein gestörtes Kind hat, braucht offenbar den Rat eines jeden, wie wenig informiert er auch sein mag. Und auf jeden, der sich über Ursache und Behandlung ergeht, kommen zwei andere, die einen wissen lassen, daß man sich das Problem nur einbildet. Meine Nachbarin, der ich unvorsichtigerweise gleich nach Anne-Maries Diagnose davon erzählt hatte, war zu dem Schluß gekommen, daß sie das ganze, alberne Mißverständnis aufklären könnte. Am folgenden Tag hatte sie mich unten im Haus aufgehalten: »Ich habe meinem Mann die ganze Geschichte erzählt, und er sagt, es wäre ausgesprochener Blödsinn, mit Ihrer Tochter wäre alles in Ordnung.« In Anbetracht der Tatsache, daß ihr Mann Anne-Marie nie gesehen hatte, konnte ich nur seufzen und mir vornehmen, in Zukunft zurückhaltender zu sein.

»Willst du wissen, was ich denke?« fragte eine meiner Freundinnen. »Ich glaube, daß diese ganze Autismusgeschichte ein Haufen Quatsch ist. *Ich* finde Anne-Marie völlig okay.«

»Bei einem kleinen Mädchen, das ich kannte, war das genauso«, meinte eine andere Bekannte. »Ihre Mutter hatte gerade ein neues Baby bekommen, das kleine Mädchen wurde eifersüchtig und entwickelte sich doch tatsächlich zurück. Sie ging nicht mehr aufs Töpfchen und machte ständig in die Hose, einfach um sich an ihrer Mutter zu rächen! Keine Angst, das wird sich bald geben!«

Diese Bemerkungen, von denen ich im Lauf der Zeit noch unzählige hören sollte, wurden unerträglich für mich. Sie trösteten mich nicht, sondern verstärkten noch mein Gefühl der Isolierung und Andersartigkeit. Vielleicht fühlen sich andere Leute besser, wenn sie ein Problem herunterspielen oder leugnen; Marc und ich wurden dadurch noch einsamer.

Aber in Frankreich war es wichtig, daß wir zumindest versuchten, Marcs Familie in das Problem in seiner ganzen Komplexität einzuweihen. Hier verließ ich mich voll auf Marc. Ich stellte fest, daß ich nicht fähig war, objektiv und vernünftig über Autismus zu sprechen. So gern ich meine Verwandtschaft über dieses Thema aufgeklärt hätte, ich mußte feststellen, daß ich vor Anstrengung zitterte, wenn ich versuchte, nüchtern und ruhig darüber zu sprechen.

Außerdem war es ja nicht so, daß wir ihnen eine klare medizinische Beschreibung hätten liefern können. Wie konnten wir Licht in etwas bringen, was die Ärzte uns nicht erklären konnten? Marc tat sein Möglichstes, erklärte, daß in verschiedenen Richtungen geforscht würde, daß die Forscher glaubten, es gebe verschiedene Formen von Autismus, daß aber allgemein galt, daß wir es mit einer bisher nicht spezifizierten Störung im zentralen Nervensystem zu tun hatten. Was in Anne-Maries Fall genau geschehen war, wußten wir nicht.

Seine Eltern und sein neunzigjähriger Großvater, Papari, hörten aufmerksam und mitfühlend zu.

»*Quel dommage*«, murmelte Papari. Er schaute zu Anne-Marie hinüber, als er das sagte, und ich bemerkte die Trauer in seinen alten, müden Augen.

Am folgenden Tag, nach Michels Taufe, machten wir einen Ausflug nach Paris, zu Notre-Dame.

Notre-Dame hat mir mit seiner Schönheit und kühlen Strenge in Zeiten der Verwirrung schon immer Schutz und Kraft gegeben. In dieser Kathedrale finde ich etwas, was meine Stimmung bessert: das Symbol einer Nation, Ausdruck der Verehrung der Mutter Gottes, ein Bild dessen, was der Mensch seinem Schöpfer zurückgeben kann, höchste Kunstfertigkeit, erstaunliche Erfindungsgabe, härteste Arbeit, Verehrung.

Aber mehr noch, Notre-Dame verkörpert für mich einen

unerklärlichen persönlichen Trost: die jahrhundertealte Gegenwart unserer Mutter Gottes – die alle willkommen heißt, die sie aufsuchen, die Herzkranken, die Wütenden, die Gebrochenen und die Verlorenen.

An jenem Tag gingen wir auf die Kathedrale zu, vorbei an der Statue des siegreichen Karl des Großen durch das Hauptportal in das dunkle Innere, das vom Schein hunderter von Kerzen und dem Licht erhellt wurde, das durch die leuchtendbunten Fenster fiel, die sich hoch über uns befanden. Wir hatten Michel bei Marcs Eltern gelassen und waren mit unserer kleinen Tochter hierher gekommen, um unsere Bitte vorzutragen.

Im Angesicht der Marienstatue konnte ich mein Gebet kaum formulieren, nicht einmal im stillen. In mir spürte ich etwas wie ein Schleusentor, und ich wußte, wenn ich es öffnete, würde eine Sintflut des Kummers über mir zusammenschlagen.

Ich zündete eine Kerze an, hielt eine von Anne-Maries kleinen Händen fest, während ihr Vater die andere ergriff. Anne-Maries Gesicht wurde sanft von den flackernden Kerzen beleuchtet; ruhig blickte sie in die kleinen Flammen.

Ich flüsterte das einzige, was ich sagen konnte. Es war ein sehnsüchtiger Aufschrei, nur einige gebrochene Worte. »Bitte . . . heilige Mutter Gottes . . . bring sie zurück . . .«

10. Kapitel

Nachdem wir wieder in New York waren und uns von unserer Grippe erholt hatten, nahmen wir den Kampf dort wieder auf, wo wir ihn unterbrochen hatten.

Bis Mitte Februar war Anne-Marie von fünf Fachleuten untersucht worden.

Regina DeCarlo, Kinderneurologin: »Die Anamnese und die Symptome des Kindes lassen auf frühkindlichen Autismus schließen.«

Richard Perry, Psychiater: »Anne-Marie macht auf mich den Eindruck, als leide sie an einer chronischen Entwicklungsstörung: frühkindlichem Autismus.«

Nina Doubrovsky, Associate Clinical Professor of Pediatrics and Psychiatry am Albert Einstein College of Medicine: »Sie wirkt wie ein Kind mit einer chronischen Entwicklungsstörung, das charakteristische Anzeichen für frühkindlichen Autismus aufweist.«

Ira Cohen, Leiter der Autismusabteilung des Institute for Basic Research in Developmental Disabilities, New York State Office of Mental Retardation: »Diagnostischer Eindruck: wahrscheinlich autistische Störung.«

Seltsamerweise empfand ich so etwas wie Erleichterung darüber, daß vier von fünf Experten dieselbe Diagnose gestellt hatten. (Eine Kopie von Dr. Bermans Gutachten sollte ich erst erhalten, als ich sie dreieinhalb Jahre später anforderte, während ich dieses Buch schrieb. Damals schrieb Dr. Berman, daß er festgestellt habe, daß Anne-Marie an einer »chronischen, unspezifizierten Entwicklungsstörung« litt.) So war zumindest die nervenzermürbende Ungewißheit, das Auf und Ab, das Hin-und Hergerissensein zwischen Hoffnung und Verzweiflung vorüber.

Erleichterung auf der einen, Entsetzen auf der anderen Seite. Noch immer ging es mit Anne-Marie bergab. Die einzigen Menschen, die etwas von der Heilung eines autistischen Kindes verstanden – das Lovaas-Team –, waren nicht zu erreichen. Glaubten wir wirklich, wir könnten diese »unheilbare« Psychose einzig mit Hilfe eines akademischen Artikels und einer dreiundzwanzigjährigen Studentin beheben?

Meine Mutter faßte es für mich zusammen: »Wir müssen beten, als hinge alles von Gott ab, und arbeiten, als hinge alles von uns ab.«

Beim Beten hatten wir Hilfe. Meine Eltern, Marcs Eltern, Freunde und Verwandte – sie alle schlossen sich spirituell zusammen und bestürmten den Himmel mit ihren Gebeten. In East Hampton, wo wir ein Sommerhaus hatten, befestigten die Schwestern von St. Joseph unter der Leitung von Schwester Damian in ihrer Kapelle ein Foto von Anne-Marie. Jeden Morgen knieten sie nieder und beteten für die Rückkehr der verlorenen Seele. In Südfrankreich versammelte Marcs Tante, Nonne in einem Karmeliterinnenkloster, ihre Mitschwestern im täglichen Gebet um sich und murmelte den Namen eines Kindes, das sie nie gesehen hatte.

Was die Arbeit anging, so hatte sie noch nicht recht begonnen, abgesehen von Marcs und meinem besessenen Lesen. Bridget sollte in ein paar Tagen mit den Sitzungen beginnen, aber ich wollte unbedingt selbst etwas tun. Ich hielt dieses Gefühl der Hilflosigkeit angesichts Anne-Maries Untergang einfach nicht aus. »Lieber Gott, bitte, zeig mir, was ich tun soll«, betete ich. »Ich weiß nicht, was ich *tun* soll.« Dieses ganze verhaltenstherapeutische Programm war ja schön und gut, aber ich glaubte immer noch nicht, daß es etwas war, mit dem ich persönlich zu tun haben wollte.

Eines Abends, als ich wieder einmal einige der Bücher neben meinem Bett durchblätterte, stolperte ich über eines, das mir plötzlich zeigte, wie ich den Zustand meiner Tochter auch sehen konnte. *Eine Seele lernt leben,* Clara Parks Buch über ihre autistische Tochter, gab mir zum erstenmal das Gefühl, doch nicht völlig hilflos zu sein, doch eine gewisse Kontrolle zu haben.

Dieses Buch wurde zu einer Zeit geschrieben, als man noch vom psychoanalytischen Standpunkt aus über autistische Kinder nachdachte und Toleranz und Verständnis ihnen gegenüber empfahl. Die Symptome des autistischen Kindes wurden als Zeichen gesehen, die interpretiert werden mußten, als bewußte Botschaften an die Welt. In diesem Buch wird großer Wert auf die Sicht des Autismus als selbstgewähltem Weg gelegt. Es ist die Rede von »gewollter Schwäche«, »Augen, die nicht sehen wollen«, »Ohren, die nicht hören wollen«, »gewollter Isolation«. Ganze Seiten sind der quälenden Frage der Mutter nach der Welt ihrer Tochter gewidmet, dem Versuch zu verstehen, was im Herzen und in der Seele ihrer Tochter vorgeht.

Wie ein roter Faden durchzieht der beharrliche Versuch der Mutter, die Mauer, die ihr Kind umgibt, langsam abzubauen, das Werk. Die mütterliche Belagerung ist zwar hartnäckig und unermüdlich, aber doch geduldig. In einer Szene versucht Mrs. Park, ihre dreijährige Tochter zu ermutigen, Steine in einen Teich zu werfen. Eine Weile reicht sie dem Kind jeden einzelnen Stein; dann beschließt sie abzuwarten. Die Steine liegen aufgehäuft neben ihr. Wird Elly die Hand ausstrecken und sich selbst einen Stein nehmen?

»Nein, sie tut es nicht. Heute noch nicht. Ich dränge sie nicht; ich weiß, daß es nichts nützen wurde. Meine Unbeweglichkeit ist ein Spiegelbild der ihren. Ich habe warten gelernt.« (S. 47)

Von Anfang an verstand ich unter einer »Belagerung« etwas anderes, Mächtigeres als das respektvolle, geduldige Warten, wie es in dieser Szene beschrieben wird. Dennoch wurde mir erst durch Mrs. Parks Buch die Rolle klar, die ich in dieser Schlacht übernehmen würde. Als ich an diesem Abend weiterlas, wurden mir zwei Dinge bewußt: Ich sah Anne-Marie plötzlich »eingemauert«, und ich wollte diese Festung belagern. Anne-Marie belagern, nicht so sehr im Sinne des Wartens, Lockens und Bittens, sondern weitaus heftiger – ich wollte diese Mauern stürmen.

Als bewege sie sich selbst auf die weitaus mächtigere Bedeutung des Wortes »Belagerung« zu, zitiert Mrs. Park gegen Ende ihres Buches ein Sonett von John Donne, eines meiner Lieblingsgedichte, das in meinem eigenen Leben schon oft eine Rolle gespielt hat:

Zerschmettre mein Herz, dreieiniger Gott! Denn bislang / hämmerst du nur, behauchst, polierst und suchst zu flikken. / Damit ich mich erheben kann und stehn, stürze mich nieder und neige / deine Kraft, um mich zu zerbrechen, niederzuschlagen, zu verbrennen und neu zu machen. / Ich mühe mich wie eine von einem Usurpator eingenommene Stadt, die einem anderen Herrscher gehört, / dich einzulassen; aber ach! ohne Erfolg. / Dein Vizekönig in mir, die Vernunft, sollte mich verteidigen, / aber sie ist gefangengesetzt und erweist sich als schwach oder untreu. / Dennoch bin ich dir in echter Liebe zugetan und möchte gerne wiedergeliebt werden; / aber ich bin deinem Feinde angelobt. / Scheide mich von ihm, löse oder zerhau den Knoten (der mich an ihn bindet). / Nimm mich zu dir, nimm mich gefangen! Denn ich / werde niemals frei sein, wenn du mich nicht in deinen Dienst zwingst, / und niemals keusch, es sei denn, daß du mich vergewaltigst.

Dieses Sonett, so Mrs. Park, habe ihr in ihrem lebenslangen Kampf um die Liebe ihrer Tochter oft Kraft gegeben. Ich frage mich, ob sie sich je erträumt hat, daß fünfundzwanzig Jahre nachdem sie ihr Buch geschrieben hat, die Mutter einer anderen Tochter in Dankbarkeit für ihre treffliche Wahl von Bild und Lied den Kopf geneigt hat.

Donnes Gebet wurde zu meinem Schlachtruf. Es gab mir nicht nur Kraft, es trieb mich an, endlich mit dem Ansturm auf meine Tochter zu beginnen, einem Ansturm der Liebe, ohne jede Zurückhaltung.

Ich lernte nicht zu warten; ich lernte, mich anzuschleichen und zu jagen, zu überwältigen.

Ich las diese Verse wie eine Metapher für Anne-Maries Stimme, hätte sie nur mit den Menschen reden können, die sie liebten. Die Gewalt in diesem Bild – das Zerbrechen, Niederschlagen, Verbrennen, die Überwältigung und schließlich die Vergewaltigung – war erschreckend. Aber für mich nicht schlimmer als Autismus.

Ich hatte von Anfang an das Gefühl gehabt, etwas würde sich meiner Tochter »bemächtigen« und daß sie um Hilfe schreien würde, wenn sie selbst wüßte, was mit ihr vorging, und darüber sprechen könnte. In gewisser Weise war sie noch immer ein verlorenes, verängstigtes kleines Baby, und wenn ich sie zerschmettern, ihr autistisches Selbst beugen, brechen und vergewaltigen mußte, um zu Anne-Maries Seele zu gelangen, dann würde ich es tun.

Wenn wir sie nicht aus der Andersartigkeit des Autismus herausrissen, würde sie niemals frei sein.

Noch am selben Abend schrieb ich einige Notizen in mein Tagebuch, die ersten Entwürfe für meinen Schlachtplan.

»Sie wird nicht in der Ecke sitzen. Sie wird nicht mit Fäden spielen. Sie wird mich ansehen. Sie wird nicht stumm sein. Sie will es vielleicht. Ich werde es nicht zulassen. Kreischend und umsichschlagend wird sie mitgeschleift werden, bis sie sich wie ein Mensch benimmt.«

Wenn ich davon spreche, daß Anne-Maries »Selbst« verschwindet, dann liegt das zum Teil daran, daß ich dachte, daß es so sei – sie war ein in der Formung begriffenes Selbst gewesen, ehe sie anfing, sich zurückzuentwickeln und zu verblassen –, und teilweise daran, daß ich glauben mußte, daß da noch immer jemand war, jemand, der wartete, während wir uns zu ihr durchkämpften, jemand, für den all diese Tränen vergossen wurden. Von Anfang an mißtraute ich der psychoanalytischen Vorstellung von einem normalen Kind, das in einem frei gewählten Autismus eingesperrt ist, und heute bekämpfe ich diese Theorie und glaube, daß sie großen Schaden verursacht hat. Aber in gewisser Weise brauchen Eltern, die um ihr Kind kämpfen wollen, dieses Bild eines Kindes, das da drinnen gefangen ist und darauf wartet, herausgeholt zu werden. Diesem Kind gehört unsere Liebe. Welche Selbständigkeit und freie Wahl wir diesem Kind einräumen, steht auf einem anderen Blatt.

Der nächste Akteur nach Bridget Taylor, der die Bühne betrat, war Robin Rosenthal, eine Sprachtherapeutin, die uns Steven Blaustein empfohlen hatte.

Marc und ich wußten nicht, wie ein Sprachtherapeut arbeitete, besonders bei einem Kind, das praktisch nicht sprach. Aber ich vertraute auf Stevens Rat, und wenigstens hatte ich so das Gefühl, etwas für Anne-Marie zu tun. Ich glaubte nicht, daß ein Sprachtherapeut hereinkommen und sie auf wunderbare Weise zum Sprechen bringen würde, aber ich war der Ansicht, daß zusätzliche Reize, noch dazu, wenn sie von einem Experten ausgingen, nicht schaden konnten.

Bereits Ende Januar, also noch vor unserer Reise nach

Frankreich, hatte ich Vorstellungsgespräche mit drei Sprachtherapeuten geführt, die alle ihren Abschluß an angesehenen Universitäten gemacht hatten. Aber sie hatten keine Ahnung, was sie mit Anne-Marie anfangen sollten! Sie folgten ihr durchs Haus, redeten in Worten auf sie ein, die über ihren Kopf hinwegflogen, führten beständige Monologe, die in erster Linie aus Fragen bestanden.

»Was machst du, Anne-Marie? Schiebst du deinen Teddy durch den Stuhl? Machst du das gern? Oh, ich auch. Wollen wir es zusammen machen? Wie heißt der Teddy? Ich wette, das ist ein ganz lieber Teddy. Wie alt ist er? Wie alt bist du? Vielleicht können wir eine Decke für den Teddy finden. Willst du den Teddy zudecken?«

Mittendrin pflegte Anne-Marie aufzustehen und das Zimmer zu verlassen, völlig unbeeindruckt von der Flut von Fragen.

Die Sprachtherapeuten waren offensichtlich nervös und fühlten sich nicht wohl in ihrer Haut. Sie wußten, daß sie nicht zu Anne-Marie vordrangen. »Ich habe noch nie mit einem autistischen Kind gearbeitet«, entschuldigte sich eine, als ich ihr erklärte, daß es so nicht ging. Sie tat mir leid.

»Schon gut. Ich werde jemand anderen finden.«

Sie drehte sich noch einmal um und sah mich an, ehe sie ging. In ihren Augen standen Tränen. Sie hatte mir erzählt, daß sie selbst eine kleine Tochter hatte.

»Ich möchte . . . ich möchte Ihnen Glück wünschen«, platzte sie heraus und ging.

»Danke«, flüsterte ich, als die Tür hinter ihr zufiel.

Kurz nachdem wir von Michels Taufe zurückgekehrt waren, fanden wir Robin. Sie kam eines Abends nach ihrer Arbeit im Zentrum für Kommunikationsstörungen im Mount Sinai Hospital.

Wie Bridget war sie eine junge Frau – Mitte Zwanzig, schätzte ich. Eher klein, mit kurzem, dunklem Haar und eindringlichen, schönen dunklen Augen.

Sie kam ins Wohnzimmer, setzte sich und fing an zu reden. Sie wirkte sympathisch und kompetent. Sie beugte sich vor, während sie sprach, und hörte ebenso eifrig zu. Sie schweifte nicht vom Thema ab, erging sich nicht in nebensächlichen Bemerkungen darüber, wie ich jetzt für mich selbst sorgen, an meine eigenen Bedürfnisse denken müsse. Sie sprach vor allem darüber, was sie tat, welche Art Hilfe sie Anne-Marie bieten konnte.

Sie erklärte, daß ein Sprachtherapeut (normalerweise) darin ausgebildet wird, sowohl Probleme der Stimme (der körperlichen Funktion des Hervorbringens artikulierter Laute) als auch des Sprechens (der Übermittlung von Informationen und Vorstellungen) zu mindern. Sie betrachtete Autismus als ernstes Problem und wollte deshalb lieber sofort anfangen zu arbeiten.

Robin glaubte, daß den meisten autistischen Kindern eine rudimentäre Art der Verständigung möglich sei. Selbst Schreien oder unsinnige Sätze konnten als eine Form bewußter Kommunikation angesehen werden, besonders wenn sie in Gegenwart eines anderen Menschen zunahmen. Eine wesentliche Aufgabe des Sprachtherapeuten, so erklärte Robin, bestehe darin, zu versuchen, die Kommunikation auf nützlichere und angemessenere Formen zu bringen.

Wie wollte sie das machen? Sie erklärte, daß sie damit anfangen wolle, Situationen zu schaffen, in denen Anne-Marie aufs höchste motiviert sein würde, Fragen zu stellen oder einen Kommentar abzugeben. Selbst wenn Anne-Marie zu der Zeit noch nichts sagen würde, wenn sie nur deutete oder die Hand ausstreckte, um einen gewünschten Gegenstand zu bekommen oder Robins Aufmerksamkeit auf etwas zu lenken, so zählte das schon als »bewußte Kommunikation«. Selbst wenn sie Robin bedeutungsvoll ansah, damit diese eine Seifenblase machte, zählte das allein schon als Versuch zur Kommunikation: eine Art vorverbaler Kommunikation.

Das übergeordnete Ziel bestand also darin, die Häufigkeit und Angemessenheit jeder kommunikativen Handlung zu steigern. Zu diesem Zweck würde Robin bestimmte Aufgaben stellen, an denen wir alle jede Woche arbeiten würden.

In der ersten Woche wollten wir damit anfangen, den Laut »mmm ...« für »mehr« zu intonieren, wann immer Anne-Marie Saft, etwas zu essen oder ein Spielzeug verlangte.

Dahinter steckte der Gedanke zu *warten*, den gewünschten Gegenstand zurückzuhalten und den Ton deutlich zu wiederholen, bis Anne-Marie zumindest Blickkontakt hergestellt hatte.

Ich sagte, schön, hört sich gut an, auch wenn es mir vorkam wie etwas, was ich bereits ohne Erfolg ausprobiert hatte. Aber immerhin sprach Robin von sprachlichen Zielen. Sie schien sowohl einen Gesamtplan als auch detaillierte Kenntnisse über die normalen Stufen der Sprachentwicklung bei sehr kleinen Kindern zu haben.

Wir hatten uns ungefähr eine halbe Stunde unterhalten, als Robin fragte, ob sie sofort mit Anne-Marie arbeiten dürfte. Ich willigte ein und brachte sie in Anne-Maries Zimmer.

Ich sah zu, wie sie Seifenblasen und Aufziehspielzeug hervorholte. Sie machte sich an die Arbeit, versuchte, Anne-Maries Aufmerksamkeit zu erregen und zu fesseln. In dieser ersten halbstündigen Sitzung gab es bestimmt nicht viel an Kommunikation, soweit ich das beurteilen konnte, aber wenigstens wehrte sich Anne-Marie nicht dagegen. Sie blieb im Zimmer, hantierte sogar freiwillig mit einigen der Gegenstände, die Robin mitgebracht hatte. Sie war ruhig und weinte nicht, obwohl sie eine völlig Fremde vor sich hatte. Sie sah Robin nicht an, sagte nichts und deutete auch nicht auf irgend etwas, aber sie ließ es zu, daß Robin in der Nähe war und mit ihr sprach.

Nach einer Weile legte Robin ein Spielzeug in eine Plastikschachtel und klapperte dann damit neben Anne-Maries Gesicht. Anne-Marie schaute das Spielzeug begeistert an. Robin reichte ihr die Schachtel. Anne-Marie versuchte sie zu öffnen, aber es gelang ihr nicht. Frustriert fing sie zu weinen an. Sie packte Robins Hand und versuchte sie oben auf die Schachtel zu legen. Robin widersetzte sich, bis Anne-Marie ihr endlich in die Augen sah. Sobald sie das tat, lächelte Robin sie an und sagte: »Auf!« Dann öffnete sie die Schachtel und reichte Anne-Marie das Spielzeug.

Ich schlich mich aus dem Zimmer und hörte vom Flur aus zu. Kein Weinen, kein Heulen. Nur ständig Robins kurze Sätze. Sie beschrieb alles, was Anne-Marie sah (»Ich mache Seifenblasen«), oder versah es mit einem einzigen Wort (»Auto«). Sie war klar, präzise, wiederholte alles. Ich begriff, daß sie zu den Anfängen des Sprechenlernens zurückkehrte.

Sie sprach mit Anne-Marie wie mit einem zehn Monate alten Baby. Ihre Stimme war hoch, ähnlich der einer Mutter, die mit einem ganz kleinen Kind spricht. Die Sprache war klar und einfach. Der längste Satz bestand aus drei oder vier Wörtern. Aber im Gegensatz zu Müttern strich Robin alle Fragen und die meisten Pronomen, einschließlich des »Du« aus ihrem Wortschatz. Dazu war Anne-Marie noch nicht bereit. Auch Robins Vokabular war begrenzter, als es das einer Mutter gewesen wäre. Eine Mutter würde in einfachen Sätzen mit ihrem Kind reden, das selbst noch nicht sprechen konnte, aber sie würde auch Wörter und Kombinationen verwenden, von denen sie wußte, daß ihr Kind sie noch nicht verstand. Sie würde ihre Sprache nicht auf das Niveau des Kindes herabschrauben, sondern wahrscheinlich in die übliche Babysprache ein paar Wörter oder Sätze einflechten, die noch »zu hoch« waren.

Eines meiner ersten Lieder für Daniel (er war damals erst zwei Monate alt) war gewesen »I love my Daniel/My

Daniel loves me ...«, auch wenn ich natürlich wußte, daß er die sprachliche Umsetzung der Pronomen »ich«, »mein«, »mich« noch nicht »verstand« und daß jedes Begreifen von »Liebe« für ihn mehr aus dem Ton meiner Stimme, aus meiner Körperwärme und dem Druck meiner Arme erwuchs als aus dem Wort selbst.

Robins Sprache war klarer und reiner: Mutter-Sprache ohne irgendwelche verwirrenden Extras. Mutter-Sprache mit einem klaren Ziel vor Augen. Mutter-Sprache, die auf die einfachste Einheit der Kommunikation ausgerichtet war. Wir schienen jemanden gefunden zu haben, der wußte, was er tat.

Auf jeden Fall fühlte ich mich so wohl mit dieser jungen Frau, daß mir beinahe alles egal war. Einfach nur jemanden zu haben, der Anne-Marie für eine kurze Weile beschäftigen konnte, erschien mir schon wie eine große Tat. Und es war tatsächlich eine große Tat.

Robin war die erste, die mir fünfundvierzig Minuten lang eine immense Last von den Schultern nahm. Wenn sie mit Anne-Marie hinter dieser Tür verschwand, hatte ich das Gefühl, wieder atmen zu können. Jetzt kümmerte sich jemand anders um sie, jemand, dem ich vertrauen konnte. Ich wußte nicht, ob Robins Therapie Anne-Marie zum Sprechen bringen würde, aber ich wußte, daß sie sie wenigstens davon abhielt, in einer Ecke zu sitzen und Gegenstände aneinander zu schlagen. Montags, mittwochs und freitags abends, wenn Robin kam – fröhlich, liebevoll und energiegeladen –, ging ich mit Daniel in mein Schlafzimmer und legte mich einfach nur aufs Bett, völlig erschöpft, hielt ihn im Arm, während er drauflos plapperte. Ich hatte manchmal das Gefühl, daß Robins Sitzungen mit Anne-Marie *mich* zusammenhielten, daß ich in tausend Stücke zersplittern würde, wenn sie nicht kommen und mir diese Erleichterung verschaffen würde.

»Könnten Sie nicht zwanzig Stunden pro Woche arbeiten?« fragte ich sie ganz ernst.

»Nein«, antwortete sie. »Sie müssen wirklich einen Plan für Anne-Marie ausarbeiten, und dann muß noch jemand wie ich kommen, der ihre Therapie ergänzt.«

Ich erzählte ihr von dem Lovaas-Programm, das wir aufgestellt hatten. Sie hörte höflich zu, äußerte sich aber ebenso wenig zu dem Thema Heilung, wie Bridget es getan hatte.

Robin wollte sich nützlich machen. Es war ganz klar für mich, daß sie mit allen ihr zur Verfügung stehenden Mitteln versuchte, diese Krise für unsere Familie zu erleichtern. Aber sie dachte gar nicht daran, sich unsere Dankbarkeit und Liebe dadurch zu erkaufen, daß sie irgend etwas versprach, was sie nicht halten konnte. Damit kam ich zurecht, und ich wollte sie in unserem Kampf um Anne-Marie an unserer Seite haben.

Bridget sollte in der kommenden Woche anfangen. Der Plan sah vor, daß sie täglich zwei Stunden mit Anne-Marie arbeitete, fünf Tage die Woche, während wir noch mehr Therapeuten suchten, um weitere Stunden abzudecken. In der Zwischenzeit würden wir Bridget beobachten und dadurch die Techniken erlernen, um die Trainingsprogramme täglich mit Anne-Marie zu praktizieren.

Am 22. Februar brachte ich Anne-Marie zu ihrer ersten Sitzung mit Bridget ins Schlafzimmer. Ich war sehr nervös. Es sollte ein Angriff werden. Aber von *mir*. Nicht von irgendeinem Fremden. Nicht bei dieser »Verhaltensmodifikation«. Bridget verteilte viele Spielsachen im Zimmer: Puzzles, Ringe, die auf einen Stab gesteckt wurden, eine Sortierkiste mit verschieden geformten Öffnungen, durch die die passenden Teile geschoben werden mußten, einen Ring, der die unterschiedlichsten Tierstimmen von sich gab, wenn man an einer Schnur zog.

Mir fiel auf, daß es sich nur um Spielzeug handelte, das für Kinder im Alter von zwölf bis achtzehn Monaten gedacht war. Ich zog die logische Schlußfolgerung: Da Anne-Marie mit keinem Spielzeug richtig umging, konnten wir ebensogut versuchen, ihr erst einmal die Spiele für jüngere Kinder beizubringen, anstatt sofort mit einem komplizierten Spiel mit Puppen anzufangen. Wieder hatte ich den Eindruck, ganz von vorn zu beginnen, die Phasen des Wachstums und der Entwicklung in bestimmten Bereichen sozusagen zu rekapitulieren.

Schon jetzt weinte und schrie Anne-Marie. Bridget war sehr ernst. Sie machte mir angst. Im Gegensatz zu Robin versuchte sie nicht, Anne-Marie zu beruhigen und sie mit Spaß und Seifenblasen und fröhlichen Versteckspielen zu bezaubern. Sie hatte zu arbeiten. Sie erweckte den Eindruck, als rase die Zeit dahin. Wir mußten weiterkommen. Keine Zeit für ein Schwätzchen oder Händchenhalten mit der Mutter. Wir durften keine Minute verlieren.

Sie legte die Belohnungen auf den Tisch: Apfelsaft, Crackers, ein paar Stückchen Schokoladenkeks, daneben Notizblock und Bleistifte, und schließlich holte sie ihre Uhr hervor und legte sie mit dem Zifferblatt nach oben vor sich auf den Tisch. Sie stellte zwei Stühle – einen für sich, einen für Anne-Marie – einander dicht gegenüber auf.

Als ich sie beobachtete, während Anne-Marie bereits zusammengerollt und weinend am Boden lag, kam ich mir vor wie der betäubte, ungläubige Überlebende einer Katastrophe. Da lag meine Tochter vor mir, verletzt und verängstigt. Und hier kam die Fachfrau, ganz kühle Beherrschung, nur schnelle, sichere Entscheidungen und Bewegungen, bereits hundertemal praktiziert. Es hilft niemandem, hysterisch zu werden, gute Frau. Treten Sie einfach beiseite, und lassen Sie uns tun, was wir tun können; bitte, stehen Sie uns nicht im Weg.

Als Bridget Anne-Marie auf den gegenüberliegenden

Stuhl setzte, ging das Weinen erst richtig los. Anne-Marie versuchte vom Stuhl zu klettern; Bridget setzte sie entschieden wieder hinauf. Sie kauerte sich auf dem Boden zusammen; Bridget hob sie hoch und setzte sie wieder auf den Stuhl. Sie versuchte die Hände vors Gesicht zu legen; Bridget zog sie fort und hielt sie im Schoß fest.

Anne-Marie war schrecklich ängstlich und aufgewühlt. Sie drehte sich um und blickte mich – zum erstenmal seit Wochen – direkt an. Ihre Lippen zitterten.

Ich war so angespannt, daß ich fror und mich verkrampfte. War das richtig? Tat ich das Richtige? Aber ich hatte diesen Angriff gewollt. Hatte ich nicht beschlossen, Anne-Marie aus dem Autismus zu »zerren«? O Gott, was wollte ich eigentlich wirklich?

Es verstieß gegen all meine Prinzipien in der Kindererziehung, ein Kind gegen seinen Willen zu etwas zu zwingen, noch dazu eines, das nicht trotzig, sondern vollkommen verängstigt war. Welche Art von Botschaft übermittelte ich Anne-Marie damit? Sie sah mich hilfesuchend an. Wie konnte ich mich dem verweigern? Ich seufzte und zwang mich – mit Hilfe aller Vernunft, die ich aufbringen konnte –, sie nicht zu »retten«.

Der erste Programmschritt war ganz einfach: »Schau mich an.«

Bridget sagte das zehnmal hintereinander, hielt dabei eine Belohnung auf Augenhöhe und legte ihre andere Hand unter Anne-Maries Kinn, um ihren Kopf zu heben. Jeder der zehn »kleinen Einzelschritte« wurde in einem Notizbuch mit einem Zeichen versehen. Mit einem Plus, wenn Anne-Marie ganz spontan hersah, einem Minus, wenn sie überhaupt nicht schaute, und mit einem »Plus mit Hilfestellung«, wenn sie anhand physischer Hilfestellung und der Belohnung dazu gebracht werden konnte. Ich verließ das Zimmer und kam wieder zurück. Ich ertrug es nicht, zu bleiben und zuzusehen, aber genausowenig ertrug ich es, draußen zu bleiben. Ich hielt es nicht aus, Anne-Marie so aufgewühlt zu sehen und sie nicht in den Arm nehmen zu dürfen. Aber ich hatte mit mir selbst, mit Marc und mit Bridget abgemacht, daß wir es mit dieser Therapie versuchen wollten, und wenn ich es versuchen wollte, dann mußte ich Bridget zumindest diese Sitzung beenden lassen.

Bridget schien von Anne-Maries Schluchzen völlig ungerührt. Wie konnte sie nur so ruhig bleiben? Sie konnte kein Herz haben. Sie half Anne-Marie einfach durch die Versuche, als gäbe es all die Ängste und den Kummer nicht. Nach jedem versuchten »Schau mich an!« bot sie Anne-Marie einen Cracker an und lobte sie. »Gut geschaut, Anne-Marie!« oder »Mir gefällt das Schauen!« Anne-Marie weigerte sich, die Belohnungen anzunehmen. Auch diese Reaktion beunruhigte Bridget nicht. Sie bot ihr immer wieder Nahrung und Lob an, obwohl Bridget selbst das Schauen herbeiführte und Anne-Marie es nicht freiwillig tat.

»Armes Kind«, meinte Patsy. Anne-Marie schluchzte seit fast einer Stunde.

»Ich *weiß*, Patsy. Aber wir müssen ... es gibt nichts anderes ... Bridget tut ihr nicht weh; sie läßt sie einfach nur auf einem Stuhl sitzen ...«

Schließlich verebbte Anne-Maries Weinen. »Leise gut! Ich mag leise, Anne-Marie!« lobte Bridget, sobald das Schluchzen aufhörte. Sie benannte deutlich jede Tat oder jedes Verhalten von Anne-Marie, welches sie guthieß. Es erschien mir unnatürlich, so mit einem Kind zu reden; ich hatte ja keine Ahnung, wie schnell Marc und ich dieses automatische Loben und Bezeichnen von Anne-Maries Tun selbst übernehmen würden.

Ich ging ins Zimmer zurück.

Die zweite Stunde verlief ein bißchen besser als die erste. Anne-Marie fing an, einige der Primär-Reinforcer von Bridget anzunehmen. (»Primär-Reinforcer« sind konkrete Belohnungen wie Süßigkeiten, etwas Saft oder sogar ein kleines Aufziehspielzeug. »Sekundär-Reinforcer« sind abstrakter und umfassen auch soziale Belohnungen wie Lob und Umarmungen.) Ihr Schluchzen hatte nachgelassen und war zu einem sporadischen Wimmern geworden. Jede einzelne Minute der zweistündigen Sitzung wurde mit gelenkter, geplanter Aktivität ausgefüllt. Es gab zehn Versuche mit dem »Schau mich an« auf dem Stuhl, dann eine Pause und ein Spiel am Boden, beispielsweise ein Puzzle, dann zurück auf den Stuhl. Aber sogar beim Hantieren mit Spielzeug ließ Bridget Anne-Marie keine Ruhe, drückte ihr ein Teil in die Hand und führte die Hand dann zu der entsprechenden Öffnung auf der Oberseite der Kiste. »Kreis hinein gut!« »Viereck hinein gut!«

Irgendwann, schon ein wenig ruhiger, wollte Anne-Marie tatsächlich ein Stück Keks haben. Sie packte Bridgets Hand am Handrücken und schob sie auf die Kekse zu.

Ich sah, wie Bridget sofort ihre Hand zurückriß, Anne-Maries Hand am Handgelenk packte und vorschob.

»Hier. *Du* willst es haben. Zeig darauf.« Sie drückte Anne-Maries Finger zu einem Pfeil zusammen.

Ich holte scharf Luft. Bridgets selbstbewußte Eroberung von Anne-Maries Willen, ihre körperliche Kontrolle über das Kind beunruhigten mich zutiefst. Durfte ich zulassen, daß diese Frau meine Tochter so behandelte?

Es war eine Sache, ganz abstrakt zu beschließen, daß ich einen gewissen Druck auf Anne-Marie ausüben wollte. Eine ganz andere Sache war zu beobachten, wie eine Fremde ihr Gehorsam, ja Unterwerfung abverlangte. Ich fühlte mich schmerzhaft hin- und hergerissen.

Bridget beendete die Sitzung voller Energie. Ich war erschöpft, ausgepumpt. »Es ist recht gut gegangen!« erklärte Bridget.

»Aber sie hat es gehaßt!« widersprach ich. »Sie hat eine Stunde lang geweint!«

»Damit mußte man rechnen. Noch nie zuvor hat sie jemand gezwungen, auf etwas zu achten. Diese Kinder widerstehen jeglicher Art intensiver Forderungen, mit denen wir sie konfrontieren.«

Nur weil ich von der Vorstellung eines Angriffs ausgegangen war, war ich jetzt in der Lage, diese Verhaltensmodifikation überhaupt in Erwägung zu ziehen.

Anne-Marie würde sich nicht sanft aus dem Autismus hinausführen lassen. Irgendwie wußte ich das. Wenn Liebe und Verständnis ein Kind von dieser Psychose hätten heilen können, wäre die Prognose nicht so hoffnungslos gewesen. Selbst wenn man von der Vermutung ausging, daß kalte, gefühllose Eltern nicht in der Lage gewesen wären, ihrem Kind genug Liebe und Zärtlichkeit zu geben, so gab es doch ein Heer von Psychologen, Psychiatern und Sozialarbeitern, die diesen Weg bereits erfolglos probiert hatten. Sie versagten noch immer. »Autistische Kinder erholen sich nicht«, war ihre einstimmige Meinung.

Ich war bereits davon überzeugt, daß der Einsatz aller Kräfte nötig war. Aber welche Art von Belagerung, welche Art von Macht? Ich war mir nicht mehr sicher, ob Verhaltensmodifikation der richtige Weg war. Die Verantwortung lastete schwer auf mir. Wir *mußten* die richtigen Entscheidungen treffen. Anne-Maries Zukunft hing davon ab, wie Marc und ich uns *jetzt* entschieden.

In diesem Zustand – unsicher, ängstlich und besorgt – befand ich mich, als ich auf Martha Welch und ihre Holding-Therapie stieß. Für mich war es nötig, die Vorstellung einer Invasion durch den Gedanken an Liebe zu mildern, und ich war überzeugt, in der Holding-Therapie diese Kombination gefunden zu haben. Ich war so sicher, daß die Holding-Therapie unsere »Kur« war, unsere »Zauberformel«, daß ich fast meine stärkste Verbündete verstoßen hätte: Bridget.

11. Kapitel

Ein Freund von uns rief an und erzählte von einer anderen Art von Therapie: dem Forced Holding. Ich kann kaum beschreiben, wie schnell alles ging. Robin fing an zu arbeiten, Bridget fing an zu arbeiten, ich las *Eine Seele lernt leben*, und ich hörte zum erstenmal von der Holding-Therapie und Dr. Welch, all dies in den letzten beiden Februarwochen. Erkenntnisse und Überlegungen, Entscheidungen und das Revidieren von Entscheidungen überschlugen sich Tag für Tag.

Unser Freund erwähnte ein Buch von Niko und Elizabeth Tinbergen, *Autismus bei Kindern.* Die Tinbergens waren Ethologen, deren wichtigstes Betätigungsfeld das Studium von Vögeln gewesen war. Sie hatten jedoch angefangen, sich für autistische Kinder zu interessieren und viele Parallelen zwischen dem Verhalten, das sie bei Vögeln beobachtet hatten, und dem autistischen Verhalten von Kindern festgestellt.

Die Tinbergens hielten nicht viel von der neurobiologischen Forschung in bezug auf Autismus, die in den vergangenen fünfzehn Jahren so zugenommen hatte. Statt dessen erklärten sie, Autismus sei ein »angstbeherrschter emotionaler Konflikt«, in erster Linie hervorgerufen durch ein Versagen in der Mutter-Kind-Beziehung im ersten Lebensjahr; die meisten autistischen Symptome sollten am besten als Ausdruck eines grundlegenden Konflikts mit der Nähe gesehen werden: Das Kind ist hin- und hergerissen zwischen dem ausgeprägten Wunsch, sich in sozialem Austausch und neuen Erfahrungen zu üben, und dem noch stärkeren Wunsch, jeglichen derartigen Kontakt zu meiden. Da das Kind keine angemessene Bindung zu seiner Mutter hat, fehlt ihm die Sicherheit als Grundlage, von der aus es die ersten versuchsweisen Schritte in die Welt hinaus machen kann. Die Ergebnisse sind katastrophal. Es verharrt in einem kindlichen Zustand, irgendwo im Alter zwischen ein und zwei Jahren. Einige kindliche Gewohnheiten, wie das Laufen auf Zehenspitzen oder das In-den-Mund-Stecken von Gegenständen, setzen sich fest – so starr, daß sie einen dauerhaften und ritualisierten Status erlangen.

Mit dieser Nähe-Rückzug-Theorie glaubten die Tinbergens das Mysterium autistischen Verhaltens entschlüsselt zu haben: So sahen sie beispielsweise im Drehen die erste Stufe einer Annäherung, gefolgt von der ersten Stufe des Vermeidens/Rückzugs. Diese Bewegungen werden ständig wiederholt, bis das Kind sich um sich selbst drehend fortbewegt. Auf ähnliche Weise wird auch das Schaukeln als »eine Folge beabsichtigter Annäherungen und beabsichtigter Rückzüge« gesehen. Das Zusammenschlagen von Gegenständen steht für die kindliche, forschende Berührung, nur wagt das autistische Kind es nicht, seinen Entdeckerdrang über ein wiederholtes Berühren-Zurückziehen, Berühren-Zurückziehen hinaus fortzusetzen. Die für viele autistische Kinder typischen zurückgezogenen Finger verdeutlichen sowohl Annäherung als auch Rückzug: Das Kind möchte zugreifen, wagt es aber nicht.

Aber was ist mit den Anfällen, unter denen manche autistischen Kinder leiden? Dabei handelt es sich doch bestimmt nicht um Annäherungsversuche, die von einer extremen Angst verhindert werden? O doch, nach Meinung der Tinbergens schon. Die meisten Anfälle können als eine »Art von Konfliktverhalten« begriffen werden, »das häufig auf einen starken, aber vereitelten Wunsch nach Flucht zurückzuführen ist«.

Und warum sprechen sie nicht? Das versteht sich von selbst. Autistische Kinder lehnen das Sprechen ab. Sie verstehen alles, was gesagt wird, und sind durchaus in der Lage zu antworten, aber sie wagen es nicht, ein einziges Wort auszustoßen, sie sind wie gelähmt vor Entsetzen.

So ging es bei den Tinbergens immer weiter und weiter. Das Buch war meine erste tiefer gehende Einführung in die psychogene Theorie über den Autismus. Bruno Bettelheims Ansichten zu diesem Thema sollten erst noch kommen.

Aber ich fand dies alles höchst einleuchtend! Ich glaubte, die Antwort gefunden zu haben! Warum? Handelte es sich hier nicht um dieselbe Art unbelegter Analyse, die ich früher mit deutlicher Ungeduld beiseite geschoben hatte? War ich nicht schon damals über die Rückkehr zur alten »Mama-hat-immer-schuld«-Ära entsetzt?

Plötzlich schien nichts mehr davon wichtig.

Die Tinbergens sprachen von den beiden einzigen Dingen, über die ich etwas hören wollte: erstens über eine Möglichkeit, meine Tochter zu verstehen, und zweitens über Heilung – tatsächlich verwendeten sie das Wort »Heilmethode«.

Die Vorstellung, daß Anne-Marie vor Angst wie gelähmt war, gab mir selbst Halt. Sie ermöglichte es mir – zum erstenmal! –, in vielen ihrer Verhaltensweisen einen Sinn zu sehen. Ich glaubte, daß ein großer Teil ihres sozialen Rückzugs mit Angst zu tun hatte, und ich war gerne bereit zu glauben, daß all die anderen Symptome von diesem zentralen Symptom herrührten.

Noch schwerer fiel es mir jedoch, der Gewißheit der Tinbergens bezüglich der Heilungschancen zu widerstehen. Der Untertitel ihres Buches lautete *Fortschritte im Verständnis und neue Heilbehandlungen lassen hoffen*, und ihre Botschaft war ganz klar: Man kann Autismus durch Rebonding

»heilen«, also indem man zum Kind eine neue Beziehung herstellt, ein neues Band knüpft. Gelingt es einer Mutter, die Abwärtsspirale umzukehren, dann legt das Kind sein autistisches Verhalten ab.

Aber wie knüpft sie dieses Band neu? Durch die Holding-Therapie. Das Buch der Tinbergens handelt von der Heilung des Autismus, von der Holding-Therapie.

Marta Welch, eine amerikanische Kinderpsychiaterin, ist die wichtigste Verfechterin der Holding-Therapie in Amerika, und sie wird im Buch der Tinbergens häufig erwähnt und hoch gelobt.

Nach dieser Therapie muß das Kind täglich mindestens einmal und mindestens eine Stunde lang gehalten werden. Die Mutter hält es gewaltsam an sich gepreßt und läßt es ihre eigenen Gefühle erfahren, wozu auch die Wut der Mutter darüber gehören kann, »abgelehnt« zu werden. Die Behandlung endet, wenn die Mutter eine »Aufhebung« erzielt hat: wenn das Kind sich an ihren Körper schmiegt, die Mutter anschaut, mit den Händen ihr Gesicht erforscht und (theoretisch) anfängt, mit ihr zu sprechen.

Das Buch der Tinbergens wimmelte von Anekdoten über ehemals autistische Kinder und ihre wunderbare Heilung durch das Halten. Ich liebte diese Anekdoten. Ich las sie wieder und wieder, bis spät in die Nacht hinein. Ich las sie Marc vor. Wir waren beide der Ansicht, daß eine Heilung möglich war, wenn Dr. Lovaas einige Kinder geheilt hatte. Vielleicht hatten diese Tinbergens ja wirklich eine Alternative gefunden.

Ich begriff zwar nicht, wie eine erzwungene Umarmung zur Herstellung einer neuen emotionalen Bindung führen konnte, aber ich unterdrückte bereitwillig alle Fragen. Ich überging die Abschnitte im Buch, die sich auf alte psychodynamische Prozesse bezogen, und konzentrierte mich nur auf die versprochene Heilung. Nichts konnte meinen Enthusiasmus, meine Zuversicht dämpfen.

Ich erklärte meinen Eltern die Theorie. Für meinen Geschmack reagierten sie ein wenig zu zurückhaltend. »Klingt interessant«, bemerkte meine Mutter.

Interessant? Begriff sie denn nicht, daß es sich für uns um ein Wundermittel handelte?

Ich las meiner Schwester Burke ganze Abschnitte laut vor. »Ich glaube das nicht«, erklärte sie bloß. »Wieso hattest du keine Beziehung zu Anne-Marie?«

Ungeduldig beschloß ich, keinem dieser ungläubigen Thomase zu erklären zu versuchen, wie eine mit geringen Fehlern behaftete Theorie eine effiziente Therapie hervorbringen konnte.

Auf jeden Fall war diese Mutter-Kind-Beziehungs-Theorie um vieles einfacher als die Verhaltensmodifikationsmethode. Ich wollte einfach glauben, daß es ein Ansturm der Liebe war, der meine Tochter retten würde – meine Liebe allein –, und nicht mechanisches Training durch eine Fremde.

So wie das Buch der Tinbergens zu meiner Bibel wurde, so wurde Martha Welch zu meiner Hohenpriesterin: unfehlbar, von einer tieferen Einsicht in Kinderseelen erfüllt.

»Hallo, Dr. Welch? Hier spricht Catherine Maurice. Meine Tochter wurde gerade als autistisch eingestuft, und ich würde gern zu Ihnen kommen . . .«

»Fahren Sie mit ihr zum Mütterzentrum in Connecticut. Dort finden Sie andere Mütter, die mit ihren Kindern die Holding-Therapie durchführen.«

»Das will ich nicht. Ich muß unbedingt mit *Ihnen* über Ihre Arbeit reden.«

»Dazu habe ich im Augenblick keine Zeit . . . Was sagten Sie, wie alt ist Ihre Tochter?«

»Fast zwei.«

Eine Pause entstand. »Also gut. Bringen Sie sie her.«

Dr. Welch war charmant, charismatisch, überschüttete

mich mit Umarmungen und sanften, spontanen Liebkosungen. Ohne Scheu und Zurückhaltung streckte sie die Hand aus, um mir übers Haar zu streichen, oder ergriff meine Hand mit ihren beiden und hielt sie dann fest – sehr zu meiner Beunruhigung. Der Boden ihres Büros, eines kleinen Zimmers in ihrer Wohnung an der Fifth Avenue, war mit Kissen übersät, und an den Wänden hingen Briefe von dankbaren Patienten. Es gab weder eine Empfangsdame noch Schreibarbeit – abgesehen von der Rechnung, die sie am Ende jeder Sitzung hinkritzelte. Sie verlangte keine Diagnose, keine Einstufung, kein Gutachten von Anne-Marie.

»Was für eine schöne Mammi Anne-Marie hat«, murmelte sie, sah mich lächelnd an und hielt meinen Blick fest. Dann fügte sie hinzu, wobei sie mich traurig ansah: »Was für eine schreckliche Zeit das für Sie gewesen ist.«

Ich fühlte, wie die Tränen in mir aufstiegen, aber diesmal versuchte ich nicht, sie zu verbergen, nicht vor dieser lieben Frau. Wie natürlich und fürsorglich sie war und wie unglaublich besorgt. Ich hatte das Gefühl, nur noch aus Pudding zu bestehen. Mein ganzer wütender Trotz schmolz angesichts ihrer herzlichen Ernsthaftigkeit dahin.

Was Anne-Marie anging, so würde sie selbstverständlich gesund werden! Hoffnung machte sich in mir breit. Mein Atem ging schneller.

»Woher wissen Sie das?« fragte ich Dr. Welch fast flüsternd. Ich haßte mich selbst dafür, eine derartige Frage zu stellen, meinen Zweifel an ihr auch nur anzudeuten.

»Ach, sie sieht einfach so aus.«

Oh. Okay. Diese Dr. Welch hatte viel Erfahrung. Sie wußte ganz offensichtlich, wovon sie sprach. Ich würde sie bitten, mir zu erklären, was sie meinte . . . aber nicht jetzt.

»Wie viele Kinder sind durch Sie gesund geworden?« Ich glaubte, diese Frage wohl stellen zu können.

»Ach, Sie ich sehe schon, Sie gehören zu den Leuten, die immer Zahlen und Statistiken sehen wollen . . .«

Ihr herzliches Lächeln bei diesen Worten strafte jeden Anflug von Kritik Lügen. Trotzdem schlug ich schuldbewußt die Augen nieder. Sie hatte ja recht. Ich suchte immer nach Zahlen und Unterlagen. Ich war so kalt.

Dr. Welch sah mich noch immer an und lächelte beruhigend. »Also um Ihre Frage zu beantworten, die Heilungserfolge liegen bei etwa fünfzig Prozent. Ich meine wirklich geheilt! Sie reden! Denken! Erzählen! Genau wie Sie und ich!«

Mein Herz machte bei diesen Worten einen Satz. O Gott . . . ich werde alles tun . . . einfach alles. Bitte, zeigen Sie mir einfach, was ich tun soll, Dr. Welch.

»Lassen Sie mich Ihnen ein Video von einer Holding-Therapie vorführen . . . es wird Ihnen gefallen.«

Ich schaute mir die Aufnahme einer anderen Mutter an, die eine Holding-Therapie mit ihrem Kind durchführte. Das Kind sprach. »Meine Hände! Laß meine Hände los!« kreischte die Kleine. Nachdem Dr. Welch das Band ein Stück vorgespult hatte, sah das Mädchen ruhiger aus und erzählte seiner Mutter, wie schön sie sei.

»Ja«, rief ich eifrig. »Ja, das sieht wunderbar aus, rührend . . . aber . . . sagen Sie, wie alt ist das Kind?«

»Sie ist zwei.«

»Zwei! . . . Aber sie redet! Sie redet so schön!«

Ja, stimmte Dr. Welch mir zu, sie sei für ihr Alter sehr weit.

»Mein Gott. Ist sie autistisch? Wann wurde sie eingestuft?«

»Nein, sie ist nicht autistisch. Ich wollte Ihnen nur eine typische Holding-Therapie zeigen.«

»Verstehe«, sagte ich, fühlte mich aber leicht auf den Arm genommen. Warum zeigte sie mir keine Therapie bei einem autistischen Kind? Darum ging es hier doch schließlich, oder? Ich wollte ein autistisches Kind so sprechen hören, auf diese ganz normale, selbstbewußte Art. Schnell unterdrückte ich diesen überaus kritischen Gedankengang. Nun ja, wahrscheinlich hatte sie heute einfach kein derartiges Video da.

»Wenn Sie das nächstemal kommen, bringen Sie bitte Ihren Mann mit. Ich sehe Sie dann am Montag.«

»Ja, natürlich. Und vielen Dank.«

Als ich schon gehen wollte, fiel Dr. Welch etwas ein, was sie mir zeigen wollte. Mit einer Ausgabe der Zeitschrift *Life* kam sie an die Tür und erzählte, daß darin ein Bericht über ihre Arbeit mit einem autistischen Kind abgedruckt sei, für den Fall, daß ich ihn lesen wollte.

Das tat ich, mit dem Glauben einer frisch Konvertierten. Ich war aufgeregt und überrascht. In dem Artikel ging es um ein junges Mädchen namens Katy. Als Kind war sie autistisch gewesen. Dann war sie Dr. Welch begegnet, »der ersten Person, die mich wie einen Menschen behandelt hat«. In dem Artikel wurde bestätigt, daß Katy dank Dr. Welchs Fürsorge und mit Hilfe der Holding-Therapie jetzt anfing, die Welt menschlicher Kontakte dem Autismus »vorzuziehen«. Ihre Fortschritte waren so beachtlich, daß sie inzwischen die klügsten und einfühlsamsten Artikel über ihre eigene Krankheit verfaßte.

Die statistischen Zahlen in diesem Artikel waren beängstigend, schlimmer noch als alles, was Marc und ich in den medizinischen Fachzeitschriften gelesen hatten. Auch die Anspielungen auf die Verhaltensmodifikation waren nicht gerade beruhigend:

». . . Die begrenzten Erfolge, die mit der Verhaltensmodifikation oder durch Medikamente erzielt worden sind . . . haben viele Menschen veranlaßt zu glauben, Autismus sei unheilbar. Da 95 Prozent aller autistischen Erwachsenen schließlich in Heimen untergebracht werden müssen, ist diese pessimistische Ansicht nicht unberechtigt.«

Aber die Holding-Therapie, so hieß es weiter in dem Artikel, sorgte dafür, daß diese düstere Prognose auf Katy nicht zutraf.

»... Katys Fortschritten nach zu urteilen – in deren Aufsätzen der Autismus als eine beängstigende Wahl zwischen Sicherheit und Freiheit neu definiert wird – scheint sie [diese pessimistische Ansicht] vorschnell.«

Diese Worte elektrisierten mich, und meine Erregung wuchs noch, als ich von der erstaunlich hohen Erfolgsziffer las: »Fünfzig Prozent der Patienten von Dr. Welch ist es gelungen, ein normales Leben zu führen.«

Fünfzig Prozent! Das war genauso gut wie bei Lovaas!

Ich kopierte den Artikel sofort und schickte ihn meiner Mutter. Aber als ich ein paar Tage später wieder mit ihr sprach, war ich über ihre Reaktion genauso enttäuscht wie vorher. Sie war so vorsichtig, so zurückhaltend in ihrem Urteil!

Es war nicht *The New England Journal of Medicine.* Na und? Sah sie denn nicht, daß dies Gottes Antwort auf unsere Gebete war? Sie selbst war es doch gewesen, die mir viele Male erzählt hatte, Gottes Wege seien unergründlich. Wo war ihr Glaube?

Marcs Einstellung dem Artikel gegenüber war ein wenig wie die meiner Mutter: neutral, zurückhaltend. Trotzdem konnte ich ihn überreden, mich zu meinem nächsten Treffen mit Dr. Welch zu begleiten.

Diesmal war die Atmosphäre gespannt: Martha und ich vertraten eine Theorie, Marc eine andere. Die ganze Idee des Bonding und Forced Holding behagte ihm nicht sonderlich.

»Können Sie Catherine die ganze Zeit über halten, was immer sie auch zu Ihnen sagt?« fragte Dr. Welch. »Können Sie sich anhören, was sie fühlt, und ihr Ihre eigenen Gefühle mitteilen?«

Bei dieser Therapie ist es ausgesprochen wichtig, daß jeder jeden anderen halten kann, sonst gibt es keine Heilung. Die Mutter muß das Kind halten, der Vater die Mutter, die Großmutter die Mutter, die Mutter den Vater. Sobald eine dieser Personen die Reihe durchbricht, ist die Heilung ernsthaft gefährdet.

»Was immer sie sagt? Was soll sie denn sagen?« fragte Marc.

Woran mochte Martha gedacht haben? Auch ich fragte mich das. Ich war nervös und ängstlich. Ich mußte es richtig machen. Ich mußte zeigen, daß ich kooperativ und gut sein konnte. Wenn ich eine Sünde bekannte, die schwer genug war, konnte ich meine Tochter vielleicht zurückgewinnen.

»Erinnerst du dich, Marc?« Ich wandte mich ihm zu. »Als Anne-Marie geboren wurde, hatte ich Angst, ich könnte nie wieder ein Kind so sehr lieben wie Daniel.«

»Ja. Und?« fing Marc an.

»Können Sie sie halten, wenn sie Ihnen so etwas sagt?« unterbrach Martha.

Verlegen gehorchte Marc. Er war nicht gerade daran gewöhnt, seine Frau sozusagen zur Demonstration zu umarmen. Ich fühlte mich hin- und hergerissen. Ich wußte, wie unwohl er sich fühlte. Er war ein Mensch, der seine Gefühle für sich behielt. Und jetzt zwang ich ihn, »Gefühle« und Bonding mit einer völlig Fremden zu diskutieren. War das richtig?

Marc fuhr fort. »Vielen Frauen geht es mit ihrem zweiten Kind genauso. Du hast gesagt, du hättest mit deiner Schwester Jean darüber gesprochen, und sie hätte erzählt, daß sie bei Rebecca dasselbe durchgemacht hat. Das heißt doch nicht, daß Anne-Marie weniger geliebt worden ist als Daniel!«

Diese Kinder seien so schrecklich sensibel, erzählte uns Martha. Man müsse in ihrer Nähe äußerst vorsichtig sein. Eines der autistischen Mädchen, mit denen sie arbeitete, hatte ihr anvertraut, daß es ein Gespräch der Eltern belauscht hätte, als es noch im Mutterleib gewesen sei! Das Gehörte hätte sie zutiefst verletzt, und sie sei autistisch geworden.

»Ich glaube einfach nicht, daß ein neugeborenes Baby die Gedanken seiner Mutter lesen kann! Oder daß ein Ungeborenes Sprache versteht!« protestierte Marc.

»Was sagt Catherine?« erkundigte sich Martha ruhig und drehte sich um, um mir zuzulächeln.

Ich war unglücklich. Ich wollte nicht, daß Marc mit unserer Retterin stritt. Ich *wollte*, daß Anne-Maries Autismus die Folge einer Nicht-Beziehung war. Nur so konnte ich etwas dagegen tun. Vielleicht war ich wirklich zu intellektuell und kalt und hatte die psychoanalytische Methode zu schnell verworfen. Vielleicht hatte ich tatsächlich keine *richtige Bindung* zu Anne-Marie hergestellt, als sie noch ein Baby war. »Ich weiß nicht«, meinte ich schließlich. »Vielleicht habe ich ihr einfach nicht so viel Aufmerksamkeit geschenkt wie Daniel.«

»Ich glaube einfach nicht, daß du Anne-Marie in irgendeiner Weise vernachlässigt hast«, erklärte Marc tonlos. »Ich war ja da. Ich habe gesehen, wie du mitten in der Nacht aufgestanden bist. Ich habe gesehen, wie du sie im Arm gehalten und ihr vorgesungen hast . . .« Frustriert brach er ab.

Er bat Dr. Welch um Dokumentationen zu ihren Heilungserfolgen, um irgend etwas, was die Wirksamkeit ihrer Methode bewies. Schließlich, so erklärte er ihr, müßten wir ja zwischen ihrer und der Lovaas-Methode entscheiden, von der Zahlen und Statistiken vorlagen.

»Ach, Sie.« Sie lachte, reagierte wieder mit diesem zärtlichen, liebevollen Spott auf unser Bedürfnis nach Zahlen. Dr. Welch, die auf einem Stapel Kissen am Boden saß, beugte sich vor und ergriff Marcs Hand, während sie uns erklärte, daß sie keine Forscherin sei. Sie war Ärztin, und wenn andere Leute von ihrer Arbeit Unterlagen und Aufzeichnungen anfertigen wollten, dann war das für sie zwar in Ordnung, aber darum ging es hier und jetzt eigentlich nicht. Sie mußte sich auf diese Kinder konzentrieren, auf diese armen Kinder und ihre leidgeprüften Eltern.

Sogar Marc war entwaffnet. Zu diesem Zeitpunkt überlegten wir schon beide, ob unsere ausgesprochen intellektuelle Sichtweise der Dinge nicht vielleicht wirklich die Wurzel von Anne-Maries Problemen war. Wir verfolgten diese Frage nicht besonders eifrig. Es erschien uns nahezu unmöglich, daß eine Psychiaterin von der Möglichkeit einer Heilung sprach. Das wollten wir nicht unbedingt durch bohrende Fragen gefährden.

In bezug auf die Verhaltensmodifikation war Dr. Welch unerbittlich. Sie wehrte sich heftig dagegen, daß irgendein Fremder in unser Haus kam und unsere Tochter dieser kalten Behandlung unterzog. Wie um alles in der Welt sollte ich eine neue Beziehung zu Anne-Marie aufbauen, wenn ich es zuließ, daß sie von einer Fremden mißhandelt wurde?

Wir versuchten nur halbherzig, das Experiment Lovaas' zu verteidigen.

Im Grunde, meinte Dr. Welch, wisse sie nicht genug über den Versuch. Sie hatte bloß gehört, daß diese Kinder nicht wirklich geheilt worden seien, sondern nur wie Roboter auf einem hohen Niveau funktionierten.

Dr. Welch wandte sich voller Anteilnahme an mich. Anne-Marie war doch erst zwei Jahre alt, praktisch noch ein Baby. Der einzige Mensch, den sie jetzt wirklich brauchte und wollte, war ihre Mutter. Ja, o ja, dachte ich, von Mitleid für meine kleine Tochter erfüllt. »Halten Sie sie einfach nur«, lautete Dr. Welchs wiederholte und eindringliche Botschaft. Halten Sie sie, und stellen Sie eine neue Beziehung zu ihr her, dann kommt alles andere wie von selbst. Die einzige Art von Therapie, die sie gestattete – sie sprach jetzt mit strenger, autoritärer Stimme –, war eine sanfte Spieltherapie, einfach weil sie wußte, daß ich nicht jede Minute mit Anne-Marie verbringen konnte. Und seien Sie vorsichtig mit Patsy, warnte sie mich. Viele der Mütter in ihrer Obhut verließen sich zu sehr auf ihre Babysitter und Kindermädchen. Anne-Marie brauchte die Mutter. Mammi sollte sie halten. Mammi sollte eine Beziehung herstellen. »Sie müssen festhalten wie Klebstoff«, fügte sie äußerst ernst hinzu.

»Aber Martha!« protestierte ich. »Was ist denn mit all den Müttern, die jeden Tag zur Arbeit gehen und ihre Kinder bei den Kindermädchen lassen?«

»Ich weiß. Ist das nicht gemein?« rief sie aus. »Das muß Ihnen weh tun.«

Äh . . . ja. Ich glaube, es verletzte mich wirklich, aber darum ging es mir eigentlich nicht. Es ging mir darum, daß es deren Kindern gut zu gehen schien – nun ja, egal. Ich wollte nicht über irgend etwas streiten. Ich wollte unsere Chance auf Gesundung nicht aufs Spiel setzen. Ich war fast verliebt in Dr. Welch. Sie zeigte mir noch ein Gedicht, das die kleine Katy über sie geschrieben hatte, und ich war wie betäubt angesichts der leuchtenden, reifen Verse, der lebhaften Phantasie, dieser Worte der Liebe und des Lobes für Dr. Welch. Da haben wir den *Beweis*, dachte ich. Hier legt ein ehemals autistisches Kind Zeugnis ab für seine liebevolle Heilerin.

»Angesichts Ihrer seelischen Verfassung sollten Sie mindestens zweimal wöchentlich zu mir kommen«, verkündete sie.

Ja. Natürlich. Was immer Sie sagen. Was auch immer.

Noch niemals war ich jemandem begegnet, der ein solch vollkommenes Verständnis, solche Liebe ausstrahlte. Sie wirkte so selbstlos, so ehrlich besorgt – sowohl in bezug auf Anne-Marie als auch auf mich selbst. Zeigte ich mich ihr gegenüber anfangs skeptisch oder feindselig, so begegnete sie dem mit Charme und entwaffnender Anmut. Meine Argumente (die schwachen Versuche, all dem gegenüber objektiv zu sein) nahm sie nicht einfach tolerant oder mitfühlend entgegen, nein, sie schmeichelte mir rundheraus: Wieder und wieder hörte ich, wie klug ich sei, all diese Zweifel so geschickt zu formulieren. Wie faszinierend es sei, das komplexe Zusammenspiel von Biologie und Psychologie mit einem so einsichtigen Menschen zu diskutieren. Lob und die absolute Gewißheit, daß es am Ende nur eines gab: Anne-Maries völlige Heilung.

Im Gegensatz zu den meisten Ärzten, die häufig nicht nur kühle Herablassung, sondern Hoffnungslosigkeit und Resignation ausstrahlen, war Martha Welch eine Oase liebevoller Freundlichkeit. Und um jeden noch möglichen Restzweifel zu zerstreuen, schien meine erste Holding-Sitzung erfolgreich zu sein. Sie war zwar nicht perfekt, aber es reichte aus, um der Tinbergen-Welch-Hypothese Glaubwürdigkeit zu verleihen.

Ich fing nach meinem ersten Treffen mit Dr. Welch mit der Holding-Therapie an. Morgens, wenn Daniel im Kindergarten war und Patsy sich um Michel kümmerte, holte ich Anne-Marie in mein Zimmer. Dort setzte ich sie auf meinen Schoß und hielt sie fest, ihre Arme unter meinen, Brust an Brust, ihr Gesicht meinem gegenüber. Ich hielt ihren Kopf, so daß sie mich ansehen mußte, und obwohl sie versuchte, ihre Augen niederzuschlagen, bestand ich darauf: »Schau mich an, Anne-Marie! Schau mich an! Mammi hat dich lieb. Dreh dein Gesicht nicht weg. Bitte, Liebling. Mammi braucht dich. Schau mich an.« Zehn Minuten vergingen. Fünfzehn. Sie fing an, sich richtig zu wehren. Schließlich weinte sie und schlug um sich. Wenn sie die Hände frei bekam, ging sie auf mein Gesicht los. Am Ende der beiden ersten Wochen hatte ich Kratzer auf den Wangen, der Stirn, der Nase. Einige Male gelang es ihr sogar, mich zu beißen.

Unsere Holding-Sitzungen dauerten zwischen einer halben Stunde und ganzen drei Stunden! Normalerweise ging es über eine Stunde. Während der Holding-Therapie soll die Mutter eigentlich ihre eigene Wut und ihren Frust auf das Kind übertragen, aber ich brachte es nie fertig, so weit zu gehen. Ganz gleich, wie oft Dr. Welch mir versicherte, daß Anne-Marie alles verstand, was ich zu ihr sagte, ich schaffte es einfach nicht, meine Ängste über eine Zweijährige zu ergießen und einen Zorn auf sie vorzutäuschen, den ich nicht empfand. Dadurch, daß ich Anne-Marie körperlich in diese enge Umarmung zwang, stieß ich bereits an die Grenzen meiner eigenen Toleranzschwelle.

Wenn wir etwa dreißig bis vierzig Minuten gegeneinander gekämpft hatten, waren Anne-Marie und ich für gewöhnlich beide nur noch zu frustriertem Weinen fähig. Das sollte doch zu einer »Behebung« führen – warum passierte denn nichts? Das dauerte ja ewig!

Nach zwei oder drei wenig erfolgreichen Versuchen, eine Behebung zu erzielen, beschloß ich, selbst dafür zu sorgen. Nachdem Anne-Marie eine Weile getobt, gekratzt und geschluchzt hatte, veränderte ich mein Verhalten. Anstelle der Brust-an-Brust-Position versuchte ich jetzt, sie mehr wie ein Baby zu halten, auf dem Schoß liegend, den Kopf in meine Armbeuge gebettet. Und anstatt ihr dann immer wieder zu befehlen »Schau mich an!«, fing ich an, sie zu wiegen, streichelte über ihr Haar und murmelte Liebkosungen: »Ich hab' dich lieb, mein Kleines. Ich brauche dich. Bitte, schau Mammi an.« Sie schien ruhiger und stiller zu werden. Ich fing an, ihr vorzusingen. Aus irgendeinem unerfindlichen Grund verfiel ich auf die Bach-Kantate »Ich bin ein guter Hirt'«, die ich ihr wieder und wieder vorsang, obwohl meine Stimme weder kräftig noch sicher ist. Sie wurde zu unserer Hoffnungshymne.

»Der Herr ist mein getreuer Hirt',
Dem ich mich ganz vertraue,
Zur Weid' er mich, sein Schäflein, führt,
Auf schöner grüner Aue . . .«

Manchmal, wenn ich ihr dieses Lied vorsang, lag sie ganz still und hörte zu; und wenn sie mich auch noch nicht ansah – und es erst viele Wochen später tun würde –, so entspannte sie sich doch ein wenig und versuchte nicht mehr so verzweifelt, mich fortzustoßen.

Wenn ich sie schließlich absetzte, rannte sie davon. Aber – Wunder über Wunder! – in der nächsten Stunde wirkte sie tatsächlich wacher, aufmerksamer, mehr im Einklang mit ihrer Umgebung. Sie schien sich meiner und anderer Leute eher bewußt zu sein, ja sie blickte manchmal sogar auf, wenn ich ihren Namen rief.

Ich zappelte am Haken der Holding-Therapie. Dies war die Antwort auf meine Gebete, meine Wunderkur. Gott hatte mich zu Dr. Martha Welch geführt, die *mir* beibringen würde, *meine* Tochter vom Autismus zu heilen.

12. Kapitel

Ab Ende Februar nahm das therapeutische Programm schließlich seinen Lauf.

Nicht daß Marc und mir so ganz klar gewesen wäre, was wir da taten.

Wir hatten Bridget angestellt, aber wir mißtrauten sowohl ihr als auch der Verhaltensmodifikation. »Mir gefällt das nicht, Marc. Ich mag sie Bridget nicht übergeben. Sie ist zu hart mit Anne-Marie. Ich kann es nicht ertragen, wenn ein zweijähriges Kind so behandelt wird.«

»Laß ihr noch ein paar Tage Zeit. Sie hat doch gerade erst angefangen. Vielleicht gewöhnt sich Anne-Marie an den Drill.«

Wir hatten auch Robin eingestellt. Mit der Sprachtherapie hatte ich keine Probleme. Wir wünschten nur mehr Stunden haben zu können.

Außerdem hatten wir Kontakt zu Dr. Welch aufgenommen und mit der Forced-Holding-Therapie begonnen.

»Es ist doch viel natürlicher, daß die Mutter die Verbindung zu ihrem Kind herstellen soll, findest du nicht, Marc? So müssen wir uns um Anne-Marie kümmern. Nur so werden wir zu ihr durchdringen. Das ist einfach sinnvoller.«

Wir waren beim Abendessen, und ich brachte kaum einen Bissen hinunter, so wichtig war es mir, ihm meinen Standpunkt klarzumachen.

»Sinnvoller als was?«

»Als sie einer völlig Fremden zu übergeben!«

»Hast du denn irgendeine Veränderung aufgrund der Forced-Holding-Therapie bemerkt?«

»Ja. Ich glaube schon.« Vielleicht auch nicht, dachte ich unglücklich. Vielleicht übertrieb ich auch, weil ich es so gern glauben wollte. Aber nein. Nach einer Holding-Sitzung war sie wirklich verändert.

»Sie sieht mich mehr an, wenn es vorüber ist. Sie scheint wacher. Sie scheint ... mehr im Einklang mit allem, finde ich.«

»Ich vertraue deinem Urteil, Catherine. Wenn du glaubst, daß die Forced-Holding-Therapie etwas bewirkt, dann hast du wahrscheinlich recht.«

»Das glaube ich. Und ich bin überzeugt von Martha Welch.« Ich wußte, daß Marc meine Ansichten über Dr. Welch nicht teilte, und das war in Ordnung: Ich wollte, daß er sich eine eigene Meinung über das bildete, was vorging. Aber ich brauchte auch sein Verständnis. »Sie gibt mir soviel Trost, soviel Hoffnung. Ich vertraue ihr wirklich, Marc.«

Marc legte seine Gabel hin und berührte meine Hand. »Wenn sie dir hilft, dann reicht mir das schon. Ich komme mir so hilflos vor, wenn ich dich jeden Abend weinen sehe.«

»Sie möchte, daß ich zweimal in der Woche zu ihr komme, mit Anne-Marie.«

Ich sollte alles tun, was ich für Anne-Marie und mich selbst für das Beste hielt, beruhigte er mich.

Man könnte sagen, daß Bridget mit der Verhaltenstherapie unter umgekehrten Vorzeichen anfing. Ich mißtraute ihr und ihrem Programm nicht nur, ich hatte mich darüber hinaus in eine Psychiaterin verliebt, die mir ausdrücklich erklärte, daß ein Einmischen in Anne-Maries Verhalten schädlich für den Prozeß des Rebonding sei.

Ich kann mich noch an die zweite Woche erinnern, als Bridget zur Arbeit kam. Anne-Marie und ich waren gerade von Dr. Welch zurückgekommen und saßen am Küchentisch, wo wir gegessen hatten. Bridget klopfte, und ich ließ sie ein.

»Hallo«, grüßte sie.

»Hallo.«

Keine von uns lächelte. »Kommen Sie rein«, forderte ich sie auf. »Wir sind gleich fertig. Setzen Sie sich doch.«

Bridget setzte sich, ein wenig zögernd, fand ich.

»Wir kommen gerade von Dr. Welch zurück«, erzählte ich ihr. Ich hatte ihr das Buch der Tinbergens schon in groben Zügen erklärt, hatte ihr auch von der Forced-Holding-Therapie und Dr. Welch berichtet.

»Ach, ja? Wie war's?«

»Wunderbar. Wir haben über einige der Kinder gesprochen, die sie geheilt hat. Möchten Sie den *Life*-Artikel über das Mädchen sehen, von dem ich Ihnen erzählt habe?«

»Ja, sicher.«

Ich holte den Artikel und setzte mich dann wieder an den Tisch, um über das Wunder der Forced-Holding-Therapie zu plaudern. »Möchten Sie Kaffee?« fragte ich Bridget.

Sie blickte auf ihre Armbanduhr. »Ich würde wirklich gern sofort anfangen, mit Anne-Marie zu arbeiten.«

»Wenn sie mit dem Essen fertig ist«, widersprach ich gereizt. *Ich* werde entscheiden, wann Anne-Marie in dieses Zimmer geht, dachte ich wütend.

Stumm beendeten Anne-Marie und ich unsere Mahlzeit; dann trug ich sie in die »Folterkammer«. Sobald wir sie auf den Stuhl setzten, fing sie wieder an zu schluchzen und warf sich zu Boden.

Bridget holte ihre Spielsachen, Notizbücher und Belohnungen hervor. Ohne eine Sekunde zu verlieren, hob sie Anne-Marie hoch, setzte sie wieder auf den Stuhl und zog ihre Hände vor dem Gesicht fort. »Schau mich an«, befahl sie, und wieder einmal begann ihre zweistündige ernste Arbeit.

Bei den ersten Sitzungen hielt ich es nicht einmal aus, länger als ein paar Minuten zuzusehen, zum Teil, weil ich es haßte, den Drill zu beobachten, zum Teil auch, weil Anne-Maries Weinen stärker zu werden schien, wenn ich anwesend war. Normalerweise lief ich einfach nur in der Wohnung umher und war wütend auf Bridget, weil sie so kaltherzig und gemein war.

Dagegen verliefen meine Sitzungen bei Dr. Welch weiterhin entspannt und besänftigend. Es gab keine Formalitäten, keine Regeln. Wir kamen herein, setzten uns auf die Kissen oder die Couch, und dann sprach ich mit Dr. Welch über meine Gefühle, während Anne-Marie auf dem Boden mit ein paar Bauklötzen spielte. Ich hatte akzeptiert, daß Dr. Welchs Rolle in erster Linie darin bestand, mich zusammenzuhalten, damit ich meinerseits die Kraft aufbrachte, mit Anne-Marie trotz ihrer »Ablehnung« zu arbeiten. Zu diesem Zweck waren die Gespräche über meinen Kummer und meine Ängste wichtig.

Ich sprach viel über den Verlauf der Holding-Sitzungen. Ich beschrieb meinen Frust, niemals eine klare »Behebung« zu erzielen, und meine Aufregung über das vermeintlich gesteigerte Bewußtsein von Anne-Marie nach jeder Sitzung.

Ich sprach mit ihr auch über das Lovaas-Programm. Nicht viel allerdings, denn trotz meiner Feindseligkeit Bridget gegenüber war ich noch nicht bereit, sie fallenzulassen. Ich wollte nicht hören, wie Dr. Welch sie angriff oder mich aufforderte, diesen Teil von Anne-Maries Therapie aufzugeben – noch nicht.

Wenn ich mit Dr. Welch über die Verhaltenstherapie sprach, ging es meistens um Dr. Lovaas' Buch und die Videobänder, die seine Methode lehrten. Ich brachte ihr eines seiner Bänder, und wir sprachen darüber, wie abstoßend und erniedrigend einige der Bilder waren.

Von Anfang an erzählte ich ihr auch von meinen Schwierigkeiten mit der Forced-Holding-Therapie. Eines Tages beschloß ich, ein wenig aggressiver zu sein und zu wagen, ihr meine Meinung zu sagen, nämlich daß ich das Ganze nur für eine weitere Die-Mutter-ist-an-allem-schuld-Theorie hielt, mit der ich nicht einverstanden war.

»Sie haben vollkommen recht!« stimmte sie mir zu. »Es ist überhaupt nicht die Schuld der Mutter!«

Nichts, was ich sagte, konnte sie beleidigen oder verunsichern. Sie blieb freundlich, entgegenkommend, bewundernd. Und beruhigte mich immer wieder hinsichtlich Anne-Maries Zukunft. Sie erzählte mir von einigen anderen Familien, für die sie gearbeitet hatte, und von der herzlichen Beziehung, die sie zu jenen Kindern entwickelt hatte, die sie vom Autismus geheilt hatte. Erfüllt von tiefer Dankbarkeit für ihre begeisterte Anteilnahme und ihre liebevolle Toleranz meiner Skepsis gegenüber beschloß ich, es ihr zu vergelten: Ich würde die theoretische Grundlage der Forced-Holding-Therapie neu formulieren und plausibler machen, zumindest für mich.

»Ich glaube, mir ist jetzt etwas in bezug auf die Holding-Therapie klargeworden«, sagte ich eines Abends zu Marc. »Hör zu. Die Tinbergens und Martha gehen davon aus, daß das Fehlen einer Bindung zu dem autistischen Sich-Abkehren führt. Und damit haben sie teilweise recht; sie haben einen Teil der Wahrheit entdeckt. Bloß geben sie die Schuld daran der Mutter, und das ist falsch. Die fehlende Bindung liegt nicht an der Mutter. Es handelt sich hierbei um das Primärsymptom des Autismus. Dafür gibt es eine neurobiologische, chemische oder irgendeine andere Ursache. Das Kind kommt mit diesem Defizit, diesem Mangel zur Welt, und die anderen autistischen Symptome ergeben sich daraus.«

»Ja. Das könnte sein.«

»Mit anderen Worten, wenn man eine Bindung zu dem Kind wieder – oder vielmehr zum erstenmal – herstellen kann, kann man es retten.«

»Möglich. Ich bin einfach froh, daß es dir jetzt soviel besser geht.«

Ich erklärte Dr. Welch meine Theorie.

»Sie haben natürlich recht. Niemand gibt den Müttern die Schuld. Wie klug von Ihnen, diesen feinen Unterschied zu erkennen.«

Richtig. Niemand gibt den Müttern die Schuld. Oder?

Sie gebe den Müttern keine Schuld, versicherte mir Dr. Welch jedesmal, wenn ich über einen Punkt sprechen wollte, der mir im Buch der Tinbergens nicht behagt hatte: Sie hatte einfach nur das Gefühl, daß die Mütter am ehesten geeignet seien, ihre Kinder vom Autismus zu heilen.

Manchmal wies Dr. Welch mich an, eine Holding-Therapie mit Anne-Marie in ihrem Büro durchzuführen.

»Sie sind zu freundlich! Zu zurückhaltend!« pflegte sie dann zu sagen. »Wie kann sie wissen, was Sie *fühlen,* wenn Sie mit dieser süßen Stimme zu ihr sprechen?«

»Sie versteht nicht, was ich sage.«

»Natürlich versteht sie es! Zeigen Sie ihr, wie verletzt Sie sind. Zeigen Sie ihr, wie wütend Sie sind.«

»Ich bin nicht böse auf sie.«

»Sind Sie doch. Sehen Sie tief in sich hinein. Sind Sie nicht wütend, weil sie Sie nicht ansieht? Sie nicht anlächelt? Sind Sie nicht wütend, daß sie nie ›Mama‹ sagt? Nun, sind Sie das nicht?«

»Also schön, Sie haben recht. Vielleicht bin ich wütend. Aber nicht auf sie. Es ist nicht ihre Schuld. Sie kann ja schließlich nicht reden.«

»Sagen Sie ihr nicht immer, daß sie nicht reden kann! Glauben Sie, sie hört Sie nicht? Glauben Sie, sie ist nicht verletzt?«

»Ich weiß nicht . . . ich weiß es einfach nicht! Ich begreife nicht, was sie fühlt oder denkt!«

Ich hielt Anne-Marie und versuchte, Dr. Welch zu gehorchen. Vielleicht hatte sie ja recht. Woher sollte ich wissen, daß sie *nicht* recht hatte? Wäre es nicht wundervoll, wenn Anne-Marie wirklich verstehen würde?

»Anne-Marie. Anne-Marie. Ich möchte, daß du mich ansiehst. Warum redest du nicht mit mir? Mammi ist verletzt. Mammi liebt dich.«

Neben mir auf der Couch jammerte Dr. Welch: »Wütende Anne-Marie. Ängstliche Anne-Marie. Einsame Anne-Marie.«

In Dr. Welchs Gegenwart sprudelte ich über vor Hoffnung, glaubte an Anne-Marie, und dennoch quälte mich zur selben Zeit mein schlechtes Gewissen. Eines Tages, als Marc mit in die Praxis gekommen war, hielt ich Michel im Arm und versuchte so zu Anne-Marie zu reden, wie Dr. Welch es mir gezeigt hatte.

»Sehen Sie Michel an!« unterbrach sie mich eindringlich. »Sehen Sie denn nicht, daß er Sie anschaut?«

Ich sah auf Michel hinab. Seine dunklen Augen hingen suchend an meinem Gesicht. Einen Augenblick lang erfaßte mich Panik. »Liebling«, murmelte ich. »Mammi ist hier. Ich hab' dich lieb.« Ich hörte meine eigene Stimme, hoch und schrill vor Nervosität.

»Seien Sie ganz, ganz vorsichtig«, warnte mich Dr. Welch streng. »Vergessen Sie niemals, daß er Sie auch braucht.«

»Ich halte ihn viel im Arm und sehe ihn an! Nur in diesem Augenblick habe ich mich um Anne-Marie gekümmert.«

»Ich weiß das. Sie wissen das. Aber versteht ein Baby das auch? Versteht ein Baby, daß seine Mutter es nicht ablehnt, nur weil sie sich abwendet oder seinen Blick nicht erwidert? Man kann nie wissen, wie ein Baby das Verhalten seiner Mutter auslegt.«

Wut auf Dr. Welch durchzuckte mich, wurde aber augenblicklich von schuldbewußter Angst verdrängt. Tu Michel nicht dasselbe an, was du Anne-Marie angetan hast, tönte die unversöhnliche Stimme in meinem Kopf.

»Ich komme aus einer Familie mit fünf Kindern; du kommst aus einer Familie mit zehn«, erklärte Marc später am Abend. »Glaubst du wirklich, Catherine, daß unsere Mütter uns den ganzen Tag über ihre ungeteilte Aufmerksamkeit geschenkt haben?«

»Ich weiß, Marc. Ich weiß, vieles davon hört sich übertrieben an. Aber vielleicht ist es im Kern doch wahr. Vielleicht werden manche Kinder wirklich sensibler oder verletzlicher geboren. Sozusagen prädestiniert dafür, sich zurückzuziehen.«

Marc schwieg.

»Bist du mir böse«, fragte er nach ein paar Minuten, »wenn ich nicht mehr mit dir zu Dr. Welch gehe? Ich fühle mich bei ihr wirklich nicht wohl.«

»Nein, nein. Ich bin nicht böse.«

Während der Holding-Sitzungen, die ich in Dr. Welchs Praxis durchführte, reagierte Anne-Marie nicht sonderlich vielversprechend. Meistens heulte sie und wand sich. Die Sitzungen zu Hause verliefen jedoch etwas besser. Ich erzielte niemals eine »Behebung«, so, wie sie in dem Buch der Tinbergens beschrieben wurde – Anne-Marie fing niemals plötzlich an, mich anzusehen, mein Gesicht zu streicheln und mit mir zu reden oder so. Aber wenn sie sich in meinen Armen entspannte, wenn sie den Blickkontakt etwas länger aufrechterhielt, dann war ich überzeugt, daß eine Art von Behebung stattfand. Irgendwie wurde sie wacher, reagierte.

In den beiden ersten Wochen unseres kombinierten Therapieprogramms wachte ich jeden Morgen mit dem Vorsatz auf, Bridget an diesem Tag zu feuern.

Schließlich beschloß ich, etwas zu unternehmen. Marc hatte mir wiederholt versichert, daß er meinen Entscheidungen und meinem Urteil voll vertraute. Es wurde Zeit, daß ich etwas unternahm, um diesen Konflikt zu lösen. Eines Tages, nach Bridgets Sitzung mit Anne-Marie, bat ich sie, einen Augenblick Platz zu nehmen.

»Bridget«, fing ich an, »ich weiß nicht, ob ich mit der Verhaltenstherapie weitermachen soll. Martha ist davon überzeugt, daß sie für den Prozeß der Bindung schädlich ist.« Ich war nicht glücklich, als ich das sagte. Ungeachtet der Animosität, die ich Bridget und ihren Methoden entgegenbrachte, erkannte ich doch, daß sie ihrerseits eine Bindung zu Anne-Marie hergestellt hatte. Und jetzt kam ich und forderte sie auf, sich zurückzuziehen, gerade als sie den Kampf aufgenommen hatte.

Aber sie protestierte nicht. »Sie müssen tun, was Sie für richtig halten, Catherine. Es ist Ihr Kind. Ihre Entscheidung.«

Ich schlug die Augen nieder. Eine derart beherrschte Antwort hatte ich nicht erwartet.

Mein Blick fiel auf das Spielzeug, das sie mitgebracht hatte und das jetzt im Zimmer verstreut lag. Vieles davon war offensichtlich neu. Hatte sie diese Sachen für Anne-Marie aus ihrer eigenen Tasche bezahlt?

»Sie haben all diese Spielsachen gekauft«, murmelte ich. Bridget sprach mit sehr klarer Stimme. »Das braucht Sie nicht zu kümmern. Sie müssen sich mit diesem Programm wohlfühlen. Sie sollten nicht an dieses Spielzeug oder an meine Gefühle denken, überhaupt an nichts anderes als daran, was das beste für Anne-Marie ist.«

Ich warf einen Blick auf die Notizen in meiner Hand. Nach jeder Sitzung gab mir Bridget die Unterlagen. Darin wurde jeder Ausbildungsschritt beschrieben, die Art und Häufigkeit jeder einzelnen autistischen Verhaltensweise notiert; Anne-Maries Leistung bei jedem einzelnen Versuch wurde penibel aufgezeichnet. Ich dachte an die ganze Reihe unerfahrener Studenten, mit denen ich gesprochen hatte, und plötzlich war ich mir nicht mehr so sicher, die richtige Entscheidung getroffen zu haben. Möglicherweise war dies genau die falsche Entscheidung. Ich war verzweifelt. Wenn ich mich doch nur an jemanden anlehnen könnte, jemanden, dem ich vertraute, wenn ich doch nur alles abgeben könnte. »Was soll ich bloß tun?« wollte ich schluchzen. »Bitte, sag mir, was das Richtige ist!«

»Ich rufe Sie später an«, sagte ich zu Bridget.

Nachdem die Kinder an diesem Abend im Bett waren, ging ich zu Marc.

»Sollen wir mit der Verhaltenstherapie aufhören? Martha glaubt, sie wäre schlecht für Anne-Marie.«

Marc setzte sich an den Küchentisch. Er seufzte und blieb eine Weile stumm.

»Nein«, sagte er schließlich. »Ich glaube nicht.« Er stand auf, verließ die Küche und kam einen Moment später mit dem Lovaas-Artikel aus der Fachzeitschrift zurück. »Hör zu. Ich weiß nicht, was Autismus hervorruft. Ich glaube, das weiß bislang noch niemand, auch die Tinbergens und Martha nicht. Aber ich weiß, was Zahlen bedeuten. Und diese Zahlen hier sprechen für sich.«

Marc brach ab. Er war sich selbst nicht recht sicher. Auch er hatte sich gefragt, ob er nicht vielleicht ein übertrieben intellektueller, übertrieben analytischer Mensch war, der irgendwie zu Anne-Maries Krankheit beigetragen oder sie vielleicht sogar verursacht hatte. Auch er war hilflos angesichts des Zustands seiner Tochter, und da er wußte, wie verzweifelt ich mich an Dr. Welch klammerte, hatte er nichts Negatives über sie sagen wollen. Trotz seiner zurückhaltenden Art war er einverstanden gewesen, sein Privatleben verletzen, seine Ehe analysieren, seine Gefühle untersuchen zu lassen – von einer Fremden. Aber er würde nicht zu weit gehen. Er war nicht bereit, sich vollständig von der Realität zu entfernen, die er kannte.

»Dieser Mann«, fuhr Marc fort und legte seine Hand auf den Artikel, »hat ein wohldurchdachtes Experiment durchgeführt. Er hatte zwei Kontrollgruppen. Er ließ unabhängige Gutachten vornehmen, später unabhängige Folgebeurteilungen. Seine Kontrollgruppen und seine Experimentiergruppe entsprachen allem, was man sich nur denken kann. Er legt dar, wie er zu seinen Ergebnissen gelangt ist, und seine Ergebnisse sind gut. Nein. Sie sind mehr als gut. Sie sind hervorragend.«

Ich sagte nichts.

»Ich weiß, wie sehr du dich auf Martha verläßt, und ich glaube, daß die Holding-Therapie Anne-Marie hilft«, fuhr er fort. »Aber ich will nicht all unsere Hoffnungen ausschließlich auf die Holding-Therapie konzentrieren. Geben wir Bridget und Lovaas' Methode eine Chance.«

Ich stützte den Kopf in die Hände. Ich war so durcheinander. Alles änderte sich andauernd.

Die Verhaltensmodifikation war mit der Holding-Therapie theoretisch unvereinbar. Wer hatte recht? Irgendein Irrer im fernen Kalifornien, der Kinder so lange quälte, bis sie wie Roboter funktionierten, oder Martha Welch mit ihrer Botschaft, daß nur die Liebe einer Mutter (unter Marthas Führung) Wunder bewirken konnte? Mein Herz befahl mir, Dr. Welch zu folgen, auch wenn das einem Eingeständnis gleichkam, daß ich dabei versagt hatte, eine Bindung zu Anne-Marie herzustellen. Mein Verstand riet mir, mich an Lovaas' Methode zu halten, aber ich haßte den Gedanken, Anne-Maries Gefühle zu verletzen, indem ich sie Bridget überließ.

Ich starrte auf den Artikel, den Marc mir hingelegt hatte. Ich schaute zu ihm auf, und da fiel mir etwas ein. Ich erinnerte mich an einen der Gründe, warum ich mich in Marc verliebt hatte:

Er hatte mich gelehrt, daß man Wahrheit nicht nur in der Poesie, im Gebet oder im Himmel fand, sondern auch in der Wissenschaft, in der Natur und in den Zahlen. Er war ein logisch denkender Mensch, der ruhig an Fakten festhielt, selbst wenn er von schrillen Ideologien umgeben war. Er stillte meinen Durst nach dem Realen – den Durst eines Menschen, der sein ganzes Leben im Bereich des Ideellen verbracht hatte. Durch ihn wurde ich vollständig, obwohl er nicht einmal gewußt hatte, wie unvollständig ich gewesen war, ehe er in mein Leben trat.

Ich schaute ihn an, diesen Kameraden, der mit mir durch das Dunkel wanderte. Er fühlte sich ebenso verloren wie ich, ebenso unsicher und hatte ebenso große Angst. Und doch faßte er einen Entschluß. Wir würden nicht umkehren, würden diese Reise, die wir gerade erst angetreten hatten, nicht abbrechen; wir würden das verhaltenstherapeutische Programm nicht aufgeben.

Ich legte meine Hand in seine. Bisher hatte er all meinen Entschlüssen vertraut; jetzt würde ich auf ihn vertrauen.

»Du hast recht«, sagte ich. »Wir können es noch nicht beurteilen, nicht wahr? Vielleicht sollten wir Bridget noch eine Weile behalten und abwarten, wie es läuft.«

Welche Verwirrung durch diesen schnellen Entscheidungsprozeß auch ausgelöst worden war, welche Angst wir auch täglich verspürten angesichts der Möglichkeit, den falschen Weg eingeschlagen zu haben, wir hatten es wenigstens gewagt. Wohin dieser Weg führen würde, wußten wir noch nicht. Aber wir sollten es bald erfahren. Anne-Marie war kurz davor, ihre ersten tastenden Schritte Richtung Gesundung zu machen.

13. Kapitel

»SCHAU MICH AN!«

Wir alle – Bridget während des verhaltenstherapeutischen Drills, Robin bei ihren lebhaften, fröhlichen Spielen mit Anne-Marie, ich während der Holding-Sitzung und Marc am Wochenende, wenn er daheim war – fingen an, von ihr Blickkontakt zu fordern.

Da sie keine Notiz von unserem Kommen und Gehen nahm, gingen wir zu ihr, knieten uns in ihrem Blickfeld auf den Boden, umfaßten mit den Händen ihr Gesicht und zwangen sie, uns anzusehen:

»Hallo, Anne-Marie, ich bin wieder da.«

»Anne-Marie, Daddy geht jetzt.«

»Anne-Marie, sieh mal: Daniel ist hier.«

»Patsy ist da.«

»Bridget geht jetzt.«

»Robin ist an der Tür.«

Wir hörten erst auf, wenn sie – und sei es noch so flüchtig – zu erkennen gab, daß sie wußte, daß jemand mit ihr sprach.

Als erstes kehrte so auch ihr Blick zurück.

Die Erregung, als wir beobachteten, wie sich ihr Selbst wieder zu regen begann, läßt sich in ihrer Intensität nur mit dem Entsetzen vergleichen, das wir empfunden hatten, als wir sie verloren. Sie erwachte, öffnete sich uns und der Welt ganz langsam. Jedes Zeichen dieses Erwachens war für ihren Vater und mich so überwältigend, daß es uns fast zerriß.

Ich ging mit ihr die Straße entlang, um Daniel vom Kindergarten abzuholen. Wir hatten erst vor zwei Wochen mit unserem Kombinationsprogramm begonnen. Vor dem Metropolitan Museum waren an diesem Tag Anfang März die Brunnen angestellt worden, die ihre Fontänen in den sonnigen Winterhimmel emporschickten. Anne-Marie saß in ihrem Buggy, ruhig und in sich gekehrt wie immer. Aber heute schaute sie zu dem spritzenden Wasser hinüber, und das bedeutete schon eine Verbesserung, nachdem sie für gewöhnlich auf nichts in ihrer Umgebung reagierte.

Und dann, ganz plötzlich, geschah das Unglaubliche! Sie streckte ihre Hand aus, deutete auf das Wasser und drehte sich zu mir um!

Ich war schrecklich aufgeregt.

»Ja. Wasser!« Ich brüllte es förmlich, lachte vor Freude. »Du bist ein braves Mädchen! Zeigst Mammi das Wasser!«

Passanten starrten mich ziemlich beunruhigt an, als wir da standen und diesem wunderschönen Teil einer wundervollen Schöpfung freudig unsere Ehrerbietung bekundeten. Danke für dieses Wasser, oh Gott. Danke, daß du dafür gesorgt hast, daß Anne-Marie es sieht und dieses Vergnügen mit mir teilt!

Sie sah mich weiterhin an, ein schwaches Lächeln auf den Lippen, die Augen offen und wachsam. Sie streckte die Hand nach dem Wasser aus, wobei sie mich fragend ansah. Worte hätten nicht mehr ausdrücken können: Siehst du, was ich sehe, Mammi? Freuen wir uns zusammen an dieser Schönheit? Ich hatte das Gefühl, in diese klaren, blauen Augen geblickt und plötzlich, unverkennbar, gesehen zu haben, wie aus Hoffnung Wahrheit wurde. Ich hatte gesehen, wie meine kleine Tochter meinen Blick erwiderte. Ich kniete neben ihr nieder, nahm ihr Gesicht in beide Hände und legte meine Wange an ihre. »Das ist Wasser, mein Liebling, ein Brunnen mit Wasser«, schluchzte ich und versuchte mich zusammenzureißen. Dann raste ich förmlich zu Daniels Kindergarten, so erfüllt von Glück und Hoffnung, daß ich über das ganze Gesicht strahlte.

Auch wenn die drei Therapien ursprünglich vollkommen gegensätzlich waren, so war es Bridget, Robin und mir doch gelungen, zumindest ein gemeinsames Ziel zu finden: Wir drangen, jede auf einem anderen Weg, in Anne-Maries Welt ein, brachten ihre selbstauferlegte Isolation zum Einsturz. Dabei war Robin die sanfteste der Eindringlinge, aber durch ihre Energie und Geschicklichkeit gelang es auch ihr, Anne-Marie Schritt für Schritt aus ihrer Einsamkeit herauszuholen.

Da meine Entschlußkraft wuchs, gewährte ich Anne-Marie tagsüber kein Pardon mehr. Ich »saß ihr ständig im Nakken«, bearbeitete sie, ließ ihr keine Ruhe. Ich gab meinen Wunsch auf, sie einfach aus eigenem Antrieb zu mir zurückkehren zu lassen, und wurde statt dessen unbeugsamer.

Ob angeregt durch *Eine Seele lernt leben,* durch die Holding-Therapie oder durch Bridgets verhaltenstherapeutische Methode oder auch durch alle drei, ein Gedanke wurde für mich handlungsweisend:

Mein Wille geschehe, meine Kleine, nicht deiner!

Anfang März ließ ich keine Selbsthilfemechanismen mehr zu. Wenn ich sah, daß sie irgend etwas Seltsames tat, hob ich sie hoch, brachte sie an eine andere Stelle und drängte sie – mit körperlichem Druck wie Bridget – zu einer geeigneteren Art des Spielens. Häufig weinte sie und wehrte sich, aber ich zwang sie dennoch. Sogar ihren verträumten, in die Ferne gerichteten Blick nahm ich aufs Korn. Er erschreckte mich zu sehr. Wenn ich diesen Ausdruck in ihren Augen bemerkte, tat ich alles, um ihn zu vertreiben: Ich lachte und sang, wurde zum Clown oder warf sie in die Luft.

Das Wichtigste dabei war der Körperkontakt. Es hatte wenig Sinn, in anderthalb Meter Entfernung von ihr zu sitzen und zu rufen: »Anne-Marie, was machst du da? Sieh

Mammi an.« Nein. Ich mußte in ihren Bereich eindringen, indem ich sie auf den Schoß nahm oder neben ihr saß, die Arme um sie gelegt, indem ich ihre Hände führte oder – wie es häufig der Fall war – sie einfach herumtrug und versuchte, sie dazu zu bringen, mich und die Welt zu beachten.

Innerhalb der menschenmöglichen Grenzen sollte sie niemals für einen längeren Zeitraum allein sein. »Länger« bedeutete in diesem Fall mehr als eine halbe Stunde, und »allein« hieß, ohne irgendwie mit einer anderen Person aktiv zu sein.

Die Beschäftigung mit jeweils einem anderen Menschen wurde zum Eckstein all dessen, was wir taten. Ich stellte ihr Bettchen in Daniels Zimmer, so daß sie jetzt nicht einmal mehr nachts allein war. Wenn sie keine Therapiestunde hatte, war ich mit ihr zusammen, und wenn ich nicht mit ihr zusammen war, dann ihr Vater. Patsy übertrug ich mehr und mehr die Leitung des Haushalts. Ich brauchte all meine Kraft und Zeit für die drei Kinder.

Tag für Tag wurden wir rücksichtsloser in unseren Anforderungen an sie. Kein Abschweifen des Blicks war erlaubt, kein Zähneknirschen, kein Spielen mit den Händen, keine ritualisierte Berührung von Oberflächen, überhaupt nichts, was irgendwie autistisch aussah. Da diese Verhaltensweisen bei ihr noch nicht so eingefahren waren wie bei älteren autistischen Kindern, war es nicht so schwierig, sie abzulenken und ihre Aufmerksamkeit von innen nach außen zu lenken.

Das bedeutete Arbeit ohne Unterlaß, brachte uns aber auch schnellen und süßen Lohn ein. Diese klaren Blicke kamen zuerst nur sporadisch, wurden aber allmählich immer häufiger. Meine Eltern hatten sie seit Weihnachten, kurz nach der ersten Diagnose, nicht mehr gesehen. Zu jener Zeit hatte sie sie völlig ignoriert. Aber an einem Tag im März hatte sich ein Teil meiner großen Familie zum Sonntagsessen im Haus meiner Schwester Debbie in Oyster Bay versammelt. Ziemlich verzagt trat Anne-Marie der großen

Versammlung gegenüber. Ich hatte wie üblich Tränen und Geschrei oder zumindest Gleichgültigkeit erwartet. Statt dessen jedoch zögerte sie auf der Schwelle zu Debbies Wohnzimmer und musterte all diese Onkel, Tanten und Kinder.

Auf dem Sofa saßen Großmutter und Großvater. Langsam, den Blick direkt auf sie gerichtet, ging sie auf sie zu, erkannte sie ganz eindeutig. »Hallo, Anne-Marie«, riefen beide freundlich und erwiderten ihr Lächeln.

Bei jedem, der mit Anne-Marie zu tun hatte, fand sich dieselbe paradoxe Sanftheit, wann immer sie auf irgendeine Weise versuchte, mit uns Kontakt aufzunehmen. Paradox, weil unsere eigenen Schritte auf sie zu immer ungestümer und zudringlicher wurden, immer weniger Widerspruch duldeten. Aber jedesmal wenn sie aus eigenem Willen einen vorsichtigen Schritt auf ihre Umwelt zu machte, überschütteten wir sie mit einem Übermaß an Zärtlichkeit. Anne-Marie hatte etwas so Zerbrechliches. Ihr gerade aufblühendes Selbst schien so ängstlich. Vielleicht kann ich es am besten so erklären, daß wir unsagbar hart auf ihr autistisches Wesen reagierten, aber die sich entwickelnde Seele mit unendlicher Vorsicht zu behandeln versuchten, so wie man mit einem Neugeborenen umgeht.

Nachdem sie zuerst Familienangehörige und Freunde angeschaut hatte, machte sie jetzt Fortschritte und sah sogar Fremde an. Die Leute hatten sich oft freundlich an Anne-Marie gewandt, wie sie es häufig bei kleinen Kindern tun. »Hallo, kleines Mädchen!« »Hast du aber schöne große Augen!« Als Antwort hatte sie sich immer entweder in eisigem Schweigen abgewandt oder, was noch schlimmer war, ins Leere gestarrt. Als wir jetzt eines Nachmittags zum Augenarzt gingen, kam die Frau im Vorzimmer hinter ihrem Tisch hervor, um uns zu begrüßen. »Was für ein süßes Kind!« sagte sie. »Hallo, kleine Dame!«

Anne-Marie lächelte schüchtern, schmiegte den Kopf an meinen Hals, sah die Frau aber weiterhin an.

»Sie sieht Sie an! Sie lächelt!« rief ich.

Die Frau bedachte mich mit einem merkwürdigen Blick.

»Natürlich lächelt sie. Warum auch nicht?« meinte sie kühl. Wahrscheinlich dachte sie: Diese Yuppie-Mütter! Mit ihrem krankhaften Konkurrenzdenken führen sie sogar Buch darüber, wie oft ihre Babys lächeln!

Eines Morgens erwachte ich und hörte etwas – kein neues Geräusch, aber eines, das ich seit vielen Monaten nicht mehr gehört hatte: Anne-Marie plapperte in ihrem Bettchen. Ich lauschte einen Moment lang, konnte es kaum glauben. Dann stand ich auf, ging in ihr Zimmer und umarmte sie verschlafen.

»Guten Morgen, Liebling.«

Keine Reaktion, kein Lächeln. Noch nicht. Aber jetzt glaubte ich fest, daß das noch kommen würde. Wenigstens schenkte sie mir einen Blick, und ich nahm ihn als das Geschenk, das er darstellte. »Hab' dich lieb, Süße. Bin stolz auf dich«, flüsterte ich in ihr duftendes Haar. »Kämpf weiter, Baby. Du schaffst es.« Sie legte zwar nicht die Arme um meinen Hals, aber sie stand ruhig in ihrem Bettchen, ließ die Umarmung zu, ja schien sie sogar zu begrüßen.

Nach zwei, drei Wochen Therapie bemerkte ich, wie sie einen Zug auf die Schienen stellte und ihn schob. Dies war eines der ersten spontanen Anzeichen für ein normales Spiel. Ein paar Tage später fing sie an, einige der häufigsten Aktivitäten nachzuahmen, die sie im Haus gesehen hatte. Nur Kleinigkeiten wie den Staubsauger über den Boden schieben; und einmal nahm sie sogar ein Papiertuch und wischte den Tisch ab. Eines Abends, zur Badezeit, tat sie etwas, was sie mich häufig hatte tun sehen. Sie nahm eine Schüssel mit Wasser und versuchte, sie Daniel über den Kopf zu gießen. Bei all diesen Dingen hatte ich das Gefühl, daß sie uns, unsere Gesten und Gewohnheiten besser wahrnahm. Wie eine normale Zweijährige hatte sie ganz plötzlich angefangen, uns nachzuahmen – natürlich nicht im normalen Umfang, aber immerhin.

In diesem ersten Monat der Therapie mißtraute ich dem verhaltenstherapeutischen Programm noch immer. Ich dachte noch immer, daß es Anne-Marie emotional schaden könnte, und noch immer erschien es mir der Holding-Therapie gegenüber unterlegen zu sein.

Hinzu kam, daß Anne-Marie anfing, ein paar Worte zu sagen, die ihr weder Bridget noch Robin beigebracht hatten.

Stückchenweise und ganz von allein tauchte ihre Sprache wieder auf, sowohl was das Sprechen als auch was das Verstehen anging. Alle paar Tage bewies sie plötzlich, daß sie eine Wendung oder einen Satz verstanden hatte, den ihr niemand beigebracht und den niemand mit ihr geübt hatte. Und alle paar Tage sagte sie ein Wort, das wir seit Monaten nicht gehört hatten. Ich habe keine Ahnung, was da neurologisch vorging. Es sah fast so aus, als hätte sie bestimmte Wörter und Sätze irgendwo aufbewahrt, unversehrt, und jetzt, wo sie sozusagen wieder auf dem richtigen Weg war und sich mehr oder weniger normal entwickelte, kehrten diese Wörter in ihr Bewußtsein zurück. Zu den ersten Begriffen, die Anne-Maries Vokabular ausmachten, gehörten diejenigen, die sie mit fünfzehn Monaten gekannt hatte, also jene, die in ihrem zweiten Lebensjahr allmählich verschwunden waren.

Eines der ersten dieser ungeübten Wörter, das wieder zurückkam, war »Bye-bye«, auch wenn sie es nur mit den Lippen formte und nicht laut aussprach, als sie es zum erstenmal wieder sagte. Trotzdem, ihre Lippen formten »Bye-bye«, sie hob zögernd ihre kleine Hand und winkte ihrem Vater zu.

Mit jedem Tag kamen andere Wörter zurück: »Ba-ba«, »Ju« (Juice: Saft), »Kee« (Cookie: Keks). Tag für Tag achtete ich auf ihre Wörter, klammerte mich daran wie an einen Rettungsring. Wenn sie an einem Tag nur zwei Wörter sprach, war ich ängstlich und deprimiert. Schaffte sie fünf, war ich selig.

Heute gebe ich zu, daß ich mir dieses Phänomen des aufblitzenden Verstehens und Ausdrückens nicht erklären kann; damals »wußte« ich einfach, was geschah. Sie stellte wieder eine Bindung zu mir her, und irgendwie rief das emotionale Rebonding diese kognitiven Sprünge hervor. Wie sonst hätte sie außerhalb der Therapiestunden etwas lernen, neue Wörter sprechen und verstehen können?

Ich war bereit, Bridget ihre Chance bei Anne-Marie einzuräumen, aber ich war ganz und gar nicht bereit, ihr große Bedeutung bei dem therapeutischen Programm beizumessen. Nichts, was Bridget oder Robin taten, war so wichtig wie das, was *ich* mit der Holding-Therapie tat. Davon war ich überzeugt. Diese Wörter, dieser Blickkontakt, diese wachsende Aufmerksamkeit – sie alle waren in erster Linie auf *mein* Tun zurückzuführen, nicht auf das ihre. Ich sorgte dafür, daß Dr. Welch von jedem Schritt nach vorn informiert wurde, und versicherte ihr, daß die Holding-Therapie meiner Meinung nach den wesentlichen Anteil an unserer kombinierten Methode hatte. Dr. Welch nahm dieses Lob bescheiden an, als stünde es ihr zu, und neckte mich nur gelegentlich wegen meiner anfänglichen Zweifel.

Auch neue Wörter kamen allmählich hinzu. »More« war eines der ersten. Das war zu erwarten, nachdem Robin in jeder Stunde daran arbeitete. »Open« und »Help« waren zwei weitere »Frühankömmlinge«, da beide Therapeutinnen sich diese Begriffe zum Ziel gesetzt hatten. Aber außerhalb der Therapie gesellten sich auch andere neue Wörter dazu. Eines Tages, als ich Spielzeug unter dem Fernsehschrank aufsammelte, hörte ich Anne-Marie vom

Boden aufstehen und zu mir kommen. »Se-sa-sa?« hörte ich sie sagen. Ich drehte mich um.

»Was, Anne-Marie? Was hast du gesagt?«

»Se-sa-sa?«

Ihr Blick wanderte von mir zum Fernseher, dann wieder zurück, und ein erwartungsvoller Ausdruck lag auf ihrem Gesicht.

»Sesamstraße!«

Wundervoll! Ein neues Wort! Blickkontakt! Eine Bitte!

Hastig schaltete ich durch die Kanäle, wollte ihr nur zu gern ihren Wunsch erfüllen. Zum Glück lief die Sendung gerade. Danach ließ ich sie diese häufig sehen. Natürlich hatte sie die »Sesamstraße« schon früher gesehen, aber sie hatte immer nur mit versteinertem Gesicht hingestarrt, und so wußte ich nie, ob es ihr Spaß gemacht hatte oder nicht. Nach ihrer Diagnose hatte ich dann alle Zeichentrickfilme und Videos verboten, aus Angst, sie könnten ihren Zustand der Erstarrung verstärken. Und plötzlich fragte sie nach einem bestimmten Programm, und ich erfüllte ihren Wunsch nur allzu gern.

»Es klappt, Marc. Holding-Therapie funktioniert tatsächlich. Ich glaub's einfach nicht!«

14. Kapitel

In den ersten drei Märzwochen hing meine Beziehung zu Bridget an einem seidenen Faden.

Glücklicherweise war unser Entschluß, sie versuchsweise noch weiter zu beschäftigen, unterstützt worden. Sowohl Dr. Cohen vom Institute for Basic Research als auch Steven Blaustein, der Stimm- und Sprachtherapeut, der uns Robin Rosenthal empfohlen hatte, erklärten uns, daß alle Daten für die verhaltenstherapeutische Methode bei Autismus sprachen. Und als wir weiterlasen, telefonierten und nachforschten, stießen wir auf immer mehr Ärzte, die diese Methode unterstützten. Hierbei handelte es sich um Leute, die tatsächlich mit diesen Kindern arbeiteten und sich nicht nur in Theorien ergingen. In der Regel kamen sie nicht aus New York, diesem Mekka für alle hartnäckigen Freudianer. Einige der angesehensten Programme in New Jersey und Long Island basierten seit Jahren auf der Verhaltensmodifikation, und man war gerade dabei, die Methode Lovaas' noch effektiver anzuwenden. Gott sei Dank gab es in der Wildnis noch ein paar Stimmen der Vernunft!

Aber nicht einmal ein ganzes Bataillon von Psychiatern, die allesamt erklärten: »Die Verhaltenstherapie ist die einzig wahre Methode«, hätte uns, insbesondere mich, davon überzeugen können, daß sie für Anne-Marie günstig sei. Was mich schließlich überzeugte, war, Bridget Tag für Tag arbeiten zu sehen.

Nachdem ich mich dazu durchgerungen hatte, es weiter

mit ihr zu versuchen, nahm ich immer häufiger an ihren Sitzungen teil. Der März ging, es wurde April und mein Mißtrauen schmolz dahin. An seine Stelle trat widerstrebender Respekt. Vielleicht, aber auch nur vielleicht, hatte ich mich ja geirrt, was Bridget anging. Ich glaubte zwar immer noch, daß nichts, was sie tat, so wichtig war wie die Holding-Therapie, aber Anne-Marie sprach sehr viel besser auf ihr Programm an, als ich es mir erträumt hätte.

Es gelang Bridget, in Anne-Marie einen Zustand der wachen und kooperativen Aufmerksamkeit zu erzeugen, der mich verblüffte.

Wie machte sie das? Ich sah ihr zu und lernte. Irgendein Instinkt in mir – ein Geschenk Gottes – befahl mir, mich hinzusetzen, den Mund zu halten und aufzupassen, und was ich sah, beeindruckte mich nicht wenig.

Mehr als irgend jemand sonst zeigte mir Bridget, daß es möglich war, fest und entschlossen aufzutreten, ohne dabei grob zu sein. Während ich sie tagtäglich beobachtete, sah ich, daß sie steinhart sein konnte, *unbeugsam* einem weinenden Kind gegenüber, ohne dabei jemals Wut oder auch nur gespielte Wut auszudrücken. Und ebensowenig verging sie vor Angst und Kummer.

Seither habe ich viele autistische Kinder beobachtet, die man bedrängte oder zwang, etwas zu tun, was sie nicht tun wollten. Es ist eine schmerzhafte und erschreckende Erfahrung. Manches Kind zittert vor stummem, panischem Entsetzen oder wälzt sich vor Wut schreiend am Boden. Da ist es sehr schwer, eine kühle Haltung zu bewahren. Am liebsten würde man hinstürzen, das Kind umarmen, beruhigen und trösten. Oder vielmehr nicht hinstürzen, sondern sich zurückziehen und versprechen, es niemals wieder so aufzuregen. Es erfordert Mut, Ausbildung und Selbstbewußtsein, diesen Schritt über die Schwelle zu wagen und zu sagen: »Ich werde dich bedrängen. Ich werde dich berühren; deine Schreie werden mich weder vertreiben noch erschrecken oder erzürnen.« Bridget hatte all das.

Sie ignorierte Anne-Maries heulenden Widerstand, wiederholte ihre Bitte immer wieder in ruhigem Ton, half Anne-Marie durch alle Aufgaben. »Sie weiß nicht, wie man aufmerksam sein kann«, erklärte mir Bridget. »Wir müssen ihr helfen, das zu lernen.« Jedes unangebrachte Verhalten wurde von ihr in eine andere Richtung gelenkt; sie brachte Anne-Marie dazu, aufrecht auf einem Stuhl zu sitzen, aufzublicken und sie anzusehen. Beharrlich zwang sie sie, sie zu beachten, hielt sie in einem engen, intensiven Kreis gefangen, der nur aus Anne-Marie und Bridget bestand. Sie benutzte ihren ganzen Körper – Gesicht, Hände, ihre Stimme –, um dafür zu sorgen, daß Anne-Marie still war und zuhörte. Dann füllte sie diese erzwungene Aufmerksamkeit mit einem makellos organisierten und pedantisch aufgeteilten Lehrplan aus – den individuell gestalteten »Programmen«. Um Anne-Marie zu motivieren, benutzte sie nicht nur die Primär-Reinforcer, die Keksstückchen, sondern auch kleine Aufziehspielsachen, lustigen Schnickschnack und Unmengen von Lob.

Ein verhaltenstherapeutisches Programm besteht für gewöhnlich aus zwei wesentlichen Komponenten: strukturierten Programmen, die meistens auf Drill basieren, und »beiläufigem Unterrichten«.

Die beiden ersten Monate des strukturierten Programms drehten sich um zwei Dinge: bestimmte Verhaltensweisen – wie stereotype Aktivitäten, etwa sich ins Gesicht schlagen, sich zu Boden werfen – einzuschränken und andere Verhaltensweisen zu fördern, zum Beispiel Blickkontakt, Konzentration, Sprache (einschließlich nonverbaler Kommunikation wie dem Zeigen) und Spielfertigkeiten. Ein großer Teil dieser ersten Programme stammte aus Lovaas' Buch. Seine zwanzigjährige Forschung hatte für uns die Grundlage geschaffen. Wir konnten sein Material verwenden und unsere eigenen Varianten und Erweiterungen der Programme hinzufügen.

Eines von Bridgets ersten Zielen auf dem Gebiet des rezeptiven Sprachvermögens (»rezeptives Sprachvermögen« bezeichnet das Verstehen einer Sprache im Gegensatz zum »expressiven Sprachvermögen«, dem Sprechen der Sprache) bestand darin, Anne-Marie dazu zu bringen, die verschiedenen Bezeichnungen verschiedener Gegenstände zu unterscheiden.

Bei der Verhaltenstherapie werden alle Aufgaben in kleinste Einzelschritte unterteilt. Bridget fing mit den sichtbaren und greifbaren Dingen an (»Puppe« im Gegensatz zu »Glück«) und mit der kleinsten Anzahl von Gegenständen: eins. Als Vorbedingung für diese Ausbildung mußte sie Anne-Marie jedoch beibringen, immer auf die Anweisung »Gib mir« zu reagieren.

Bridget stellte einen Gegenstand, ein Spielzeugpferd, auf den Tisch. Mit dem Befehl »Schau mich an« erlangte sie von Anne-Marie Blickkontakt und Aufmerksamkeit. Danach sagte sie: »Gib mir Pferd.« (Wieder so einfach wie möglich; sie sagte nicht: »Anne-Marie, würdest du mir bitte das Pferd vom Tisch geben?«)

Bridget wartete. Anne-Marie tat nichts.

Bridget wiederholte den Befehl, nahm dann Anne-Maries Hand, legte sie um das Pferd und führte sie so, daß das Pferd in Bridgets Hand gelegt wurde. Dann lobte sie sie ausdrücklich – »Gut, du hast mir das Pferd gegeben!« –, obwohl Anne-Marie ihr das Pferd ganz und gar nicht willentlich gegeben hatte.

Wieder und wieder taten sie das, Stunde für Stunde. Bald fing Anne-Marie an, Bridget das Pferd gelegentlich ohne physische Hilfestellung auszuhändigen. Noch immer wiederholten sie es, bis die Unterlagen (die von jedem einzelnen Tag festgehaltenen und gesammelten Aufzeichnungen) eine ständige Zunahme zeigten. In zwanzig Prozent, dann in dreißig, fünfzig, achtzig, neunzig Prozent der »kleinen Schritte« reichte Anne-Marie Bridget diesen einen Gegenstand vom Tisch. Sie lernte es, auf den Befehl »Gib mir« zu reagieren.

Als nächstes mußte Bridget ihr zeigen, wie man zwischen zwei verbalen Bezeichnungen unterschied. Ein Pferd und eine Tasse wurden auf den Tisch gestellt. Jetzt hieß der Befehl »Gib mir Pferd«, mit der Tasse als Ablenkung. Wieder wurden die ersten Versuche unterstützt; als Anne-Marie anfing, das Wort »Pferd« mit dem richtigen Gegenstand zu verknüpfen, nahm die Häufigkeit der physischen Hilfestellung allmählich ab. Als diese Aufgabe über mehrere Tage hinweg erfolgreich erfüllt wurde, fingen sie mit dem Wort »Tasse« wieder von vorn an. Als *diese* Assoziation beherrscht wurde (viele, viele Einzelschritte später), fing Bridget an, die beiden Bezeichnungen in einem einzigen Schritt zu koppeln.

Dann wurden der Gruppe auf dem Tisch allmählich neue Gegenstände hinzugefügt, bis Anne-Marie nach einigen Wochen Therapie in der Lage war, sieben oder acht verschiedene Gegenstände zu unterscheiden, ohne physische Hilfestellung. *Jeder kleine Einzelschritt, bei jedem Lernprozeß, wurde Woche für Woche von dem Befehl »Schau mich an« eingeleitet.* Der Blickkontakt war für jede Handlung und jeden Lernschritt das *sine qua non.*

Bridget arbeitete zur gleichen Zeit an verschiedenen Programmen. Marc und ich hatten bereits erkannt, daß Verhaltenstherapie nicht einfach bedeutete, »das Verhalten eines Kindes zu korrigieren«. Die Bezeichnung bezieht sich mehr auf die Art des Lehrens: kleine Einzelschritte, das Zerlegen von Aufgaben in kleine Einheiten, systematischer Gebrauch von Belohnungen. Der tatsächliche Lehrplan war hauptsächlich linguistisch und kognitiv ausgerichtet.

Je länger dieser schwere Ausbildungsprozeß andauerte, desto schneller lernte Anne-Marie die Namen der einzelnen neuen Gegenstände. Allmählich hörten wir auf, einen plötzlichen Durchbruch zu erwarten. Statt dessen schenkte uns jeder kleine Schritt, den Anne-Marie machte, Freude und Hoffnung. Vielleicht lernte sie auf andere, »unnatürliche« Art, aber sie lernte. Wie weit sie kommen würde, würden wir erst mit der Zeit erfahren.

Der zweite Teil von Bridgets Trainingsprogramm war lockerer. Es gibt Therapeuten, die sich anfangs ausschließlich auf den Drill konzentrieren, weil die Kinder so große Schwierigkeiten haben, aufmerksam zu bleiben. Bridget jedoch hielt mehr davon, von Anfang an auch das »beiläufige Unterrichten« in die Stunden mit einzubeziehen.

»Beiläufiges Unterrichten« bedeutet einfach nur, daß der Therapeut jedes natürliche Mittel aus der Umgebung mit einbezieht – wobei »natürliches Mittel« all das bedeutet, was die Aufmerksamkeit des Kindes erregt oder fesselt, und sei es nur vorübergehend –, um die Ziele zu verstärken, an denen er gerade arbeitet, oder um sogar spontan neue Konzepte einzuführen. Wenn Bridget Anne-Marie beispielsweise mit der Sortierkiste half, ergriff sie die Gelegenheit, um die Präposition »in« zu üben: »Ich schiebe den Klotz *in* die Kiste.« Gleichzeitig konnte sie die Namen für die verschiedenen Formen üben: »Klotz«, »Kugel«, »Dreieck«, usw.

Fast alles eignete sich zum beiläufigen Unterrichten: »Es ist Zeit zum Arbeiten«, »Es ist Zeit zum Spielen«, »Es ist Zeit zum Singen« – jeder Übergang von der verhaltenstherapeutischen Sitzung ließ sich auf einfache, beständige Art beschreiben. Beiläufiges Unterrichten ließ sich jederzeit und überall betreiben, von Bridget, von mir, von Marc oder Patsy. Es ging darum, Anne-Marie zu helfen, sich auf einen bestimmten Aspekt der Kommunikation oder des sozialen Verhaltens oder eines symbolischen Spiels zu konzentrieren, wenn sich die Gelegenheit bot, und diese Erfahrung dann für sie in Worte zu fassen. Man konnte einen Spaziergang mit ihr im Kinderwagen dazu benutzen, ihre Aufmerksamkeit auf die Ereignisse in der Welt zu lenken und dann für sie in Worte zu fassen, was wir ihr zu zeigen versuchten: »Das ist ein Bus. Er ist groß. Er fährt ganz schnell.«

Beiläufiges Unterrichten ist etwas, was alle Eltern tun: bei einem autistischen Kind mußte es ausgeprägter und beständiger sein. Wir mußten lernen, diesem In-sich-Zurückziehen, dieser leeren Gleichgültigkeit entgegenzuwirken, indem wir Anne-Maries Bewußtsein ständig schärften, ihr Interesse an allem förderten, auch wenn es noch so flüchtig war. Anfangs war es, als bemerkte sie von sich aus nichts; jetzt drängten wir sie, Dinge zu bemerken und auf Menschen zu reagieren, und wenn sie es tat, ergriffen wir diese Gelegenheit beim Schopf. Wir packten das kleinste Aufflackern von Aufmerksamkeit und entfachten es zu etwas Größerem, und immer unterstrichen wir unser Tun mit indirekter, einfacher Sprache: »Du legst den *Bär* ins Puzzle ... den *Tiger* ... den *Löwen* ...«; »Das ist ein *Löffel* ... das ist ein *Teller* ...«; »Schuhe. Wir *ziehen* die Schuhe an.«

Im März und April entwickelte sich Anne-Maries expressives Sprachvermögen weiter. Am 25. März führte ich in meinem Tagebuch fünfundzwanzig Wörter auf. Seit Anfang März hatte sie durchschnittlich ein Wort pro Tag gelernt. Ungefähr die Hälfte war ihr von ihrer Therapeutin beigebracht worden, während sie die andere Hälfte von ihrer Umwelt gelernt hatte. Mit Ausnahme von »Hy« und »Bye«, von »More«, »Open« und »Help«, die wir uns alle zum Ziel gesetzt hatten, handelte es sich um Substantive.

Ihr rezeptives Sprachvermögen war jedoch noch immer sehr begrenzt und sollte noch lange Zeit problematisch bleiben. Mir schien sie konkreten Dingen im Hier und Jetzt verhaftet zu sein. Wenn ich auf ein Buch zeigte, um ihre Aufmerksamkeit zu erlangen, und das Wort »Buch« sagte, dann zeigte sie mir durch ihr Verhalten, daß sie das Benennen verstand; sie konnte das Wort »Buch« sogar wiederholen. Aber alles, was etwas komplexer war wie »Leg das Buch auf den Tisch« – Robin nannte das den Befehl, eine objektbezogene Aktion durchzuführen –, schien über ihr Begriffsvermögen hinauszugehen. »Wo ist Daniel?« rief keine Reaktion bei ihr hervor, weder einen Blick noch ein Deuten mit dem Finger. Ich zuckte zusammen, wenn Fremde oder sogar Freunde fragten: »Wie heißt du?« oder »Wie alt bist du?« Auf diese typischen Fragen an ein zweijähriges Kind reagierte sie noch immer mit Schweigen und einem leeren Blick. Es sollte noch eine Weile vergehen, bis sie auch nur die einfachsten Abstraktionen, Erklärungen und Folgerungen verstand. »Wir müssen nach Hause gehen, weil es kalt ist«, »Daddy wird bald heimkommen« – diese Bemerkungen, die Daniel mit zwei Jahren verstanden und auf die er reagiert hatte, schienen weit über Anne-Maries Begriffsvermögen hinauszugehen. Sie benannte Dinge; das war alles.

Dr. Welch erklärte uns immer wieder, daß Anne-Marie alles verstand, aber Marc und mir fiel es immer schwerer, ihr das zu glauben. An manchen Tagen, wenn Anne-Marie besonders aufgeweckt wirkte, schien sie tatsächlich zu *versuchen*, unsere Worte zu verstehen, konnte es aber nicht. Irgend etwas in ihr funktionierte einfach nicht. Die Tinbergens gingen in ihrem Buch von einem grundsätzlich normalen Kind aus, das im selbstgewählten Autismus eingeschlossen ist, nicht bereit zu sprechen, und das bewußt mit leerem Blick vor sich hinstarrt, wenn es angesprochen wird. Aber mit jedem Tag waren Marc und ich uns sicherer, daß Anne-Maries sprachliche Defizite ganz und gar nicht freiwillig waren, daß sie darum kämpfte, die Laute zu verstehen, mit denen ihre Ohren bombardiert wurden, daß die meisten aber einfach keinen Sinn für sie ergaben.

Im April wurde ich noch skeptischer, was einige theoretische Aspekte der Holding-Therapie anging; dafür akzeptierte ich Bridgets Arbeit von Tag zu Tag mehr, gleichgültig, wie mechanisch und roboterhaft die angelernten Verhaltensweisen auch wirkten. Ich war jedoch noch nicht bereit, Dr. Welch oder die Holding-Therapie aufzugeben, noch lange nicht. Stur und brav ging ich weiterhin zu ihr, praktizierte jeden Tag die Holding-Therapie mit Anne-Marie, schwor noch immer, daß ich tatsächlich beobachtete, wie ihre Aufmerksamkeit und Reaktionsfähigkeit nach jeder Holding-Sitzung zunahmen.

Aber dann kehrte ich zurück und beobachtete Bridget bei ihrer Arbeit, und es fiel mir immer schwerer, die Wirksamkeit der Verhaltenstherapie zu leugnen. Ich war erstaunt darüber, was Bridget aus Anne-Marie herausholen konnte, sei es durch Drill oder durch beiläufiges Unterrichten: mit jeder Sitzung mehr Wörter, Lächeln, Blickkontakt, Wachsamkeit, besseres Spiel, mehr Initiative.

Marc und ich sprachen ständig über die Therapien. Uns mißfiel, daß wir noch immer nicht verstanden, was wir taten.

»Marc, laß uns die Bonding-Frage mal für einen Augenblick vergessen. Damit komme ich immer noch nicht ganz klar. Vielleicht wirkt hier etwas ganz anderes.«

Er wartete.

»Etwas, was an die Stelle des Rebonding tritt oder hinzukommt«, fuhr ich fort.

»Was zum Beispiel?«

»Nun, du weißt doch, daß ich nach jeder Holding-Sitzung das Gefühl habe, daß Anne-Marie wacher und aufmerksamer ist?«

»Ja, und?«

»Ich halte also morgens eine Holding-Sitzung ab, entweder hier oder bei Martha. Danach ist Anne-Marie in einem Zustand erhöhter Aufnahmebereitschaft. Und *dann* übergeben wir sie Bridget, die diese Aufmerksamkeit mit einem strukturierten Lehrplan und Unterricht füllt.«

»Ich glaube, ich verstehe, was du meinst«, sagte er. »Die Holding-Therapie hilft ihr, aufzuwachen. Und Bridget hilft ihr, aufzuholen.«

»Vielleicht ist das zumindest ein Teil von dem, was geschieht.« Ich dachte einen Moment nach und fuhr dann fort: »Es ist so, als würden wir sie dazu bringen, aufzupassen, und diese Aufmerksamkeit dann mit sehr spezifischen Lektionen so gut wie nur möglich auszunutzen versuchen.«

»Auf jeden Fall scheint das verhaltenstherapeutische Trainingsprogramm ihr nicht zu schaden, wie wir anfangs befürchtet hatten«, fügte Marc noch hinzu.

»Ich glaube auch nicht, daß sie emotionelle Schäden davonträgt«, stimmte ich zu. »Bridget ist recht gut, Marc. Sie weiß, was sie tut.«

»Bridget ist ›recht gut‹? Heißt das, du hältst sie nicht mehr für eine kalte, gemeine Person?«

»Hab' ich das gesagt?«

»Ja.«

»Äh . . . also, das glaube ich nicht mehr.«

Offen gesagt schien Anne-Marie nach jeder Stunde mit Bridget ruhiger, wacher und freundlicher zu sein. Aber auch wenn mich Anne-Maries »Leistung« glücklich machte, wurden meine Ängste erst durch ihre Reaktion auf Bridget wirklich zerstreut. Wenn ich Anne-Marie sowohl innerhalb als auch außerhalb der Therapie beobachtete, kam es mir inzwischen so vor, als würde sie die stabile, vorhersehbare Ordnung, die Bridget herstellte, nicht nur tolerieren, sondern an manchen Tagen sogar *mögen.* Sie weinte zwar immer noch, wenn Bridget durch die Tür kam, aber eine Minute später, nachdem sie mit Bridget ins Zimmer gegangen war, verwandelte sich das Heulen in Plappern und Reden. Sie mußte nicht mehr auf den Stuhl gesetzt werden, sondern ging bereitwillig hinüber und nahm Platz, saß dann erwartungsvoll da, während Bridget ihre Mitbringsel ordnete. Eines Tages stellte sie die kleinen Stühle tatsächlich höchstpersönlich auf, zerrte sie durchs Zimmer und stellte sie einander gegenüber. Wenn Bridget mit dem Unterricht begann, wurde Anne-Marie lebhaft, eifrig und wachsam, und es freute sie sichtlich, wenn sie eine richtige Antwort gegeben oder eine Aufgabe korrekt ausgeführt hatte.

Es fiel schwer, in der Verhaltensmodifikation eine Vergewaltigung von Anne-Maries Persönlichkeit zu sehen, ganz gleich, wie viele Probleme ich noch immer mit der Art des Lernens hatte.

Eines Tages kam Bridget nach dem Mittagessen zur Sitzung. Es läutete an der Tür. Ich wollte schon hinlaufen, blieb aber stehen, nachdem ich mich umgedreht hatte. Denn Anne-Marie lief auf Bridget zu und sah ihr lächelnd in die Augen.

Meine Zweifel bezüglich Bridgets und der Verhaltensmodifikation fanden immer weniger Nahrung. Ich hatte versucht, die Therapie zu hassen; jetzt mußte ich ihre Wirksamkeit anerkennen. Ich hatte geglaubt, sie würde Anne-Marie noch fremder werden lassen. Sie selbst jedoch zeigte mir jetzt, auf vielerlei Arten, daß sie diese Therapie und Bridget brauchte.

15. Kapitel

Anne-Marie erlebte ihren eigenen Frühling. Im April und Mai blühte sie auf, öffnete sich allen, die sie liebten. Tag für Tag verbesserten sich ihre Sprachfertigkeiten und ihr Sozialverhalten. Rückblickend muß ich sagen, daß sie sehr schnelle Fortschritte machte, aber damals, als wir es durchlebten, kam es uns tastend und sehr langsam vor. Es gab keine Heilung über Nacht, keinen Durchbruch oder die plötzliche Enthüllung eines verborgenen Kindes. Schritt für Schritt kehrte sie zurück, aber wir wußten nie, ob sie bis zum Ende durchhalten würde.

Marc blieb der unerschütterliche Optimist. »Sie wird gesund werden«, beruhigte er mich. »Sieh doch nur, wie schnell sie Fortschritte macht. Schau doch, wie weit sie in nur zweieinhalb Monaten gekommen ist.«

Ich beobachtete sie mit einer Mischung aus Unglauben, Unsicherheit und Hoffnung. Manchmal fragte ich mich, ob ich eine Art Märchenkur erfunden hätte und eines Tages aufwachen und erkennen würde, daß sie es nicht schaffen konnte. Sicher, sie machte Fortschritte, aber ihre Sprache und ihr Sozialverhalten waren noch alles andere als normal. Es gab viele kleine Triumphe, durchsetzt von autistischem Verhalten. Ich sehnte mich danach, wenigstens ein geheiltes Kind kennenzulernen, mit seinen Eltern zu sprechen und sie nach jedem einzelnen Augenblick dieser ungewissen Dämmerung zu fragen. Aber ich wußte nur von Lovaas' anonymen siebenundvierzig Prozent. Ich erlebte diese Zeit als intensive Periode der Gebete und der Verletzbarkeit, aber auch der Arbeit und der Hoffnung.

Allmählich aber legte sich meine Panik. Trotz Zweifeln und Angst wurde der Glaube stärker. Jeden Tag schenkte uns Anne-Marie etwas, irgendein Zeichen, das unsere Hoffnung am Leben erhielt. Ob es ein neues Wort war, ein etwas länger durchgehaltener Blickkontakt, aufblitzendes Interesse an ihren Brüdern oder sogar eine wachsende Neugier an der Welt, in der sie lebte, es ging ihr einfach immer besser.

Jetzt ging ich gerne mit ihr im Sportwagen spazieren. Sie machte mich so glücklich, wenn sie neugierig in die Schaufenster blickte oder auf der Straße auf Hunde zeigte.

»Doggie«, sagte sie.

»Ja, Liebes. Das ist ein Hund.«

Eine Taube watschelte vor ihrem Wagen vorbei. »Wahoh!« kreischte sie aufgeregt. Ich lachte. »Ja. *Oiseau!* Vogel!«

Oiseau war das einzige französische Wort, das sie gelernt hatte. Zusammen mit ihren anderen Wörtern war es im Alter zwischen sechzehn und zwanzig Monaten verschwunden.

Noch immer nahm sie von sich aus keinen Kontakt zu ihren Brüdern auf, aber ich hatte das Gefühl, daß sie sie zumindest bewußter wahrnahm. Manchmal starrte sie Daniel direkt an, wenn er fröhlich vor sich hin plapperte, während er malte oder spielte. Sie fing sogar an, mit ihm zu spielen: Sie spielten Fangen. Er fing an, rannte schreiend und lachend auf den Gängen hin und her. Das riß sie wirklich mit. Sie rannte ihm nach. Dann machte er kehrt und lief hinter ihr her. Marc und ich hatten nichts gegen diesen Lärm im Haus, denn wenn Anne-Marie lachend mit ihrem Bruder herumrannte, sah sie so glücklich und normal aus.

Michel dagegen ignorierte sie noch immer. Sie ging um die kleine Babywippe herum, als wäre er überhaupt nicht da. Wenn ich ihn im Arm hielt, zeigte sie niemals Eifersucht oder eine Andeutung, daß sie sich seiner Gegenwart bewußt war. Eines Morgens saß ich mit den Kindern im Wohnzimmer. Michel lag in der Babywippe, und Anne-Marie ging direkt vor ihm vorbei. Plötzlich zappelte er aufgeregt mit seinen kleinen Armen und Beinen und schenkte ihr ein breites, strahlendes Lächeln. Er lächelte sie an und drehte den Kopf nach ihr, bis sie aus seinem Gesichtsfeld entschwunden war. Sie bemerkte es natürlich nicht. Sie sah ihn überhaupt nicht. Ich dachte, er sei zu jung, um sich von dieser »Zurückweisung« traurig stimmen zu lassen, aber er tat mir trotzdem leid. Ich hob ihn hoch und lächelte ihn an. Er sollte wissen, daß überhaupt jemand bemerkt hatte, was für ein liebes Baby er war.

Ein paar Tage später bemerkte Anne-Marie Michel dann. Ich hielt ihn auf dem Schoß, als sie plötzlich aufstand, zu uns kam und versuchte, ihn fortzustoßen und selbst auf meinen Schoß zu klettern. Ich war selig. Jedes Zeichen normaler geschwisterlicher Eifersucht konnte bei einem Kind, das so gleichgültig gewesen war, doch nur gesund sein. Ich nahm sie in den einen Arm und hielt Michel mit dem anderen. Dann saß ich da, glücklich und zufrieden, während sich meine beiden Jüngsten an mich schmiegten.

Eines Abends trug ich Anne-Marie die Madison Avenue entlang. Ich mußte noch schnell in den Supermarkt, um Milch zu kaufen. Ich hatte die Jungen bei Patsy gelassen und ihr erklärt, ich käme in fünfzehn Minuten zurück. In der Zwischenzeit war auch Marc heimgekommen, war aber sofort wieder gegangen, um seinerseits noch etwas zu erledigen.

Während ich Anne-Marie trug, hing ich meinen eigenen Gedanken nach, als ich sie plötzlich leise lachen hörte. Ich sah sie an. Sie schaute die Straße hinauf, die jetzt, am frühen Abend, langsam dunkel wurde. Sie hatte den Blick aufmerksam auf etwas geheftet und lachte leise vor sich hin. »Was ist denn, Anne-Marie?«

Sie streckte den Zeigefinger aus. Ich folgte ihrem Blick. Marc kam auf uns zu. Er sah uns an und breitete die Arme aus. Ich stellte Anne-Marie hin und sah, wie sie zu ihrem Vater lief und sich in seine Arme stürzte.

Mit dem Kind auf dem Arm kam Marc auf mich zu. Wir sahen uns an.

»Hast du das gesehen?« fragte ich.

»Hab' ich. Sie kennt ihren Daddy.«

Marc legte einen Arm um mich und hielt sie mit dem anderen. Einen Moment lang blieben wir stumm stehen, ein kleiner Kreis zerbrechlichen Friedens auf einer Straße in der Stadt. Die Nacht senkte sich über uns.

Mitte April nahm Bridgets Einfluß auf mich mit jedem Tag zu.

Eines Morgens kam ich ins Eßzimmer und sah Anne-Marie in der Ecke. Sie starrte auf den Boden und drehte sich um sich selbst. Aus einer Laune heraus packte ich sie, schwang sie in die Luft und rief dabei: »Up!« Und als ich sie danach wieder herunterließ, rief ich: »Down!« Dieses Spielchen wiederholte ich ein paarmal. Sie machte richtig mit, lächelte und quietschte jedesmal vor Vergnügen, wenn ich sie hochschwenkte. Schließlich unterbrach ich die Abwärtsbewegung, wartete, hielt sie in den Armen, beugte mich über sie und schaute ihr erwartungsvoll in die Augen. Etwas schien zu geschehen. »Pah!« brüllte sie, ihre Version von »Up«.

»Gut, Anne-Marie! Gut gemacht, ›Up‹.«

Nach dem nächsten Aufwärtsschwung wartete ich wieder, hielt sie in die Luft und schaute in ihr Gesicht. »D-d-d . . .« drängte ich.

»Dah!« brüllte sie.

»Ja, prima! Liebes Mädchen! ›Down‹!«

Das wiederholten wir so lange, bis meine Arme sie nicht mehr halten konnten. Aber ich war aufgeregt. Ich fing an zu verstehen, wie ich Blickkontakt, Spaß, Bestärkung und verbale Hilfestellungen miteinander kombinieren mußte, so, wie ich es bei Bridget beobachtet hatte. Sobald ich diese Technik begriffen hatte, ergaben sich Dutzende von Möglichkeiten, sie im Lauf des Tages einzusetzen.

Bridget beeinflußte mein Denken auch noch auf andere Weise. Gleich nach Anne-Maries Diagnose hatte ich begonnen, ein Tagebuch zu schreiben. Anfangs handelte es sich bei den Eintragungen um Gedankenfragmente: Emotionen, die außer Kontrolle gerieten und holterdiepolter auf die Seite gekritzelt worden waren. Aber im Lauf der Zeit wurde ich objektiver. Ich fing an, Anne-Maries Symptome und Fortschritte auf systematischere Art zu beobachten. Auf jedem Gebiet, das ich beschreiben konnte – Spiel, Sprache, Sozialverhalten und Nachahmung –, lernte ich, ihr anhaltendes Unvermögen ebenso wie ihre zunehmenden Fähigkeiten zu notieren. Es schmerzte zwar, über Anne-Maries Handicaps nachzudenken, aber ich erkannte, daß ich ihr bei deren Überwindung nur helfen konnte, wenn ich ihre Andersartigkeit, ihre Unfähigkeiten und Mängel scharfsichtig und kühl registrierte. Es war eine Ironie des Schicksals, daß ich Bridget im Geiste genau für dieses Verhalten verdammt hatte damals, als sie mich aufgefordert hatte, meine Listen zu erstellen; doch nun lernte ich, die Schwächen meiner Tochter zu betrachten und täglich alle ihre autistischen Verhaltensweisen zu notieren, so, wie Bridget es in ihren Sitzungen tat. Dieser analytische Blick auf etwas, was mir vor einem oder, zwei Monaten noch größte Pein bereitet hatte, war vermutlich erst dadurch möglich geworden, daß Anne-Marie so regelmäßig Fortschritte machte.

Was das Spielen anging, so unterrichtete Bridget Anne-Marie genauso, wie sie es auf allen anderen Gebieten tat:

Indem sie die Aktivität in kleine Einzelschritte zerlegte und ihr dann half, diese kleinen Schritte zu bewältigen. Wenn sie zum Beispiel ein Puzzle zusammensetzten, führte Bridget anfangs Anne-Maries Hand und legte so jedes Teil auf den richtigen Platz. Wenn Anne-Marie dann langsam begriff, zog sich Bridget ganz allmählich zurück. *Alles* wurde unterstützt, verbal und physisch. Das hört sich gezwungen an und war es auch. Aber es war immer noch besser als zuzusehen, wie sie Puzzle-Teilchen zehn Zentimeter vor ihren Augen zusammenschlug, wieder und wieder, in endloser Folge.

Dieselbe Hilfestellung gab ich ihr jetzt auch außerhalb der Therapie. Ich erinnere mich noch, wie ich bei ihr saß und ihre Hände führte, als sie ihren Teddy zu Bett brachte, ihn zudeckte, das Spielzeugfläschchen an seinen Mund hielt. Es beunruhigte mich längst nicht mehr so sehr, daß nichts spontan geschah. Ich hatte zugesehen, wie Bridget ihr bei allem geholfen hatte, vom Sprechen bis zum Singen und Tanzen, und ich hatte gesehen, daß Anne-Marie nach einer Weile immer weniger und weniger aktive Hilfestellung benötigte. Wenn sie erst einmal gedrängt und geschoben worden war, dann ergriff sie bald selbst ein wenig die Initiative.

Immer weniger konnte ich mit dem psychoanalytischen Ansatz anfangen, zu fragen, *warum* Anne-Marie autistisch war. Statt dessen konzentrierte ich mich wie Bridget darauf, ihre Fortschritte in Sprache, Verhalten und sozialem Umgang zu unterstützen. Wie Bridget fing ich an, ihre stereotypen Selbsthilfemechanismen nicht einfach zu unterbrechen, sondern passendere Verhaltensweisen zu fördern und zu formen.

Das geschah auf vielfältige Weise. Unterstützt durch Schmeicheleien probierte sie andere Nahrungsmittel. So goß ich ein wenig Ketchup (das sie gerne mochte) über etwas Neues und hielt es ihr dann an die Lippen. Ich ließ sie mit keinem Nahrungsmittel, keinem Spielzeug, keiner Beschäftigung sehr lange allein. Anfangs wehrte sie sich gegen meine Einmischung, doch allmählich wurde sie flexibler und wechselte von einer Beschäftigung zur anderen, wobei sie immer weniger weinte. Bridget legte in den Sitzungen großen Wert auf Flexibilität. Sie verlangte von Anne-Marie nicht nur Aufmerksamkeit, sondern auch die Fähigkeit, ihre Aufmerksamkeit zu verlagern, ohne Kummer und Angst von einer Beschäftigung zu einer anderen zu wechseln. So fanden einige Schritte am Tisch statt, dann zogen sie um auf den Boden und gingen dort ein paar Aufgaben durch, und schließlich ging es für die nächsten Aufgaben zurück an den Tisch. Manchmal begeisterte sich Anne-Marie für ein bestimmtes Spielzeug. Bridget ließ sie dann eine Weile damit spielen, ehe sie verkündete: »Okay, jetzt wird es Zeit, Formen zu sortieren!« Ob Anne-Marie weinte oder nicht, weiter ging es mit der Sortierkiste.

Auch ich fing an, auf Veränderungen zu drängen. Anne-Marie hatte immer darauf bestanden, dieselben Kleider und Schuhe zu tragen. Schuhe zu kaufen war zu einem Trauma für uns alle geworden – für mich, Anne-Marie und die Verkäuferin, die keine Ahnung hatte, warum dieses Kind schluchzte und zitterte und sich auf den Boden warf. Kaufte ich ihr eine neue Hose oder ein neues T-Shirt, dann konnte ich sicher sein, Tränen zu ernten. Da ich nicht wußte, was ich tun sollte, hatte ich sie einfach tagein, tagaus dieselben zwei, drei Sachen tragen lassen. Aber jetzt fing ich an, ihr andere Sachen anzuziehen – auf entschlossene, nüchterne Art, trotz ihrer Tränen. Nachdem ich damit erst einmal begonnen hatte, tat ich es mit allem – mit Jacken, Schuhen, bunten Söckchen anstelle ihrer weißen, Kleidern anstelle ihrer »Uniform« aus Hose und T-Shirt, mit neuen Schlafanzügen usw. Nach ein paar Wochen akzeptierte sie alles, was ich ihr anzog.

Ich konnte mich noch an unsere Tage im Park erinnern, bevor man uns die Diagnose mitgeteilt hatte. Damals hatte ich dort verwirrt und frustriert mit ihr gesessen, weil sie einfach nicht aufhören wollte zu weinen. Daniel dagegen war fröhlich, und begeistert raste er los, wollte alles auf einmal ausprobieren. Aber wann immer ich versuchte, Anne-Marie auf die Schaukel oder die Wippe zu setzen, machte sie sich steif und fing zu weinen an.

An diesen frischen Aprilnachmittagen ging ich nach der Therapie oft mit ihr in den Park. Ich war jetzt zuversichtlicher und konnte ihr Weinen ignorieren, während ich sie zu überreden versuchte, neue Erfahrungen zu machen. Mir kam es so vor, als würden wir sie immer weiter über eine Schwelle der Angst schieben, würden ihr bei ihren ersten Schritten helfen und uns dann zurückziehen, sobald sie bereit war. Der Tag, an dem ich sie von der Schaukel zur Rutschbahn und dann weiter zur Wippe bringen konnte, ohne daß sie weinte oder sich steif machte, erfüllte mich mit großer Freude.

Sobald ich glaubte, sie würde eine Gewohnheit, ein ritualisiertes Verhalten entwickeln, lenkte ich sie unverzüglich von ihrer Beschäftigung ab und sorgte dafür, daß sie etwas anderes machte. Sie wünschte sich eine unbewegliche, unveränderliche Welt. Mir war jetzt viel klarer, wie ich auf sie reagieren mußte. Ich mußte sie in den Arm nehmen, mußte ihr physische Hilfestellung geben, mußte sie mitreißen, damit sie mit dem Strom schwamm. Ich mußte sie lehren, den Tanz des Lebens mitzutanzen. Unter Bridgets Führung erhielt sie von mir nicht nur Liebe, sondern wurde von Veränderung zu Veränderung geführt.

Ich lernte auch, wie ich sie zu etwas mehr Anmaßung auffordern konnte, wenn man das so sagen kann. Eines Tages – wir waren im Haus meines Vaters – ging Anne-Marie auf einen Teller mit Käse und Crackern zu. Sie stand da, starrte das Essen an und wollte es ganz offensichtlich probieren. Mein Vater beugte sich sofort vor. Die meisten unserer Freunde und Familienmitglieder, die von Anne-Maries Krankheit wußten, bemühten sich immer, ihr gegenüber besonders aufmerksam zu sein. Sie versuchten, ihr auf die einzige Art zu helfen, die sie sich denken konnten. Mein Vater wollte ihr gerade einen Cracker reichen.

»Wart' mal 'nen Moment, Daddy«, bat ich. Ich beugte mich vor und ergriff Anne-Maries Hand. »Willst du einen Cracker, Anne-Marie?«

Sie sagte nichts, sah aber besorgt zu mir auf.

»Hier, Liebling«, sagte ich, nahm ihre Hand und streckte sie bis fast zum Teller aus. »Nimm ihn dir. Nur zu. Nimm dir einen Cracker.«

Sie sah aus, als fürchte sie, etwas wolle sie beißen. Aber dann nahm sie all ihren Mut zusammen und ergriff einen Cracker.

»Braves Mädchen. Siehst du? Du kannst den Cracker nehmen. Du hast es geschafft. Du hast dir den Cracker ganz allein genommen.«

Ich begriff plötzlich, daß ich Anne-Marie genauso manipuliert hatte wie Bridget in der Therapie, was mich anfangs so entsetzt hatte. Jetzt war es zur Routine geworden. Ich war dabei, ihr Verhalten zu »formen«, auf vielerlei Arten, aber je mehr ich das tat, um so mutiger schien sie zu werden, um so mehr schien sie aus sich herauszugehen. Die moralischen Skrupel, die ich gegenüber der autoritären Art der Verhaltensmodifikation hatte, schwanden angesichts der sichtbaren Ergebnisse dahin. Anne-Marie machte schnell Fortschritte. Bridget sagte es, Robin sagte es, sogar Marc und ich fingen an, daran zu glauben.

Hatten wir zu Anfang in der Verhaltensmodifikation eine Methode gesehen, Anne-Maries Selbst radikal zu unterdrücken, so empfanden wir sie jetzt zwar immer noch als radikal, aber als notwendiges Mittel, um ihr zu helfen, ein Selbst zu entwickeln.

Wir hielten sie nicht gefangen, wir befreiten sie, entließen sie in die Normalität.

Wir unterdrückten und beherrschten sie nicht, sondern

halfen ihr, sich aus den absonderlichen Verhaltensmustern und der Gleichgültigkeit des Autismus zu lösen.

Wir führten Anne-Marie, wie alle Eltern ihre Kinder führen müssen, wir setzten die Richtung, die Grenzen und Konsequenzen fest – nur war sie viel einsamer und bedürftiger als andere Kinder. Die Zeit der Selbständigkeit und Selbstverwirklichung würde noch kommen. *Jetzt*, wo sie noch so jung war, mußten ihr unsere Welt und unsere Art zu leben nahegebracht werden.

16. Kapitel

»Kommt diese ›Verhaltenstherapeutin‹ noch immer zu Ihnen?« Es war Ende April, und ich befand mich bei Dr. Welch.

»Ja.«

»Ich hoffe, Sie setzen das Kind nicht mit diesem Drill unter Druck, von dem Sie mir erzählt haben. Drillt diese Person sie?«

»Bridget ist in Ordnung«, murmelte ich. »Es geht Anne-Marie gut bei ihr.«

»Bitte, seien Sie äußerst vorsichtig, wem oder was Sie Anne-Marie aussetzen. Denken Sie immer daran, wie verletzlich sie ist.«

Ich brauchte Bridget. Das wußte ich jetzt. In letzter Zeit hatte ich heftiger mit Dr. Welch darüber gestritten, daß in der Autismustherapie auch Platz für Bridgets Methode war, nicht nur für das Rebonding.

Trotzdem liebte ich Dr. Welch nach wie vor. Ich liebte das, was sie für mich getan hatte – das Gefühl, das sie mir gegeben hatte, als die Zukunft so düster aussah. Ich wagte noch immer nicht, mich ihr zu widersetzen. Ich zögerte, ihr zu gestehen, daß Bridget inzwischen an fünf Tagen in der Woche kam und Anne-Marie in der Wiederholung von Lauten und Wörtern gedrillt wurde, im Erkennen passender Farben und Formen. Ich wollte nicht darüber sprechen, wie viele von Bridgets Techniken sich in mein Verhalten Anne-Marie gegenüber eingeschlichen hatten.

»Es geht ihr gut«, sagte ich nochmals und wechselte das Thema. »Ich möchte in nächster Zeit mit ihr nach Connecticut fahren. Ich möchte wirklich gern ein paar der anderen Familien treffen, die die Forced-Holding-Therapie durchführen.«

»Aber ja, natürlich«, sagte Dr. Welch. »Wie wäre es mit dem 9. Mai?«

»Warum am 9. Mai?«

An diesem Tag würde die BBC im Mütterzentrum in Connecticut einen Dokumentarbericht über die Holding-Therapie drehen, informierte mich Dr. Welch. Sie hatte dem Produzenten von mir, dieser intelligenten Frau, erzählt, und er würde sich gern mit mir unterhalten.

»Sind Sie sicher, daß die meine Kritik an der Theorie der fehlenden Bindung hören wollen?« fragte ich.

Dr. Welch versicherte mir, daß ich es schon richtig machen würde. Ich sollte einfach nur erzählen, wie sich unser Versuch entwickelt hatte. Sollte sagen, was ich selbst von der Holding-Therapie hielt.

Ich willigte ein zu fahren. Nicht so sehr, weil ich interviewt werden wollte – noch dazu zu einem so frühen Zeitpunkt in unserem Kampf um Anne-Marie –, sondern weil ich unbedingt andere Eltern, die die Holding-Therapie durchführten, kennenlernen und mich mit ihnen unterhalten wollte. Ich fragte mich, ob einige von ihnen ein kombiniertes Programm durchführten, so wie wir. Machten ihre Kinder ebenso schnell Fortschritte wie Anne-Marie? Oder schneller? Sollte ich während der Holding-Sitzungen noch etwas anderes tun, um ein besseres Ergebnis zu erzielen?

Ich war sicher, viele Menschen zu treffen, die an die Holding-Therapie glaubten, aber – ebenso wie ich – gewisse Zweifel bezüglich ihrer theoretischen Grundlage hegten.

Ich hätte mich gar nicht gründlicher irren können. Die Menschen, denen ich dort begegnete, ließen sich in ihrem

Glauben an Dr. Welch, die Tinbergens und die fehlende Bindung als Ursache des Autismus nicht erschüttern.

Das BBC-Team baute gerade auf, als ich in dem gemütlichen Heim an einer baumbestandenen Straße in einem Vorort von Connecticut eintraf. Mit Anne-Marie auf dem Arm ging ich die Auffahrt entlang und kämpfte gegen meine Verlegenheit an, als die Kameraleute auf mich aufmerksam wurden und anfingen zu filmen. Ich trat ins Haus. Hier fand ich auch Dr. Welch. Sie sah aufgeregt, aber gut aus, war sorgfältig zurechtgemacht, das Haar zu einem blonden Heiligenschein frisiert. Ihre Augen leuchteten. Ihre Haltung war perfekt.

Wir küßten uns auf die Wange und murmelten einen Gruß. Dann wandte sie sich um, um mich zwei Frauen vorzustellen, die aus einer Art Glasveranda an der Seite kamen. Die Frauen führten ihre Kinder, einen Jungen und ein Mädchen, an der Hand. »Sagt hallo zu Catherine«, drängten sie. Das Mädchen, zehn oder elf Jahre alt, sagte »Hallo, Catherine«, ohne mich dabei anzusehen. Der Junge, sechzehn oder siebzehn, sagte nichts.

»Martha, Desmond wartet!« rief eine Frau aus der Küche. Dr. Welch entschuldigte sich und ging hinaus, um mit dem Produzenten Desmond Wilcox zu sprechen. Eine der Mütter erklärte, daß die Frau in der Küche Dr. Welchs Mutter sei. Dies war ihr Elternhaus. Ihre Eltern halfen ihr, das Mütterzentrum zu führen.

Ich betrat die Veranda, in der es fast keine Möbel gab, dafür aber viele Kissen, die an den Wänden aufgereiht waren. Ein wenig nervös fing ich an, mich mit einigen Eltern zu unterhalten. Acht bis zehn Mütter waren hier versammelt, ungefähr dieselbe Anzahl Kinder und drei oder vier Väter. Das Alter der Kinder war unterschiedlich. Die jüngsten waren etwa drei Jahre, die ältesten die beiden, die ich gerade gesehen hatte.

Als erstes fiel mir auf, daß keines der Kinder geheilt

schien – dabei hungerte ich so sehr nach Bestätigung. Ich sah Wedeln mit den Händen, Ins-Leere-Starren und Hüpfen. Die älteren Kinder sprachen zwar, aber es klang gespreizt und kindlich. Ich sah niemanden, der Hoffnung weckte. Meine Sorge wuchs.

Diskret erkundigte ich mich bei der Mutter eines der jüngeren Kinder, wo all die geheilten Kinder seien.

»Die sind natürlich nicht mehr hier, wenn sie geheilt sind!«

Natürlich. Warum war ich nicht selbst darauf gekommen? Aber warum waren manche der Mütter nach so langer Zeit immer noch hier? Zwei von ihnen hatten mir erzählt, daß sie seit zehn Jahren kämen. Wie lange sollte die Holding-Therapie denn dauern?

»Kennen Sie einige der geheilten Kinder?« fragte ich die Mutter, mit der ich mich unterhielt.

»Nein, aber Dr. Welch hat mir von Mark H. erzählt.«

Auch ich hatte von Mark H. gehört – viele Male. Ich konnte es kaum erwarten, ihn – und auch ein paar der anderen, der geheilten Kinder – endlich kennenzulernen.

Die Eltern saßen alle herum und unterhielten sich über ihre Kinder. Ich hörte zu, anfangs interessiert, dann mit wachsender Enttäuschung. Fast alle Mütter erzählten Geschichten darüber, wie sie ihre Kinder im Stich gelassen hatten. Ihre Histörchen schilderten sie mit einer fast gespenstischen Fröhlichkeit: Sie waren verantwortlich, sie wußten es, und jetzt waren sie fast süchtig danach, darüber zu sprechen. Von Schuld konnte natürlich nicht die Rede sein, aber sie hatten ungewollt etwas getan, was dazu geführt hatte, daß ihr Kind die Grenze von der Normalität zum Autismus überschritt. Die anwesenden Väter pflichteten bereitwillig allem, was die Frauen sagten, bei.

»Ich war deprimiert und wußte es nicht einmal, bis ich Dr. Welch traf.«

»Ich habe aufgehört, sie zu stillen, als sie noch nicht einmal ein Jahr alt war.«

»Ich habe meine Tochter nie im Snuggli getragen wie meine erste.«

»Ich fuhr weg, und als ich wiederkam, war sie . . . einfach nicht mehr da.«

»Ich war so mit unserem Umzug beschäftigt, daß ich ihm nicht genug Aufmerksamkeit schenken konnte.«

»Ja«, flötete der Ehemann dieser Frau. »Sie war in dieser Zeit sehr geistesabwesend und unkonzentriert.«

»Ich habe ihn nachts in seinem Bettchen schreien lassen, weil mein Mann meinte, wir müßten ihm beibringen durchzuschlafen.«

Ich konnte es nicht mehr ertragen.

»Die fehlende Bindung ist ein Symptom des Autismus, nicht die Ursache!« unterbrach ich hitzig. »Der Fehler liegt nicht bei uns und auch nicht bei unseren Kindern. Das Nervensystem ist geschädigt!«

Verständnislos starrten sie mich an. Ich spürte eine leise Feindseligkeit. Was glaubt sie eigentlich, wer sie ist? Eine Ärztin? Eine Psychiaterin?

Ich versuchte es nochmals, diesmal weniger zuversichtlich. »Warum können wir nicht einfach versuchen, eine Beziehung zu unseren Kindern herzustellen, und die Analyse dessen, was wir in der Vergangenheit falsch gemacht haben, vergessen?«

Schweigen. Dann ein höflicher Themenwechsel.

Ich verstand sie, denn mit einem Fuß stand ich selbst auf ihrer Seite. Ich bin überzeugt, daß sich manche Eltern der Vorstellung einer genetischen oder anderen organischen Ursache des Autismus so beharrlich widersetzen, weil sie glauben, das Handtuch werfen zu müssen, wenn tatsächlich eine Stoffwechselstörung vorliegt. Schließlich können sie dagegen nichts tun.

Solange wir keinen offenkundigen Schaden sehen – und

bei der Mehrzahl der autistischen Kinder ist das nicht der Fall –, können wir uns an den Glauben klammern, die Krankheit allein mit unserer Liebe heilen zu können.

Die Hoffnung, die die Tinbergens, Dr. Welch und jeder Psychotherapeut, der sich an die alte psychodynamische Methode hält, den Eltern bieten, ist, daß die Krankheit heilbar ist, wenn wir selbst sie verursacht haben. Wenn wir sie ausgelöst haben, können wir sie auch wieder rückgängig machen. Ja, ich habe es getan. Es tut mir leid. Bitte zeigen Sie mir, wie ich eine bessere Mutter sein kann. Bitte.

Jeder einzelne der anwesenden Eltern, auch ich, hatte diese Schuld gern auf sich genommen, weil wir glaubten, daß in diesem Eingeständnis Befreiung lag, die Rettung.

Doch nun war es Zeit, mit der Holding-Therapie in der Gruppe zu beginnen. Das BBC-Team war jetzt bei uns im Zimmer. Alle Eltern schienen zu wissen, was sie tun mußten. Sie zogen alle ihre Schuhe aus und setzten sich auf die Kissen am Boden. Ich machte es ihnen nach. Wir riefen unsere Kinder zu uns.

Und dann fing ein Schreien, Kreischen und Weinen an, wie ich es niemals zuvor erlebt habe. Anne-Marie und ich erschraken derart, daß wir aufsprangen und in ein anderes Zimmer flohen. Aber Dr. Welchs Assistentin folgte uns und führte uns entschlossen zur Gruppe zurück.

Ich versuchte mich darauf zu konzentrieren, Anne-Marie zu halten und die übliche »Mammi liebt dich, sieh mich an«-Routine durchzuziehen, aber ich konnte mich unmöglich konzentrieren. Mir gegenüber schrie die Mutter des Sechzehnjährigen: »Ein einziger Fehler, und du beschließt, dich für immer zurückzuziehen? Du hast unser Leben ruiniert!«

Bei einem anderen Paar hielt der Vater ein neugeborenes Baby, die Mutter einen dreijährigen Jungen in den Armen.

»Sieh mich an!« schrie die Mutter den Jungen an.

»*Sieh sie an!*« brüllte der Vater. Das Kind wand sich schluchzend. Auch das Neugeborene fing zu weinen an.

»Glaubst du, du bist die einzige, um die ich mich kümmern muß?« schrie eine Mutter ihre schluchzende Tochter an. »Was ist mit den anderen? Was ist mit unseren eigenen Bedürfnissen?«

Ich hielt Anne-Marie und versuchte, sie zu beruhigen. Sie hatte Angst und weinte. Ich war hin- und hergerissen zwischen dem Wunsch, dieser irren Szene zu entfliehen, und dem sich wieder einmal hartnäckig behauptenden Glauben, daß meine Tochter sich erholen würde, wenn ich nur meine Kopflastigkeit ablegen und einfach glauben könnte, so wie die leidenschaftlichen Eltern hier.

Dr. Welch bewegte sich ruhig und heiter zwischen uns und ermutigte uns lächelnd. Ständig forderte sie uns auf, unseren Kindern unsere tiefsten Gefühle zu offenbaren – »die Wut und den Schmerz herauszulassen«. Nur dann wäre ein wirkliches Rebonding möglich.

Die Kamera der BBC folgte ihr, als sie von Gruppe zu Gruppe wanderte, ein Wort hier, ein Lächeln da, der Befehl an ein besonders schwieriges Kind, endlich seine Mutter anzusehen.

Endlich war es vorbei! Die Eltern lockerten ihren Griff, setzten sich auf, fingen an, ruhiger mit ihren Kindern zu sprechen. Ich weiß nicht, warum es gerade zu diesem Zeitpunkt aufhörte, ob eine vorher festgelegte Zeitspanne abgelaufen war oder ob ein paar der erfahreneren Mütter uns anderen ein Signal gaben, daß es Zeit sei, aufzuhören. Es erschien mir merkwürdig, daß unsere Holding-Sitzungen alle zur selben Zeit aufhören sollten. Ich sah mich um, wollte wissen, ob irgendeinem die ersehnte »Behebung« gelungen war, aber ich sah kein einziges Kind im Dialog mit seinen Eltern. Die Veränderung der Haltung, des Tons und des Lärmpegels war von den Eltern ausgegangen, genauso wie bei Anne-Maries und meinen Sitzungen daheim.

Rund um mich her bemerkte ich Lächeln, erleichterte Seufzer, Übereinstimmung. Die Kinder waren ruhig, und die meisten wirkten in den Armen ihrer Eltern tatsächlich entspannter.

Anschließend gab es weitere Gruppengespräche, diesmal angeführt von Dr. Welch. »Hört zu, ich habe es schon früher gesagt und werde es noch einmal sagen: Diese Kinder sind nicht dumm. Sie verstehen, was vor sich geht ...«

Anschließend stand ich draußen auf dem Rasen, wo ich von Desmond Wilcox interviewt werden sollte. Es hörte sich pedantisch und ach, so objektiv an, als ich meine Zweifel bezüglich dieser Bonding-Geschichte äußerte.

Dr. Welch stand hinter dem Team und lächelte mir zu.

Auch ich sah ihr lächelnd in die Augen und fuhr fort: »Aber nachdem ich das alles gesagt habe, lassen Sie mich erzählen, was Dr. Welch für uns getan hat, für unsere ganze Familie ...«

Dieser Mai sollte den Höhepunkt meiner Lobhudelei auf Dr. Welch bringen. Ich wollte ihr Loblied singen, nicht nur vor den Kameras der BBC, sondern vor aller Welt. Tatsächlich hielt ich es für meine Pflicht, ihre hoffnungsvolle Botschaft in die Welt hinauszutragen. Ich beschloß, einem der bekanntesten Forscher auf dem Gebiet des Autismus einen Brief zu schreiben: Dr. Bernard Rimland.

Ich hatte schon von Dr. Rimland gehört und war Anfang des Jahres ein paarmal auf seinen Namen gestoßen; ich glaube, ich hatte einen Artikel gelesen, den er über Vitamin B6 und die Behandlung von Autismus geschrieben hatte. Aber eigentlich war er mir aufgefallen, als ich zufällig auf ein Informationsblatt stieß, das er alle drei Monate herausgab, das *Autism Research Review International.*

Als ich es zum erstenmal las, fiel mir auf, wieviel Material diese vier, fünf Seiten enthielten. Dr. Rimland hatte sich die Mühe gemacht, alle Zeitschriften zu durchforsten, die in letzter Zeit Artikel zum Thema Autismus veröffentlicht hatten. Dann hatte er die Ergebnisse zusammengefaßt, so daß man sie leicht und schnell lesen konnte, hatte knappe Kommentare dazu geschrieben und hatte dies alles in einem Informationsblatt gesammelt. Als ich dieses Rundschreiben jetzt Anfang Mai erneut las, beschloß ich, Kontakt mit diesem Mann aufzunehmen, der so objektiv und kompetent zu sein schien.

In einem langen, überschwenglichen Brief, einer Lobeshymne auf Dr. Welch – natürlich erwähnte ich auch kurz Bridget und Robin –, erzählte ich Dr. Rimland die ganze Geschichte. Ich schrieb von Anne-Maries Diagnose, berichtete von den Therapien, die wir durchführten, von ihren bislang wirklich bemerkenswerten Fortschritten, von meiner Verwirrung über die Holding-Therapie, von meinen Hoffnungen und Ängsten für die Zukunft.

Es gebe auch nicht den leisesten Zweifel daran, schrieb ich, daß Anne-Maries schnelle Fortschritte auf Dr. Welch zurückzuführen seien. Bridgets und Robins Arbeit sei sehr wichtig, gab ich zu, aber das Wesentliche, der Kern der Sache, sei die Holding-Therapie.

Ehe ich den Brief abschickte, zeigte ich Bridget und später auch Dr. Welch eine Kopie davon.

»Sie scheinen von der Holding-Therapie wirklich begeistert zu sein«, meinte Bridget ruhig, nachdem sie den Brief gelesen hatte.

»Aber ich erwähne auch, wie wichtig Ihre Arbeit ist, Bridget«, verteidigte ich mich.

»Ja.«

»Und außerdem sollten die Ärzte die Holding-Therapie wirklich ernst nehmen. Sie heilt autistische Kinder!«

»Haben Sie eines dieser Kinder kennengelernt?«

Meine Kehle zog sich zusammen. Ich glaubte an Heilung, verdammt noch mal! Martha hatte ein paar Kinder geheilt! Es war mir egal, ob Bridget das glaubte oder nicht!

Bridget durchbrach das feindselige Schweigen, das sich zwischen uns eingestellt hatte.

»Ich glaube, daß die Holding-Therapie sich emotional und physiologisch auf Sie und Anne-Marie auswirkt«, sagte Bridget. »Ich weiß nur nicht, inwieweit ich mich darauf verlassen würde, wenn es darum geht, einem Kind richtiges Verhalten und Kommunikation beizubringen.«

»Aber das tue ich doch gar nicht. Ich habe doch auch Sie zehn Stunden die Woche.«

»Ja, und Sie haben sich selbst, Catherine. Sie ziehen dieses Programm weit mehr als nur zehn Stunden pro Woche durch.«

Ich zeigte Dr. Welch den Brief. Sie las ihn, war einen Augenblick lang ruhig und sah dann plötzlich auf.

»Darf ich diese Kopie behalten?«

Ich willigte ein.

Ein paar Tage später erzählte sie mir, daß ihr Vater, der ihr bei der Leitung des Mütterzentrums half, den Brief vervielfältigt und an verschiedene begeisterte Holding-Therapie-Anhänger überall im Land verteilt hatte.

»Ach ja?« staunte ich. Irgend etwas in mir zog sich zusammen. Wollte ich wirklich, daß meine Gedanken, mein Name und auch der Anne-Maries so breitgetreten wurden? Ich war Martha dankbar; sie hatte mein Leben gerettet. Aber hätte sie mich nicht fragen können? Fragen sollen?

Die ersten feinen Sprünge durchzogen das Podest, auf das ich Dr. Welch gestellt hatte.

Die Verteilung meines Briefes regte mich mehr auf, als ich zugeben wollte. Ich rief eine Frau an, die ich bei Dr. Welch getroffen hatte, die Mutter eines dreijährigen autistischen Mädchens.

Die Frau praktizierte die Holding-Therapie seit über einem Jahr. Das Kind war zwar noch nicht geheilt, hatte aber Fortschritte gemacht: Es gab einige echolalische Äußerungen von sich, und die Schreikrämpfe waren seltener geworden.

»Glauben Sie, daß Ihre Tochter sich mit Hilfe der Holding-Therapie völlig erholen wird?« fragte ich. »Glauben Sie an die Holding-Therapie?«

Ein wenig freundliches Schweigen entstand.

»Ich habe noch nie in meinem Leben an irgend etwas so sehr geglaubt«, kam schließlich die Antwort. »Sie nicht?«

»Doch, doch«, versicherte ich hastig. »Natürlich glaube ich, daß sie etwas bewirkt. Ich frage mich bloß, wieviel von Anne-Maries Fortschritten der Holding-Therapie zuzuschreiben ist und wieviel dem verhaltenstherapeutischen Programm.«

»Warum ist das für Sie überhaupt wichtig?«

»Ich will einfach wissen, warum es ihr besser geht und wodurch! Ich will wissen, ob ihre Fortschritte anhalten, und wie ich es unterstützen kann, daß sie anhalten!«

»Also, ich bin sehr glücklich über die Fortschritte, die meine Tochter gemacht hat, und diesen verhaltenstherapeutischen Quatsch werde ich nie machen. Einmal war eine Therapeutin hier, die versucht hat, mit meiner Tochter diesen Unsinn zu machen, aber glauben Sie mir, die hab' ich nie wieder kommen lassen!«

»Nein?« Vielleicht hätten Sie es tun sollen, dachte ich.

»Nein. Der Instinkt einer Mutter ist immer richtig. Mein Instinkt sagt mir, daß die Holding-Therapie die einzige Hoffnung für meine Tochter ist.«

Ich bemerkte bei dieser Frau etwas, was mir nicht gefiel und was mir auch schon bei anderen Anhängern der Holding-Therapie aufgefallen war – etwas, was ich auch in mir selbst erkannte: blindes Vertrauen, die Idealisierung eines menschlichen Wesens, die fehlende Bereitschaft zuzugeben, daß wir Fehler machen können, wenn es darum geht, zu beurteilen, was für unsere Kinder richtig ist.

Aber es sollte noch ein paar Monate dauern, bis ich begriff, wer wirklich das Gottesgeschenk für meine Tochter war: Die beiden jungen Frauen, Bridget und Robin, die mit ihr auf dem Boden saßen, die Stunde um Stunde mit ihr arbeiteten, Tag für Tag, die keine Wunder aus dem Zylinder zauberten, sondern sie mühevoll unterrichteten, Schritt für Schritt.

Ehe meine Verbindung zu Dr. Welch zu Ende ging, sollte ich begreifen, wie es ist, wenn man verführt wird. Für diejenigen, deren Angst und Verzweiflung groß genug ist, wird es immer schwerer, am gesunden Menschenverstand und der Intelligenz, an Vernunft und Objektivität festzuhalten. Auf dem unbekannten Gebiet, auf dem wir uns befanden, spendeten uns Eltern vom Mütterzentrum die ruhige Sicherheit und die süßen Versprechungen unserer »Retterin« enormen Trost.

17. Kapitel

Im Zeitraum März, April und Mai 1988 hatte Anne-Maries Wortschatz erheblich zugenommen. Nachdem ich eines Abends die mehr als vierzig Wörter, die sie an diesem einen Tag gesprochen hatte, in mein Tagebuch eingetragen hatte, hörte ich auf, Buch darüber zu führen.

Aber noch war nichts an ihr »normal«.

Mit Ausnahme der Verben, die wir ihr beigebracht hatten, bestand ihre Sprache zu fünfundneunzig Prozent aus Substantiven – Bezeichnungen von Gegenständen, nicht die Namen von Menschen. Sie sagte »Bye-bye«, und sie fing an, »Mama« und »Daddy« zu wiederholen, weil wir ihr diese Wörter immer wieder vorgesagt hatten. Aber der Rest waren Substantive. Und viele davon kamen noch nicht einmal spontan, sondern waren von uns hervorgelockt worden.

»Wann fangen Kinder normalerweise an, Wörter zu verbinden?« fragte ich Robin.

»Wenn sie ungefähr zehn bis fünfzehn Wörter kennen«, antwortete Robin, die mir gegenüber immer ehrlich war.

Sechzig, siebzig, achtzig Wörter. Noch immer fast ausschließlich Substantive. Anne-Marie war jetzt fasziniert davon, die Dinge mit Namen zu versehen.

»Shirt«, sagte sie zum Beispiel und packte das Hemd ihres Vaters. »Shirt. Shirt. Shirt.«

»Shoe. Shoe. Shoe.«

»Pen. Pen. Pen.«

Waren wir anfangs ermutigt, so erkannten wir doch bald

das Stereotype daran und versuchten, ihren Gedankengang ein wenig zu beeinflussen. »Ja, Anne-Marie. Das ist *mein* Hemd. Ich *trage* ein Hemd.« Die mechanische Benennung von Gegenständen ist eine primäre Eigenschaft autistischer Sprache, das wußte ich aus meiner Lektüre, und es machte uns nervös. Überall bei Freunden und Verwandten hörten wir Zweijährige ihre Gedanken in Verbindungen aus zwei, drei Wörtern ausdrücken: »Ball haben.« »Daddy weg.« »Will Saft haben«. »Wauwau rausgehen.« Würde Anne-Marie jemals so etwas sagen?

Es wäre eine solche Freude, wenn sie ihren Vater oder mich eines Tages bei unserem Eintreten in die Wohnung spontan begrüßen oder – auch wenn es uns unmöglich schien – eine einfache Frage stellen würde wie: »Wo Mantel?«

Wenn sie mich doch nur wenigstens ein einziges Mal von der anderen Seite des Zimmers aus rufen würde: »Mama!«

Was sie mir auch gab, ich wollte immer mehr. Ich wünschte mir eine lebhafte, liebevolle, sprechende, lachende Tochter, und bei jedem Schritt nach vorn richtete ich den Blick auf die nächste Stufe und forderte noch mehr.

»Wird sie jemals anfangen, von sich aus Wörter zu verbinden und Sätze zu bilden?« wollte ich wissen.

»Ich glaube schon«, antwortete Robin. »Wir arbeiten in letzter Zeit viel an Zwei-Wort-Sätzen.« Robin hatte sich darauf konzentriert, ganz klare und offensichtliche Zwei-Wort-Kombinationen zu formen, während sie mit Anne-Marie spielte: Sätze wie »Go car«, »Bye train«, »More cookie«.

Aber Anne-Marie schien völlig damit zufrieden, einfach nur umherzugehen und die Dinge wieder und wieder zu benennen. Es schien ihr nicht einmal wichtig, ob jemand in Hörweite war. Sie brauchte keine Antwort. »Car. Car. Car. Hat. Hat. Hat.«

Auch Bridget arbeitete an Zwei-Wort-Kombinationen

und kurzen Sätzen mittels verbalem Imitationsdrill. Es war deutlich zu erkennen, woher der Ausdruck »roboterhaft« in bezug auf das verhaltenstherapeutische Programm stammte. Anne-Maries Sprache klang vollkommen mechanisch. Das meiste von dem, was Bridget ihr beigebracht hatte, kam genauso wieder. Es gab keinerlei kreative Veränderungen. Man fütterte sie mit Daten, und sie kamen unverändert wieder heraus: »Keks. Saft. Ich . . . will . . . Saft.« Marc und ich glaubten nicht, daß diese mechanische, unflexible, starre Sprache vom verhaltenstherapeutischen Programm *verursacht* wurde – es handelte sich vielmehr um eines der grundlegenden Symptome des Autismus –, aber wir fragten uns dennoch: Verstärkte das verhaltenstherapeutische Programm so etwas? Anne-Marie lernte durch Bridgets Drill eine Menge, aber würde sie jemals richtig sprechen können? Würde sie jemals in der Lage sein, eine Unterhaltung zu führen? Was sollten wir tun? Sollten wir ihr einen Grundstock von fünfhundert Sätzen mitgeben, der sie durchs Leben brachte? Linguistische und soziale Fähigkeiten bestehen aber nicht nur aus einer Ansammlung erlernter Antworten, sondern erfordern die beständige kreative Umwandlung einiger Regeln.

Ich wandte mich mit dieser Frage direkt an Bridget und Robin. Nicht herausfordernd, wie ich es ein, zwei Monate zuvor getan hätte, sondern ehrlich verunsichert.

Sie hatten beide noch niemals ein Kind vom Autismus geheilt, und beide antworteten, so gut sie konnten, und verließen sich auf ihre Erfahrung mit Kindern, die wenigstens Fortschritte gemacht hatten, die einen mehr, die anderen weniger.

Sie halfen mir zu verstehen, daß unsere Aufgabe über dieses einfache Nachsprechen hinausging. Auf jede nur erdenkliche Weise mußten wir von Anne-Marie verlangen, daß sie ihre Wörter benutzte – Robin bezeichnete das als »Grundgesetz« der Kommunikation. Wenn Anne-Marie das Wort »Open« gelernt hatte, durften wir ihr nicht erlauben, heulend vor einer Tür zu stehen. Sie mußte uns ansehen und sagen: »Open«. Anne-Marie mußte ihre Wörter den ganzen Tag lang in vielen verschiedenen Zusammenhängen und Situationen üben. Bridget brachte ihr ein Wort durch Nachsprechen bei, und anschließend ließ sie sie dieses Wort bei jeder Gelegenheit benutzen. Robin und alle anderen arbeiteten daran, ihr zu helfen, jedes Wort, das sie gelernt hatte, zu verallgemeinern, also auf Situationen außerhalb der Sitzung zu übertragen.

Dies umfaßte auch das ständige Anpassen des Wortes an andere Zusammenhänge und andere Satzgefüge. Ganz allmählich gingen wir von dem konkreten und einfachen »Öffne es!« zu dem immer komplexeren über: »Kiste auf!« »Aufmachen!« »Öffne die Augen!« »Ist das Geschäft auf?«

In einem langen Gespräch, das sie im Mai mit mir führte, erklärte Bridget, daß wir darauf hoffen müßten, daß Anne-Marie anfangen würde, von sich aus von ihrer Umgebung zu lernen. Sie schnappte jetzt schnell Wörter und Begriffe auf; wir wollten erleben, daß sie sie von allen um sie herum übernahm, nicht nur in der Sitzung, und daß sie sie immer schneller in anderen Zusammenhängen anwendete.

»Wir möchten, daß sie ›zu lernen lernt‹«, überlegte ich. »Ich glaube, so hat es Lovaas in *The Me Book* oder in einem der Artikel ausgedrückt, die ich gelesen habe.«

»Ja, ich denke, so kann man es ausdrücken. Sie lernt, wie man lernt.«

Später setzte ich dieses Gespräch mit Marc fort.

»Vielleicht setzen wir mit diesem mechanischen Drill etwas in ihrem Gehirn in Bewegung. Verstehst du? Indem wir sie durch diese Programme treiben, nimmt etwas seinen Anfang, neurologisch gesehen.«

Marc war meiner Meinung. Irgendwie und irgendwo war es seiner Meinung nach zu einer neurologischen Schädigung gekommen. Aber wir halfen Anne-Marie durch äußere Reize, sich über diese Schädigung hinwegzusetzen oder sie zu kompensieren.

»Manchmal lernen sogar Patienten, deren Sprachzentrum nach einem Schlaganfall geschädigt ist, durch Stimulierung seitens ihrer Umwelt und ohne Operation wieder zu sprechen, nicht wahr?« meinte Marc.

Wir erinnerten uns an eine Sendung, die wir vor einiger Zeit gesehen hatten. Sie handelte von einem Mädchen, dem bei der Geburt ein Teil des Gehirns gefehlt hatte; dennoch konnte es normal wahrnehmen.

»Die anderen Bereiche ihres Gehirns haben die Arbeit praktisch übernommen«, sagte ich. Daran glaubte ich mich zu erinnern.

Unsere Vermutungen basierten natürlich nicht auf gesicherten Daten. Aber wir mußten einfach eine Ordnung in Phänomene bringen, die wir nicht so ganz verstanden – und wohl auch nie verstehen würden. Unsere Philosophie des »selbstheilenden Gehirns« hielt unsere Hoffnung auf vollständige Genesung am Leben.

Am 20. Mai gab Anne-Marie dieser Hoffnung neue Nahrung.

Robin, Daniel, Anne-Marie und ich saßen nach einer Sprachtherapie am Boden. Daniel und Anne-Marie waren mit einem der Spielzeuge beschäftigt, die Robin mitgebracht hatte, und Robin und ich unterhielten uns über Anne-Maries Fortschritte. Michel schlief im Nebenzimmer.

Der Schlüssel drehte sich in der Tür, und Marc betrat die Wohnung. »Hallo, alle zusammen«, rief er, als er den Flur entlangging. Anne-Marie hob den Kopf. Marc betrat das Zimmer.

Sie wandte sich zu ihm um, sah ihm direkt in die Augen. Einen Herzschlag lang gab es eine Pause, ehe sie sprach. Die Worte kamen leise und zögernd:

»Hi . . . Daddy.«

Einen Moment lang herrschte Stille. Dann stießen Robin

und ich einen Freudenschrei aus und fingen an, euphorisch zu jubeln. Selbst Daniel, der nicht so recht wußte, was all die Aufregung zu bedeuten hatte, lachte, als er uns alle so glücklich sah.

Marc kniete nieder und nahm seine kleine Tochter in die Arme.

»Hi, Anne-Marie, mein Liebling«, flüsterte er, und seine Stimme drohte zu versagen.

Aber in diesem Frühjahr standen jedem Anzeichen von Gesundung und Fortschritt Zeichen anhaltender Krankheit gegenüber. Jedesmal, wenn wir in bezug auf einen Bereich von Anne-Maries Verhalten Erleichterung empfanden, plagten uns neue Sorgen in anderen Bereichen. Während sich ihre Sprachfähigkeiten verbesserten, tauchten immer wieder andere Symptome des Autismus auf, neue wie alte.

Tobsuchtsanfälle und Weinen nahmen deutlich zu, weniger in den Sitzungen als vielmehr im alltäglichen Leben, wenn nichts Besonderes passierte und es eigentlich keinen Grund für ihr Weinen gab. Bridget und ich vermuteten, daß dies eine Folge der steigenden Anforderungen war, die den ganzen Tag über an sie gestellt wurden.

Auch andere Symptome kehrten wieder zurück: das Gehen auf Zehenspitzen, das Knirschen mit den Zähnen und das Verkrampfen des Körpers etwa. Eine Zeitlang gab sie merkwürdig gutturale Laute von sich, die ich »Brummbär«-Töne nannte. Sie wechselten aus heiterem Himmel mit »piepsigen Maustönen« ab, ohne daß ich dafür einen Grund hätte ausmachen können. Handelte es sich hierbei um eine Art Selbsthilfemechanismus, wollte sie ihre eigene Stimme hören und fühlen? Ich konnte nur Vermutungen anstellen.

Ein erschreckendes Verhalten, das ein paar Wochen lang sogar noch zunahm, war das Schlagen ins eigene Gesicht. Mir brach der kalte Schweiß aus, wenn ich das sah. Von all ihren Symptomen machte mir dieses am meisten angst. Der

Anblick dieser kleinen Händchen, die hochfuhren, um die runden Kinderbäckchen zu schlagen, weckte in mir den Wunsch, aus dem Zimmer, der Wohnung zu fliehen.

Bridget reagierte viel gelassener. Es handelte sich einfach nur um eine weitere Manifestation der Krankheit, die wir im Keim ersticken mußten. »Und jetzt zum Sich-Schlagen«, pflegte sie nach Abschluß einer Sitzung zu sagen. Trotz meiner Aufregung zwang ich mich dann, ihr zuzuhören, mich mit ihr zu beraten und das Problem so nüchtern zu betrachten, wie sie es tat. Bridget führte Buch darüber, wie häufig dieses Verhalten täglich auftauchte, und versuchte herauszufinden, ob es ein bestimmtes Muster gab. Im Gegensatz zu den Psychoanalytikern, die versuchen, autistische Verhaltensweisen auf frühe emotionale Wunden zurückzuführen, suchen die Anhänger des Behaviorismus in der nahen Umgebung nach spezifischen Auslösern für das Tun des Kindes. Danach versuchen sie entweder, den Auslöser in der Umgebung umzugestalten, um auf diese Weise das Verhalten zu ändern, oder sie versuchen, das Verhalten selbst in eine andere Richtung zu lenken. Gab es etwas, was Anne-Maries Ohrfeigen vorausging? Was rief diese Reaktion bei ihr hervor?

»Sie scheint sich jedesmal dann zu schlagen, wenn eine Aufgabe sie auch nur im geringsten frustriert«, bemerkte Bridget. Das Verhalten trat fast immer zu Beginn eines neuen Programms oder während eines besonders schwierigen Schrittes auf.

»Wir können schließlich nicht ganz darauf verzichten, neue Programme aufzunehmen«, sagte ich.

»Nein. Sie wird lernen müssen, mit einem gewissen Maß an Frustration umzugehen, ohne gleich derart extrem zu reagieren«, antwortete Bridget.

Wenn wir alles fallenließen und ihr erlaubten, jedesmal, wenn sie frustriert war, etwas anderes zu tun, dann würde dies das Problem nur verschlimmern, schloß ich.

»Genau. Sie ohrfeigt sich, wir überschlagen uns, um ihr das Leben zu erleichtern – und letztendlich belohnen wir sie so dafür, daß sie sich selbst geschlagen hat!«

»In gewisser Weise fängt sie an, uns zu konditionieren!« Ich fing langsam an, wie ein Anhänger des Behaviorismus zu sprechen.

Bridget lachte ein wenig traurig. Sie hatte festgestellt, daß eine ganze Reihe von Familien auf diese Schiene gerieten. Jedesmal, wenn ihr Kind einen Tobsuchtsanfall bekam, sprang einer der Eltern auf, um es zu liebkosen. Schon bald bekam das Kind einen Anfall, wann immer es seinen Willen durchsetzen wollte.

»Nun gut, ich kann verstehen, daß man einen Tobsuchtsanfall nicht belohnen soll«, sagte ich. »Wenigstens soviel sollten wir eigentlich alle wissen . . . aber was sollen wir tun, wenn sie sich ohrfeigt?«

Wir beschlossen, dieses Verhalten vorläufig herunterzuspielen und gleichzeitig ihre Hände in eine andere Richtung zu lenken.

Jedesmal wenn sie sich gegen die Wangen schlug, nahmen wir ruhig ihre Hände, legten sie in ihren Schoß und hielten sie dort zwei, drei Sekunden lang fest, ohne ein Wort zu sagen. Dann – nach ein paar Sekunden – lobten wir sie in der besonderen Sprache der verhaltenstherapeutischen Bestärkung: »Gut Hände unten.«

Bridget erklärte, daß ein Verhaltensprogramm eine Menge Versuche und Irrtümer beinhaltet. Wenn dieses Umlenken von Anne-Maries Händen nicht funktionierte, dann mußten wir uns eben etwas anderes einfallen lassen, mußten zum Beispiel entschieden erklären: »Kein Schlagen« und ihre Hände sofort flach auf den Tisch legen. Oder wir versuchten, das Verhalten zu »löschen«, indem wir es vollkommen ignorierten: Für unerwünschtes Verhalten gibt es keine Belohnung, kein Reinforcement, ja, man schenkt ihm keinerlei Beachtung.

Auch wenn ich mit Bridget zusammenarbeitete, fühlte ich mich doch noch unsicher, was die Richtigkeit der täglichen Entscheidungen anging. Ich neigte noch immer zu der Ansicht, daß jedes autistische Symptom irgendwie durch meine oder Bridgets Schuld hervorgerufen worden war. Wann immer ein negatives Verhalten zunahm, verfiel ich wieder darauf, mir oder sogar dem Trainingsprogramm die Schuld daran zu geben. Auch wenn Anne-Marie lernte, sich normaler verhielt und sogar immer mehr verbal kommunizierte – vielleicht riefen unsere Handlungen bei ihr nur weitere emotionale Schäden hervor.

Denn soviel war klar: Ihr sozialer und emotionaler Fortschritt war noch immer ein Kampf. Soziale Interaktionen – also das, was die Psychologen als Verbundensein mit der Umwelt bezeichnen – war für Anne-Marie wahrscheinlich am schwierigsten.

Wie konnten wir sie dazu bringen, uns zu lieben? Auf diese Frage wußte ich keine klare Antwort. Es war eine Quelle ständigen Kummers, daß sie sich so wenig für die Menschen zu interessieren schien, die sie liebten. Noch immer näherte sie sich fast nie jemandem oder begrüßte irgendwen spontan. Nur weil sie einmal »Hi, Daddy« gesagt hatte, konnten wir nicht damit rechnen, daß sie das noch einmal tun würde. Es gab noch immer Tage, an denen sie anderen gegenüber beinahe so gleichgültig war wie zu ihren schlimmsten Zeiten.

Ihr Gesichtsausdruck war noch immer überwiegend sanft, sogar traurig. Ich mußte nur in ihr Gesicht blicken, um zu wissen, ob sie in diesem Augenblick »bei uns« war oder irgendwo in ihrer eigenen Welt. Wenn sie einmal lächelte, war das ein so wichtiges Ereignis, daß ich es in meinem Tagebuch festhielt.

Abends brachte ich sie zu Bett, deckte sie zu, bat sie, mich anzusehen, und flüsterte ihr zu, wie lieb ich sie hatte. Dann ging ich hinaus, immer von neuem bekümmert, weil sie mich niemals zurückrief. Wird sie mich je in ihrem Leben brauchen, fragte ich mich? Wird sie jemals zu mir gelaufen kommen, wie Daniel es tut, weil sie mich braucht und bei mir sein will? Ist sie ohne mich genauso glücklich wie mit mir? Daniel und Michel brauchten mich so sehr. Ihre Augen strahlten vor Freude, wenn sie mich ansahen; sie wurden gern im Arm gehalten, liebten es, wenn man mit ihnen sprach oder spielte. Würde sie jemals so werden?

Aber wieder und wieder mußte ich erkennen, daß es nicht allein meine Aufgabe war, alle Antworten herauszufinden. Ich arbeitete mit Anne-Marie, kämpfte darum, eine Bindung zu ihr herzustellen, ihr etwas beizubringen, sie zu stimulieren. Wenn es jedoch darum ging, sie dazu zu bewegen, uns zu lieben, verließ ich mich mehr und mehr aufs Gebet. Ich tat, was ich konnte, und übergab dieses Mysterium dann Gott.

Als das Frühjahr schließlich zu Ende ging, kam der Augenblick, den ich so herbeigesehnt hatte. Eines Abends war sie krank, hatte Fieber, eine verstopfte Nase und weinte. Ehe ich sie zu Bett brachte, hielt ich sie längere Zeit im Arm, wiegte ihren kleinen, kranken Körper und versuchte ihr zu zeigen, wie sehr ich sie liebte und beschützen wollte. Sie schlief schon halb, als ich sie endlich ins Bett legte, zudeckte und aus dem Zimmer gehen wollte.

»Mama.«

Ich erstarrte. Sie hatte mich gerufen. Zum erstenmal in ihrem Leben hatte sie mich gerufen. Das Wort hallte in meinem Herzen wider. Ich sank neben ihrem Bettchen nieder und schlang die Arme um sie. »Mama ist ja hier, Kleines. Mama hat dich lieb . . .«

Ich blieb bei ihr, bis sie eingeschlafen war. Ich hatte die Wange an ihre gelegt, genau wie am Tag ihrer Geburt, als man sie neben mich gelegt hatte. Ich hielt sie im Arm, hütete ihr zartes, neu entstandenes Bedürfnis, fing an zu glauben.

18. Kapitel

Anfang Juni schien sich Anne-Maries Zustand täglich zu bessern. Den beiden anderen ging es gut. Daniel ging den halben Tag in den Kindergarten, wo er regelrecht aufblühte. Er hatte noch immer sein fröhliches Lächeln, und so hatte ich das Gefühl, daß es uns gelungen war, ihm seine heile Welt zu bewahren.

Natürlich gab es jeden Tag auch ein paar schwierige Augenblicke: etwa wenn ich versuchte, mit Anne-Marie zu arbeiten, und Daniel herbeistürmte und dieses oder jenes Spielzeug, meine Zeit oder Aufmerksamkeit verlangte. Das waren schwierige Situationen für mich: Welchem Kind ich mich auch zuwandte, ich hatte auf jeden Fall das Gefühl, das andere im Stich zu lassen.

Anne-Marie war noch nicht in der Lage, mit ihm zusammen zu spielen. Ich konnte nur andere Erwachsene um Hilfe bitten, so daß derartige Vorkommnisse so selten wie möglich waren. Das Problem war, daß ich – auch wenn ein anderer Erwachsener mich unterstützte – immer jedes Kind selbst umarmen und ihm meine Liebe zeigen wollte. Ich lebte ständig in der Angst, dem einzelnen nicht genug zu geben.

Michel war ein glückliches kleines Baby. Er schlief gut, wachte nachts jetzt nur noch auf, wenn er gestillt werden wollte. Danach schlief er sofort wieder ein, häufig zwischen Marc und mir in unserem Bett. Er lächelte viel – ein breites, freudiges Strahlen, das er jedem schenkte, dem er im Lauf seines Tages begegnete. Seine Schwester, sein Bruder, Patsy, ich, sein Daddy, der Fahrstuhlführer, der Kaufmann, der UPS-Bote – alle empfingen Michels Segen.

Auch wenn sie nicht gerade mit ihnen spielte, beachtete Anne-Marie ihre Brüder doch mehr. Eines Tages beobachtete ich mit angehaltenem Atem, wie sie die Hand nach Michel ausstreckte, der neben ihr auf dem Boden saß, und sie ganz sanft auf seinen Kopf legte. Mir fiel auch auf, daß sie jedes Spielzeug, mit dem sie sich beschäftigte, dorthin brachte, wo Daniel spielte. Statt zufrieden damit zu sein, allein in ihrem Zimmer zu sitzen, suchte sie jetzt gelegentlich unsere Nähe.

Um ihr soziales Bewußtsein zu schärfen, verlangte Bridget von Anne-Marie, daß sie auf *sie* reagierte und nicht einfach auf den Cracker oder die M&Ms. Ich habe noch niemals jemanden jeden kleinsten Schritt eines Kindes so überschwenglich und herzlich loben hören. Während ich im Flur lauschte oder irgendwo in der Wohnung arbeitete, wurden Bridgets ermutigende Ausrufe zu einem vertrauten Hintergrundgeräusch.

»Prima! Anne-Marie, du hast es geschafft!«

Auch wenn sie die Aufgaben, die Anne-Marie ausführte, noch immer benannte – »Gut gesagt: ›Will‹!« –, fügte Bridget doch mehr und mehr natürlich klingendes Lob hinzu.

»Wer ist ein schlaues Mädchen? Du bist ein schlaues Mädchen!« oder »Phantastisch!«

Dabei achtete Bridget sorgfältig darauf, mit Anne-Marie in Körperkontakt zu bleiben. Umarmen, küssen und in die Luft schwingen waren genauso wichtig wie lobende Worte, davon war Bridget überzeugt.

Ich muß wohl nicht extra betonen, daß Marc und ich Anfang Juni eine völlig andere Meinung von Bridget hatten als noch vor wenigen Wochen. Allein durch die Beobachtung dessen, was Anne-Marie bei ihr lernte, waren wir jetzt geradezu erleichtert, daß wir einen so starken Verbündeten im Kampf um unsere Tochter hatten.

Das Verhaltensprogramm war genauso wichtig wie die Holding-Therapie, davon waren wir inzwischen überzeugt. Vielleicht, aber auch nur vielleicht, war es sogar noch wichtiger.

Leider wurden Bridget und ihre Lehrmethode noch immer angegriffen. Wie es schien, wurden unsere anfänglichen Vorurteile von einer ganzen Reihe von Leuten geteilt, von denen es einige – gelinde gesagt – besser hätten wissen sollen.

Lucille rief mich an. Sie suchte Hilfe für ihre autistische Tochter. Ich schickte ihr alles an Literatur, was ich besaß, und verbrachte geraume Zeit mit ihr auf der Suche nach geeigneten Therapeuten. In der Zwischenzeit rief sie, ebenso naiv, wie ich einst gewesen war, im Payne Whitney an, um Rat einzuholen. Eine junge Psychiaterin hörte sich an, was sie für ihre Tochter zu tun versuchte. Ich hatte Gelegenheit gehabt, diese Psychiaterin kennenzulernen. Kühl und mit kaum verhohlener Abneigung hatte sie meiner Beschreibung des Programms zugehört, das wir zu Hause durchführten.

»Verhaltensmodifikation ist moralisch verwerflich«, erklärte sie, völlig gefühllos, jetzt auch Lucille.

Eine Freundin von mir kam eines Nachmittags zum Kaffee. Im Gespräch deutete sie vorsichtig an, daß ein verhaltenstherapeutisches Programm nicht in Anne-Maries Interesse liegen könne.

»Warum nicht?« fragte ich. Sie brauchte wahrscheinlich ein paar Informationen darüber, wie es funktionierte und wie wirksam es zu sein schien. Ich sagte mir, daß ich vor nicht allzu langer Zeit selbst noch sehr mißtrauisch demgegenüber gewesen war und es sogar abgelehnt hatte.

»Also, ich habe eine Freundin, die Psychologie studiert hat, und sie sagt, daß niemand, der etwas von Kindern versteht, sie einer Verhaltensmodifikation unterwerfen würde.«

»Niemand, der . . . hat sie Kinder?«

»Nein.«

»Hat sie jemals mit autistischen Kindern gearbeitet?«

»Ich glaube nicht, aber sie hat eine Menge gelesen . . .«

»Dann sag mir doch bitte, was *sie* empfiehlt.«

»Natürlich eine Psychotherapie.«

Nach dieser Unterhaltung lief ich eine ganze Weile wütend durchs Haus. Sollte diese Psychologin ein Kind haben, sollte es autistisch sein, dann konnte sie es psychotherapieren, bis es in der Hölle schneite! Ich kochte. Ich wollte ein geheiltes Kind.

Marc und ich hörten immer wieder, daß wir ein Roboterkind schaffen würden, daß wir uns nur um die Symptome kümmerten, nicht um die Wurzel des Problems, daß Verhaltensmodifikation fast einer Kindesmißhandlung gleichkäme.

Vor allem in New York City schien allein schon das Wort »verhaltens-« verhaßt zu sein. Seither haben mir andere Eltern erzählt, daß sie in ihren Staaten nicht auf soviel Ablehnung der Verhaltenstherapie gestoßen wären. Aber in unserer Stadt haben auch »die besten auf dem Gebiet«, hauptsächlich Freudianer, seit vierzig Jahren an denselben Ideen festgehalten.

Uns war klar, daß diese Feindseligkeit zum Teil durch die irrtümliche Vermutung ausgelöst wurde, daß bei jedem verhaltenstherapeutischen Programm systematisch eine Vielzahl von schrecklichen Strafen angewendet wird – von Prügeln bis zu Elektroschocks.

Bei uns daheim jedoch hat keine Therapeutin Anne-Marie jemals körperlich bestraft. Das Schlimmste, was wir taten, war, Anne-Marie auf ihrem Stuhl festzuhalten, wenn sie sich lieber auf dem Boden zusammengerollt hätte – aber einige Leute würden wohl auch das für ausgesprochen gemein halten. Das erzwungene Halten bei der Holding-Therapie war indessen gewalttätiger als alles andere, was in unserem Verhaltensprogramm stattfand.

Ich weiß nicht, was wir getan hätten, wenn Anne-Marie sich selbst so sehr verletzt hätte, daß wir sie nicht mehr erfolgreich hätten ablenken können. Deshalb kann ich auch die Verwendung von Strafen nicht völlig verdammen, schon gar nicht dann, wenn andere Methoden ständig versagt haben. Ich will es auch gar nicht.

Es gibt Unterlagen über Fälle, in denen sich Personen über Jahre hinweg ernsthafte Verletzungen beigebracht haben – und dies wurde durch eine milde Strafe dauerhaft »gelöscht« – durch ein lautes »Nein!«, durch einen Klaps auf den Schenkel.

Ich vermute, der Streit dreht sich auch darum, was man unter einem aversiven Reiz versteht. Der eine hält vielleicht alles, was körperlich unangenehm ist, für aversiv, ein anderer findet einen ausgesprochenen Vorwurf nicht akzeptabel, der dritte will überhaupt keine Anforderungen an ein nicht kooperatives Kind gestellt sehen. Dieser Punkt ist äußerst umstritten, und eine Gruppe von Ärzten, die überzeugt sind, alles am besten zu wissen und autistische Kinder mehr zu lieben als die Eltern dieser Kinder, verdammen jeglichen Einsatz derartiger Methoden.

Aber die Feindseligkeit gegenüber der Verhaltensmodifikation reicht viel weiter. Ihre Wurzeln liegen in dem Konflikt zwischen den zwei Arten begraben, autistische Kinder – ja sogar normale – zu sehen und mit ihnen zu arbeiten. Einerseits gibt es die verhaltenstherapeutische Methode, bei der viele Anforderungen gestellt werden, damit sich das Verhalten dahingehend ändert, daß es der Norm entspricht; auf der anderen Seite stehen eine Reihe psychodynamischer Methoden, die sich alle um »Verständnis«, »Analyse«, »Bonding« und »Einsicht« drehen.

Wir lebten und atmeten diesen Konflikt. Wir entdeckten, wie überzeugend die psychodynamischen Methoden waren, lange nachdem sich leise Zweifel an Bettelheim geregt hatten. Mit der Zeit sollten wir lernen, warum ihre Verfechter die Methode so verdammten, die unser Kind vom Autismus befreite.

19. Kapitel

Mitte Juni fing Anne-Marie an, einige weitere Zwei-Wort-Kombinationen zu verwenden: »Hi (plus Name des Betreffenden)«, »Bye (plus Name)«, »Mehr (plus Substantiv)« und »Alles weg«. Robin und Bridget hatten sie in jedem einzelnen dieser Sätze erbarmungslos gedrillt. Jedesmal, wenn Robin eine Puppe oder ein Plüschtier weglegte, sagte sie »Bye, Mickey!«, »Bye, Pluto!«, »Bye, großer Vogel!« Auch Marc und ich ergriffen jede sich bietende Gelegenheit. »Sag hallo zu Blas!« »Sag hallo zu George!« – Die Liftführer und Portiers in unserem Haus hatten sich inzwischen daran gewöhnt, daß wir Anne-Marie ständig forderten. Doch sie grüßte sie noch immer nicht von sich aus. »Sie ist so schüchtern«, bemerkte Blas eines Tages. Dr. Welch war äußerst zufrieden mit ihren Fortschritten und drängte mich, sie wieder ins Mütterzentrum zu bringen.

»Na schön«, willigte ich ein wenig zögernd ein. Ich wollte eigentlich nicht noch einmal hinfahren, aber ich war Dr. Welch zumindest einen weiteren Besuch dort schuldig. Außerdem hatte ich mich mit zwei Frauen angefreundet, die ich im Mütterzentrum kennengelernt hatte. Es handelte sich um Mütter von kleinen Kindern, die wie Marc und ich an einer Kombinationsmethode interessiert waren. Ich versprach Dr. Welch also, noch einmal zu kommen.

Unsere Sitzungen in der Praxis verliefen nicht sehr gut. Wir stritten immer heftiger über den tieferen Sinn einer Therapie, die auf der Mutter-Kind-Beziehung basierte.

Mich deprimierte, was ich im Mütterzentrum gesehen hatte, und ich erkundigte mich bei Dr. Welch nach einigen der Kinder, die ich dort beobachtet hatte.

Ich las auch das Buch der Tinbergens noch einmal, ein letzter Versuch, mein schwindendes Vertrauen zu bewahren. Ich hatte Bridget falsch eingeschätzt. War es möglich, daß ich mich auch bei den Tinbergens geirrt hatte? Ich versuchte zu verstehen, warum der Aufbau einer Beziehung fehlschlägt und warum dieses Versagen Autismus auslöst, aber je mehr ich las, desto mehr erschienen mir die Überlegungen im Buch als spekulativ. Alles wurde im Licht einer Theorie interpretiert, die bereits feststand. Und es war alles so einfach. Zu einfach: Hier haben wir die Ursache für den Autismus. Hier haben wir die Heilmethode.

Eines Tages las ich den Abschnitt über die Selbstverletzung noch einmal.

Zu dieser Zeit im Juni schlug Anne-Marie sich nicht mehr ins Gesicht, aber die Erinnerung daran war noch frisch. Auch andere Bilder dieses Verhaltens quälten mich. Marc und ich hatten, kurz nachdem Anne-Maries Diagnose gestellt worden war, einen Dokumentarfilm von PBS gesehen. Die Kamera war auf einen kleinen Jungen gerichtet, der kaum älter als vier Jahre war. Sein Vater hatte ihn in ein Behandlungszentrum in Boston gebracht, in der Hoffnung, sie könnten das Kind dort daran hindern, sich nahezu ununterbrochen selbst zu verletzen. Die Kamera verharrte einen quälend langen Moment auf dem Jungen, während dieser sich heftig an beide Seiten des Kopfes schlug, wieder und wieder. Klatsch, klatsch, klatsch. Man konnte die Schläge hören. Man konnte das gequälte Gesicht des Jungen sehen. Er sah aus, als wollte er aufhören, konnte es aber nicht.

In einem anderen Dokumentarfilm hatten wir einen ungefähr achtjährigen Jungen gesehen. Er lebte bereits in einem Heim. Seine Hände waren dick bandagiert; scheinbar konnte ihn niemand davon abhalten, sich dauernd auf die Ohren zu schlagen. Er sah aus, als litt er entsetzlich, während seine bandagierten Hände zuschlugen, wieder und wieder.

Am liebsten hätte man schluchzend gefragt: »Warum, lieber Gott? Warum läßt du dieses Leid zu?«

Die Tinbergens hatten dafür natürlich eine Erklärung. Die Selbstverletzung war ihrer Ansicht nach eine Art »umgelenkter Aggression«, einer Aggression, die durch Frust oder Scham ausgelöst worden war, die wiederum die Erwachsenen in der Umgebung des Kindes hervorgerufen hatten – »zum Beispiel dadurch, daß sie sich in Hörweite des Kindes abwertend äußern ... Da das Kind es nicht wagt, die betreffende Person anzugreifen ... richtet es die Aggression gegen sich selbst.«

Derartige Überlegungen hielten der Vernunft einfach nicht stand, nicht einmal bei einer Frau, die daran glauben wollte. Ich habe mehr als einmal beobachtet, wie eine Mutter oder ein Vater ein Kind »herunterputzten«, wie sie es als Schreihals, Feigling, Trottel oder ähnliches bezeichneten. Ich habe gesehen, wie Kinder in der Öffentlichkeit herumgestoßen wurden, so sehr, daß ich mich besorgt fragte, was wohl daheim mit ihnen geschah. Ich habe gesehen, wie sie öffentlich gedemütigt wurden, weil sie sich in die Hose gemacht hatten. Aber noch nie habe ich eines dieser Kinder dabei beobachtet, daß es eine derartige, beständige Gewalt gegen sich selbst gerichtet hätte, wie sehr es auch mißhandelt worden war. Die Vorstellung, den Eltern die Schuld an dieser Tragödie zu geben, behagte mir immer weniger.

Zu dieser Zeit etwa nahm ich ein Buch zur Hand, das Marc zu Beginn unserer Suche mitgebracht hatte. Es handelte sich um *Die Geburt des Selbst* von Bruno Bettelheim; es ist wahrscheinlich das berühmteste Buch, das je zum Autismus geschrieben wurde. Ich hatte mir nie die Mühe gemacht, es zu lesen, weil uns zwei, drei Psychologen, mit denen wir gesprochen hatten, versicherten, es sei passé. »Daran glaubt keiner mehr«, hatten sie erklärt.

Aber ich war da nicht so sicher. Die Tinbergens und Dr. Welch schienen das mütterliche Verhalten bei der Entwicklung des Autismus für sehr wichtig zu halten. Hatte das nicht auch Bettelheim getan? Was hatte sich seitdem verändert?

Jahrzehntelang war Bettelheims These unwidersprochen geblieben, und er hatte folgendes gesagt: »Frühkindlicher Autismus ist ein Geisteszustand, der sich als Reaktion auf das Gefühl entwickelt, sich in einer extremen Situation zu befinden, gänzlich ohne Hoffnung.«

Die »extreme Situation« ähnelt der in den Konzentrationslagern der Nazis im Zweiten Weltkrieg. ». . . alle psychotischen Kinder leiden unter der Erfahrung, extremen Lebensbedingungen unterworfen worden zu sein . . . sie alle haben eines gemeinsam: Die unaufhörliche Angst um ihr Leben.« Wie viele Gefangene in den Konzentrationslagern sind sie »von ihrem unmittelbar bevorstehenden Tod überzeugt«, und diese Überzeugung endet mit »Katatonie . . . dem Rückfall in kindliches Verhalten . . . der völligen emotionalen Erschöpfung . . .«

Langsam und unweigerlich wendet sich der anklagende Zeigefinger der Mutter zu:

»Wenn wir uns den Ursprüngen von Extremsituationen in der frühen Kindheit zuwenden, dürfen wir behaupten, daß die Pathologie der Mutter häufig schwerwiegend ist und daß ihr Verhalten gegenüber dem Kind in vielen Fällen ein faszinierendes Beispiel für eine abnorme Beziehung darstellt. [. . .]

Ich glaube, die primäre Ursache des Rückzugs ist eher im richtigen Verständnis der negativen Emotionen zu suchen, mit denen das Kind sich der Umwelt nähert.«

Nicht daß es ihre Schuld wäre, versichert Bettelheim eiligst – sie kann nichts dafür. Sie tut einfach irgend etwas, das ein bißchen pathologisch, ein bißchen falsch oder ungeschickt ist – wie zum Beispiel das Kind die ganze Nacht über in einem eiskalten Zimmer zu lassen –, und das Kind legt das auf katastrophale Weise aus. Die Mutter hat ihre menschlichen Schwächen, ihre kleinen Fehler und Unvollkommenheiten, die ihr Kind – leider, leider – in einen Zustand katatonischen Entsetzens treiben. Bettelheim vergibt sowohl ihr als auch dem Kindsvater (gewissermaßen).

»Die Eltern autistischer Kinder lebten ganz einfach ihr eigenes Leben und reagierten aus ihrer eigenen psychischen Verfassung heraus auf die Bedingungen des Lebens. Es ist richtig, daß sie dabei irgendwelche Rücksicht auf ihr Kind nahmen, doch das war ihnen nicht bewußt.«

Er versucht also, ihnen zu verzeihen. Im Geiste christlicher Nächstenliebe versichert er dem Leser, daß ein bestimmtes Paar, von dem er spricht, seinem Kind sehr wohl ein Gefühl von Haß vermittelt haben kann, aber »niemals legte die elterliche Einstellung den Gedanken nahe, sie würden das Mädchen im Ofen braten, um es anschließend zu verspeisen ...«: Manchmal jedoch kann Bettelheim diese gütige Toleranz den Eltern gegenüber nicht aufrechterhalten, und dann gibt er es ihnen richtig – hauptsächlich der Mutter:

»Trotzdem möchte ich [...] betonen, daß die Gestalt der zerstörerischen Mutter (der verschlingenden Hexe also) die Schöpfung der Phantasie des Kindes ist, obwohl dieses Phantasiegebilde insofern in der Wirklichkeit wurzelt, als ihm die zerstörerischen Tendenzen der bemutternden Person zugrunde liegen ... In diesem Buch begegnet der Leser immer wieder meiner Überzeugung, daß der beschleunigende Faktor beim infantilen Autismus im Wunsch des Elternteils besteht, das Kind möge nicht existieren.«

Monate nachdem ich dieses Werk gelesen hatte, sprach ich mit einer Frau, deren Tochter – inzwischen über zwanzig und in einem Heim lebend – auf dem Höhepunkt von

Bettelheims Einfluß und Ansehen diagnostiziert worden war. *Jeder* hat ihm geglaubt, erzählte sie mir. Die Eltern glaubten, was die Ärzte ihnen sagten, und die Ärzte glaubten Bettelheim. Niemand stellte seine Autorität in Frage. Der Psychiater hatte ihr aufgetragen, ihr Kind an fünf Tagen der Woche zur »Analyse« zu bringen. Die Mutter durfte nicht einmal im Wartezimmer warten, so wütend waren die Assistentinnen des Arztes auf sie. Die Empfangsdamen und Schwestern erklärten ihr, daß sie das Kind an der Tür abgeben und draußen warten sollte. Sie sahen die Mutter niemals an und weigerten sich, sie zu begrüßen. Sie hatte diesen schrecklichen Zustand bei ihrem Kind hervorgerufen, und deshalb verdiente sie es nicht, wie ein Mensch behandelt zu werden. Sie erzählte mir, daß sie an vielen Tagen weinend dort gestanden hatte – bei Sonne und Regen, sogar bei Hagel.

»Wie haben Sie das überstanden?« fragte ich sie.

»Ich habe es überstanden«, sagte sie leise. »Ich kenne andere, die es nicht geschafft haben.«

»Und später – sind Sie da wütend geworden?«

»O ja, ich habe Wut verspürt. Aber nach einer Weile habe ich meine Wut genommen und sie von mir geschleudert . . . ins Universum hinaus . . .« Nach einer Pause fügte sie hinzu: »Das Leben geht weiter.«

Sie hatte sich auf ihre Tochter konzentriert, hatte versucht, ihr das Leben so schön wie möglich zu machen, und sie versuchte noch immer sicherzustellen, daß nach ihrem eigenen Tod für sie gesorgt werden würde.

Ich schwieg. Ich hatte dieser Frau nichts zu sagen. Was konnte ich über Leid oder Mut sagen, was sie nicht längst viel besser wußte als ich?

Es versteht sich von selbst, daß Bettelheim und die Tinbergens der Verhaltensmodifikation nicht freundlich gesinnt waren. Bettelheim glaubte, daß »operante Konditionierungsprogramme autistische Kinder in umgänglichere

Roboter verwandeln können [. . .] und das autistische Kind auf dieselbe Stufe gestellt wird wie der Pawlowsche Hund . . . Doch es ist immer noch besser . . . einem [autistischen] Kind den Spielraum für seine Reaktionen zu belassen [. . .] als ihm eine operant konditionierte Existenz anzutrainieren, nur weil das für seine Umwelt angenehmer und bequemer ist«.

Die Tinbergens ihrerseits machten ein paar abwertende Bemerkungen darüber, wie langweilig das »Lehren von Fertigkeiten« für die Kinder sei, und es folgten düstere Anspielungen auf Folter mit Elektroschocks. Wieder und wieder betonen sie, daß all die Fähigkeiten, von denen die Eltern so besessen sind, von allein kommen werden, wenn man den emotionalen Schaden erst einmal behoben hat.

Ich ging zu Dr. Welch. Ich sah hier Verbindungen, die mir nicht behagten. »Warum beschuldigen Sie und die Tinbergens immer wieder die Eltern?« fragte ich. »Sie hören sich nicht viel anders an als Bettelheim.«

»Wir geben den Eltern keine Schuld!« fuhr sie mich an und verlor für einen Augenblick ihren Charme. »Niemand gibt den Eltern die Schuld!«

Hatte ich da etwas falsch verstanden?

Ich nahm mir einzelne Passagen noch einmal vor.

Zu ihrem großen Bedauern sahen sich die Tinbergens gezwungen, den schmerzlichen Beweis anzutreten: »Das Verhalten der Eltern, besonders das der Mutter« sei der Grund für den »hauptsächlich psychogenen Ursprung des Autismus«.

Aber wie stößt die Mutter ihre Kinder über die Schwelle in den Autismus? Die Diskussion über die Mutterrolle läßt an Bettelheim denken. Es gibt Dinge, die zwischen Mutter und Kind ablaufen, ein paar Dinge, die die Mutter tut oder auch nur unbewußt fühlt, die . . . nun, sagen wir, ziemlich schädlich sind. Die Mutter denkt vielleicht nicht, daß ihre überaus intellektuelle Persönlichkeit eine dermaßen katastrophale Auswirkung hat; natürlich will die Mutter nicht, daß ihr Kind autistisch wird, aber tatsächlich weist ihr Verhalten beunruhigende Nachlässigkeit gegenüber dem emotionalen Wohlergehen des Kindes auf. Die Liste der »autismogenen« Faktoren haben die Tinbergens, wie sie dem Leser immer wieder in Erinnerung rufen, in Jahren geduldiger und aufmerksamer Beobachtung mühevoll zusammengestellt. Wenngleich darin auch Umstände aufgeführt werden, die nicht direkt mit Mammi zu tun haben – Scheidung, Reisen, Umzug, das Wohnen in Hochhäusern –, so werden die meisten doch mit der Mutter direkt in Verbindung gebracht. Zu diesem mütterlichen Fehlverhalten gehören Schwierigkeiten beim Stillen, Füttern mit der Flasche statt Stillen, »übermäßig intellektuelle Mütter«, deprimierte Mütter, gelangweilte Mütter, Mütter, die ihre Kinder in der Obhut anderer lassen (Kindermädchen oder Hort), unerfahrene Mütter, überängstliche Mütter, Mütter, die zu viele Bücher über die Mutterschaft lesen, Mütter, die zu ernst oder zu beschäftigt sind.

Diejenigen, die diese Betrachtungsweise ablehnen, tun das übrigens aus »unwissenschaftlichen, unvernünftigen Gründen«, die in ihren eigenen »Schuldgefühlen« wurzeln, und diese Schuldgefühle sollen die Ursache dafür sein, daß Eltern autistischer Kinder nicht in der Lage sind, den psychogenen Ursprung der Störung zuzugeben, selbst angesichts aussagekräftiger Beweise. – Hierzu muß ich anmerken, daß die sogenannten aussagekräftigen Beweise der Tinbergens einer rationalen Überprüfung keineswegs standhalten; sie basieren lediglich auf der völlig subjektiven Interpretation autistischen Verhaltens durch das Ehepaar Tinbergen.

Soviel zu den Tinbergens. Was hatte Dr. Welch dazu zu sagen? Ihr Artikel zur Holding-Therapie findet sich am Ende des Buches der Tinbergens. »Autismus«, schreibt sie, »wird durch die fehlerhafte Beziehung zwischen Mutter und

Kind hervorgerufen.« Gestützt wird diese entschiedene Erklärung durch die »Tatsache«, daß Kinder, die durch die Holding-Therapie »geheilt« wurden, keine organischen Schäden zurückbehalten haben, was wiederum nahelegt, daß die Mutter-Kind-Beziehung die wichtigste Rolle bei der Entstehung von Autismus spielt.

Doch wieder einmal wird der Mutter verziehen. Wieder einmal wird deutlich gemacht, daß sie einfach nichts dafür kann. Sie ist ein Opfer, genau wie ihr Kind, lenkt Dr. Welch barmherzig ein.

Damit ist die Mutter also entlastet. In Dr. Welchs »Fallbeispielen« werden Mutters kleine Sünden jedoch weitaus schärfer angegangen:

»H. M.s Mutter war gefühlskalt und intellektuell.«

»P. R.s Mutter verhielt sich kalt und bestrafend.«

»In einem besonders schweren Fall [. . .] machte das Kind zwanzig Versuche körperlicher Annäherung, die Mutter nur einen.«

Mein ungutes Gefühl der Holding-Therapie gegenüber konnte angesichts des immer deutlicher werdenden Eindrucks, daß sie ihren Ursprung in Bettelheims Modell – Mammi ist an allem schuld – hatte, nur stärker werden.

Da es aber schwerfällt, eine versprochene Wunderkur aufzugeben, unterdrückte ich mein wachsendes Mißtrauen Dr. Welch gegenüber und fuhr noch zweimal nach Connecticut – einmal mit Marc und Anne-Marie, ein anderes Mal nur mit Anne-Marie.

Doch dort passierten ein paar Dinge, die einfach zu viel für uns waren – zu schwer zu begreifen, zu entschuldigen, zu verzeihen.

Die erste Episode hatte mit Sean zu tun, einem dreijährigen Jungen. Ich machte mir seinetwegen große Sorgen. Er gehörte zu den schlimmer betroffenen Kindern, die ich im Mütterzentrum gesehen hatte. Er war ständig in Bewegung, tanzte auf Zehenspitzen, wedelte mit den Händen, schüttelte den Kopf, sprang auf und ab: eine kleine Marionette, die völlig in ihrer eigenen Welt eingeschlossen war. Seine Mutter beunruhigte mich fast noch mehr. Ich konnte sie kaum ansehen. Sie schien im wahrsten Sinne des Wortes vor Kummer ausgelaugt: graue Haut, Augen, die tief in den Höhlen lagen, der Mund zu einer schmalen Linie des Schmerzes zusammengepreßt. Sie und ihr Mann waren da und versuchten, mit Sean eine Holding-Sitzung abzuhalten. Nichts. Kein Blickkontakt, kein Aufgeben des Schüttelns, keinerlei Anzeichen dafür, daß er sie überhaupt erkannte. Es ging immer so weiter. »Sean, sieh mich an. Bitte. Bitte, Sean. Sieh mir in die Augen.« Plötzlich knallte Seans Kopf an ein Möbelstück. Seine Mutter brach ab, sorgte sich jetzt wegen der Beule. »Kann ich etwas Eis haben? Ich brauche etwas Eis. Er hat sich am Kopf verletzt.«

Dr. Welch war an diesem Tag nicht da. Die Frau, die als ihre Assistentin fungierte, kam herbei. »Mary«, erklärte sie, »diese Beule ist unwichtig im Vergleich zu dem Schaden, den du anrichten wirst, wenn du von diesem Kind keine Behebung erzwingst.«

»Ich kann keine Behebung aus ihm herausholen, verdammt!« schrie Mary und fing an zu schluchzen.

Alle schwiegen, konzentrierten sich auf dieses schmerzliche Drama und taten doch so, als ob sie nichts bemerkten. Dann wandte sich Dr. Welchs Assistentin plötzlich an mich: »Catherine, Mary glaubt, daß einer der Gründe dafür, daß die Holding-Sitzungen mit Sean niemals erfolgreich sind, darin liegt, daß ihr Mann sie nicht genügend unterstützt. Vielleicht könntest du uns ein paar positive Beispiele dafür geben, wie dein Mann dich unterstützt . . .«

Martha Welch geht davon aus, daß keine Heilung stattfinden kann, wenn der Vater fehlt, der Holding-Therapie feindlich gegenübersteht oder seine Frau auf andere Art nicht unterstützt.

»Ich glaube kaum, daß sie von mir eine Eheberatung benötigt!« schimpfte ich. »Ich glaube, Sie sollten damit aufhören, ihr zu sagen, daß sie eine Behebung erzielen muß!«

Wie konnte irgend jemand diese Mutter denken lassen, die gesamte Verantwortung für die Hilfe dieses stark geschädigten Kindes laste allein auf ihren Schultern, fragte ich mich wütend. Ihr Sohn hätte eine intensive Therapie mitmachen sollen. Warum tat er es nicht? Was wäre gewesen, wenn *wir* beschlossen hätten, Bridget gleich am Anfang fortzuschicken, wie ich es fast getan hätte? Wenn wir uns allein auf die Holding-Therapie verlassen hätten?

Genauso schädlich wie die Vorstellung, daß Mammi die Ursache von Autismus ist, ist der Gedanke, Mammi sei das *Heilmittel* für Autismus, erkannte ich plötzlich.

Der zweite Vorfall fand bei unserem dritten und letzten Besuch statt, und dabei spielte ein anderer Junge eine Rolle: der etwa zehnjährige Tim.

Als seine Mutter anfing, eine Holding-Sitzung mit ihm abzuhalten, wehrte er sich, und sie rangen miteinander. Der Kampf eskalierte, bis sie beide am Boden lagen. Die Mutter schrie Tim an, und Tim kämpfte stumm weiter. Die Mutter, jetzt sichtlich wütend, nahm ihn zwischen die Knie. Um seine Arme am Boden zu halten, kniete sie dann mit ihrem ganzen Gewicht auf seinen Oberarmen. Plötzlich verzog sich Tims bis dahin ausdrucksloses Gesicht vor Schmerz, und endlich fing er an zu schluchzen. »Nein!« würgte er heraus.

Ich blickte auf. Dr. Welch beobachtete die Szene, wie immer lächelnd.

Wir verließen das Mütterzentrum und fuhren nie wieder hin. Das, was wir gesehen hatten, verursachte uns Übelkeit: Mütter, die nicht nur sich selbst, sondern auch ihre Kinder geißelten.

Kurz darauf, zu Beginn des Sommers, verließ Dr. Welch die Stadt. Sie würde den Juli anderswo verbringen und dann im August nach England fliegen, wo die BBC den

Dokumentarfilm über die Holding-Therapie fortsetzen wollte. Ihr Ruhm nahm zu.

Ich war erleichtert darüber, daß sie ging. Die letzten Sitzungen in ihrer Praxis waren angespannt gewesen. Wir hatten bis zur Weißglut diskutiert, und ständig hatten Anwälte, Journalisten, Verleger angerufen. Immer, wenn wir es schafften, über Anne-Marie zu sprechen, blieb ihr Rat unverändert.

»Anne-Marie hat Angst, auf die Straße zu gehen«, berichtete ich beispielsweise.

»Halten Sie sie jeden Abend«, lautete die Antwort.

»Anne-Maries Wortschatz ist noch immer so begrenzt und wenig flexibel.«

»Halten Sie sie, und sie wird reden, wenn sie soweit ist. Ich hoffe, Sie bedrängen sie nicht mehr mit diesem Drill.«

»Anne-Marie kommt immer noch nicht zu mir, wenn ich heimkomme.«

»Halten Sie sie einfach viel.«

Verglichen mit dem, was wir im verhaltenstherapeutischen Programm taten, klang dieser Rat allmählich ein bißchen vage.

Doch trotz meiner wachsenden Desillusionierung wollte ein Teil von mir immer noch an Dr. Welch glauben. Nicht einmal so sehr an die Holding-Therapie, sondern vielmehr an ihre Person. Trotz all der Fehler in ihrer Theorie hielt ich sie für einen aufrichtigen Menschen, und sie hatte mir in einer Zeit geholfen, als ich Hilfe dringend brauchte. Außerdem glaubte ich immer noch, daß die Holding-Therapie einen gewissen Wert hatte. Ich beschloß, damit weiterzumachen (mit meiner eigenen Version). Ich würde sie im Lauf des Sommers weiter ausfeilen und gleichzeitig Bridget erlauben, Anne-Marie all die »Fähigkeiten« anzutrainieren, auf die ich – zugegeben – großen Wert legte.

20. Kapitel

Ich bin mir nicht sicher, ob ich damals noch wußte, wie ein »normales Leben« aussieht, aber eines war sicher: Marc und ich befanden uns jenseits davon. Wir lebten, atmeten, träumten, sprachen und dachten »Autismus«. Marc konnte sich bei seiner Arbeit ablenken, aber sogar er gab zu, daß sich bei ihm zwischen den einzelnen Anrufen oder Konferenzen Gedanken an Autismus einschlichen.

Es war Anfang Juni. Noch immer nahmen wir jeden Tag, wie er kam, waren dankbar für die Geschenke des Augenblicks und versuchten, uns keine allzu großen Sorgen darüber zu machen, was uns der nächste Tag bringen würde.

Ich sehnte mich nach Ruhe und wußte die stillen Momente zu schätzen, die ich mir im Lauf des Tages oder spät abends stehlen konnte. Dann setzte ich mich aufs Sofa oder rollte mich im Bett zusammen: Ich las nicht, redete nicht, ließ den Tag einfach von mir abfließen, tauchte hinab in Stille und Frieden.

Einige meiner Freundschaften lösten sich auf. Krisen scheinen Freundschaften auf besondere Weise zu testen. Manche von ihnen überleben sie, andere nicht.

Nachdem unser erstes Kind tot zur Welt gekommen war, habe ich in meiner Naivität von meinen Freunden ein gewisses Verständnis erwartet. Ich erlebte daraufhin einen der größten Schocks meines Lebens. Nachdem alles gesagt und getan worden war – nachdem all die Bemerkungen »Nimm's nicht so tragisch, du wirst ein anderes haben« einmal zu oft weh getan hatten –, hatte ich mich in die Wahrheit gefügt: Die meisten Menschen können kein Mitgefühl für etwas aufbringen, was sie nicht selbst erlebt haben. Und solange sie nicht anfangen, über eine bestimmte Krise oder einen Verlust nachzudenken, solange sie nicht versuchen, sich in die Empfindungen eines anderen Menschen hineinzuversetzen, solange werden sie diese Erfahrung auch nicht machen. Sie wollen es auch gar nicht.

Keiner von uns – auch ich nicht – will den Schmerz eines anderen wirklich ertragen. Wahrscheinlich gibt es noch Unmengen anderer Gründe, die hierbei eine Rolle spielen: Wir fühlen uns hilflos, wenn wir das Leben unseres Freundes nicht wieder in Ordnung bringen können. Wenn wir etwas nicht vertreiben können, dann tun wir einfach so, als wäre es nicht da. Wir wissen nicht, was wir sagen sollen. Uns fehlen die Worte. In unserem Leben haben wir unsere eigenen Schmerzen und Probleme. Wenn wir mit Armut konfrontiert werden, dann versuchen wir wenigstens zu helfen, indem wir Geld spenden, auch wenn wir wissen, daß unser Geld nicht lange reicht. Aber wenn wir uns großem seelischen Leid gegenübersehen, dann wissen die meisten von uns weder ein noch aus: Wir versuchen, die Person mit Worten zu trösten. Vielleicht müssen wir lernen, daß es häufig keine »Lösung« für Leid gibt. Jeder erlebt es früher oder später. Es hilft, wenn ein, zwei Menschen in der Nähe sind, die versuchen zu verstehen, die bereit sind, einfach nur unsere Hand zu halten, während wir das durchmachen.

Während meiner katastrophalen Schwangerschaften habe ich gelernt, mich an Frauen zu wenden – Frauen, die dieselbe Erfahrung gemacht hatten, oder auch Frauen, die die große Liebe einfach verstanden, die man für ein Kind empfinden kann, das man niemals kennengelernt hat, das man nur einen kurzen, aber schrecklichen Augenblick lang im Arm gehalten hat. Manche Frauen verstanden das, weil sie es selbst gefühlt hatten, weil sie wußten, was es heißt, sich für alle Zeit in ein Neugeborenes zu verlieben oder um ein Leben zu trauern, das kaum begonnen hatte.

Aber bei anderen – Männern wie Frauen – rief das, was sichtbar und leicht verständlich war, wie beispielsweise mein gebrochener Fuß am Anfang unserer Ehe, zehnmal mehr Mitleid hervor als all diese verborgenen, geheimnisvollen und irgendwie peinlichen Fortpflanzungstraumata. An einem Tag laufe ich mit dickem Bauch die Straße entlang, grüße alle Nachbarn und Ladenbesitzer, die ich näher kenne. Eine Woche später laufe ich ohne Bauch und ohne Baby herum, und keiner sagt ein Wort. Höflich wenden alle den Blick ab. Hatte sie eine Fehlgeburt? Ist das Baby gestorben? Besser, man spricht nicht darüber; das regt sie nur auf. Sie wird ein anderes bekommen. In den Wochen nach dieser Geburt gab es Tage, an denen ich am liebsten ein Schild mit mir herumgetragen hätte: *Ich habe ein Kind gehabt. Es war ein Junge. Er war einzigartig, unersetzlich. Er ist gestorben.* Für ein gebrochenes Herz wird das Bedürfnis, darüber zu sprechen, übermächtig. Es ist etwas passiert, das sehr weh tat. Bitte zwingt mich nicht, so zu tun, als wäre nichts passiert.

Während und nach Anne-Maries Diagnose haben ein paar gute Freundinnen, wie Evelyne und Daniela, versucht, zuzuhören und zu verstehen. Meine Schwestern haben nicht einfach nur zugehört; sie haben auch mit mir getrauert.

Aber ich mußte einen Weg finden, um mich gegen die anderen zu wappnen. Die Ungläubigkeit, der ich mich zu dieser Zeit gegenübersah, war jedoch noch nichts verglichen mit der unverhohlenen Skepsis, die uns entgegenschlug, als es Anne-Marie immer besser ging. Das ist unmöglich. Das kann nicht sein. Es muß sich bei diesem Kind um eine Fehldiagnose gehandelt haben. Autistische Kinder erholen sich nicht.

Aber das sollte erst noch kommen.

Damals jedoch klammerte ich mich an die Handvoll Leute, die bereit waren, meine Unsicherheit und Sorge mit mir zu teilen, und ich wußte ihr Verständnis zu schätzen. An einem Wochenende im Frühjahr, als Marc und ich mit den Kindern meine Schwester Jean besuchten, war ich so dankbar, daß sie keine Bemerkung machte, als ich wieder und wieder aufstand, um Anne-Marie in die Gruppe zurückzuholen. Die meisten anderen Menschen konnten dieses Bedürfnis, hartnäckig zu bleiben, nicht akzeptieren. Immer wieder herrschten sie mich an, mich hinzusetzen.

»Setz dich! Laß die Kinder in Ruhe spielen!«

»Entspann dich, Catherine!«

»Laß sie in Ruhe! Sie will einfach tun, wozu sie Lust hat!«

»Verstehen die das denn nicht?« wollte ich verzweifelt von Marc wissen. »Begreifen sie nicht, daß es gerade darum geht, sie nicht allein zu lassen?«

Es würde noch genug Zeit geben, um sie in Ruhe spielen zu lassen. Sie hatte das ganze Leben vor sich, um ein normales Kind zu sein, um unabhängig und selbständig zu werden. Wir hatten nur diese kleine Chance, diese kurze Zeit – ich stellte mir vor, vielleicht ein oder zwei Jahre, nicht mehr –, um sie auf den richtigen Weg zu bringen. Der Zeitpunkt, um mich zurückzulehnen und auszuruhen, war für mich noch nicht gekommen.

»Nein«, antwortete Marc dann nüchtern. »Sie verstehen das nicht. Entweder setzen wir uns mit ihnen zusammen und erklären alles ganz genau, oder wir versuchen, uns davon nicht nervös machen zu lassen.«

»Aber es macht mich nun einmal nervös. Es ist schwer genug, den lieben langen Tag hinter einem in sich gekehrten Kind herzulaufen, ohne gleich als überängstliche, besessene Mutter abgestempelt zu werden. Warum begreifen die denn nicht, daß wir in einer Krise sind? Daß das rote Alarmlämpchen leuchtet? Sich zurücklehnen, entspannen, es leichtnehmen und dabei unser Kind irgendwie von einer

Krankheit erlösen, die wir sowieso nur erfunden haben! Kretins! Dummköpfe! Ich hasse sie alle!«

»Du haßt sie alle!« Marc lachte.

Ich mußte auch lachen. »Ja! Stampft sie in Grund und Boden! Kocht sie in Öl!«

Noch größer war das Problem, mit Anne-Marie spazierenzugehen. Sie wollte einfach nicht. Sie wollte getragen oder im Buggy geschoben werden, aber sie weigerte sich zu laufen. Ihre Knie gaben unter ihr nach; sie sank schluchzend auf dem Bürgersteig zusammen.

Damals wußte ich es nicht, aber das scheint bei autistischen Kindern häufig vorzukommen. Ein paar Mütter haben mir inzwischen erzählt, daß sie ihre vier- und fünfjährigen Kinder hinter sich herzerren müssen, sobald sie einen Fuß vor die Tür setzen.

Ich wußte nicht, was ich tun sollte. Ich konnte und wollte nicht warten, bis sich das ausgewachsen hatte. Die Probleme schienen nur schlimmer zu werden, wenn man sie nicht behandelte.

Bridget schlug vor, daß ich sie zum Gehen bringen sollte.

»Und wie mache ich das?«

»Also, ich würde sie an der Hand nehmen und einfach mitziehen. Wenn sie auf dem Bürgersteig zusammensinkt, dann würde ich sie auf die Füße zerren. Wenn sie auch nur einen einzigen Schritt nach vorn macht, würde ich sie ausgiebig loben. Ihr Weinen würde ich völlig ignorieren. Sollte sie weiterweinen, würde ich dennoch mindestens einen Block weit mit ihr gehen, den Spaziergang dann beenden und sie wieder ins Haus bringen.«

Ich versuchte es.

Es war die Hölle! Anne-Marie schluchzend auf der Straße, ich, die sie auf die Füße zerrte, wieder und wieder, und entschieden erklärte: »Wir müssen gehen. Komm schon, es ist Zeit zum Spazierengehen.«

Die Passanten starrten uns an.

»Armes Kind.«

»Ach, das arme kleine Mädchen.«

Schweißperlen standen auf meiner Stirn. Das war entsetzlich. Mußte ich das wirklich tun? Und noch dazu in der Öffentlichkeit?

»Komm schon, Anne-Marie. Zeit zum Laufen.«

Endlich machte sie ein paar Schritte vorwärts.

»Braves Mädchen! Du läufst! Laufen gut!«

Wunderbarerweise funktionierte es. Wir gingen einen halben Block weit. Anne-Marie wimmerte gelegentlich, wirkte aber doch ein bißchen ruhiger und zuversichtlicher. Ich nahm sie auf den Arm und trug sie den Rest des Weges heim. Wir würden das steigern, beschloß ich. Heute einen halben Block, morgen einen ganzen.

Der wichtigste Schritt schien gewesen zu sein, sie überhaupt erst einmal zum Laufen zu bringen, es zu versuchen. Nach einer Woche ging sie bereits mit mir zum Kindergarten, um Daniel abzuholen.

Im Lauf der Zeit teilte sich die Welt der Ärzte, Freunde, Bekannten und Fremden in zwei Lager: Da waren die, die alles noch schwerer machten, und die anderen, die halfen. Das erste Lager war deutlich größer als das zweite. Aber ungeachtet des manchmal schmerzlichen Mangels an Mitgefühl, dem Marc, Anne-Marie und ich uns gegenübersahen, konnten wir doch von Glück sagen, denn wir trafen Menschen, die uns auf ihre Weise halfen.

Dr. DeCarlo hatte schon früh eine Diagnose gestellt – ein großes Geschenk angesichts der vielen Familien, die jahrelang mit Sprüchen wie »Das wird schon, lassen Sie ihm einfach Zeit« hingehalten werden, denn je früher mit der Behandlung von Autismus begonnen wird, desto besser sind die Aussichten.

Dr. Cohen war fast der einzige gewesen, der die Möglichkeit einer Heilung in Betracht zog und der objektiv von der Arbeit eines anderen Arztes sprechen konnte. Inzwischen gibt es mehr Ärzte, die die Möglichkeit einer Heilung in Erwägung ziehen, aber Anfang 1988 gab es nur wenige.

Was die Therapie anging, so waren wir mit einem Paar der besten Therapeuten gesegnet, die es weit und breit gab, mit Bridget und Robin. Die beiden waren nur wenige Wochen nach Anne-Maries Diagnose einfach in unser Leben spaziert und hatten jede einzelne Phase ihrer Heilung begleitet. Nach allem, was ich heute weiß, gibt es leider nur sehr wenige gute Therapeuten – und dabei werden sie von so vielen Familien dringend benötigt.

Jeder unsensiblen Bemerkung von Freunden oder Fremden, jeder Mißbilligung dessen, was ich mit Anne-Marie tat oder nicht tat, standen auch intelligente und mitfühlende Menschen gegenüber, die verstanden und zuhörten. Und wann immer ich wütend, voller Sorge oder hoffnungslos war, half mir Marc, der mich auffing, festhielt, umarmte, der sogar wußte, wie er mich wieder zum Lachen bringen konnte.

Mit der Zeit lernte ich immer mehr engagierte Menschen kennen: Menschen, die uns auf unserer Reise begleiteten und mit uns sprachen, Menschen, die uns unsere Bürde wirklich erleichterten, unter ihnen sogar einige Psychologen.

Einer davon war Dr. Bernard Rimland. Durch ihn erfuhr ich, daß ein schlechter Psychologe wirklich *sehr* schlecht ist. Ist er jedoch gut, dann gilt er als hervorragend.

Er hatte den Brief erhalten, den ich ihm über die Holding-Therapie und Dr. Welch geschrieben hatte, und schickte eine Antwort. Es war eine freundliche, offene und wohlüberlegte Antwort. Ich war mehr als angenehm überrascht.

Warum sollte dieser Mann sich die Zeit genommen und die Mühe gemacht haben, mit solcher Gründlichkeit auf den Brief einer völlig Fremden zu antworten? Mehr noch, warum wandte sich ein Kardinal, wenn nicht sogar der

Papst in der Welt des Autismus mit solch offensichtlichem Respekt, ja fast schon kollegial an einen Laien? Sein Ton war nicht einfach nur höflich; er schrieb engagiert, intellektuell, herausfordernd, neugierig, forschend. Was sollte ich davon halten? Dieser Mann fragte tatsächlich nach meiner Meinung! Zum Schluß bat er mich, den Briefwechsel fortzusetzen.

Es sollte eine fruchtbare Korrespondenz werden. Bridget und Robin standen an der Front und erledigten die harte tägliche Arbeit, kämpften um Anne-Marie. Aber Dr. Rimland wurde im Lauf der Monate zu einem unschätzbaren Berater und Lehrer. Seine Kenntnisse waren so fundiert, daß ich das Gefühl hatte, endlich jemanden gefunden zu haben, der mit mir über das Wenn und Aber der verschiedenen Therapien diskutieren konnte, die wir ausprobierten.

Sein Leitartikel über die Holding-Therapie in der Herbstausgabe des *Autism Research Review International* 1987, den er seinem ersten Brief an mich beilegte, beleuchtete dieses komplexe und emotionsgeladene Thema. Endlich lieferte mir jemand einen glaubwürdigen Kontext, in den ich die Holding-Therapie einfügen konnte. Ein sehr gelehrter Mensch ließ die Möglichkeit zu, daß sie tatsächlich eine gewisse Wirkung haben könnte, so wie ich es glaubte, daß aber die Gründe dafür nichts mit dem Bindungsvermögen der Mutter zu tun hatten.

Für Dr. Rimland zeigte die Holding-Therapie eher aus physiologischen als aus emotionalen Gründen Wirkung. Er vermutete, unterstützt von jahrelangen Forschungen, die auf eine zerebrale Disfunktion bei Autismus hinwiesen, daß das erzwungene Halten bei der Holding-Therapie zu einer Art zerebraler Stimulation bei dem heftig widerstrebenden Kind führen könnte und nicht zu irgendeinem »psychischen Rebonding«.

Ich persönlich glaubte, daß zwischen Mutter und Kind während dieser Sitzungen wahrscheinlich ein emotionaler

Austausch stattfand – schließlich waren Anne-Maries und meine Sitzungen nicht sehr heftig verlaufen –, der eine zerebrale Stimulation hervorrief, die Dr. Rimland vermutete.

Auf jeden Fall befruchteten seine Vorstellungen meine Gedanken zu diesem Thema, und die folgenden langen und ergiebigen Telefongespräche mit ihm trugen dazu bei, daß ich schließlich alle Schuldgefühle ablegte, die mich immer noch erfüllten. Am Ende stimmten wir überein, daß die Holding-Therapie, wenn sie auch sonst vielleicht nichts bewirkte, doch zumindest ein Mittel war, um die Aufmerksamkeit mancher autistischer Kinder zu erlangen, etwas, was für jede Art des Lernens eine Grundvoraussetzung ist.

Dr. Rimland, der Autor des 1964 erschienenen *Infantile Autism*, hatte praktisch ganz allein die Totenglocke für Bettelheims Oberherrschaft geläutet. Ein Journalist drückte es so aus: »Rimland hat Bettelheims Theorie zum Teufel geschickt.« Nach dem Erscheinen von *Infantile Autism* mit seiner gründlich überlegten, einzig auf Fakten beruhenden Analyse dessen, was zu jener Zeit über Autismus bekannt war, wurden die Stimmen jener leiser, die dieses Syndrom auf psychogene Störungen zurückführten. Wenngleich die unbelehrbaren Psychiater noch jahrelang daran festhalten sollten, wie Marc und ich feststellten, feierten die meisten Ärzte Rimland als denjenigen, der die Autismus-Forschung endlich auf den richtigen Weg gebracht hatte, indem er die wahrscheinlichere neurobiologische Ursache autistischer Syndrome aufzeigte.

Heutzutage werden seine Theorien überall geschätzt. Seine Weitsicht trug nicht nur dazu bei, die Suche nach den wahren Ursachen und richtigen Heilmitteln in Gang zu setzen, sein Buch war darüber hinaus ein längst überfälliger Ruf nach Mitleid und Gerechtigkeit den Eltern gegenüber, die jahrelang für die Krankheit ihrer Kinder verantwortlich gemacht worden waren.

Dr. Rimlands Arbeit und sein Zuspruch stärkten meine Entschlußkraft und mein Vertrauen in die von mir für Anne-Marie getroffene Wahl. Jedes Gespräch mit ihm schenkte mir Heiterkeit und die Fähigkeit, klar zu denken. Und indem er mich stärkte, gab er meiner ganzen Familie Kraft.

21. Kapitel

In diesem Sommer blieben wir in der Stadt, um in Bridgets und Robins Nähe zu sein. Gelegentlich fuhren wir am Wochenende nach East Hampton hinaus. Ich war dort aufgewachsen, nordöstlich von New York an der Südküste von Long Island, und sehnte mich danach, wann immer ich konnte, zu dem blauen Wasser, dem stillen, sternenübersäten Himmel und dem Frieden der Wälder zurückzukehren. Marc nannte es ein Paradies. So überfüllt es dort inzwischen auch war, für uns gab es kein schöneres Fleckchen in Gottes Schöpfung.

Unter der Woche besuchte Daniel in New York ein Ferienlager, und jeden Mittag ging ich mit Anne-Marie dorthin, um ihn abzuholen. Morgens arbeitete ich mit Anne-Marie, ging mit ihr spazieren, spielte mit ihr auf dem Fußboden, war ständig bemüht, sie in das miteinzubeziehen, was ich gerade tat. Ich konnte jetzt immer mehr mit ihr spielen, und ihre Aufmerksamkeit nahm deutlich zu. Ich lernte von Bridget und Robin eine Menge darüber, wie ich meine Zeit mit Anne-Marie am besten ausnutzen konnte, wie ich ihre Sprache unterstützen und ihren Wortschatz vergrößern konnte.

Besonders gut ließ sich ihre Aufmerksamkeit für sprachliche Übungen noch immer mit dem Singen gewinnen. Jedes Lied, das auch Bewegungsspiele beinhaltete, wie »Hoppe-hoppe-Reiter«, gab ihr einen Ruck. Wenn ich mit ihr sang, saß sie meistens mit dem Gesicht zu mir auf meinem

Schoß. So hatten wir Blickkontakt, und sie machte auch am besten mit.

Auch Tanzen war gut geeignet. Ich bin bestimmt die tolpatschigste Tänzerin der Welt, aber wenigstens das Eins-Zwei-Drei des Walzers beherrsche ich. So nahm ich sie also in die Arme und tanzte zu den Klängen von »Once Upon a Dream« aus dem Walt-Disney-Film *Dornröschen* mit ihr durch das Zimmer. Die Worte drücken eine Zärtlichkeit und Hoffnung aus, die genau zu unserem Zustand des Erwachens passen:

Ich kenn' dich, ich war bei dir einst einmal im Traum.
Ich kenn' dich, dein strahlender Blick drang tief ins Herz mir hinein,
doch ich weiß, es war ein Traum, der hält nicht, was wir erhofft,
und doch weiß ich es, ich weiß, was geschieht,
du hältst mich im Arm,
so wie du's getan,
einmal im Traum.

Besonders gut eignete sich für die ersten phantasievolleren Spiele Knetgummi. Wir konnten alles mögliche damit machen: Schlangen basteln und sie dann über den Tisch und ihren Arm hinauf wuseln lassen, kleine Hamburger zubereiten und so tun, als würden wir sie essen, wir konnten Kerzen in den Knetgummi-Kuchen stecken und eine Geburtstagsfeier für eines ihrer Plüschtiere zelebrieren, oder wir bastelten kleine Menschen und ließen sie herumlaufen und miteinander reden.

Auch mit Bauklötzen hatten wir unseren Spaß. Einen großen Turm zu bauen, den Anne-Marie dann umwerfen konnte, brachte sie immer zum Lachen. »Bautz!« Dann bauten wir ihn wieder auf, aber diesmal machten wir ein »Ich bin dran – du bist dran«-Spiel daraus. »Ich bin an der Reihe, einen Stein draufzulegen«, sagte ich. Dann führte ich ihre Hand: »Du bist an der Reihe, einen Stein draufzulegen.« Und schließlich nur noch ein »Ich bin dran – du bist dran«, wobei ich ihre Hand nur kurz berührte, aber ständig Blickkontakt hielt.

Vieles davon hatte ich gelernt, indem ich Bridget und Robin beobachtete. Mit jedem Tag wurde ich geschickter darin, Anne-Maries Aufmerksamkeit zu wecken, ihr Sprachvermögen zu formen, sie in ein gemeinsames Spiel einzubeziehen, statt sie allein spielen zu lassen. Was mich jedoch faszinierte, war die Tatsache, daß jede von uns auf ihre ganz eigene Art mit Anne-Marie arbeitete: Bridget, die beharrlich auf einer festgefügten Ordnung bestand, konnte sie immer dafür begeistern, kognitive Aufgaben zu bewältigen; Robin, zärtlich und verspielt, war häufig in der Lage, sie in eine glückliche kommunikative Stimmung zu versetzen und ihr Sprachvermögen zu fördern; und ich schaffte es, trotz meines Drängens und meiner Forderungen, trotz meiner wechselnden Rollen als Tyrannin und Ernährerin, immer irgendwie, daß sie sich sicher und geliebt fühlte. Sie wollte jetzt häufig in meiner Nähe sein, und manchmal sagte sie zu Bridget, sobald eine Stunde beendet war: »Will Mammi.«

Malen mit Buntstiften und Zeichnen waren zu dieser Zeit natürlich noch verfrüht, aber wir gingen damit um, wie wir mit allem umgingen. Wir fingen damit an, daß wir ihre Hand führten, ihre Finger richtig um den Stift legten, ihr beibrachten, waagerechte Striche nachzuahmen, dann senkrechte Striche, Kreise und Vierecke. Allmählich gingen wir dazu über, Kreisgesichter zu malen und ihr zu zeigen, wo sie Augen, Nase und Mund einzeichnen mußte. Im Lauf vieler Wochen gaben wir unsere Kontrolle allmählich völlig auf, lobten und ermutigten überschwenglich jeden ihrer Versuche, selbst etwas zu schaffen. Glücklicherweise malte sie gern, und nach einer Weile wurde die Aktivität als solche schon zu einer Belohnung für sie.

Mir kam es so vor, als ginge es jetzt, nachdem wir sie so hart bedrängt und gezwungen hatten, uns *Aufmerksamkeit* zu schenken, nur noch darum, diesen wachen Zustand mit irgend etwas anzufüllen, das ihr Interesse fesselte, vor allem ihr Interesse an uns und der sprachlichen Kommunikation. Wenn wir uns ihrer Aufmerksamkeit sicher waren, mußten wir jedoch noch etwas anderes tun: Wir mußten ihr helfen, ihre Aufmerksamkeit zu *verlagern*. Die Programme mußten schnellebig sein. Die Handlungen in der Außenwelt mußten variieren. Selbst wenn wir mit ihr arbeiteten, mußten wir sie daran hindern, sich nur mit einem einzigen Spielzeug oder einer einzigen Handlung zu beschäftigen.

In dem Maße, wie es ihr immer besser ging, mußte sich auch unsere Sprache ihr gegenüber entwickeln. Wir sprachen jetzt nicht mehr in verkürzten Sätzen wie »Faß Nase an«; wir mußten allmählich in unserem Umgang mit ihr immer »normaler« werden: »Gibst du mir das bitte, Anne-Marie?«

Wir alle, Bridget in ihrem festgefügten Rahmenprogramm, Robin und ich in dem allgemeineren Spiel, mußten uns dieselben Fragen stellen: Wo liegen die Schwächen, sowohl im Verhalten als auch in der Sprache? Wozu ist sie bereit? Wie können wir ihr Interesse wecken? Wie können wir sie fordern?

Bridget kam jeden Nachmittag zur Therapie, und Robin kam montags, mittwochs und freitags nach dem Abendessen der Kinder. Das Leben hatte eine gewisse Routine bekommen. Marc und ich gingen sogar eines Abends ins Kino, zum erstenmal seit sieben Monaten. Wir fühlten uns fast wieder sicher. Unsere Tage waren mehr oder weniger friedlich, unsere Nächte brachten keine Alpträume mehr, unsere Kinder wuchsen und gediehen – alle!

Michel war ein glückliches, oft lächelndes Kind. Er sah aus wie eine kleinere Ausgabe seines Vaters: glattes, blondes Haar, volle Lippen, dunkle Augen. Wie Daniel war er groß für sein Alter, doch er hatte noch immer seinen Babyspeck und war daher nicht so schlank wie sein Bruder. Auf Videofilmen konnte man sehen, wie er in seiner kleinen Laufhilfe umherflitzte, wie er nach Sachen grapschte, vor sich hin plapperte, neugierig seine Welt erkundete und auf den Klang unserer Stimmen reagierte. Sein Blick – wir nahmen das bei ihm viel bewußter wahr als bei Daniel oder Anne-Marie – war lebhaft, offen und klar. Er lächelte schnell und aus vollem Herzen. Wenn wir ihn ansahen oder mit ihm spielten, seufzten Marc und ich häufig erleichtert auf. Wir wußten, daß die Wahrscheinlichkeit, zwei autistische Kinder zu haben, ausgesprochen gering war, aber wir konnten hin und wieder eine gewisse Furcht nicht unterdrücken. Wir sprachen oft über seine Entwicklung, verglichen sein Verhalten mit dem von Anne-Marie in ihrem ersten Lebensjahr. Wenn er nun ... schließlich war es bei Anne-Marie auch erst später gekommen ... O Gott, nein, unmöglich! Gott sei Dank zeigte er diesbezüglich keinerlei Anzeichen.

Die Sommertage vergingen, und wir hielten an unserem flüchtigen Glück fest. Anne-Marie ging es gut, sie machte wunderbare Fortschritte. Wir wußten noch immer nicht, wie weit es gehen würde, aber sie lernte schnell, kehrte schnell zu uns zurück. Menschen, die sie eine Weile nicht gesehen hatten, bemerkten ihren Fortschritt noch deutlicher als wir, die wir Tag für Tag mit ihr lebten.

An einem Samstag im Juli standen wir auf der Veranda vor dem Haus in East Hampton. Meine Mutter kam mit dem Auto an, stieg aus und ging aufs Haus zu. Zu unserem Erstaunen ließ Anne-Marie das, was sie gerade in der Hand hielt, fallen und rannte auf ihre Großmutter zu.

»Gra-gra!« sagte sie, ihre Version von »Grandma«. Meine Mutter strahlte vor Freude. »Anne-Marie«, erwiderte sie einfach.

Ich war gerade dabei, Dreiräder für Daniel und Anne-

Marie zusammenzusetzen. Anne-Marie fing an zu kreischen und zu weinen, weil sie es nicht abwarten konnte, ihres auszuprobieren. Meine Mutter rief immer wieder, wie wundervoll das wäre.

»Warum?« fragte ich.

»Erinnerst du dich denn nicht? Noch vor ein paar Monaten hätte sie das alles kalt gelassen!«

»Das ist wahr«, überlegte ich. Ich dachte an das Weihnachtsfest gleich nach ihrer Diagnose. Am Heiligen Abend hatten wir einen großen Baum in die Wohnung gebracht, weil wir der Meinung waren, daß die Kinder trotz allem eine Feier haben sollten. Als wir den großen grünen Baum hereinschleppten und in den Ständer stellten, hatte Anne-Marie nicht einmal aufgeblickt.

Bridget erregten Anne-Maries Fortschritte in den Therapiestunden zusehends. »Sie jagt förmlich durch diese Programme!« erzählte sie mir. Aber Anne-Marie lernte nicht nur sehr schnell, auch ihr soziales Verhalten besserte sich deutlich. Bridget mußte die primären Reinforcements nicht mehr ganz so häufig einsetzen wie in den ersten Wochen des Programms. Anne-Marie schien sich jetzt über ein enthusiastisches »Gut gemacht!« ebenso zu freuen wie über den Keks oder ein Spielzeug. Wir sahen, wie sich eine Persönlichkeit entwickelte, wo wir zuvor nur Geistesabwesenheit und Gleichgültigkeit bemerkt hatten. Das zeigte sich hauptsächlich in ihrem Gesichtsausdruck, wenn sie uns etwa fragend in die Augen schaute oder uns ihr kleines, halbes Lächeln schenkte, nachdem sie in der Therapie etwas richtig gemacht hatte.

Viel später gestand mir Bridget, daß es ihr anfangs sehr schwergefallen war, mit Anne-Marie zu arbeiten. »Ich dringe einfach nicht zu ihr durch«, hatte sie sich bei ihrem Freund John beklagt. »Sie lernt, aber ihr Gesicht bleibt ausdruckslos, man sieht ihr nichts an.« Jetzt waren wir alle von Anne-Maries leuchtenden Augen und ihrem neugierigen Blick begeistert.

Eines Tages saß ich mit ihr auf dem Boden, spielte, und das Wort »Butter« fiel.

»Bu-wa«, wiederholte sie.

»Butter«, verbesserte ich. »Bu-wa«, beharrte sie.

»But-ter«, bestand ich.

»*Bu-wa!*« kreischte sie. Die Botschaft war eindeutig. Hab' schon verstanden, Mammi! Aber ich sage es so, wie ich es höre!

Dieses Zeichen von Unabhängigkeit gefiel mir.

Nachdem ich im Februar Anne-Maries Bett in Daniels Zimmer gebracht hatte, weil ich nicht wollte, daß sie jede Nacht allein war, schien sie ihn nun immer mehr wahrzunehmen. Und auch sein Interesse an ihr als mögliche Spielkameradin schien zu wachsen. Dann, ungefähr Mitte Juni, entwickelte sie recht plötzlich ein deutliches Interesse an ihrem großen Bruder. Wir waren entzückt. Sie fing an, ihn zu suchen, im Zimmer dorthin zu gehen, wo er spielte. Sie spielten zwar noch nicht gemeinsam, aber sie spielten immerhin schon nebeneinander, und von Tag zu Tag verbesserte sich das. Schon bald ahmte sie ihn geradezu äffisch nach.

Wenn er die Beine überkreuzte, während er am Boden saß, musterte sie ihn genau und kreuzte ihre dann ebenso. Wenn er vor Aufregung auf und ab hüpfte, hüpfte sie auch auf und ab und hörte sofort damit auf, wenn er aufhörte. Es war amüsant, ermutigend und beunruhigend zugleich, zu sehen, wie sie ihn beim Frühstück aufmerksam beobachtete und dann jede seiner Bewegungen getreulich nachahmte. Er nahm einen Löffel Haferflocken. Sie nahm einen Löffel Haferflocken, wobei sie den Blick die ganze Zeit auf ihn geheftet hielt. Er legte seinen Löffel hin und nahm mit beiden Händen sein Glas mit Saft. Sie legte ebenfalls ihren Löffel hin und nahm ihr Glas. Er stellte sein Glas hin; sie machte dasselbe.

»Wir werden ihr Verhalten im Auge behalten«, erklärte

Bridget. »Mal sehen, wie es sich entwickelt.« Wir freuten uns, daß Anne-Marie sich Daniel anpaßte. Wir wollten sie nicht entmutigen, auch wenn sie ein bißchen übertrieb.

Normale Zweijährige ahmen andere Kinder schließlich auch nach, dachte ich. Wenn sie es so extrem tut, dann holt sie vielleicht einfach die verlorene Zeit nach.

Eines Tages brachte ich Daniel heim, nachdem er einen Freund besucht hatte. Anne-Marie mußte den Schlüssel in der Tür gehört haben, denn als ich öffnete, stand sie schon da und sah uns erwartungsvoll an. (Selbst diese Kleinigkeit machte mich schon glücklich.) Daniel und ich betraten die Wohnung. Ehe einer von uns hallo sagen konnte, streckte sie auch schon die Arme nach ihm aus und legte sie um ihn.

»Ah-oh-uu«, sagte sie.

»I love *you*!« antwortete er fröhlich. Dann marschierten die beiden davon und bemerkten gar nicht, daß ihre Mutter die Hände vors Gesicht schlug.

Daniel war ein Kotherapeut voller Hingabe. Er dachte überhaupt nicht daran, daß mit seiner Schwester etwas nicht in Ordnung war. Er war nicht verletzt, weil es ihr an Spontaneität oder Interesse mangelte. Wenn sie ihn nicht ansah, dann brüllte er eben ein bißchen lauter. Er war immer ein glückliches und forderndes Kind gewesen, und er wollte unbedingt die Aufmerksamkeit seiner Schwester gewinnen, so, wie er auch die Aufmerksamkeit aller anderen für sich gewann. »Anne-Marie! Komm her! Halt das mal!« Immer spielte er mit Legos oder Bausteinen oder bastelte mit Papier und Klebstoff. Dafür brauchte er einen Spielkameraden, einen Gehilfen oder manchmal einfach nur Publikum, und er hatte keinerlei Skrupel, seine Schwester zur Teilnahme zu zwingen. »Sieh mich an!« befahl er ihr, wobei er scheinbar uns Erwachsene nachahmte, die ständig Blickkontakt von Anne-Marie forderten. »Anne-Marie, *sieh her*!«

An einem Nachmittag Ende Juli hatte Anne-Marie eine

Sitzung mit Bridget. Wir hatten an verschiedenen Programmen gearbeitet, auch an einem Namenprogramm: Wir brachten ihr bei, jeden im Haus mit einem Namen zu versehen und diese Namen auch zu verwenden, wenn sie etwas wollte. »Ii-jo« war ihr Name für Daniel. Ich nehme an, sie leitete das von der letzten Silbe her (»-in erster Linie«).

Anne-Marie hörte Daniel im Flur spielen und wurde ganz aufgeregt.

»Was willst du, Anne-Marie? Benutze Wörter.«

»Ii-jo. Will Ii-jo.«

»Prima sprechen, Anne-Marie! Fragen nach Daniel gut!«

Und sofort bat Bridget Daniel herein, damit er bis zum Schluß an der Stunde teilnehmen konnte.

Vielleicht lag es daran, daß er so klein war wie sie, vielleicht daran, daß er so viel Lärm machte, vielleicht kam es auch, weil er sie so forderte – was immer der Grund gewesen sein mag: Als Anne-Marie aus der Dunkelheit heraustrat, streckte sie die Hand nach ihrem Bruder aus und hat ihn bis zum heutigen Tag nicht wieder losgelassen.

Anne-Marie machte schnell Fortschritte, aber noch war sie nicht geheilt. Noch immer quälten uns die Sorgen – zum Teil, weil wir kein anderes Kind kannten, mit dem wir sie vergleichen konnten. Würde sie ein bestimmtes Niveau erreichen und sich dann einfach nicht mehr weiterentwickeln? Ihr Sprachvermögen nahm zu, war aber immer noch sehr gering. Ihr Sozialverhalten besserte sich; aber würde sie jemals so spontan, so neugierig und kommunikativ sein wie normale Kinder? Würde sie je im Leben die Feinheiten der Sprache, sowohl der gesprochenen als auch der geschriebenen, verstehen? Würde sie jemals eine Freundin haben, über den Schmerz eines anderen Menschen weinen, sich verlieben?

Auch wenn ich für die unglaublichen Fortschritte dankbar war, die sie gemacht hatte, so wußte ich doch nie, ob sie die nicht in der nächsten Woche, im nächsten Monat oder vielleicht schon am nächsten Morgen wieder verlieren würde. Aber das war nie der Fall. Manchmal ging es langsamer, stagnierte wohl auch. Es gab noch immer Tage, an denen sie so gut wie nichts sagte oder den ganzen Nachmittag verbrachte, ohne auch nur ein einziges Mal zu versuchen, mit einem von uns Kontakt aufzunehmen. Es gab immer noch Tage, an denen der Autismus über Anne-Marie herrschte. Wieder und wieder kehrte sie dann zu derselben stereotypen Handlungsweise zurück, und wieder und wieder mußte ich sie davon abbringen.

Aber sie entwickelte sich nicht zurück. Damit meine ich, daß sie etwas, was sie neu gelernt hatte, nicht wieder vergaß. Nachdem sie sich einmal für Daniel interessierte, war sie ihm gegenüber nie wieder völlig gleichgültig. Nachdem sie einmal damit angefangen hatte, Wörter zu verbinden, tat sie dies auch weiterhin, anfangs sporadisch und nur nachahmend, dann immer häufiger.

Dennoch blieben noch einige Hürden zu überwinden. In den Phasen intensiven, beschleunigten Lernens tat Anne-Marie vieles, was normale Kinder ihres Alters auch tun, aber in extremem Ausmaß: wie das Nachsprechen. Gewöhnliche Zweijährige machen das auch ziemlich oft. Es ist ein linguistisches Verhalten, das seinen Höhepunkt nach Lovaas' *The Me Book* im Alter von etwa dreißig Monaten erreicht. Kinder interessieren sich plötzlich sehr dafür, Verben zu wiederholen, die ein anderer gesagt hat. Aber sie durchsetzen ihr Echo mit spontaner und kreativer Sprache. Bei Anne-Marie wurde das Nachsprechen, mit dem sie im Juli angefangen hatte, schnell zu einer Besessenheit. Robin bemerkte in einer Sitzung, daß Anne-Marie fast neunzig Prozent von allem nachsprach, was Robin sagte. Manchmal fing Anne-Marie schon an, das nachzusprechen, was wir sagten, ehe wir unseren Satz auch nur zu Ende gesprochen hatten. Ich sah darin fast so etwas wie ein »verbales Stim« (unter »Stim« versteht man einen stereotypen Selbsthilfemechanismus), bei dem der Klang der Worte verzauberte, ganz egal, was sie bedeuteten. Anne-Maries Vater kam eines Abends von der Arbeit heim und ging ins Badezimmer, wo ich sie gerade badete.

»Hi, Anne-Marie.«

»Hi, Anne-Marie«, antwortete sie.

»Sag: ›Hi, Daddy‹.«

»Sag: ›Hi, Daddy‹.«

»Gibst du mir einen Kuß?«

»Mir einen Kuß?«

Er gab ihr trotzdem einen.

Wir versuchten, nicht besonders auf dieses Nachplappern einzugehen, denn in unserer wöchentlichen Konferenz über Anne-Maries Programm hatten wir beschlossen, es zu ignorieren. Wir hatten schon genug Schwierigkeiten damit gehabt, sie dazu zu bringen, Wörter zu wiederholen; da wollten wir sie nun nicht plötzlich auffordern, das nicht zu tun.

Aber es wurde immer schlimmer, bis die Echolalie ihre Sprache völlig beherrschte. Wir beschlossen, die Taktik zu ändern: Bridget würde das Problem in ihren Sitzungen in Angriff nehmen, während wir anderen, in der »Außenwelt«, es weiterhin ignorieren sollten. Das »Kein Echo«-Programm bestand darin, daß Bridget erklärte: »kein Echo« und einen Finger auf Anne-Maries Lippen legte, sobald sie anfing, nachzuplappern.

Je mehr Anne-Marie sprach und kommunizierte, desto stärker ließ das Nachplappern nach, aber ich schätze, alles in allem hat es sechs bis acht Monate gedauert, bis es völlig verschwunden war.

Heikel war auch die Prosodie. Als Anne-Marie beim Sprechen sicherer wurde, fing sie an zu quieken. »Willst du zu Mittag essen?« fragte ich zum Beispiel. »Ja«, quiekte sie.

»Will essen.« Wir konnten dagegen lediglich eine besonders tiefe Stimmlage trainieren. Manchmal versuchte ich, ein kleines Spiel mit ihr zu machen: Ich sagte etwas quieksend, lachte darüber und sagte dasselbe dann in tieferem Ton. Rauf und runter ging ich mit der Stimme. Ich versuchte sie dazu zu bringen, den Unterschied zu hören, versuchte sie dazu zu bewegen, mich nachzuahmen. Nach einer Weile konnten wir es mit einer verbalen Hilfestellung versuchen: »Sag es tiefer« (was selbst in tiefem Ton gesagt wurde), und schließlich war sie fähig, sich selbst zu verbessern.

Auch die Angst war noch immer ein großes Problem. Anne-Marie war ein Opfer übelster Ängste. Eines Nachmittags ging ich mit ihr und Daniel im Wald in East Hampton spazieren. Aus einer Hauseinfahrt rannte ein kleiner, schwarzer Hund, der aufgeregt kläffte. Vor Angst begann Anne-Marie zu weinen. Das regte den Hund nur noch mehr auf, und er fing an, an ihr und Daniel hochzuspringen. Er war nicht gefährlich, eben ein junger Hund, der mit ihnen spielen wollte. Aber sie waren beide von Panik erfaßt und versuchten davonzulaufen. »Nicht rennen!« rief ich. »Er tut euch nichts.«

Aber es war zu spät. Die Kinder kreischten, der Hund drehte durch, und die ganze Situation geriet außer Kontrolle. Ich nahm Anne-Marie auf den Arm, ergriff Daniels Hand und versuchte, ruhig heimzugehen. Aber dieser Hund von Baskerville sprang immer wieder an meinen Beinen hoch und versuchte, Anne-Marie zu erwischen. Sie war beinahe hysterisch.

Endlich kam ich zu Hause an, mit zwei schluchzenden Kindern. Marc mußte hinausgehen und den Hund fortjagen, der wie verrückt kläffte und an der Haustür kratzte.

Daniel weinte noch ungefähr fünf Minuten, bis es uns gelang, ihn zu beruhigen.

Anne-Marie weinte für den Rest des Wochenendes.

Zwischendurch beruhigte sie sich, doch dann schien sie

sich zu erinnern, und schon ging es wieder los – zitternd und schluchzend wiederholte sie immer wieder »Doggie, Doggie«. Ich war außer mir. Ich hielt sie im Arm, redete auf sie ein und versuchte ihr zu erklären, daß Hunde bellen und springen, wenn sie spielen wollen. Nichts konnte sie beruhigen. Jede Erwähnung des Hundes schien ihre Panik nur noch zu vergrößern. Bis tief in die Nacht hinein schluchzte sie, um dann endlich vor Erschöpfung einzuschlafen. Am nächsten Morgen wachte sie auf, und das Weinen und Zittern fing wieder von vorn an. Diesmal versuchte ich es zu ignorieren und ging einfach wie immer meiner Arbeit nach, wenn sie wieder anfing. Das war für mich fast noch härter als für sie und schien auch nicht zu helfen.

Am Montag morgen war ich schließlich am Ende meiner Weisheit. Da kam mir plötzlich eine Idee. Warum »entdramatisierten« wir es nicht einfach? Ließen es noch einmal geschehen, gaben ihr aber diesmal eine gewisse Kontrolle? Ich nahm sie auf den Schoß und erzählte die »Geschichte von dem Hund« noch einmal, bauschte sie gnadenlos auf.

»Und *dann* kam der *Hund*! Und er hat so viel *Krach* gemacht! *Wau, wau, wau, wau!* Und Mammi ist gekommen, und Daddy ist gekommen, und Daniel ist gekommen, und alle haben dem Hund gesagt, er soll aufhören! Und Anne-Marie war die Mutigste von *allen*! Sie stand da und hat gesagt: ›*Geh weg, Hund! Hör auf zu bellen!*‹«

Sie hatte zu weinen aufgehört und hörte zu. Und sie verstand – wenigstens, worauf es bei der Geschichte ankam.

»Und Anne-Marie stand da. Und Anne-Marie sagte: ›*Hör auf damit, Hund!*‹«

Ich sah, wie sich ein leises Lächeln in ihre Mundwinkel stahl.

»Und *dann*! Weißt du, was Anne-Marie dann gemacht hat?«

Sie hörte aufmerksam zu.

»Sie hat sich gebückt und den Kopf des Hundes gestreichelt.«

Damit hatten wir das Problem natürlich nicht aus der Welt geschafft. Aber wann immer sie im Lauf der nächsten Tage wegen des Hundes zu weinen anfing, erzählte ich ihr die Geschichte von der mutigen Anne-Marie, und sie hörte auf zu weinen. Später, wenn wir Hunde in den Straßen von East Hampton oder New York sahen, kam die Angst wieder. Aber wir blieben dann stehen, drehten uns um, sahen den Hund an und streckten sogar die Hand aus, um ihn zu berühren. Marc und ich sind keine Verfechter des Grundsatzes, schreiende Kinder ins Wasser zu werfen oder ein entsetztes Kind zu zwingen, ein Tier anzufassen – wir finden das brutal. Aber einiges spricht dafür, Kindern beim ersten Schritt über eine Schwelle, die zu einer lähmenden Angst führen kann, zu helfen. Nachdem wir sie ein wenig gedrängt hatten, die ersten Kontakte zu Hunden herzustellen, die sie ängstigten, stellten wir zu unserer Überraschung fest, wie schnell sie ihr gefielen, wie schnell sie ihnen traute. Sie machte eine Wendung um hundertachtzig Grad, von panischer Angst über zitternden Mut bis zu entzücktem Lachen angesichts ihrer Verspieltheit.

Anne-Marie hatte viele Ängste, als sie aus ihrer Isolation zurückkehrte. Ein Mensch mußte nur ein wenig anders als andere aussehen – vielleicht besonders groß sein oder einen auffallenden Hut tragen –, schon stürzte sie in einen Abgrund aus Furcht. Eines Abends kam ein befreundeter Priester zu Besuch, Pater Murray: über einen Meter achtzig groß, ganz in Schwarz gekleidet, mit schwarzem Haar. Anne-Marie blickte ihn kurz an und schrie auf. Es war mir peinlich, ein Glas Wein mit ihm zu trinken und mich mit ihm zu unterhalten, während Anne-Marie in einer Ecke kauerte und aufschluchzte, sobald sie ihn nur ansah.

»Ich hoffe, Ihr Selbstbewußtsein ist stark genug«, entschuldigte ich mich.

»Soll ich sie segnen?« fragte Pater Murray.

»Warten wir lieber, bis sie eingeschlafen ist.«

Als wir eines Tages im Bus heimfuhren, saßen wir einer Frau gegenüber, die eine wirklich gräßliche rote Perücke trug. Anne-Marie schaute sie an, vergrub ihren Kopf bei mir, kniff die Augen zu und schluchzte. Offenbar hatte sie eine bestimmte Vorstellung von physischen Erscheinungsbildern und konnte Abweichungen nicht ertragen.

Die Theorie der Tinbergens bezüglich eines »angstbesessenen emotionalen Ungleichgewichts«, was immer dies ausgelöst hatte, schien mir in Anne-Maries Fall Gültigkeit zu haben. Erst viel später, als ich verschiedene autistische Kinder kennengelernt hatte, die nicht unter diesen Ängsten litten, war ich überzeugt, daß diese Phobien zwar ein Symptom des Autismus waren, daß aber nicht alle betroffenen Kinder darunter litten. Als ich einmal mit einem Vater darüber sprach, wie er mit Ängsten bei seinem autistischen Sohn umgehen konnte, unterbrach er mich mit der Frage: »Was für Ängste?« Er war ein intelligenter Mann, und ich bin sicher, wenn sein Sohn die Art von Ängsten gezeigt hätte, an denen Anne-Marie litt, dann hätte er es gewußt.

Meine vielen Gespräche mit anderen Eltern machten mir auch bewußt, wie verschieden autistische Kinder sein können.

In jenem Sommer rief mich eines Morgens meine Schwester Burke an. »Hast du heute früh die *Times* gelesen?« fragte sie.

»Noch nicht. Warum?«

»Im wissenschaftlichen Teil steht ein Artikel über Autismus. Über jemanden in Kalifornien, der darüber forscht. Er heißt Courchesne. Ich wußte nicht, ob ich es dir erzählen soll oder nicht. Ist ein bißchen deprimierend.«

Ich las den Artikel. Eric Courchesne hatte bei vierzehn von achtzehn Autismus-Patienten eine Anomalität im

Kleinhirn entdeckt. Frühere Untersuchungen der Gehirne autistischer Patienten mit Hilfe von Röntgenuntersuchungen oder Computertomographien hatten für gewöhnlich negative Ergebnisse aufgewiesen. Courchesnes Arbeit, die durch die Kernspintomographie erleichtert wurde, zeigte praktisch die erste eindeutige neurologische Abweichung bei autistischen Menschen.

Ich rief Burke zurück. »Warum ist das deprimierend?« fragte ich.

»Nun, wenn es wahr ist, macht das ihren Zustand so . . . so endgültig.«

»Burke«, seufzte ich, »ich weiß, das ist schwer zu begreifen, aber mich macht diese Nachricht beinahe glücklich.«

»Warum?«

»Weil über Autismus so viel Unsinn verbreitet wird!« Jeder Spinner hätte seine Lieblingstheorie über diese Krankheit, erzählte ich Burke. Jeder, der glaubte, Kinder zu verstehen, dachte, er würde auch Autismus verstehen! Ich bemühte mich um einen etwas ruhigeren Ton und fuhr fort:

»Mir gefällt die Tatsache, daß die Leute Kernspintomographien heranziehen, ebenso wie mir gefällt, daß andere Leute bei manchen Autisten eine Chromosomenanomalie entdeckt haben.« Offen gesagt gefiel mir alles, was dieses Geheimnis wissenschaftlich beleuchtete. Ich dürstete nach weiteren Forschungen auf dem Gebiet des Serotoninspiegels im Blut oder bezüglich der Verbindung zwischen Phenylketonurie und Autismus oder des Zusammenhangs zwischen einer Rötelnerkrankung der Mutter und Autismus. Ich konnte den Tag kaum erwarten, an dem wir endlich ein paar Antworten mehr hatten.

Ich war von meiner Verve selbst überrascht. Mir war nicht klar gewesen, welche Woge der Ungeduld in mir heranwuchs. Ich war wütend. Aber nicht auf Burke.

»Aber macht es das denn nicht noch schwerer für dich? Ich meine, zu wissen, daß mit Anne-Marie neurologisch wirklich etwas nicht in Ordnung ist? Macht es das nicht noch endgültiger?«

»Nein, überhaupt nicht. Ich glaube, daß etwas nicht in Ordnung war, aber es geht ihr mit jedem Tag besser. Ich glaube, daß sie sich erholt. Ich habe von Anfang an daran geglaubt, daß sich das Gehirn manchmal selbst heilen kann, wenn es der richtigen Art von Stimulierung ausgesetzt ist.«

»Ja, das kann ich mir auch vorstellen. Du hast recht. Anne-Marie geht es jedesmal, wenn ich sie sehe, soviel besser.«

Das stimmte wirklich. Es war eine Freude zu sehen, wie sie vor unseren Augen aufblühte. Man mußte sich nicht lange wegen eines bestimmten Verhaltens Sorgen machen, weil sie auf allen Gebieten deutliche Fortschritte machte.

Um welches Problem es sich auch handelte – Prosodie, Echolalie, Hypersensibilität, mangelnde Spontaneität oder Kreativität der Sprache, Weinen oder Schreien – was immer es war, es wurde besser. Und das schnell! Selbst ich, die sich am meisten Sorgen machte, fühlte mich im Lauf der Wochen immer sicherer.

»Was hast du denn geglaubt, wie ein Wunder geschieht?« spottete Marc eines Abends. »Puff! – und sie ist geheilt? Ich glaube nicht, daß Gott so arbeitet. Ich glaube, du siehst hier deine Gebete in Erfüllung gehen. Ich weiß nicht, ob sie schneller lernen könnte, als sie es bereits tut.«

Ich fragte mich, was Dr. Welch wohl zu ihr sagen würde, wenn sie aus England zurückkam. Ich wollte jemandem von Anne-Marie erzählen. Ich war mehr als nur ein klein wenig aufgeregt angesichts dessen, was hier vor unseren Augen geschah. Manchmal fühlte ich die Freude fast körperlich, spürte, wie sie in mir aufstieg und in ein Lachen mündete. Tag für Tag beobachtete ich sie und erhielt unzählige Geschenke.

Selbst bei den kleinen Dingen, wie beispielsweise im Spiel, bemerkte ich eine Zielstrebigkeit, die vorher gefehlt hatte. Sie besaß einen Wagen mit einem kleinen Zugpferd und einen Cowboy, der auf den Wagen paßte. Anstatt den Wagen auf dem Teppich hin- und herzuschieben, wieder und wieder, verließ sie nun das Zimmer, um den Cowboy und das Pferd zu suchen. Hatte sie sie gefunden, brachte sie sie zum Wagen und spielte weiter. Mir kam es so vor, als überlegte sie, was sie zu ihrem Spiel brauchte, als plante sie die Dinge mehr, würde Schritte ergreifen, die ihr Spiel einfallsreicher und kunstvoller machten.

Sie spielte immer öfter mit Daniel zusammen. Ihr gegenseitiges Interesse an den Handlungen des anderen hielt immer länger an, und mir schien es, als würde sie anfangen zu verstehen, daß auch er gewisse Rechte hatte. Ganz allmählich schien sie das Prinzip des Gebens und Nehmens zu begreifen. Als er einmal aufheulte, weil sie etwas genommen hatte, womit er spielte – die Eisenbahn – sah sie ihn an, blickte dann auf den Zug in ihrer Hand und gab ihn ihm zurück.

Auch wenn sie noch viel weinte, genossen Bridget und ich die erste Zeit, in der wir verbal mit ihr kommunizieren konnten. Sie weinte vor allem, wenn sie frustriert war: Wenn sie etwas wollte und es nicht sofort bekam, brach sie automatisch in Tränen aus. Der Tag, an dem sie unser »Anne-Marie, wenn du zu weinen aufhörst, kannst du das Spielzeug haben« scheinbar verstand und darauf reagierte, bedeutete einen Durchbruch für uns alle.

Am 30. August forderte Anne-Marie mich auf, mit ihr zu spielen. Sie nahm ein Spielzeugtelefon, ging durchs Zimmer, streckte mir den Hörer hin und sagte: »Hier. Du. Mich.«

Ich sprang förmlich aus dem Sessel auf, so aufgeregt war ich. Alles – die ganzen schnellen Fortschritte, die sie auf so vielen Gebieten erzielt hatte – kam jetzt in Gesten und Augenblicken wie diesem zutage. Das ist toll! dachte ich. Das ist wundervoll! Schaut sie nur an! Sie fordert mich zum

Spielen auf! Sie spricht spontan und richtig. Sie benutzt sogar Pronomen.

Später kam sie sogar in die Küche, wo ich ein Fläschchen für Michel vorbereitete.

»Mammi? Mammi?«

»O Baby!« Ich ging in die Knie und nahm sie in die Arme. »Danke, daß du mich gerufen hast, Anne-Marie, du machst Mammi so glücklich.«

Ich hielt es kaum aus. Diese Augenblicke waren überwältigend. Am selben Abend erzählte ich Marc von ihren neuesten Triumphen. Er war genauso glücklich wie ich. Wir mußten unsere Freude mit jemandem teilen – mit jemandem, der diesen unglaublichen Fortschritt zu schätzen wußte und uns sagen konnte, wo sie im Vergleich zu ihren Altersgenossen stand. Wir beschlossen, einen Termin bei Dr. Cohen zu vereinbaren.

Am 29. September kehrten wir in das große staatliche Institute for Basic Research in Developmental Disabilities in Staten Island zurück. Marc fuhr; ich saß mit Anne-Marie hinten. Es war ein schöner Tag, auch wenn eine kühle Brise wehte und ein paar weiße Wolken über den blauen Himmel zogen. »Boot«, sagte Anne-Marie, als wir am Hudson vorbeikamen. »Flieger«, sagte sie und zeigte auf einen Hubschrauber. Ich hielt ihre Hand. Mein Mund war ein wenig trocken, und mein Herz klopfte schnell.

Wir warteten zehn oder fünfzehn Minuten im selben Wartezimmer, in dem wir acht Monate zuvor auch gesessen hatten. Ich hielt Anne-Marie auf dem Arm, die einen bunten Wandkalender betrachtete.

Begleitet von einer Psychologin, Dr. Vicky Sudhalter, trat Dr. Cohen ins Wartezimmer. »Hallo!« rief er.

»Hallo«, antwortete Marc.

Anne-Marie und ich drehten uns zu ihm um.

»Hi«, sagte Anne-Marie und blickte ihm direkt in die Augen. Sie lächelte schüchtern.

Dr. Cohen warf Dr. Sudhalter einen Blick zu, schaute dann erst Anne-Marie und schließlich mich an.

»Ich gratuliere«, sagte er leise.

Ich konnte nicht sprechen.

Er wußte Bescheid, noch ehe wir etwas sagen oder die Videoaufnahmen, das Elterngespräch oder den Vineland-Test absolvieren konnten. Er schien alles sofort zu wissen. Ich glaube, heute verstehe ich das. Der Blick eines normalen Kindes hat etwas ganz Bestimmtes. Er stellt eine Verbindung her, mit ihm wird der andere als Mensch erkannt, zeigt sich Interesse, das in den ersten Augenblicken eines Zusammentreffens aufflammt. Dem autistischen Kind fehlt dies so deutlich, daß ich glaube, einige Ärzte können Autismus innerhalb der ersten fünf Minuten eines Gesprächs erkennen. Ich glaube, Dr. Cohen erkannte, daß Autismus hier nicht mehr vorlag.

Die Einstufung dauerte zwei Stunden. Es war wie ein Traum. Anne-Marie war in Höchstform, sie schien den ganzen Prozeß regelrecht zu genießen. Dr. Cohens schriftlicher Bericht dazu wurde zu einem meiner kostbarsten Dokumente:

»Das Kind hat überraschende Fortschritte gemacht [. . .]. Verglichen mit seinem Verhalten bei unserer letzten Beobachtung war ein deutlicher Unterschied zu verzeichnen. Damals widersetzte es sich jeglicher sozialen Interaktion, zeigte perseveratives Verhalten, suchte keinen Blickkontakt und sprach nicht. Bei der heutigen Untersuchung hielt Anne-Marie den Blickkontakt ausgezeichnet aufrecht, beantwortete Fragen korrekt mit Ja oder Nein. Sie ergriff die Initiative ›will malen‹, als sie Buntstifte sah, zeigte Anzeichen von spontanem Benennen, imitierte gut, wies angemessene Gefühlsäußerungen auf, identifizierte Körperteile, kannte Farben und unterschied ›mein‹ und ›dein‹.«

Aus den Vineland-Skalen leitete Dr. Cohen folgende Information ab:

»Innerhalb eines Zeitraums von acht Monaten ist es Anne-Marie gelungen, in den völlig normalen Bereich vorzudringen, der die neunzig Prozent noch übertrifft, die am 20.1.88 vorhergesagt worden waren. Sie hat bezüglich ihrer Kommunikation achtzehn Monate zurückgelegt, dreizehn Monate in bezug auf die ADL-Fähigkeiten [damit sind die Fähigkeiten gemeint, die man zum täglichen Leben braucht: das Essen mit einer Gabel, das Trinken aus einer Tasse, das Ankleiden usw.], fünfzehn Monate bei der Sozialisierung und sechzehn Monate bei den motorischen Fähigkeiten.«

Am Ende der Untersuchung saßen uns die beiden Ärzte am Tisch gegenüber und faßten diese Ergebnisse zusammen. In allen Geschicklichkeitsbereichen – in der Kommunikation, dem Sozialverhalten, den motorischen Fähigkeiten und den ADL-Fähigkeiten – befand sie sich im Bereich des Normalen, erklärten sie uns.

Marc streckte die Hand aus und ergriff meine. Ich saß da und starrte vor mich hin.

Dr. Sudhalter lächelte breit. Dr. Cohen stellte Marc eine Menge Fragen über das Programm zu Hause.

Nicht weinen! befahl ich mir selbst, und es kostete mich ungeheure Beherrschung. *Fang bloß nicht damit an!*

Aber die Tränen stiegen trotzdem in mir auf, quollen über. Ich streckte die Arme nach ihr aus, nach meinem verlorenen Lamm, das heimgekehrt war, nach meinem Baby.

»Anne-Marie«, flüsterte ich, als ich mein Gesicht in ihrem Haar vergrub.

Sie legte die Arme um meinen Hals.

»Mammi.«

Eine halbe Stunde später verließen wir das Institut.

Marc und ich gingen wie auf Watte, so, als müßten wir diese neue Landschaft erst erforschen. Wir waren wie betäubt.

Wir gingen in ein Einkaufszentrum, das wir in Staten Island fanden, um eine Tasse Kaffee zu trinken und uns ein paar Minuten zu unterhalten. In der Eingangshalle verkaufte eine Frau Luftballons. Anne-Marie bemerkte sie und fragte: »Ballon?« Ich kaufte ihr einen herzförmigen, auf dem stand: »You're So Special« (Du bist etwas Besonderes).

Ein Ballon mit der Aufschrift »You're So Special« für 2,16 Dollar.

Wie kann ich ihr erklären, was sie geleistet hat? Welches Geschenk, welche Worte, welche Geste würde da ausreichen? Wie kann ich ihr für ihren eigenen Kampf danken, den sie ausgefochten hat, um den Weg zu uns zurückzufinden?

Für Bridget und Robin kauften wir Dom Perignon. Ich dachte über diesen absurden Tausch nach: Danke, daß ihr mir meine Tochter zurückgegeben habt – hier ist eine Flasche Champagner.

Auf der Rückfahrt nach Manhattan schlief Anne-Marie auf der Rückbank, während Marc und ich vorn saßen. Ich wandte mich ihm zu und faßte in Worte, was wir beide wußten.

»Gott hat unsere Gebete erhört!«

»Ja.«

»Warum?«

Marc verstand, was ich sagen wollte: Warum wir?

»Keine Ahnung!« Er lachte.

Anne-Marie schlief weiter. Ich dachte an ihre Zukunft. Ich sah das Ende eines Tunnels, sah Licht, wo ich vorher nur Dunkelheit gesehen hatte. Ich drehte mich um und schaute über das Wasser.

Unglaublich. *Unglaublich.* Das kleine Wunderkind kam heim.

22. Kapitel

War Anne-Marie wirklich völlig geheilt? War der Kampf vorüber? Eine Zeitlang wußten wir nicht, was wir davon halten sollten.

In der Woche nach der Neueinstufung führten wir ein paar lange Gespräche mit Bridget, Robin und Dr. Cohen. Alle drei stimmten darin überein, daß die Therapie fortgesetzt werden sollte.

»Es wird empfohlen«, hatte Dr. Cohen in seinem Gutachten geschrieben, »daß ihre Therapie weitergeführt wird, wobei besonderes Augenmerk auf die Anpassung ihrer Errungenschaften an andere Umgebungen gerichtet werden sollte mittels fortgesetzten Trainings.«

Anne-Marie war gerade zweieinhalb; wir mußten erst einmal abwarten, wie sie in der Schule mitkommen würde, fern von unserer ausschließlich auf sie gerichteten Aufmerksamkeit. Außerdem mußten wir abwarten, wie gut sich in Zukunft ihre sprachlichen und sozialen Fähigkeiten entwickeln würden.

Etwa im Alter von drei Jahren beginnen Kinder zu fragen: was, wo, wer, warum, wann und schließlich wie. Darüber hinaus entwickeln sie Fähigkeiten der Konversation: Sie können ausführlicher über ein Thema sprechen, können mitreden und antworten.

All diese Fähigkeiten fehlten Anne-Marie noch oder entwickelten sich sehr zögerlich. Keiner von uns wollte ihr gerade in diesem Augenblick jegliche Unterstützung entziehen.

Dr. Cohen erklärte ausdrücklich, daß der Vineland-Test in erster Linie anzeigt, ob sich ein Kind innerhalb einer statistischen Norm befindet. Er war kein Maßstab dafür, ob noch autistische Verhaltensweisen zurückgeblieben waren oder nicht. Wir stimmten alle darin überein, daß genau dies noch der Fall war. Beim expressiven Sprachvermögen kam es noch immer zu Echolalie und zur Verwechslung von Pronomen, und in Gesellschaft konnte Anne-Marie noch immer sehr in sich gekehrt sein.

Diese Züge, zusätzlich zu einigen überzogenen Verhaltensweisen, erweckten in uns allen den Wunsch, die Therapie fortzusetzen, bis wir glaubten, sie ohne Unterstützung sich überlassen zu können.

Vereinfacht ausgedrückt: Es handelte sich nicht um einen chirurgischen Eingriff, bei dem man an einem Tag einen entzündeten Blinddarm hat und am nächsten nicht mehr. Wir hatten einen wichtigen Meilenstein auf Anne-Maries Rückreise erreicht, aber wir waren uns nicht sicher, ob sie unsere Hilfe noch zwei Monate oder zwei Jahre benötigte.

Wir hatten das tiefste Dunkel des Autismus hinter uns gelassen, so viel war klar. Welche Probleme auch blieben, Marc und ich hatten ein Kind, mit dem wir kommunizieren konnten. Mehr noch, mit jedem Tag verstärkte sich das Gefühl, daß sie uns liebte und brauchte.

»Ich weiß nicht, was die Zukunft bringt, Marc, aber die Gegenwart ist schön.«

»Ja. Wenn man genau darüber nachdenkt, so wissen wir auch nicht, was die Zukunft für unsere anderen Kinder oder für dich und mich bereithält.«

Das stimmte zwar, aber ich mußte zugeben, daß ich mich nicht völlig von der Zukunft lösen konnte. Für mich gehört es einfach zum Menschsein, daß man dem Gestern nachtrauert und das Morgen mit Träumen erfüllt.

Eine der Frauen aus dem Mütterzentrum, mit der ich mich angefreundet hatte, hatte am Abend nach Anne-Maries Neueinstufung angerufen. Sie hatte mit ihrem zweijährigen Sohn gerade mit einem Training zu Hause angefangen und freute sich über unsere gute Nachricht.

»Martha ist aus England zurück«, erzählte sie mir. »Sie sollten sie anrufen und ihr das erzählen.«

»Schön«, willigte ich ein. Auch wenn ich nicht in allem ihre Meinung teilen konnte, so hatte ich doch das Gefühl, ihr etwas schuldig zu sein. Ich mußte ihr danken, so, wie ich allen anderen dankte. Sie hatte mir Hoffnung gemacht.

Ich rief sie am nächsten Morgen an. Sie reagierte sehr aufgeregt, als sie die Neuigkeiten hörte, und fragte, ob ich mit dem BBC-Team sprechen wolle.

»Ist es wieder hier?«

Ja, erzählte sie mir. Es sei in der Stadt und werde die Dokumentation abschließen.

»Ich weiß nicht recht, Martha. Ich hatte kaum Zeit, mich an all das zu gewöhnen. Ich fühle mich ein wenig benommen. Was soll ich denen denn sagen?«

»Erzählen Sie einfach, was passiert ist. Seien Sie einfach Sie selbst.«

»Gut, ich werde mit Marc darüber sprechen und gebe Ihnen dann Bescheid.«

Aber die Leute von der BBC seien nur noch bis morgen in der Stadt, erzählte sie mir. Es müßte gleich morgen vormittag sein.

»Nun . . . also gut. Aber lassen Sie mich zuerst mit Wilcox sprechen.« Desmond Wilcox war der Produzent, mit dem ich bereits im Mütterzentrum gesprochen hatte.

»Desmond ist nicht hier. Der jetzige Regisseur soll bei Ihnen anrufen.«

Alex, der Regisseur, rief am selben Abend an. »Ich möchte nur mit meinem Vornamen genannt werden«, erklärte ich. »Und ich will auch über die beiden anderen Therapien sprechen, die wir neben der Holding-Therapie angewandt haben, und außerdem will ich darüber sprechen, daß ich der theoretischen Grundlage für das Holding nicht zustimme.«

»Gut, gut.«

So zog ich am nächsten Morgen also los, vollkommen überzeugt – aus einem Grund, der mir heute völlig unbegreiflich ist–, daß Leute, die Dokumentationen fürs Fernsehen drehen, eifrig darauf bedacht sind, so objektiv wie möglich zu sein, daß sie nur daran interessiert sind, die Wahrheit zu enthüllen, die ganze Wahrheit und nichts als die Wahrheit.

Ich fühlte mich schrecklich nach dem Interview.

»Was ist los?« fragte Patsy, die mich mit den Kindern begleitet hatte, nach unserer Rückkehr.

»Ich weiß nicht. Ich hoffe, ich habe mich nicht vor Lob auf die Holding-Therapie überschlagen.«

»Sie haben doch Bridgets und Robins Arbeit auch erwähnt.«

»Schon. Aber nicht sehr ausführlich. Schließlich ist es ein Film über die Holding-Therapie. Aber ich habe versucht, zu verdeutlichen, daß wir eine kombinierte Methode angewandt haben.«

Ich erinnerte mich, daß ich unter anderem zusammengefaßt hatte: »Wir haben täglich eine Stunde Holding-Therapie, zwei Stunden Verhaltensmodifikation und wöchentlich drei Stunden Sprachtherapie absolviert.«

»Und? . . .«

»Ich weiß nicht . . . Patsy, diese Leute benutzen vielleicht nur das, was *sie* wollen.« Es war ein bißchen spät, um zu begreifen, was im Schneideraum passieren kann.

Ich war ein bißchen nervös, was den Bericht anging, verdrängte aber meine Sorgen einfach. Schließlich würde ich erst im November nach England fliegen. Ich hatte über andere Dinge nachzudenken.

Anne-Marie war in den Kindergarten gekommen. Die zweite Phase ihrer Heilung hatte begonnen.

Für diejenigen, die Hinterhöfe und einen ganzen Schwarm von kleinen Kindern in der Nachbarschaft haben, die ständig zu Besuch kommen, ist es vielleicht schwer zu verstehen, warum so viele Stadtmütter ihre Kinder schon im Alter von zwei oder drei Jahren in Spielgruppen oder Kindergärten stecken.

Wenn wir es nicht täten, würden die Kinder durchdrehen. Verbringen sie jedoch den Vormittag in Gesellschaft anderer Erwachsener und Kinder, dann unterteilt das ihren Tag, und außerdem haben sie Gelegenheit, außerhalb der Wohnung zu spielen. Daniel liebte seine Vormittage in »der Schule«.

Bei Anne-Marie war die einzige Frage: Schafft sie es? Für Marc und mich bestand kein Zweifel daran, daß sie es brauchte, wahrscheinlich mehr als Daniel. Sie mußte andere Menschen außer uns in ihre Welt einlassen. Sie mußte so gut wie irgend möglich auf die Anforderungen der richtigen Schule vorbereitet werden, die in zwei, drei Jahren auf sie zukamen, denn dort würde man von ihr erwarten, Anweisungen zu befolgen oder mit anderen Kindern zusammen zu spielen. Bislang hatte sie sich gut entwickelt, allerdings mit einem Optimum an Aufmerksamkeit und Einzelunterricht. Konnte sie jetzt mit der lockeren, weniger strukturierten Umgebung einer ganz normalen Vorschule umgehen? Würde sie auf eine Erzieherin hören, die sich nicht die ganze Zeit ausschließlich auf sie konzentrierte?

Wir hatten beschlossen, den Erzieherinnen von ihrer Diagnose und der Therapie zu erzählen. Bridget und ich trafen uns mehrmals mit den Leitern und Erziehern des Kindergartens, und wir waren sehr glücklich darüber, daß sie uns willkommen hießen und mit uns zusammenarbeiten wollten. Gretchen Buchenholz, die Leiterin der Association to Benefit Children, die die Schirmherrschaft über den Kindergarten hatte, nahm alle Kinder auf (wenn es der Platz erlaubte), ob reich oder arm, gesund oder behindert.

Es war für die Erzieherin Annie und ihre Assistentin Celina schwer zu verstehen, warum erst Bridget und dann ich im Zimmer sein mußten, weil Anne-Marie so normal wirkte. Nach einer Weile jedoch konnten sie sehen, daß sie noch immer etwas Hilfe brauchte. Jeden Morgen ging ich mit ihr in den Kindergarten, wo wir alle »Hallos« hinter uns brachten: Alle Erzieherinnen wurden mit direktem Blickkontakt begrüßt.

»Hi, Anne-Marie!«

»Hi«, sagte Anne-Marie.

»Hi, Aaaa . . .« half ich nach.

»Hi, Annie«, gehorchte sie.

Celina näherte sich.

»Hallo, Anne-Marie. Wie geht es dir heute?«

Anne-Marie antwortete nicht.

»Anne-Marie«, sagte ich. »Sieh Celina an. Celina hat gefragt, wie es dir geht.«

»Gut.«

Sie war wirklich kooperativ, das war nicht das Problem. Sie weinte auch nicht mehr, und heftige Wutanfälle hatte sie nie gehabt. Ich glaubte auch nicht, daß ihr rezeptives Sprachvermögen noch weit hinter der Norm zurücklag. Sie verstand alles, was die Erzieherinnen sagten, wenn sie sich ausdrücklich an sie wandten. Aber sie brauchte noch immer Hilfe, um sich auf Menschen zu konzentrieren; manchmal mußten die Erzieherinnen sich mehrmals an sie wenden, um ihre Aufmerksamkeit zu erlangen. Auch mangelnde Spontaneität und Initiative waren noch immer ein Problem, zwar nicht mehr so schlimm wie früher, aber immerhin.

Als ich einmal neben der Spielecke saß, beobachtete ich ein kleines Mädchen in Anne-Maries Alter. »Jenny!« rief sie durchs Zimmer einem anderen kleinen Mädchen zu: »Jenny, sieh mal!« Es war diese Art von Kontakt, die Anne-Marie nach wie vor schwerfiel. Das spontane Mitteilen auch nur einer einfachen Beobachtung – »Schau mal, es regnet draußen« – kam bei ihr immer noch nicht häufig vor.

Ich, und später die Erzieherinnen, mußten sie manchmal drängen, So-und-So um etwas zu bitten, was sie wollte. Von allein tat sie es nicht immer.

»Saft«, sagte Anne-Marie, saß dabei am Tisch und schaute nach unten.

»Saft.« »Saft.« »Saft.«

Ich streckte die Hand aus, um zu verhindern, daß eine der Erzieherinnen ihr den Saft gab.

»Anne-Marie, möchtest du Saft?« fragte ich statt dessen.

»Ja.«

»Frag Annie.«

»Annie, ich will . . .«

»Sieh Annie an.«

Sie gehorchte.

»Annie, ich will Saft.«

»Könntest du es lauter sagen?«

»Annie. Ich will Saft!«

Wir würden noch genug Zeit haben, ihr »bitte« und »danke« beizubringen. Im Augenblick konzentrierten wir uns auf das für die Kommunikation Wesentliche.

Wenn zufällig eine andere Mutter vorbeikam und hörte, wie ich mit Anne-Marie sprach, sah sie mich komisch an. Das ist unwichtig, sagte ich mir dann im stillen. Ihr Kind lernt all das ganz leicht und natürlich. Wenn sie nur wüßte, wie glücklich sie sich schätzen kann. Aber Anne-Marie lernt auch; sie lernt nur anders. Mir ist es egal, wie gezwungen das aussieht.

Später brachte ich ihr bei, die Erzieherinnen nicht nur anzusehen, sondern auch die Hand nach ihnen auszustrekken und sie zu berühren, um ihre Aufmerksamkeit auf sich zu lenken. Ich trainierte sie darin, wie man die Hand auf den Arm der Erzieherin legt, wie man ihr auf die Schulter tippt, wie man ein bißchen lauter spricht. Sie neigte noch immer dazu, alles sehr leise zu sagen, fast im Flüsterton.

Mit der Zeit fing Anne-Marie tatsächlich an, von sich aus soziale Kontakte herzustellen, womit sie ihrem Vater und mir wieder einmal bewies, daß unser mechanisches, programmatisches Training die Entwicklung von Spontaneität nicht auszuschließen schien. Sie bat die Menschen dann, indem sie deren Namen nannte, sah ihnen häufiger in die Augen und sprach lauter. Allmählich versuchte ich, mich zurückzuziehen, schraubte meine Hilfestellungen so weit zurück, daß ein vielsagender Blick, ein bedeutungsvolles Schweigen oder ein schlichtes »Anne-Marie« von mir genügte, damit sie aufsah, lauter sprach oder auf eine Frage antwortete. Und die Erzieherinnen wußten sie für all diese kleinen Schritte nach vorn zu belohnen: »Es gefällt mir, wie du mich ansiehst, Anne-Marie!« »Du hast meinen Namen sehr schön gesagt!«

Spielte sie im Kindergarten mit anderen Kindern? Sie war noch so jung, daß diese Frage eigentlich bedeutungslos war. Interesse an anderen Kindern blitzte ebenso auf wie an anderen Menschen: Von Zeit zu Zeit lächelte sie einem Jungen oder einem Mädchen zu, aber ich würde nicht behaupten, daß sie sich im Kindergarten durch gemeinsames Spiel hervortat.

Es schien nicht sehr wichtig zu sein. Wir sahen, daß die Grundlagen für phantasievolles Spiel in ihr manifestiert worden waren: Anne-Marie war jetzt an dem Punkt angelangt, wo sie so tun konnte, als wäre ein Baustein ein Schiff. Außerdem war sie in der Lage, sich mit ihrem Bruder Daniel abzuwechseln oder zu teilen. Die Schablone war also geformt; für den Augenblick reichte das. Ich wollte nicht so verrückt sein, für sie »Spieltreffen« zu vereinbaren, im Alter von zwei Jahren und acht Monaten. Solange wir noch immer Fortschritte erkennen konnten, hofften wir weiterhin, daß sie schließlich vollkommen normal sein würde.

Im Oktober erhielten wir endlich Besuch aus der Lovaas-Klinik.

»Lieber spät als nie«, meinte Marc.

Wir hatten im Februar Kontakt zur Klinik aufgenommen. Im Laufe des Sommers hatte uns ein Vater, der mit seinem dreijährigen Sohn eine Therapie zu Hause durchführte und in der Klinik gewesen war, eines Besseren belehrt, was die Vorstellung von einer gutgeführten Einrichtung mit Telefonistinnen, Verwaltungsangestellten und einem ganzen Heer zur Verfügung stehender Therapeuten anging. »Das ist bloß eine akademische Abteilung. Es gibt eine Studentin, die am Telefon sitzt, Lovaas und ein paar seiner Studenten, die bereits ihren Abschluß gemacht haben und eine größere Gruppe von Studenten beaufsichtigen.« Das reichte nicht unbedingt, um alle autistischen Kinder eines Landes zu behandeln.

Deshalb waren wir dankbar und aufgeregt, als Doreen Granpeesheh, eine von Lovaas' ältesten Mitarbeiterinnen, anrief und erklärte, sie würde kommen. Bridget und Robin konnten es kaum erwarten, von ihr neue Anregungen zu bekommen, und ich wollte mich unbedingt über Anne-Maries Fortschritt im Vergleich zu den Lovaas-Kindern unterhalten.

Wie schon Dr. Cohen schien Doreen bereits fünf Minuten nach ihrer Ankunft zu wissen, wie gut es Anne-Marie ging.

»Sie sieht einfach wundervoll aus!« sagte sie herzlich. »Gott sei Dank.«

Doreen gefiel mir auf Anhieb. Sie schien sich wirklich um Anne-Marie zu sorgen und nicht darüber nachzudenken, wie sie uns mit ihrer eigenen Erfahrung beeindrucken könnte. Sie achtete auch sorgfältig darauf, die Arbeit anzuerkennen, die wir bereits geleistet hatten. Zu ihren ersten Worten bei unseren Treffen gehörte das Lob, daß wir bisher, allein auf uns gestellt, hervorragende Arbeit geleistet hatten.

Sie beobachtete Bridget, als diese eine Stunde mit Anne-Marie arbeitete. Als ich am Ende der Stunde hereinkam, sah sie mich an.

»Sie haben da ein Prachtstück von Therapeutin, Catherine.«

»Das weiß ich« – ich lächelte Bridget zu – »jetzt.«

Auch Doreen hatte uns eine Menge zu bieten. Sie beeinflußte unsere Arbeit, indem sie uns viele der weiterentwickelten Programme der UCLA erläuterte. Zu ihren Programmvorschlägen, die wir in den kommenden Monaten mit einbeziehen sollten, gehörten unter anderem:

– Die Arbeit an wechselseitiger Konversation. Der Erwachsene erklärt: »*Ich* trage eine blaue Hose« und unterstützt Anne-Marie dann dabei, zu sagen: »*Ich* trage eine rote Hose.« Oder »*Ich* hatte zum Mittagessen ein Sandwich à la Bolognese«, und sie sollte dann sagen, was sie zu Mittag gegessen hatte. Oder: »*Ich* habe einen roten Stift in der Hand«, usw.
– Die Arbeit an der Feinmotorik mit Hilfe einer Schere.
– Die Arbeit am Erkennen von Emotionen anhand der Fotos von Menschen – »Zeig mir ›glücklich‹, ›traurig‹, ›wütend‹ usw.« Die Arbeit am Verständnis, *warum* die Personen in Büchern glücklich, traurig oder wütend sind.
– Die Arbeit am Erkennen der Bedeutung bestimmter Räume: Was macht man in der Küche (im Bad, im Schlafzimmer, usw.)
– Die Hilfe, damit sie ausdrücken kann, was sie mag und was nicht. Die Arbeit am spontanen Ausdruck solcher Empfindungen.
– Die Arbeit an vollständigen Sätzen mit Konjunktionen, Artikeln, korrekten Pronomen usw.
– Training und Unterstützung dabei, längere Geschichten über ein Bild zu erzählen.

– Die Arbeit an Einzahl und Mehrzahl, an Gegensätzen, Vergangenheit und Gegenwart.
– Training und Unterstützung bei der Anwendung von »ehe« und »nachdem« in einem Satz.
– Unterstützung und Hilfe dabei, von Dingen und Ereignissen zu erzählen, die in diesem Augenblick nicht gegenwärtig sind: Was sieht man in einem Zirkus? usw.
– Soziales Bewußtsein: Situationen ermöglichen, bei denen zwei Menschen vor Anne-Marie reden. Einfaches Thema, einfache Sätze. Frage: Worüber reden wir? Daniel einsetzen, um Konversation mit Gleichaltrigen zu üben.

Im Oktober und November machte Anne-Maries Sprachvermögen einen weiteren Sprung nach vorn. Bridget arbeitete jetzt mit Hilfe von Karten daran, Handlungen zu bezeichnen, und Anne-Marie ging von Sätzen wie »Junge sitzen« zu Sätzen wie »Junge sitzen auf Stuhl« und schließlich »Junge sitzen auf rotem Stuhl« über. Robins Spielstunden wurden verbal immer schwieriger, nachdem Anne-Marie jetzt »was« und »wo« fragen konnte, und sie führten ansatzweise Dialoge mit Puppen und Bären.

Aber was vielleicht das Wichtigste war: Sie demonstrierte Bridget, Robin und uns, daß sie jetzt fähig war, immer mehr von ihrer Umwelt zu lernen. Sie kam mit vielen Sätzen und Satzstrukturen an, die ihr niemand beigebracht hatte, sondern die sie in Gesprächen um sie herum gehört hatte.

In Bridgets Unterlagen vom 2. November ist der folgende spontane Dialog aufgezeichnet:

Bridget: Was ist passiert?

Anne-Marie: Michel hat es getan. (Anne-Marie fängt an, das Übungsprogramm »Vergangenheit«, mit dem im September begonnen wurde, immer mehr umzusetzen.)

Bridget: Was hat Michel getan?

Anne-Marie: Werfen Bücher auf Boden.

Bridget: Wer hat die Bücher auf den Boden geworfen?

Anne-Marie: Michel hat Bücher auf Boden geworfen. (Anne-Marie korrigiert die Verbform von sich aus, nachdem sie sie einmal gehört hat.)

Ende November mußte ich Anne-Marie nicht mehr zum Kindergarten begleiten. Was sie noch an Hilfe benötigte, konnten ihr Annie und Celina geben.

Im Dezember feierte Michel seinen ersten Geburtstag. Zu diesem Anlaß versammelte ich die Kinder um den Eßtisch. Marc arbeitete noch. Es gab Schokoladenkuchen, und zwei oder drei Geschenke mußten geöffnet werden.

Ich war glücklich; wir waren alle glücklich. Unsere kleine Welt schien ihr Gleichgewicht wiedergewonnen zu haben. Anne-Marie ging es von Tag zu Tag besser, Daniel hatte dieses Jahr bravourös hinter sich gebracht, und die Liebe zwischen Marc und mir war noch gewachsen.

»Happy birthday to you, happy birthday, dear Michel . . .!«

Die kindlichen Stimmen von Anne-Marie und Daniel fielen in das Lied ein. Die Küche war warm. Die Kinder waren gesund und glücklich. Es war schön, sie um den Tisch versammelt zu sehen. Ich holte tief Luft, als ich den Kuchen anschnitt. Wir hatten diesen Kampf durchgestanden, und wir waren gesund und munter daraus hervorgegangen. Ich reichte dem Geburtstagskind ein Stück Kuchen, das er augenblicklich mit beiden Händen in Angriff nahm. Ich lachte und drückte ihm zwei Küsse auf den Scheitel. Einen für deinen ersten Geburtstag und einen für das Jahr, das vor uns liegt. Gott segne dich, kleiner Mann.

Am 30. Januar 1989, dreizehn Monate nach der ersten Diagnose, hielt ich in meinem eigenen schwarz-weißen »Aufsatzheft«, in meinem Tagebuch über Anne-Marie, meinen letzten Eintrag fest.

Der Eintrag beginnt mit dem Datum. Dann führe ich fünf Sätze auf, die ich sie an jenem Tag habe sagen hören:

»Tu das für mich, Mammi, ich kann es nicht.«
»Wo Daniel?«
»Was du machen?«
»Mammi, Arm nehmen.«
»Ich fallen. Aua gemacht am Arm. Pusten.«

»Nur ein paar Beispiele zu Anne-Maries Sprache von heute«, schrieb ich.

Die ganze Zeit über hatte ich abwechselnd geglaubt und nicht geglaubt. Jetzt verneigte sich mein stures Herz demütig vor diesem Geschenk.

Es würden noch weitere Tests, Neueinstufungen und Prüfungen für Anne-Marie folgen: IQ-Tests, Stimm- und Sprachgutachten, ihre weitere Anpassung an die Vorschule und an andere Schulen.

Aber jetzt hatten wir diesen Ort des Friedens erreicht, und die Gegenwart war schön. Mehr als schön. Sie strahlte Vollkommenheit und Freude aus.

Die ganze Zeit über hatte ich befürchtet, wir würden sie neu schaffen, würden sie in eine Schablone angemessenen Verhaltens und erlernter Sprache pressen, hatte befürchtet, daß unsere Tochter irgendwann im Alter zwischen ein und zwei Jahren gestorben wäre und wir sie aus dem Staub und der Asche hatten »wiedererstehen« lassen, die einst unser Baby ausgemacht hatten.

Diese Sorge war jetzt vergangen. Der bloße Gedanke daran hieß, angesichts einer großen Gnade nach Kummer zu suchen. Wir hatten sie nicht »wiedererstehen« lassen, hätten das gar nicht tun können. Sie war jetzt viel zu sehr sie selbst, viel zu sehr von ihrem eigenen Leben erfüllt, von ihren eigenen Gedanken und Wünschen, ihrer Kreativität und Intelligenz, um von irgend jemandem außer ihrem

Schöpfer geschaffen worden zu sein. So, wie sie in »meinem Bauch zusammengefügt« worden war, ohne daß ich bei diesem wunderbaren Prozeß die Kontrolle gehabt hatte, so war sie jetzt aus dem Autismus aufgetaucht, ohne daß wir ihre Wiedergeburt völlig verstanden oder kontrolliert hatten.

Wir würden wahrscheinlich niemals erfahren, welche neurologischen Prozesse in ihrem Gehirn reaktiviert, welches chemische Ungleichgewicht korrigiert worden war. Aber es war uns auch nicht wichtig, denn sie tauchte auf, hinein in das Licht menschlicher Liebe, und blickte uns mit ihren blaugrünen Augen an.

23. Kapitel

Der November war gekommen und gegangen. Ich hatte von Zeit zu Zeit an den BBC-Film gedacht und mich gefragt, was daraus geworden und ob er in England bereits gesendet worden war. Im Dezember hatte ich Dr. Welch ein paarmal angerufen, aber sie verhielt sich zögerlich, so, als wollte sie nicht mit mir darüber sprechen. Schließlich erfuhr ich, daß sie ein paar Leute eingeladen hatte, um die Bänder anzuschauen. Ich rief an und fragte, ob ich auch kommen könnte.

»Ich habe keine Bänder übrig, die ich Ihnen geben könnte«, antwortete sie.

Jetzt war ich doch ein wenig beunruhigt und dachte mir, daß Dr. Welch nicht wollte, daß ich den Film sah. Deshalb versuchte ich, mir den Film selbst zu beschaffen.

Die Bänder trafen im Februar 1989 ein. Es handelte sich um zwei Fernsehsendungen; die eine war am 9., die andere am 16. November 1988 ausgestrahlt worden. Marc und ich sahen sie uns eines Abends an.

»Unglaublich«, sagte Marc leise. Ich fing an zu zittern.

Es war die reinste Werbesendung für Martha Welch. Die Holding-Therapie wurde als Antwort auf die verzweifelten Gebete der Eltern hochgehalten. Martha Welch als »Urquell«.

»Aber ist das wirklich das Heilmittel?« erklang die Stimme des Sprechers aus dem Off.

Die Antwort lautete, wieder und wieder, ja und nochmals ja. Der Sprecher fuhr fort:

»Für diese Eltern besteht kein Zweifel. Sie wissen, daß viele Kinder bereits wieder ein vollkommen normales Leben aufgenommen haben, durch das Holding ...

Nach der Holding-Therapie nehmen viele Kinder wieder ihren normalen Platz in der Familie, in der Schule und bei der Arbeit ein ...

Die von ihr in Amerika erzielten Resultate, die Anzahl der Kinder, die bereits wieder ein vollkommen normales Leben aufgenommen haben, sind ein eindrucksvoller Beweis.«

Aber wo war dieser Beweis? Wo waren die geheilten Kinder? Wo war »die Anzahl der Kinder, die bereits wieder ein vollkommen normales Leben aufgenommen haben ...«? Was bedeutete diese Aussage? Ich hatte immer wieder darum gebeten, ein paar dieser Kinder sehen zu können, hatte aber kein einziges kennengelernt. Hatte Desmond Wilcox ein paar gesehen? Hatte er zehn gefunden? Fünf? Ein einziges?

Eine Mutter nach der anderen erklärte, daß ihr Leben eine Kehrtwendung erfahren habe, daß man ihr Hoffnung gegeben hätte, daß sie glaubte ...

Da wurde zwar ein kleiner Junge gezeigt, der das Alphabet aufsagen konnte – genau wie ungefähr die Hälfte aller Autisten –, doch dieses Vermögen besagt nichts darüber, ob jemand sich normal unterhalten kann. In dem Film *Rain man*, dessen Produzenten sich mit Dr. Rimland beraten hatten, was die Darstellung des autistischen Zustands betraf, konnte der Hauptdarsteller die schwierigsten mathematischen Aufgaben im Kopf lösen, während seine Sprache kindlich blieb. Die BBC-Dokumentation über die Holding-Therapie enthielt jedoch nicht eine einzige interaktive Unterhaltung mit einem autistischen – oder ehemals autistischen – Kind.

Dann wurde Katy gezeigt, das junge Mädchen aus dem Artikel in der Zeitschrift *Life*, dessen Gedichte über Christus, die Erlösung und Dr. Welch mich so gerührt hatten.

Die Dokumentation verweilt einen Moment bei diesen erstaunlichen Gedichten. Der Sprecher erklärt, daß Katy vor einem Jahr, als sie zehn war, ein Gedicht über Dr. Welch geschrieben hat. Er informiert uns, daß sie damals bereits »eine Reihe« von Holding-Sitzungen hinter sich hatte, aber weiterhin »nicht reagierte«. (»Eine Reihe« von Holding-Sitzungen, ha! Zu dieser Zeit hatte Katy mindestens *acht Jahre* lang Holding-Therapie gemacht.)

Dann liest Dr. Welch aus einem der Gedichte, einer Lobeshymne auf ... Dr. Welch:

Sie ärgerte und verletzte mich und forderte mich heraus.
Sie respektierte und stärkte mich
und schenkte mir eine Mutter, die meine wildesten Träume übertraf.

Wie lange wurde Katy mit der Holding-Therapie behandelt, ehe sie das Niveau erreichte, auf dem sie so schreiben konnte? fragt Desmond Wilcox.

Die Frage ist nicht richtig gestellt, erwidert Dr. Welch. Katy hätte schon lange so schreiben können. Sie hat es nicht getan, weil sie verängstigt war, sehr verschreckt – und mit gutem Grund: »Sie wuchs nicht gerade geborgen auf.« Aber, so fährt Dr. Welch fort, »als sie genügend Sicherheit zum Schreiben hatte, fing sie damit an, und sie entwickelte ihre Kommunikation sozusagen von Null auf Hundert und schrieb im Alter von neun Jahren wie eine College-Studentin«.

Um jeglichen Zweifel zu zerstreuen, erzählt die Stimme des Sprechers, in dem ich inzwischen Wilcox erkannt habe, sei er gebeten worden, Katy bei ihrer literarischen Arbeit zu beobachten.

Schnitt: Katy und ihre Mutter sitzen zusammen auf einem Bett. Die Hand der Mutter hält Katys Hand. Zusammen schreiben sie – in großen kindlichen Buchstaben über die halbe Seite – zwei Wörter:

MAMMI
LIEBE

Ich schloß die Augen, als diese Bilder vor mir abliefen. Verrat, dachte ich! MAMMI? LIEBE? Wo waren die philosophischen Gedanken der Gedichte, die ich gelesen hatte? Wo war die saubere, ziemlich verkrampfte Handschrift der Gedichte, die angeblich von Katy persönlich geschrieben worden waren und die Dr. Welch mir gegeben hatte? Die auch in dem *Life*-Artikel abgedruckt waren? Wie ließen sie sich, sowohl formal als auch in ihrer inhaltlichen Reife, mit diesem hart erarbeiteten, kindlichen, von der Mutter unterstützten Gekritzel in Verbindung bringen?

»Ich fand es natürlich, ergötzlich – und überzeugend«, sagt der Sprecher Wilcox. Ende der Katy-Sequenz. Alle Zweifel beseitigt.

Und dann werden Anne-Marie und ihre Mutter gezeigt: Anne-Maries Mutter verkündet die Ergebnisse von Anne-Maries Neueinstufung. Anne-Maries Mutter faßt zusammen, woraus Anne-Maries Therapie bestanden hat.

»Wir haben täglich eine Stunde Holding-Therapie absolviert.«

Wenn man sehr genau aufpaßt, hört man natürlich in der Einführung zu dem Abschnitt über Anne-Marie den beiläufigen Hinweis des Sprechers ». . . wie auch andere Therapien«.

Aber diesen Satz haben wohl nicht viele der britischen Zuschauer gehört. Schließlich sieht man die Mutter von Anne-Marie, wahrscheinlich des einzigen Kindes im ganzen Film, das einer Heilung nahe war, und sie sagt: »Wir haben täglich eine Stunde Holding-Therapie absolviert.« Schluß.

Sequenz folgt auf Sequenz, und immer wieder tauchen dieselben alten Tinbergen-Bettelheim-Welch-Theorien auf:

– Autismus als bewußt gewählter Rückzug eines traumatisierten Kindes: Die »Festung« (Bettelheims liebste Metapher) ist »selbst auferlegt«, sagt Dr. Welch.

– Autistische Kinder als strahlende kleine Seelen, deren Hauptproblem es ist, daß sie emotional blockiert sind: ». . . diese Kinder erweisen sich als außergewöhnlich begabte Kinder, wenn sie anfangen, ihr wahres Potential zu enthüllen«, sagt Dr. Welch. (Diese Kinder? Wie viele? Die Hälfte von ihnen? Alle?)

– Autistische Kinder, die nur eine Umgebung brauchen, die sie akzeptiert, die Gegenwart eines sie akzeptierenden Erwachsenen, um schließlich ihren aufgestauten Emotionen freien Lauf zu lassen: Viele dieser blockierten Kinder, so belehrt Dr. Welch ihre Zuschauer, zeigen ihre stärksten Emotionen in ihrem Mütterzentrum, »wo dies, wie sie wissen, unterstützt wird«.

– Autismus als katastrophale Antwort auf ein Ereignis im Leben, vor allem auf das schrecklichste aller Erlebnisse, die Geburt von Geschwistern: »Aber die Ankunft (seiner kleinen Schwester) löste bei Michael viele Symptome aus«, sagt Wilcox über den Beginn von Autismus bei einem Dreijährigen.

– Und was das Schlimmste ist, immer wieder dieselbe alte Leier: Autismus als direktes Ergebnis eines mütterlichen Fehlverhaltens: Eine Mutter »gestand« Dr. Welch schließlich, daß ihre eigene Mutter sie nicht in den Arm genommen hatte, als sie noch ein Baby gewesen war. Deshalb konnte diese Mutter jetzt nicht auf ihr Baby reagieren, konnte ihren Sohn nicht aufnehmen, wenn er schrie. Das »sehr normale Baby« gab daraufhin auf und zog sich in sich selbst zurück. Dieses Geständnis, erklärt Dr. Welch, vermittelte ihr »neue Einsichten« in den Ursprung des Autismus:

»Diese Vorstellung, daß die Mutter nicht in den Arm genommen worden war, dies aber gewollt hatte, war sehr ambivalent. Es handelte sich um dieselbe Art von Ambivalenz wie bei den autistischen Kindern, und mir schoß plötzlich der Gedanke durch den Kopf, daß mit der Holding-Therapie das Meiden überwunden und die Annäherung ermöglicht und somit eine normale Entwicklung erzielt werden kann. Ich schickte mich an, dies zu beweisen.«

Wie merkwürdig. Ich hatte immer geglaubt, Forscher würden Hypothesen prüfen, nicht »beweisen«.

So haben also die Mütter, die diese »normalen« Babys zur Welt gebracht und sie dann emotional mißhandelt haben, bis sie autistisch wurden, jetzt eine zweite Chance: Die Holding-Therapie wird dafür sorgen, daß autistische Kinder nun »ihren normalen Platz in der Familie, der Schule und bei der Arbeit« einnehmen können.

Aber die Vorzüge des Holding gehen weit über die schlichte Heilung von Autismus hinaus, glaubt man Martha Welchs Aussage in diesem hymnischen Film. Mit der Holding-Therapie läßt sich fast alles heilen! Mit der Holding-Therapie, sagt Dr. Welch, »verschwänden« einfach Phasen wie das Trotzalter und die schwierige Teenager-Zeit! Holding schaffe »kooperative, nach Liebe suchende« Teenager. Holding sei die »perfekte Lösung« für Wutanfälle. Holding ließe die Rivalität unter Geschwistern »verschwinden«.

Ich rief Dr. Rimland an und mußte mich zusammenreißen, um nicht am Telefon zusammenzubrechen. »Ich weiß. Ich habe von dem Film gehört«, erzählte er mir. Die Büros der National Autistic Society in England würden von Eltern überschwemmt, die nach dieser neuen »Kur« verlangten und auf die Einrichtung schimpften, weil sie ihnen Informationen über diese wundervolle Behandlung vorenthalten hatte. Eine Protestkampagne folgte. Wo waren die Studien? wollten die Eltern wissen. Wo waren all die geheilten Fälle? Wo waren die unabhängigen Gutachten zu Beginn der Behandlung und wo die anschließenden unabhängigen Neueinstufungen?

Ich schrieb eine offizielle Beschwerde an die Broadcasting Complaints Commission in London. Ich war empört und entsetzt darüber, daß meine Aussage zur Irreführung der Eltern autistischer Kinder verwendet wurde. Ich war wütend auf mich selbst, weil ich die Holding-Therapie so naiv gelobt hatte, aber doppelt so wütend war ich auf all jene, die für diese Karikatur einer Dokumentation verantwortlich waren.

Im März und April gingen unsere Briefe über den Atlantik hin und her, bis Desmond Wilcox schließlich damit drohte, gerichtlich gegen mich vorzugehen.

Freunde, Verwandte, meine Anwalts-Schwestern, Marc, Dr. Rimland – alle drängten mich, ebenfalls mit dem Säbel zu rasseln. »Machst du Witze?« raunzte mich meine Schwester Jean eines Tages an. »Du willst deine Klage zurückziehen, weil er sich aufspielt? Du würdest als Anwältin keine Minute überleben!«

Aber ich konnte den Kampf nicht weiterführen. Ich fühlte mich bereits jetzt überwältigt und angreifbar. Martha Welch hatte der BBC meinen Brief an Dr. Rimland übergeben, in dem ich von ihr geschrieben hatte, und ich hatte keine Ahnung, wem sie ihn sonst noch geben würde. Außerdem befürchtete ich, daß der Name meiner Tochter an die Öffentlichkeit gelangen würde.

Schon jetzt saß ich bis drei Uhr nachts da und schrieb diese sinnlosen Briefe, versuchte ein Unheil zu lindern, das bereits geschehen war. Schon jetzt fügte ich einem Familienleben, das allmählich wieder ins Lot kam, weiteren Ärger und Sorgen hinzu. Noch im April zog ich meine Klage zurück.

Aber der Schmerz hielt noch lange Zeit an. »Ein weiterer von Rosen gesäumter Pfad für Eltern«, bemerkte ich Marc gegenüber verbittert. »Täglich eine Stunde Holding-Therapie: So heilen Sie Ihr Kind vom Autismus.«

Was ich auch über menschlichen Egoismus, über den Wunsch nach Anerkennung und Ruhm zu wissen geglaubt hatte, ich konnte einfach nicht verstehen, warum Martha Welch die Ausstrahlung dieses verzerrten Berichts zugelassen hatte. Ich verstehe es bis zum heutigen Tag nicht. Ich hatte sie gelobt. Ich hatte ihre Methode geschätzt. Ich glaube immer noch, trotz allen Ärgers, daß die Holding-Therapie wirklich ihren Teil zu Anne-Maries Fortschritt beigetragen hat. Warum genügte das Dr. Welch nicht? Sie wußte von Bridgets und Robins Arbeit: Wir hatten während der ganzen Zeit darüber gestritten. Wie konnte sie zulassen, daß irgendwer – irgendwelche Eltern – glaubten, daß eine Stunde Holding-Therapie täglich ein Kind heilen würde? Wie konnte sie weiterhin in einem Atemzug die Theorie der »falschen Mütterlichkeit« propagieren und sie im nächsten abstreiten?

Sogar Marc, normalerweise der ruhende Gegenpol zu meinem Temperament, war wütend. Er war jedoch nicht schockiert von dem Verhalten des Produzenten und Dr. Welchs.

»Das überrascht mich nicht«, sagte er eines Tages zu mir und versuchte mich zu trösten, als ich mir zum hundertstenmal schreckliche Vorwürfe machte. »Das Medientheater überrascht mich überhaupt nicht, und Martha habe ich nie getraut.«

Er sah mich an.

»Hör zu, Liebes. Versuche, zwei Dinge zu glauben: Erstens, daß es nicht wichtig ist. Heute in einem Jahr erinnert sich kein Mensch mehr an diesen Film. Das einzige, was zählt, ist, daß wir unsere kleine Tochter zurückgewinnen.«

Ich konnte nicht antworten. Ich wußte, daß es so war, aber in diesem Augenblick konnte ich es nicht nachvollziehen; ich war innerlich zerrissen.

»Und zweitens?«

»Zweitens, daß die Wahrheit überlebt. Unsinn nicht.«

Wahrscheinlich hatte er recht, aber ich konnte damals einfach nicht so gelassen damit umgehen. Ich ärgerte mich nicht nur darüber, daß man mir meine Worte im Mund umgedreht hatte, so daß sie den Zwecken eines anderen dienten, oder daß unsere Geschichte des Leidens und Triumphes nun dazu dienen sollte, andere Menschen in die Irre zu führen – mich ärgerte einfach alles.

Alles, was sich im vergangenen Jahr aufgestaut hatte: die ganze Frustration und der Zorn, ausgelöst durch die Szenen, deren Zeugin ich im Mütterzentrum geworden war, der scheinheilige Unsinn aus den Büchern der Tinbergens und Bettelheims, die ständigen Angriffe auf die Verhaltenstherapie, die therapeutischen Kinderheime, die kaum mehr als Aufbewahrungsanstalten waren – all das fügte sich für mich auf unerträgliche Weise zusammen. Es gab Nächte, in denen ich nicht schlafen konnte, in denen ich im Bett lag und über den ganzen Blödsinn grübelte, der bezüglich Autismus in Umlauf war. Und am meisten quälte mich meine eigene Beteiligung daran. Ein Gefühl äußerster Sinnlosigkeit lähmte mich nahezu. Dieser Unsinn würde weitergehen, immer weiter, ganz gleich, welche Daten veröffentlicht wurden, ganz gleich, wie viele wissenschaftliche Studien erschienen. Das scheinbar Sensationelle würde immer mehr Beachtung finden als die komplizierte Wahrheit. Wie naiv, wie dumm ich doch gewesen war, daß ich den menschlichen Egoismus unterschätzt hatte. Wem wird schließlich geglaubt? Wem schenken die Medien am meisten Aufmerksamkeit? Bei diesem Spiel geht es um hohe Einsätze. Wen kümmert schon die Wahrheit?

Es gab in diesem April Augenblicke, in denen mir übel wurde vor Reue und Zorn darüber, daß ich so dumm gewesen war und mich so hatte hereinlegen lassen.

24. Kapitel

Im Mai erhielten wir erneut Besuch aus der Lovaas-Klinik. Es war vereinbart worden, daß eine, zwei oder drei Familien die Kosten für Flug, Unterkunft und Verpflegung plus einer Gebühr für den Workshop übernahmen.

Diesmal kam Anthony: Voller guter Ideen für anspruchsvolle Programme zum expressiven Sprachvermögen und zur Konversation.

Aber ich war nicht in allem, was er sagte, seiner Meinung, und sein Therapiestil gefiel mir auch nicht immer.

Das beunruhigte mich, da ich inzwischen großen Respekt vor dem verhaltenstherapeutischen Programm und Dr. Lovaas' Arbeit hatte.

»Catherine«, sagte Marc nach Anthonys Besuch, »du glaubst noch immer daran, daß es irgendwo eine perfekte Therapie gibt und einen Menschen, der alle Antworten kennt.«

»Nein, das glaube ich nicht. Nicht mehr. Aber ich glaube immer noch, daß Lovaas' Mitarbeiter eine Menge mehr über Autismus wissen als wir.«

»Sie wissen viel über Autismus und über Verhaltenstherapie. Aber wir kennen unsere Tochter und wissen, was bei ihr wirkt.«

»Ja . . . inzwischen schon.«

»Wenn wir also nicht mit allem einverstanden sind, was Anthony sagt, dann machen wir das einfach nicht. Wir ändern es ab, passen es an, übernehmen, was wir brauchen können. Nichts ist in Stein gemeißelt. Ich bin überzeugt, daß Lovaas dir dasselbe sagen würde.«

Auch wenn Dr. Lovaas' Arbeit uns den größten Teil unserer Fragen beantwortet hatte, hatten wir doch nicht alles ganz genauso gemacht, wie es in *The Me Book* stand. Bridget brachte uns die ganze Zeit neue Programme. Einige stammten von »da draußen«, wie sie sagte, aus Schriften, Büchern, Artikeln und Konferenzen über Verhaltensmodifikation und spezielles Lernen. Einige erfand sie selbst, und ein paar dachten wir uns gemeinsam aus.

Aber unsere eigene Richtung zeigte sich weniger im Inhalt der Programme, als vielmehr in der Art, wie wir sie durchführten.

Je mehr ich über Verhaltensmodifikation las und je mehr Therapeuten ich beobachten konnte, desto klarer wurden mir zwei, drei Dinge, die mir eigentlich von Anfang an hätten klar sein müssen.

Erstens sind die Therapeuten verschieden – es gibt gute, wohlmeinende, aber nicht sehr erfahrene, und auch welche, die einfach grob sind.

Zweitens beruht die Verhaltenstherapie zwar, vereinfacht gesagt, auf dem Prinzip der Beständigkeit – die Betroffenen haben gelernt, auf bestimmte Stimuli und Strukturen mit einem gleichbleibenden Verhalten zu reagieren –, aber dennoch wird diese Reaktion hinsichtlich ihres Wesens doch immer variieren. Was für ein Kind gilt, muß bei einem anderen nicht unbedingt Wirkung zeigen.

Drittens ist der Einfluß der Verhaltensmodifikation erheblich. Diese Therapie kann den menschlichen Geist auch zerstören.

Bridget wurde einmal zu einer Familie gerufen und kam nach dieser Begegnung völlig verstört zu mir, um sich mit mir darüber zu unterhalten. Sie war aufgefordert worden, einen anderen ausgebildeten Therapeuten bei seiner Arbeit mit einem Kind zu beobachten. Es handelte sich um einen jungen, sehr von sich überzeugten Therapeuten. Das Kind war ein knapp vierjähriger, verbal extrem gedrillter Junge.

»Der Kerl schrie den Kleinen einfach nur an!« erzählte mir Bridget. Sie, die sonst so ruhig war, schien sichtlich erregt.

»Was hat er denn geschrien?«

»›Hör auf damit! Setz dich auf den Stuhl! *Hör auf damit!*‹«

Natürlich war das Kind innerhalb weniger Minuten völlig willfährig. Wenn es etwa zu weinen versuchte, kam das »Hör auf damit!«, und gleichzeitig wurde der Junge beinahe mit Gewalt auf den Stuhl gezwungen.

Nach einer Weile erlaubte der Therapeut dem Kind, aufzustehen und zu seiner Mutter zu gehen. »Sag ›Hi‹ zu deiner Mutter!« fuhr er das Kind an.

Das Kind näherte sich der Mutter und fing an zu wimmern.

»*Ruhe!* Ich sagte, du sollst ›Hi‹ zu deiner Mutter sagen! Auf der Stelle!«

Marc und ich waren ebenso entsetzt wie Bridget. Nicht daß wir Strafen kategorisch ablehnen! Wie ich bereits erwähnt habe, glauben wir alle drei an die Notwendigkeit von Strafen, bei bestimmten Kindern und unter bestimmten Umständen. Wir haben von Fällen gehört, in denen Kinder ein derart selbstverletzendes Verhalten an den Tag legten, daß Seh- und Hörvermögen, ja sogar das Leben in Gefahr waren. Eine Mutter erzählte mir, daß sie schließlich beschlossen hatte, einen aversiven Reiz einzusetzen, nachdem ihr Sohn sein Trommelfell mehrfach durchbohrt hatte. Sie hatte den Lehrern ihres Sohnes erlaubt, ihn auf eine für ihn körperlich unangenehme Art zurückzuhalten, wann immer er sich an die Ohren gehen wollte, und so brachten sie sein Verhalten endlich unter Kontrolle. Wir hatten von einem kleinen Mädchen gelesen, das sich fünf Jahre lang ständig und so kräftig geschlagen hatte, daß es schließlich Gehirnverletzungen und verletzte Trommelfelle davongetragen und die Augen so schwer geschädigt hatte, daß es praktisch blind war. Ihren Eltern war es nicht gelungen, mit diesem »Alptraum ohne Ende« fertig zu werden. Sie hatten die Kleine schließlich den Großeltern übergeben. Nachdem die Großmutter ihrerseits alles Erdenkliche getan hatte, erwarb sie schließlich einen Helm, der jedesmal, wenn das Kind versuchte, sich zu schlagen, einen leichten Stromstoß abgab. Innerhalb weniger Wochen war dieses Verhalten behoben. Den Berichten der Großmutter und der Lehrer zufolge versuchte das Mädchen niemals, den Helm abzunehmen, ja sie regte sich sogar darüber auf, wenn andere ihn zu entfernen versuchten. Trotzdem bemühte sich eine Gruppe von selbsternannten Verteidigern heftig darum, die Verwendung dieses Hilfsmittels verbieten zu lassen, und versuchte gleichzeitig, den Großeltern jegliche Entscheidungsgewalt in dieser Angelegenheit zu entziehen. »Vielleicht sollten diese Verteidiger mal zwei Monate lang mit dem Kind leben«, meinte ich zu Marc, als ich von dieser Kontroverse hörte. »Ich frage mich, wie lange sie zusehen würden, wie sich ein Kind selbst blind und taub schlägt.«

In einem anderen Fall bat mich eine Mutter um Hilfe. Ihr sechsjähriger autistischer Sohn hatte seit seinem zweiten Lebensjahr geschrien. Anfangs hatte sie sein Schreien ignoriert, dann hatte sie versucht, jedesmal wenn er schrie, zu sagen: »Nicht Schreien.« Doch das Schreien wurde nur noch schlimmer. In der Schule hatte er einmal innerhalb von zwei Stunden über sechzigmal geschrien.

Es war sowohl seiner Mutter als auch mir klar, daß er schrie, sobald jemand auf ihn eindrang oder etwas von ihm wollte.

Wir beiden Mütter setzten uns an den Küchentisch und überlegten uns einen aversiven Reiz.

Jedesmal wenn das Kind schrie, sollte seine Mutter vor

seinem Gesicht laut in die Hände klatschen und dabei richtig laut brüllen: *»Nicht schreien!«*

Das gefiel keiner von uns. Aber wenn ein Verhalten sich über vier Jahre lang festsetzt, dann ist das eine lange Zeit. Die Mutter hatte es mit Liebe und Verständnis versucht. Sie hatte Psychiater und Psychologen, Therapeuten und Ärzte aufgesucht. Die Lehrer in der Schule ihres Sohnes wußten ihr auch nicht zu helfen, erzählte sie.

Sie fürchtete, ihr Sohn würde niemals etwas lernen, wenn er nicht aufhörte zu schreien. Sie hatte Angst, die Leute würden ihn ächten oder sich über ihn lustig machen, wenn er weiter schreien würde.

Als sie es zum erstenmal mit dem aversiven Reiz probierte, war der Junge entsetzt. Eine Weile blieb er ruhig, dann schrie er wieder. Wieder stürzte sich seine Mutter auf ihn. Und wieder und wieder.

Am Ende der Woche schrie der Junge zwei-, dreimal pro Tag. Nach fünf Wochen war das Schreien vergangen, und zwar für immer. Der Junge war ruhiger, wirkte freundlicher und lernte mehr. Er lächelte häufiger. Die Kinder im Park liefen nicht mehr vor ihm davon, weil er nicht mehr alle paar Minuten Schreie ausstieß, die den anderen das Blut in den Adern gefrieren ließen. Seine Mutter war überzeugt davon, richtig gehandelt zu haben.

Aber das, was Bridget beobachtet hatte, war etwas anderes. Wir versuchten herauszufinden, warum es uns so sehr beunruhigte. Normalerweise verteidigten wir die Verhaltenstherapie, und jetzt regten wir uns alle über diesen jungen Mann auf.

»Es liegt daran, daß er das Kind gerade erst kennengelernt hat«, sagte Bridget. »Er hat nicht analysiert, warum das Kind geweint hat: Wollte es die Aufgabe meiden? Hatte es Angst? Suchte es die Aufmerksamkeit seiner Mutter? Es hat keine Verhaltensanalyse stattgefunden.«

Eine solche Analyse des unmittelbar Vorhergegangenen

ist immer der erste Schritt, wenn man versucht, einem Kind Selbstbeherrschung beizubringen. Das hatte mir Bridget oft erzählt. Als erstes, noch ehe man einen aversiven Reiz einsetzt, versucht man, das Kind mit Hilfe einer anderen Methode zur Mitwirkung zu veranlassen: sei es, indem man es lobt, wenn es sich beruhigt, sei es, indem man das Weinen unbeachtet läßt und einfach eine Aufgabe ausführt, wobei man ein anderes Reinforcement einsetzt, wenn diese Aufgabe beendet ist. Aber von all dem war in der Episode, die sie uns beschrieben hatte, nichts zu sehen. Statt dessen Brachialgewalt: Hinein ins Zimmer, Kind auf den Stuhl, und dann, um es mit Bridgets Worten auszudrücken, »wird das Kind verbal aufgepeitscht«.

Traurig schüttelte ich den Kopf. Wenn es nicht das eine Extrem war, dann war es ein anderes. »Ein absoluter Macho«, seufzte ich. »Wenn er es wirklich für nötig hielt, das Weinen auf der Stelle zu unterbinden, ehe er irgend etwas anderes versuchte, warum mußte er den Jungen dann anbrüllen? Warum konnte er nicht einfach nur mit fester Stimme sagen: ›Nicht weinen‹? Und wahrscheinlich hat er die Eltern auch noch davon überzeugt, daß sie Schwächlinge sind, wenn sie protestieren.«

»Die Eltern saßen da und sahen genauso verschreckt aus wie ihr Kind.«

Ich bin Dr. Lovaas zwar ausgesprochen dankbar dafür, daß er Zeit und Mühe aufgewendet hat, um seine Forschungsergebnisse zu veröffentlichen. Dennoch haben wir nicht jede Empfehlung in seinem Buch buchstabengetreu befolgt. Es gab Augenblicke, in denen wir uns auf unser eigenes Urteil verlassen mußten. In *The Me Book* wird folgendes Programm vorgeschlagen, mit dem man einem Kind beibringen soll, »ja« und »nein« zu sagen:

Wählen Sie zwei Verhaltensweisen, eine, die Ihr Kind eindeutig mag, und eine, die es nicht mag. Sie können zum

Beispiel eine Frage stellen wie »Möchtest du ein Bonbon?« im Gegensatz zu der Frage »Möchtest du eine Tracht Prügel?« Stellen Sie eine dieser Fragen und unterstützen Sie dann die korrekte Antwort . . . (Spezifischere Instruktionen bezüglich des Ausschleichens von Hilfestellungen folgen hier.)

Es ist sicherlich angebracht, das Kind die Folgen seiner korrekten Verwendung von »ja« und »nein« spüren zu lassen, ebenso wie die Folgen einer unkorrekten Verwendung. Das heißt, wenn das Kind auf die Frage »Willst du eine Tracht Prügel?« mit »Ja« antwortet, dann sollte ihm ein Klaps versetzt werden (gerade genug, damit es sich ein bißchen unwohl fühlt). Sie können dem Kind helfen, die richtige Antwort zu finden, indem Sie Ihre Gesten übertreiben: »Willst du eine Tracht Prügel?« Heben Sie dabei die Hand, so daß dem Kind klar ist, was es erwartet . . .

Als Bridget dieses Programm bei Anne-Marie einsetzte, stellte sie eine Schüssel mit Eiscreme und eine mit Spinat vor sie hin. Dann fragte sie Anne-Marie, ob sie das eine oder das andere wolle. Dabei unterstützte sie ein »Ja« oder »Nein«, baute ihre Hilfestellungen langsam ab und verzichtete schließlich selbst auf die Fragen. Die Belohnung für eine richtige Antwort waren Lob oder ein bißchen Eiscreme. Die Folge einer falschen Antwort war ganz einfach das Fehlen von Lob: Schweigen.

Dr. Lovaas weiß viel mehr über Autismus als ich. Er hatte mit Kindern zu tun, die sich selbst ernstlich verletzten, die ständig geistesabwesend waren, und auch mit Kindern, für die es nichts anderes gab als stereotype Selbsthilfemechanismen. Aber nicht nur Kleinkinder, auch Jugendliche und Erwachsene zählten zu seinen Patienten. Es mag wohl sein, daß manche der Programme, die Marc und ich als zu hart ablehnten und die in *The Me Book* beschrieben wurden, für andere Menschen in anderen Situationen wirksam waren. Ich habe mich mit einer Mutter unterhalten, der es trotz der guten Ratschläge eines Dutzends verschiedener Ärzte nicht gelang, ihre fünfjährige autistische Tochter zur Sauberkeit zu erziehen, bis sie es mit Dr. Lovaas' Programm zur Sauberkeitserziehung aus *The Me Book* versuchte. Ich möchte hier nochmals ausdrücklich die Tatsache betonen, daß Anne-Marie sehr jung und ihr Autismus wahrscheinlich noch nicht so weit fortgeschritten war, wie bei einem vier- oder fünfjährigen Kind.

Dr. Lovaas betonte mir gegenüber einmal, daß nichts endgültig sei: Jedes therapeutische Programm erfordere ständige Anpassung seitens des Therapeuten und der Eltern.

Deshalb bin ich auch so enttäuscht, wenn ich sehe – oder davon höre –, daß Therapeuten aversive Reize verwenden, ohne etwas anderes versucht zu haben, daß sie sich mehr auf das Anschreien als auf das Lob konzentrieren, daß sie bei jedem Fehler »Nein!« brüllen oder jeden Zwischenfall bei der Sauberkeitserziehung bestrafen. Nichts ist in Stein gemeißelt. Meinungen sind ebenso gefragt wie Menschlichkeit, Weisheit und Mäßigung.

25. Kapitel

Abgesehen von der Enttäuschung und Wut, die der Film über die Holding-Therapie ausgelöst hatte, verlief das Frühjahr 1989 eher ruhig und erholsam.

Der Kampf um Anne-Marie ging zwar weiter, aber nicht mehr so hitzig und unnachgiebig: Sie lernte nun schon sehr selbständig. Wir mußten nur dafür sorgen, daß die Dinge für sie weiter interessant blieben, daß sie gefordert wurde. Sie mußte nicht mehr weinend und um sich tretend mitgeschleift werden. Wir standen jetzt eher hinter ihr und schoben sie ein wenig an oder gaben ihr manchmal einen kleinen Schubs in die Richtung, die sie einschlagen sollte.

Daniel war Anne-Maries Spielkamerad. Daheim erlebte ich immer längere Phasen der Entspannung. Solange ich die beiden miteinander plappern hörte, mußte ich nicht mehr ständig auf der Hut sein. Es ist schon erstaunlich, wie kleine Kinder – drei, vier und fünf Jahre alt – ihre Sprache auf ein einfacheres Niveau herunterschrauben, wenn sie mit einem Baby oder einem zweijährigen Kind reden. Ich beobachtete, wie Daniel mit seiner Schwester spielte, und hörte seine geduldigen, klaren Erklärungen eines komplizierten Spiels, das er sich ausgedacht hatte – »Anne-Marie, du hältst das Baby. Ich hole den Papa-Bär« –, und segnete ihn insgeheim. Wenn er wüßte, wieviel er für seine kleine Schwester tat.

In der Vorschule hielt sie mit ihren Altersgenossen Schritt. Sie war zwar manchmal noch schüchtern und gelegentlich geistesabwesend, aber oft auch offen und freundlich. Ich denke, im März und April 1989 unterschied sie sich nicht mehr von ihren Altersgenossen. Wenn jemand die Häufigkeit und Dauer ihres Blickkontakts analysiert hätte, dann hätte er vielleicht festgestellt, daß dieser immer noch unterdurchschnittlich war, aber das wurde nur uns bewußt, sonst niemandem.

Ihre Sprache entwickelte sich von Tag zu Tag mehr: Die Sätze wurden länger, die Fragen komplizierter. Als ich sie eines Tages vom Kindergarten abholte, erzählte sie mir ungefragt, was sie an diesem Morgen getan hatte. »Hattest du einen schönen Tag?« fragte ich sie. »Ja«, antwortete sie. Und dann, nach einer Pause: »Ich habe eine Puppe gemacht.«

Ich fragte Annie. Die Gruppe hatte an jenem Vormittag tatsächlich Puppen aus Papiertaschen gebastelt. Anne-Marie fing an, häufiger und spontan von Dingen zu sprechen, die nicht konkret oder gegenwärtig waren.

Im Mai 1989 fragten Robin, Bridget und ich uns, ob wir noch objektiv beurteilen konnten, wie es um Anne-Maries Sprache bestellt war.

Wir hörten uns um und erfuhren, daß Margery Rappaport in der Gemeinde einen guten Ruf als Stimm- und Sprachtherapeutin hatte. Wir beschlossen, sie um eine Beurteilung von Anne-Maries Sprache zu bitten. Wir wollten wissen, ob es nach Meinung einer Außenstehenden geringfügige Kommunikationsdefizite oder Schwächen gab. Im Juni, als die Untersuchung durchgeführt wurde, war Anne-Marie drei Jahre und drei Monate alt. Wir hatten Margery über ihre Vorgeschichte aufgeklärt.

Da irgendwann der Punkt erreicht ist, an dem Defizite und Probleme nur noch in weniger wichtigen Bereichen der sozialen Kommunikation offensichtlich sind, war Margerys Analyse von Anne-Maries Kommunikationsfähigkeiten besonders wichtig für uns. Unsere wichtigste Frage war, ob

Anne-Marie an einer verzögerten Sprachentwicklung oder an einer Sprachstörung litt.

Beobachtungen

Anne-Marie löste sich mühelos von ihrer Mutter und ließ sich leicht in Handlungen verwickeln, mit deren Hilfe sie eingestuft werden sollte. Sie ist ein freundliches Kind, zeigte sich ein wenig schüchtern, aber aufmerksam, und ließ sich nicht ablenken. Blickkontakt wurde gut hergestellt, aber auf etwas niedrigerem Niveau gehalten, als man es in diesem Alter erwarten würde. Anne-Marie zeigte sich in allem sehr kooperativ. Sie lachte öfter und freute sich manchmal über irgend etwas, was sie im Prüfungsraum oder beim Prüfungsmaterial entdeckt hatte ...

Sprache

Anne-Maries expressives Sprachvermögen zeichnete sich dadurch aus, daß sie häufig vier bis sechs zusammenhängende Wörter äußerte, einmal sogar zehn. (Der Junge spielt mit einem Ball und einer Trommel und einem Zug.) Durchschnittliche Äußerungen eines dreijährigen Kindes bestehen aus 4,3 Wörtern, womit Anne-Marie also weit über dem Durchschnitt lag ... Auch vom Satzaufbau kann gesagt werden, daß er sich nahe an dem Niveau befand, das man in diesem Alter erwartet ... Gelegentliche Fehler fielen auf: Anne-Marie neigte dazu, die bestimmten und unbestimmten Artikel auszulassen ... Die Verwendung von Pronomen war gut entwickelt. Anne-Marie verwendete auch Sätze, die durch *und* verbunden waren. Häufig benutzte sie am Satzanfang *weil.* Äußerungen gingen häufig auf Anne-Maries Initiative zurück und wurden für eine

Vielzahl von Funktionen eingesetzt: um zu benennen, um Fakten und Gefühle auszudrücken, zu beschreiben, anzuerkennen, zu begrüßen, zu protestieren, zu vergleichen, um Gegenstände und Taten einzufordern, um abzustreiten, zu antworten, zu erzählen und in begrenztem Umfang auch, um eine abgebrochene Kommunikation wieder aufzunehmen, aus eigenem Antrieb oder auf eine entsprechende Bitte hin. Gelegentlich wurden Antworten gegeben, die an der Frage vorbeigingen.

Auch das rezeptive Sprachvermögen kann als nahezu altersgemäß eingestuft werden. Anne-Marie war in der Lage, 2-Stufen-Befehle auszuführen und auf verschiedene W-Fragen zu antworten (was, warum, wo, wer, wie und wie viele). Die Antworten gingen gelegentlich am Ziel vorbei, was auf fehlendes Verstehen hindeutete. (F: Habt ihr Tiere daheim? Anne-Marie: Ein Sofa.) Ein Fall von Echolalie war ebenfalls dabei. (F: Weißt du, was Tiere sind? Anne-Marie: Was Tiere sind.)

. . . Anne-Marie zeigt Kommunikationsfähigkeiten, die teils leicht verzögert sind, teils deutlich über denen liegen, die man in diesem Alter erwartet.

Margery erklärte uns, daß man bei Anne-Marie im großen und ganzen nicht von einer Sprachstörung sprechen konnte, sondern daß sie nur in bestimmten Bereichen unter einer verzögerten Sprachentwicklung litt. Sie versicherte uns, daß diese Schwächen mit der Zeit wohl verschwinden würden – wahrscheinlich im Lauf der nächsten sechs Monate.

Noch im selben Monat beschlossen wir, Anne-Marie auch zu Dr. Perry zu bringen. Wir hatten uns darauf geeinigt, daß Dr. Cohen ihre Fortschritte in regelmäßigen Abständen festhalten sollte. Der Besuch bei Dr. Perry sollte also eher uns als Anne-Marie dienen. Auch wenn Dr. Perry für uns den Teil der Ärzteschaft verkörperte, der eine intensive Verhaltenstherapie eher ablehnte und die Möglichkeit einer Heilung nahezu ausgeschlossen hatte, war er doch von allen teilnahmslosen Ärzten, die wir aufgesucht hatten, immer noch der intelligenteste, derjenige, der Neuerungen gegenüber offen war. Seine Reaktion auf Anne-Maries Fortschritt interessierte uns.

Dr. Perry schien etwas außer Fassung, als er sah, wie Anne-Marie munter plapperte, wie sie uns alle ansah, anlächelte, mit ihm zusammen spielte. Während er sie beurteilte, starrte er sie die ganze Zeit an, mit einem Ausdruck der Überraschung – und des Vergnügens. Er schien ehrlich erfreut zu sein, daß es ihr so gut ging. Anfangs war er ziemlich still, und einmal hatte ich den Eindruck, er müßte nach den richtigen Worten suchen. Unser folgendes Gespräch mit ihm war freundlich: Er erkundigte sich nach den verschiedenen Therapien, die wir angewandt hatten, und hörte uns interessiert zu. Alles in allem fanden Marc und ich sein Gutachten, das wir ein paar Wochen später erhielten, recht wohlwollend und aufgeschlossen für einen Psychiater, der einmal erklärt hatte: »Autistische Kinder erholen sich nicht.«

»Ich sah Anne-Marie am 18. Februar 1988 zum erstenmal. Zu jener Zeit hatte ich den Eindruck, sie leide an frühkindlichem Autismus.

... Diesmal begannen meine Beobachtungen Anne-Maries in dem Moment, als ich sie und ihre Eltern vor meinem Sprechzimmer begrüßte. Anne-Marie stand zwischen ihren Eltern und hielt ihre Hände. Sie lächelte und schaute mich an, als ich sie fragte, wie es ihr ginge. Sie antwortete: ›Gut.‹ Sie gab auch weiterhin angemessene Antworten, als wir vier in mein Sprechzimmer gingen. Dort angekommen, fing Anne-Marie an, meine Spielsachen zu betrachten. Ein Arztkoffer weckte ihr Interesse, und sie sagte spontan: ›Schau mal, ein Koffer.‹ Dann fragte sie, ob etwas drin sei. Schließlich öffnete sie ihn und sagte ›wow‹, als sie den Inhalt betrachtete. Ich fragte sie, wofür das Stethoskop sei, und sie antwortete: ›Für Bauch.‹ Später spielte Anne-Marie mit einem Bär und einer Hundemarionette. Als sie den Bär in der Hand hielt, fragte ich, ob sie daheim auch einen Teddy habe. Sie bejahte und erzählte, daß sein Name ›Bunny‹ sei. Ich wandte meine Aufmerksamkeit daraufhin Mr. und Mrs. Maurice zu. Nachdem ich mich einige Minuten lang mit ihnen unterhalten hatte, schaute ich nach, was Anne-Marie tat. Sie hatte ein paar Bauklötze genommen und baute etwas. Als ich fragte, antwortete sie: ›Ich baue ein Haus für Wauwau.‹ Damit meinte sie die Hundemarionette. Irgendwann gab ich Anne-Marie Bleistift und Papier und bat sie, etwas zu zeichnen. Sie zeichnete eine Person und erklärte, das sei ihr Vater. Für ihr Alter war die Zeichnung hervorragend. Sie wies Augen, Nase, Mund, Brille, Haare, Ohren, Arme und Beine auf. Gegen Ende des Gesprächs wurde Anne-Marie gefragt, ob sie Lust habe, mit dem Puppenhaus zu spielen. Sie erinnerte sich, wo es aufbewahrt wurde, denn sie kroch unter ein Regal, um es zu holen. Anne-Marie spielte eine Szene, in der die Mutter und der Vater auf ihr Kind warteten. Das Kind kam und gab der Mutter einen Kuß. Dann zog Anne-Marie einen Tisch und ein paar Stühle hervor und die Familie setzte sich zum Essen. Es gab Pommes frites und Fischstäbchen. Nach dem Essen spielte die Familie und ging dann zu Bett.

Ich habe folgenden Eindruck: Ich finde, daß Anne-Marie im Lauf der letzten fünfzehn Monate enorme Fortschritte gemacht hat. Heute würde ich die Diagnose Frühkindlicher Autismus nicht mehr stellen. Ihre verzögerte Sprachentwicklung und ihr Spielverhalten weisen nichts auf, was sich mit dieser Störung in Verbindung bringen läßt.

Mir sind verschiedene Dinge aufgefallen, die Überbleibsel des Autismus sein könnten. Ich möchte jedoch ausdrücklich betonen, daß sie mir möglicherweise nicht aufgefallen wären und mich wohl kaum beeindruckt hätten, wenn ich nicht mit Anne-Maries Vergangenheit vertraut gewesen wäre. Verschiedentlich benutzte Anne-Marie dieselben Wendungen, um etwas zu fragen oder um eine Frage zu beantworten. Eine dieser Wendungen war ›Wie heißt das‹ und eine andere ›Weiß nicht‹; damit antwortete sie auf ein paar Fragen. Anne-Marie sprach außerdem in einem leichten Singsang. Abschließend noch etwas: Zweimal – einmal, als ich mit Anne-Marie Ball spielte, und einmal, als ich sie mit Puppen beschäftigte – schien sie sich sehr schnell von unserem gemeinsamen Spiel zu entfernen, zurück zu dem, was sie getan hatte, ehe ich sie ablenkte. Zu diesen Beobachtungen haben mir Mr. und Mrs. Maurice erzählt, daß die Sprachtherapeutin in letzter Zeit mit Anne-Marie an ihrer Prosodie arbeitet. Auf die Frage, ob es noch Problembereiche gebe, antworteten Mr. und Mrs. Maurice, daß Anne-Marie manchmal noch dazu ›neige, zu träumen‹. Damit könnten sie dasselbe meinen, was auch ich empfand, als Anne-Marie sich von mir zurückzog, als sie das gemeinsame Spiel nicht mehr fortsetzen wollte.

Das alles sollte jedoch nicht davon ablenken, daß Anne-Marie riesige Fortschritte gemacht hat. Ich habe unter all den autistischen Kindern, mit denen ich zu tun hatte, noch niemals eines erlebt, das nach einem Zeitraum von wenig mehr als einem Jahr als nicht mehr autistisch bezeichnet werden konnte

. . . Wenn ich es recht verstanden habe, werden Mr. und Mrs. Maurice Anne-Maries Therapie solange fortsetzen, wie es nötig ist. Sie hoffen, daß Anne-Marie irgendwann nicht nur als ›von anderen Kindern nicht zu unterscheiden‹ beschrieben wird (wie es ihre Erzieherin heute schon tut), sondern einfach als ganz normales Kind.«

Marc und ich fanden, daß diese Überbleibsel, wenn man sie so nennen konnte, eine recht genaue Beschreibung dessen waren, was Anne-Marie noch immer tat. Aber sie beunruhigten uns nicht. Ihre Prosodie besserte sich bereits, ihre Verträumtheit hatte seit anderthalb Jahren abgenommen und würde das wohl auch weiterhin tun; alles, was sie beim Sprechen häufig wiederholte, wurde bei weitem von den spontanen und selbsterfundenen Ausdrücken übertroffen, die sie täglich benutzte. Die Zeit würde das alles heilen. Im wesentlichen war unsere Tochter nun ein normales Kind.

Zweiter Teil
MICHEL

26. Kapitel

In dem Monat, in dem Dr. Perry seine Neueinstufung vornahm, also im Juni 1989, war Michel gerade achtzehn Monate alt. Er lernte etwas langsam sprechen. Häufig schrie er einfach, wenn er etwas wollte, anstatt die Hand danach auszustrecken oder darauf zu zeigen.

Um die ersten Anzeichen zu rekonstruieren, habe ich die Videofilme wieder ausgegraben, die wir im Oktober 1988 und im Dezember, beim Abendessen an seinem ersten Geburtstag, gedreht haben.

Was läßt sich im Nachhinein feststellen? Gab es damals überhaupt schon etwas zu sehen?

Die Aufnahmen vom Oktober zeigen ein zehn Monate altes Baby, das seine ersten Gehversuche macht. Die großen braunen Augen blicken in die Kamera, die stämmigen Beinchen sind weit gespreizt, um das Gleichgewicht zu halten. Entschlossen wackelt Michel von einer Seite auf die andere, und dann – plumps landet er auf dem gutgepolsterten Hinterteil.

Er kreischt, weint, lächelt aber auch.

Jetzt ist er ein Jahr alt. Ich sehe ein Baby, das Schokoladenkuchen ißt und die Papiertischdecke vor sich zerfetzt. Jetzt ist er auf dem Boden, läuft auf mich zu, diesmal schon sicherer. Er hat die Arme ausgestreckt und lächelt.

Als ich mir den Film ansehe, fällt mir wieder ein, wie stark mein Bedürfnis damals war, mir selbst wieder und wieder zu versichern, daß es ihm gut ging. Alles war in Ordnung. Alles lief glatt.

Auf dem Film vom Oktober ist noch etwas zu sehen: Eine Freundin von uns nimmt Michel im Park auf den Arm, redet mit ihm und versucht, ihn zum Winken zu bewegen. Michel reagiert überhaupt nicht.

Na und? Er ist schließlich noch ein Baby. Er muß doch nicht hundertprozentig auf alles reagieren, was andere von ihm verlangen. Er ißt, schläft und wächst gut. Er plappert, sieht uns an, streckt die Arme nach uns aus, läuft und lacht. Und mit einem Jahr spricht er ein Wort.

Mir fällt noch etwas auf.

Im Oktober und Dezember 1988 muß ich ihn manchmal drei-, viermal rufen, ehe er aufschaut.

Aber so vieles an ihm war anders als bei Anne-Marie. Sie war so in sich gekehrt gewesen; er war offener. Er streckte die Arme aus, damit man ihn hochnahm. Er lächelte und lachte. Sein Blickkontakt schien gut zu sein.

Verstand er unsere Sprache? Als er achtzehn Monate alt war, wurde dies zu einem immer häufigeren Thema bei uns. Es kam uns so vor, als würde er bestimmte Ausdrücke wie »Badezeit«, »Komm her« und »Setz dich« verstehen. Aber die Wochen und Monate vergingen. Wenn seine Sprache doch bloß plötzlich einen Satz nach vorn gemacht hätte, damit wir nicht über die entsetzliche Möglichkeit nachdenken müßten, auch er könnte autistisch sein. Wir mußten einfach durchhalten, bis er ungefähr dreißig Monate alt war. Dann wäre die Gefahr gebannt.

»Gott hat in seiner Weisheit beschlossen, mir ein Kind zu schenken, das erst spät mit dem Sprechen anfängt«, sagte ich zu meiner Schwester Debbie. Ich lachte ein bißchen nervös. »Warum?«

»Ich weiß nicht. Aber er scheint in Ordnung zu sein, nach dem zu urteilen, was ich von ihm sehe.«

»Ich denke auch, er ist in Ordnung. Ich könnte zwar eine ganze Reihe von schlechten und guten Dingen aufzählen, die sein Verhalten betreffen, aber ich glaube, das kann man wohl bei jedem Kind mit achtzehn Monaten.«

»Ja . . . was für schlechte Dinge?«

»Nun ja . . . er läuft in letzter Zeit öfter auf den Zehenspitzen. Und er ist ziemlich launisch. Außerdem ist er an niemandem außer seinem Vater und mir sonderlich interessiert . . .«

»Mmmm . . . ich weiß nicht recht. Mit achtzehn Monaten kann man da kaum was sagen.«

Keiner wollte ihn voreilig als völlig gesund oder potentiell gefährdet einstufen. Ich erinnerte mich an die lange Zeit der Unsicherheit mit Anne-Marie, und zum hundertstenmal wünschte ich mir sehnlichst, es würde einen Bluttest geben, irgendeine sichere Möglichkeit, Autismus zu diagnostizieren, solange ein Kind noch sehr jung ist.

Wir verbrachten ein Wochenende in East Hampton und trafen dort auch meine kleine Nichte Helen. Helen war sechs Monate jünger als Michel. Sie lief bereits herum, plapperte und zeigte auf alles. Beinahe wie Michel. Doch Michel zeigte nicht so bestimmt auf Dinge, und Helen kannte ein Wort, das Michel nicht benutzte: »Mama.«

Im Juli gingen wir mit Anne-Marie, die jetzt drei Jahre und vier Monate alt war, wieder zu Dr. Cohen. Es war fast zehn Monate her, seit er sie zum letztenmal untersucht hatte. Ohne es bewußt geplant zu haben, nahmen wir auch Michel mit.

Wieder schien Dr. Cohen entzückt über Anne-Maries Fortschritte zu sein, und seine Einstufung war ein Zeugnis dafür, wie gut sie sich entwickelt hatte:

BEOBACHTUNGEN ANHAND VON VIDEOAUFNAHMEN

Interaktionen mit den Menschen, die sich um sie kümmern

Es war eine Freude, Anne-Marie beim gemeinsamen Spiel mit ihrer Mutter zu beobachten. Als sie den Raum betrat, strahlte sie beim Anblick all der Spielsachen. Sie lief sofort zum Tisch und spielte damit, wie es sich gehört (eine Puppe, Zahlenwürfel). Ihre verbalen Äußerungen waren zum größten Teil angemessen, sie stellte gute Fragen, schien lebenstüchtig und alltagstauglich. Der Blickkontakt war ausgezeichnet und wurde auch von dem entsprechenden Verhalten begleitet.

Anne-Marie stellte häufig Fragen oder drückte etwas in Sätzen von mehr als fünf Wörtern aus. Es kam in diesem Zusammenhang zu geringfügiger Echolalie, und auch die Betonung war nicht immer korrekt. Die Aufmerksamkeitsspanne war ausgezeichnet.

Bei der Gegenüberstellung von Angesicht zu Angesicht erzählte Anne-Marie eine Geschichte von einem »bösen Bären«, der ein kleines Mädchen gejagt und gefressen hat, und beschrieb dann, wie die Mama »den bösen Bären mit einem Gewehr erschossen hat«. Die Geschichte war für ein dreijähriges Kind adäquat.

Interaktion mit Fremden

Anne-Marie war gleich bereit, mit Dr. Sudhalter zu spielen, und war äußerst liebenswert. Sie gab ihrer Mutter einen Abschiedskuß und war ausgesprochen kooperativ. Probleme bei der Aussprache waren offensichtlich. Sie schien Schwierigkeiten mit dem Buchstaben »L« zu haben. Satzvervollständigungsaufgaben zeigten, daß an Anne-Maries Semantik gearbeitet werden muß. So konnte sie beispielsweise die Sätze »ein Mädchen sieht mit seinen —« und »eine Blume wächst im —« nicht beenden. Auf die Frage, wen sie liebe, antwortete sie jedoch prompt mit »Mammi«.

... Wie schon zuvor war die Aufmerksamkeit für ein dreijähriges Kind bemerkenswert, Blickkontakt und Gefühlsäußerung waren angemessen.

Als Mrs. Maurice den Raum wieder betrat, sah Anne-Marie zu ihr hinüber und lächelte.

Kommentar

Anne-Marie zeigt weiterhin beachtliche Fortschritte. Ihre Standardwerte sind jetzt durchschnittlich bis überdurchschnittlich, und was ihr soziales Verhalten betrifft, so liegt dies jetzt über dem Durchschnitt. Angesichts ihrer schnellen Fortschritte und ihres geringen Alters nehme ich an, daß sie auch weiterhin Fortschritte machen und hoffentlich weitere Verbesserungen bei ihren Sprachfähigkeiten erzielen wird. Sie ist eindeutig nicht länger als autistisch zu bezeichnen, auch wenn noch geringfügige Sprachdefizite vorhanden sind. Anne-Maries therapeutisches Programm wurde erst kürzlich im Hinblick auf dieses Problem überarbeitet. Im Augenblick läßt sich nur empfehlen, kontinuierlich mit Anne-Marie weiterzuarbeiten und sie möglichst viel mit Nichtbehinderten zusammenzubringen. Sowohl Anne-Marie als auch ihrer Familie kann man zu dieser bemerkenswerten Kehrtwende nur gratulieren.

Marc konnte die triumphale Vorstellung seiner Tochter auf der anderen Seite des durchsichtigen Spiegels nicht voll miterleben. Michel weinte und jammerte so sehr, daß er mit ihm auf den Flur hinausgehen und dort mit ihm auf und ab spazieren mußte. Aber selbst dort gab Michel keine Ruhe. Schließlich schaute ein Arzt in den Flur: »He . . . könnten Sie das Kind bitte in irgendein Zimmer bringen? Ich versuche hier eine Einstufung vorzunehmen . . .« Marc mußte ein leeres Büro finden, in das er sich mit Michel setzen konnte.

Später gingen wir alle vier, Anne-Marie, Marc, Michel und ich, zu Dr. Cohen ins Sprechzimmer. Wir erzählten ihm von unserer Sorge um Michel, versicherten Dr. Cohen aber praktisch im selben Atemzug, daß er ganz anders wäre als Anne-

Marie damals. Ganz anders. Sein Blickkontakt zum Beispiel war gut.

»Ich kann einen Schnelltest durchführen, um festzustellen, ob irgendeine Abweichung in der Entwicklung vorliegt«, meinte Dr. Cohen. »Möchten Sie das?«

»Äh . . . ja«, antwortete Marc. »Wo wir schon mal hier sind.«

Noch eine Stunde detaillierte Fragen aus dem Vineland-Test. Es ging um Michels verbale und nonverbale Kommunikation, um sein Sozialverhalten, seine motorischen Fähigkeiten, seine Anpassungsfähigkeit usw.

Dr. Cohen verließ das Zimmer, um die Ergebnisse zu überprüfen.

Nach ungefähr fünfzehn Minuten kam er zurück und setzte sich. Er starrte auf seinen Schreibtisch, rückte seine Unterlagen zurecht und nahm schließlich seinen Stift auf.

Sagen Sie doch etwas, bitte! Ich kam mir vor wie ein Tier in der Falle: reglos angesichts der tödlichen Gefahr, aufmerksam, wie erstarrt.

»Es scheint einigen Grund zur Sorge zu geben«, erklärte Dr. Cohen schließlich vorsichtig. – Wie ich diesen Ton haßte!

Er brach ab. Marc und ich sagten kein Wort.

»Michel liegt derzeit ungefähr sechs Monate hinter seinen Altersgenossen was die Entwicklung seiner Kommunikationsfähigkeiten und seines Sozialverhaltens angeht.«

»Was bedeutet das?« wollte Marc wissen.

»Es könnte sein, daß er einfach nur zurückgeblieben ist . . .« fing Dr. Cohen an.

»Es gibt Kinder«, unterbrach ich hastig und atmete dabei ein bißchen zu schnell, »die sagen kein Wort, bis sie zwei Jahre alt sind.« Wie oft hatte ich diesen Satz inzwischen gehört und wiederholt?

»Michel liegt noch im Normbereich«, erwiderte Dr. Cohen.

»Aber an der unteren Grenze?« fragte Marc.

»Ja.« Und nach einer kurzen Pause: »An der alleruntersten.«

»Ist er autistisch?«

»Heute macht er nicht den Eindruck«, meinte Dr. Cohen.

Immer diese sorgfältige Wahl jedes einzelnen Wortes. Warum auch nicht? Ein Wort zuviel, und Träume werden zerstört. Ein Wort zuwenig, und die Zukunft bricht zusammen.

»Ich habe ihn nicht gründlich genug beobachtet, um eine definitive Aussage machen zu können. Beobachten Sie ihn weiter. Die nächsten Monate werden uns Aufschluß geben.«

Wir brachten die Kinder heim. Ich rief erst Robin, dann Bridget an. Ich konnte die Geschichte nicht zusammenhängend erzählen. Panik hatte mich ergriffen.

»Er ist nicht autistisch, Catherine«, sagte Robin.

»Ich kann nichts Autistisches an ihm feststellen«, sagte Bridget.

»Er ist es nicht, Liebling. Er ist es nicht, er ist es nicht, er ist es nicht«, sagte Marc. Er drehte sich um und hob Michel hoch. Michel wand sich, entspannte sich dann und ließ sich von seinem Vater halten. Marc küßte ihn auf seine kleinen Hamsterbäckchen. »Daddy hat dich lieb, Michel, klar? Sag Mammi, wie gut es dir geht.« Michel drehte sich um und streckte die Ärmchen nach mir aus. »Siehst du? Es geht ihm gut. Ich weiß es. Laß ihm einfach noch ein paar Monate Zeit.«

An diesem Abend wollten wir mit Art und Evelyne ausgehen, zwei unserer engsten Freunde. Sie waren ein amerikanischfranzösisches Ehepaar, genau wie wir, und bekamen bald ihr drittes Kind. Evelyne arbeitete mit Marc zusammen in der Investment-Abteilung der Bank.

Wir unterhielten uns über die Arbeit und die Stadt, aber bald wechselten wir das Thema und sprachen über unsere Kinder. Es war mir peinlich, aber ich verlor die Fassung und starrte in das Weinglas, das vor meinen Augen verschwamm, darum bemüht, weitere Tränen zurückzuhalten.

Art und Evelyne trösteten mich liebevoll. Die nächste Stunde verbrachten wir damit, über ihren Sohn Eric zu reden und ihn mit Michel zu vergleichen. Eric war einen Monat jünger als Michel und kannte, genau wie dieser, auch nur fünf oder sechs Wörter. Auch Eric sagte nicht »Mama«.

Am Ende des Abends fühlte ich mich besser und lächelte sogar. Marc legte einen Arm um mich, und ich stützte mich auf seine Kraft. Alles würde gut werden. Wir waren einfach überängstlich nach allem, was wir mit Anne-Marie erlebt hatten. Die Chancen, daß das noch einmal passieren würde, waren zu gering. Was hatte Dr. Rimland gesagt? Die Chance, daß Autismus innerhalb einer Familie zweimal auftritt, liege bei zwei Prozent?

Aber in den nächsten Monaten trieb mich nur noch ein Wunsch an: Ich wollte wissen, was Michel fehlte. Ich ertappte mich dabei, daß ich wieder mit Fremden im Park sprach – erneut besessen von der Frage: Was ist normal?

Sah ich zum Beispiel eine Mutter, die mit einem Kleinkind spielte, das ungefähr Michels Alter zu haben schien, dann schlenderte ich zu ihr hinüber.

»Ein süßes kleines Mädchen«, sagte ich dann lächelnd.

»Danke.«

»Ungefähr zwanzig Monate alt, nicht wahr?«

»Ja.«

»Mein Sohn ist einen Monat älter.«

»O ja. Ich sehe ihn. Er ist groß für sein Alter.«

»Ja. Es ist erstaunlich, wie verschieden sie alle sind, sogar, wenn sie das gleiche Alter haben.«

»Das stimmt.«

»Mein Sohn spricht fast kein Wort. Wahrscheinlich fängt er erst später an.«

»Möglich. Aber das ist doch recht häufig.«

»Ich weiß. Wie sieht es denn mit der Sprache Ihrer Tochter aus?«

»Die plappert den lieben langen Tag! Jeden Tag kommt sie mit was Neuem daher.«

Wie auf ein Stichwort wackelte das kleine Mädchen herbei und sagte: »Mammi. Will Blasen.«

»Du willst Seifenblasen machen? Sicher, mein Schatz.«

Adrenalinstöße durchzuckten mich.

»Sie wissen ja«, – ich lachte fröhlich – »was man über kleine Mädchen sagt.«

»Natürlich. Mädchen sprechen viel früher als Jungen.«

»Tut mir leid, ich muß hinter ihm her! Machen Sie's gut!«

Fröhlich und vergnügt verließ ich den Spielplatz mit dem weinenden Michel auf dem Arm.

Wenn ich meine Rolle bloß richtig spiele, redete ich mir ein, dann wird es schon gut ausgehen.

Verglichen mit meiner Nichte Helen war Michel mittlerweile zurückgeblieben. Selbst was die motorischen Fähigkeiten, das Anpassen und Nachahmen, anging, überrundete sie Michel inzwischen: Sie trank aus einem Becher, lief Treppen hinauf und hinunter, wobei sie sich am Geländer festhielt, plapperte einmal sogar in ein kleines Spielzeugtelefon. Immer wenn ich sie sah, verließ mich der Mut. Michel tat einfach nichts von alledem so gut wie sie, und dabei war sie erst sechzehn Monate alt!

Ich kramte die Bücher wieder hervor. Es hatte keinen Sinn. Ich konnte in keinem von diesen verdammt vage gehaltenen Büchern etwas finden.

Wann ist eine verzögerte Sprachentwicklung noch im Rahmen, und wann ist sie es nicht mehr?

Eines Tages ging ich mit Daniel, der eine Halsentzündung hatte, ins University Hospital. Dr. Baxter war in Urlaub. Sein Partner untersuchte Daniel.

»Haben Sie Kinder mit verzögerter Sprachentwicklung als Patienten?« platzte ich heraus.

»Natürlich.«

»Wie spät ist dann zu spät? Wann fangen die Kinder endlich an, Wörter zu bilden? Mein jüngerer Sohn kennt noch immer erst ein paar Wörter, und er ist zweiundzwanzig Monate alt.«

»Ich weiß nicht, ob ich Ihre Fragen so genau beantworten kann. Eines ist jedenfalls sicher. Kinder können immer eine Menge mehr verstehen, als sie sprechen. Am Anfang.«

»Vielleicht hat Michel ein Problem. Ich weiß nicht, wieviel er versteht.«

»Ach, wahrscheinlich ist er einfach nur ein bißchen hinterher. Er holt das schon auf.«

»Woher wissen Sie, daß er kein Problem hat. Vielleicht gibt es doch ein Problem!«

»Also schön, er hat ein Problem! Sie sprechen von einem Kind, das ich noch nie gesehen habe!«

»Verzeihung. Sehen Sie, seine Schwester wurde als autistisch eingestuft, und dann ist sie gesund geworden, und jetzt fange ich an, mir seinetwegen natürlich Sorgen zu machen . . .«

»Seine Schwester . . .? Als . . .? Manchmal sind diese Diagnosen auch falsch.«

»Die Diagnose war nicht falsch! Sie hat sich vom Autismus erholt. Dr. Lovaas heilt autistische Kinder! Haben Sie nichts darüber gelesen?«

Ich wollte ihm schon eine Zusammenfassung von Dr. Lovaas' Artikel liefern, als mir plötzlich der Gedanke durch den Kopf schoß, wie ich auf diesen Mann wirken mußte: wie eine vollkommen Verrückte.

Ich murmelte eine Entschuldigung und ging.

Michels Sprachverhalten änderte sich nicht. Woche für Woche dieselben fünf bis zehn Wörter. Kein »Mammi«, kein »Daddy« dabei. Mehr Schreien und Weinen. Mehr Wutanfälle. Viel Gehen auf Zehenspitzen in jenen Tagen. Er sah mich zwar an, kümmerte sich aber nicht sonderlich um irgend jemanden sonst.

Eines Tages ertappte ich ihn dabei, wie er den Flur auf und ab lief, wobei er zur Seite schaute. Ich folgte ihm. Hin und her rannte er, wobei er nicht geradeaus schaute, sondern zu einer Seite, den Blick auf die Kante der Vertäfelung gerichtet, die in Augenhöhe verlief.

»Schluß jetzt damit!« Ich hob ihn auf und brachte ihn zum Spielen. Na also! Er kann mit mir spielen. Er sieht mich an. Ich mache Schlangen aus Knetgummi für ihn. Er versteht das. Es macht ihm sogar Spaß!

Aber wer würde mir sagen, daß es ihm gutginge, daß er gesund sei? Dr. Cohen jedenfalls nicht. Aber er sollte es eigentlich wissen! Wo konnte ich jemanden finden, der mir jetzt sofort eine Antwort geben würde?

»Beobachten Sie ihn in den nächsten Monaten.« Nein. Unmöglich. Beobachten Sie Ihr Kind ein paar Monate lang. Mal sehen, ob es Krebs bekommt. Der kann sich langsam einschleichen, also geben Sie acht. Achten Sie auf Veränderungen. Sie kennen diese Veränderungen ja.

Nein. Ich kann das nicht länger ertragen. Jemand muß mir sagen, daß er gesund ist.

Ich sprach mit Bridget und Robin. Sie klangen auch nicht mehr ganz so sicher.

»Das muß geklärt werden. Ich halte es nicht aus, nicht Bescheid zu wissen.«

Robin sprach mit einer Kinderpsychologin, mit der sie zusammenarbeitete, einer Frau, die sie respektierte und die ein so kleines Kind wie Michel beurteilen konnte.

Die Einstufung verlief nicht gut. Dr. Pasik versuchte es, aber Michel war die ganze Zeit über ängstlich und rebellierte. Er wollte keine der kleinen Aufgaben erfüllen, die sie ihm stellte. Ich brach die Sitzung ab.

Später rief sie an.

»Es tut mir leid, daß ich gegangen bin«, entschuldigte ich mich. »Aber wissen Sie, Dr. Pasik, ich glaube wirklich, daß sich meine Unruhe auf Michel überträgt. Natürlich ist er nicht kooperativ. Er spürt diese ganze Anspannung!«

Dr. Pasik antwortete nicht.

»Aber was halten Sie denn überhaupt von ihm?« drängte ich. »Sie wollen mir doch nicht sagen, daß er autistisch ist?«

Da kamen sie wieder, diese sorgfältig gewählten Worte, wie Nadelstiche.

»Es hat mich ein wenig beunruhigt, daß er nie aufgeblickt hat, wenn einer von uns ihn gerufen hat.«

»Er war wütend! Er hat uns absichtlich ausgeschlossen!«

»Vielleicht. Vielleicht hat er das getan.«

Später unterhielt ich mich mit Robin.

»Ich halte nicht viel von deiner Freundin, Robin. Ich weiß wirklich nicht, ob sie genug Erfahrung mit normalen Kindern hat. Sie hat nur mit kranken Kindern zu tun, und deshalb sieht sie überall nur das.«

Robin seufzte. Ich wußte selbst, wie ich klang. In meinem tiefsten Innern erkannte ich, daß ich um mich schlug, daß ich den Boten schlechter Nachrichten angreifen wollte.

Mir kam ein Gedanke. »Robin, ich gehe mit ihm zu Margery Rappaport! Die weiß, was sie tut.«

Dieselbe Szene bei Margery: Michel schaltet sie aus, schaltet mich aus, ignoriert die Spielsachen, kümmert sich weder um ihre Bemerkungen noch um ihre Fragen, heult und schreit und stößt ihre Hand zurück, ohne sie anzusehen.

»Äh, Margery, hören Sie. Ich werde mit ihm heimgehen. Tut mir leid. Entschuldigen Sie, daß ich Ihre Zeit verschwendet habe. Er ist nicht er selbst. Er blockt uns einfach ab, weil er die Anspannung fühlt. Schicken Sie mir die Rechnung. Aber Sie brauchen wirklich keinen Bericht zu schreiben. Er ist gesund. Ich bin ganz sicher, daß er gesund ist. Tut mir leid.«

Schreiben Sie bloß nichts über Michel. Ich kann es nicht ertragen. Tut mir leid.

Michel. Wohin gehst du, kleiner Mann? Goldhaariges, dunkeläugiges Baby. O bitte . . . bitte . . .

Bei Tag und Nacht drehte sich für uns nun alles um ihn. Manchmal sprachen wir über ihn. Manchmal nicht. Manchmal konnten wir so tun, als wäre alles bestens; dann wieder erschien uns unser Leben auf entsetzliche Art und Weise vertraut.

Nein. Sind wir schon wieder auf demselben Weg? Hatten wir das nicht schon einmal? Diese Schatten der Angst, diesen Abgrund der Trauer? Wir können nicht schon wieder hier sein. Das war ein Alptraum, mitten in der Nacht. Jetzt haben wir Tag.

Ich ging noch einmal zu Robin und bestand darauf, daß sie selbst Michel einstufte.

Eines Abends, nach ihrer Sitzung mit Anne-Marie, versuchte sie, ihn in ein Spiel mit einem der kleinen Spielzeuge zu verwickeln, die sie mitgebracht hatte.

Eine halbe Stunde später kam sie aus dem Zimmer und setzte sich mit mir in die Küche.

»Er war nicht gerade kooperativ, Catherine.«

»Robin, was stimmt mit ihm nicht?«

»Ich glaube ... es könnte sein, daß er ein Kommunikationsproblem hat. Vielleicht auch zusätzlich noch Probleme mit dem Sozialverhalten. Er leistet so erbitterten Widerstand, erträgt es nicht einmal, daß ich zusammen mit ihm im selben Zimmer bin.«

»Kommunikation ... Sozialverhalten ...« Ich konnte den flehenden Unterton in meiner Stimme nicht länger unterdrükken. »Robin, wir sprechen hier über die Kernsymptome von Autismus!«

»Ich weiß nicht, ob irgendwer schon heute diese Diagnose stellen könnte, Catherine. Ich weiß es einfach nicht.«

Nicht heute. Aber vielleicht nächste Woche? Ein Schrei stieg in mir auf. Wie lange sollte das noch so weitergehen?

Robin ließ mir Lesestoff da. Wir versuchten alle herauszufinden, ob Michel etwas anderes haben könnte. Irgendeine andere, nicht so schreckliche Sache.

Leute, die Artikel über Sprachstörungen, Kommunikationsprobleme oder Lernschwächen schreiben, sind sich meistens dessen bewußt, wie schwierig eine genaue Diagnose ist. Die Autoren Fry und Spreen haben diesen Punkt ironisch aufs Korn genommen, als sie zum Erstellen einer Diagnose folgende Instruktionen gaben:

Wählen Sie irgendeinen Begriff aus der Spalte I. Kombinieren Sie diesen dann mit einem Begriff aus Spalte II und einem weiteren Begriff aus Spalte III, und schon haben sie eine anerkannte Diagnose. Die Begriffe in Spalte II können manchmal auch für sich allein stehen.

I	II	III
primär	Sprache	Störung
sekundär	sprachlich	Unfähigkeit
spezifisch	Lern-	Verzögerung
minimal	cerebral	Defizit
leicht	Gehirn	Fehlfunktion
angeboren	Wahrnehmungs-	Beeinträchtigung
Entwicklungs-	wahrnehmungs-	Pathologie
chronisch	motorisch	Syndrom
Kindheit	neurologisch	Behinderung
psychoneurologisch	pädagogisch	Problem
funktionell	Aphasie	Verletzung
	Dysphasie	
	Legasthenie	

Soviel zur wissenschaftlichen Genauigkeit, dachte ich. Marc warf einen Blick auf die Liste und rechnete aus, daß es 1452 mögliche Diagnosen gab. Zu jener Zeit wäre mir jede recht gewesen.

An einem Sonntag im Dezember machten wir mit den Kindern eine Spazierfahrt durch die Landschaft Neuenglands. Michel war fast zwei. Wir hielten zum Essen an einem McDonalds. Ich trug Michel hinein. Marc hielt Daniel und Anne-Marie an den Händen.

Michel fing an zu weinen. Er schluchzte herzzerreißend.

Die Leute starrten uns an. Ich setzte mich mit ihm in eine Nische und hielt ihn im Arm.

»Baby. Ich bin es, Mama. Ich bin bei dir. Warum weinst du? Siehst du? Es ist alles in Ordnung. Das ist nur ein McDonalds. Wir machen eine Pause, um etwas zu essen.«

Er weinte und weinte. Laute Schluchzer, die einer unbekannten Quelle aus Angst und Verwirrung entstiegen.

»Liebling. Bitte. Wein doch nicht. Schau. Da ist Daddy. Da ist Anne-Marie. Und Daniel.«

»Nicht weinen, Michel«, sagte Daniel.

»Nich' wein', Michel«, sagte Anne-Marie.

Michel reagierte überhaupt nicht. Es war, als hätte er uns überhaupt nicht gehört. Sein Blick wanderte verzweifelt umher, seine Augen irrten nach rechts und links, aber er sah uns nicht an. Wir waren für ihn gar nicht da.

Ich stand abrupt auf.

»Ich bringe ihn zum Auto«, sagte ich zu Marc. »Ich warte draußen auf euch.«

Ich trug ihn hinaus und setzte mich mit ihm ins Auto. Das letzte Herbstblatt fiel herab und wirbelte um uns herum. Die Luft war kalt. Ich hielt ihn in den Armen, während er schluchzte.

Ängstlich und verzweifelt starrte er nach rechts und links. Mich sah er jedoch nicht an.

Ich schlang die Arme um diese verlorene Seele und stellte mich erneut der Wahrheit, erzitterte unter ihrem Schmerz.

»O mein Gott. Nicht noch einmal. Nicht mein Michel.«

27. Kapitel

Diesen Schlag mußte ich erst einmal verarbeiten. Es gab etliche Dinge, die ich eigentlich tun mußte, aber nicht tun wollte.

Zuerst einmal mußte ich mit Marc darüber reden.

Marc ist ein solcher Optimist – so entschieden fröhlich. Unnötige Sorgen will er sich erst gar nicht machen.

Marc liebt seine Familie.

»Wo wäre ich ohne euch alle?« fragte er immer wieder. »Wer wäre ich? Ich kann es dir sagen. Ein alternder Junggeselle, der mit seiner Arbeit verheiratet ist. Wenn ich abends heimkäme, würden dort tiefgekühltes Essen und ein Apartment in Chrom und Stahl auf mich warten.«

»Nein. Eine Wohnung in männlichen Farben: marineblau, braun und beige. Aber überleg doch mal: Du hättest Ruhe und Frieden!«

Marc hatte angefangen, große Pläne für seine Kinder zu schmieden: »Eines Tages werde ich ein Boot haben. Dann hole ich die Kinder als Mannschaft an Bord. Das wird ihnen Spaß machen! Du kannst ja daheim bleiben«, bot er fröhlich an. »Ich weiß, daß du Boote haßt.«

»Ich hasse sie nicht. Ich hasse es nur, zwei Wochen in einem schaukelnden Hotel ohne fließendes heißes und kaltes Wasser zu verbringen.«

Er kümmerte sich aber nicht um meinen Einwand und fuhr fort: »Mal sehen. Die Jungs können die Matrosen sein, und Anne-Marie arbeitet als Smutje.«

»Sexist!«

»Also gut. Dann wird Anne-Marie eben eine Matrosin, und Michel wird Smutje.«

»Michel wird seine Mammi vermissen.«

»Deshalb mußt du einfach mitkommen. Ich kann doch Michel nicht zurücklassen.«

Überall in Marcs Büro waren Fotos seiner drei Kinder verteilt. Er prahlte mit ihren Erfahrungen und Triumphen, von Daniels erstem Lächeln bis zu Michels ersten Schritten. Er war überzeugt, daß sie alle als Klassenbeste in Yale abschneiden würden, ehe sie auszogen, um die Welt zu erobern.

»Wirst du sie auch noch anbeten, wenn sie als Schlechteste ihrer Klasse in der High School abschneiden?«

»Natürlich.«

Marc erzählte immer so begeistert von seinen Kindern, daß ich ihn auf Cocktailparties öfter daran erinnern mußte, daß sich unter seinem gefesselten Publikum aus jungen Teilhabern und Vizepräsidenten auch ein paar Singles befanden, deren Augen vor lauter Langeweile schon ganz glasig wurden.

»Marc. Hör auf, mit uns zu prahlen. Das interessiert die Leute doch nicht.«

Er lachte dann bloß. »Aber mich interessiert es. Es sind meine Kinder, und sie sind phantastisch.«

Aber mehr noch als ihre Zukunft machte ihm ihre Gegenwart Freude. Der sonst gefühlsmäßig so zurückhaltende Marc hatte in der Vaterschaft das Ventil für seine schlummernde Zärtlichkeit gefunden. Es entzückte ihn, das Leben der Kinder zu lenken und zu schützen. Anfangs, als Daniel noch ein Baby war, war er verlegen, aber er lernte schnell, seine Kinder in die Arme zu nehmen, wenn sie krank waren oder Angst hatten. Und als es ihm zum erstenmal gelungen war, den weinenden kleinen Daniel zu beruhigen, indem er mit ihm auf und ab gelaufen war, den Kopf an seine Schulter gelehnt, kam er mit einem stolzen Lächeln auf den Lippen zurück.

Als Michel dreizehn oder vierzehn Monate alt war, wurde er zum Begrüßungskomitee seines Vaters. Wenn Marc früh genug von der Arbeit heimkam, stieß Michel einen aufgeregten Schrei aus, sobald sich der Schlüssel im Schloß drehte. So schnell es ging, wackelte er dann den Flur entlang und stürzte sich auf die Knie seines Papas, um sie zu umklammern.

Man konnte in solchen Momenten sehen, wie Marc unter diesem Ansturm reiner Liebe dahinschmolz, und Michel strahlte vor Freude. Seine Arme hielten die Knie seines Vaters. Und den Kopf hatte er in den Nacken gelegt, damit er seinen bewunderten Daddy ansehen konnte.

Marc hob ihn dann hoch und drückte ihn kräftig an sich. Die beiden sahen sich lachend in die Augen.

Aber ... wie lange war das jetzt her? Jetzt schaute Michel kaum auf, wenn sein Vater heimkam.

Eines Abends, ungefähr eine Woche nach unserem Ausflug zu McDonalds, fand mich Marc im Bett sitzend, ohne daß ich irgend etwas tat.

»Was ist los, Catherine? Du siehst so traurig aus.«

»Es ist wegen Michel.«

»Ich weiß, du machst dir seinetwegen Sorgen ... aber wir haben schon so oft darüber geredet ... Er ist nicht krank ... er hat eine zu gute Beziehung zu seiner Umwelt.«

Ich starrte eine Weile zu Boden.

»Marc. Er sieht mich in letzter Zeit nicht mehr sehr oft an. Seine Sprache ist nicht beständig. Ich ... ich fürchte, er verliert sogar ein paar seiner Wörter.«

Marc sagte nichts. Spannung lag in der Luft. Vorsichtig füllte ich die Leere zwischen uns mit Worten.

»Neulich habe ich ihn auf den Schoß genommen, Marc. Ich hielt sein Fläschchen hoch. Ich wußte, daß er es haben wollte. Ich sagte ›Ba-ba‹. Ich muß das wohl zwanzigmal gesagt haben.«

»Was hat er gemacht?« fragte Marc.

»Er hat mir in die Augen gestarrt. Er schien überhaupt nicht zu wissen, was ich von ihm wollte. Er hat immer wieder nach der Flasche gegriffen, aber er konnte das Wort nicht sagen.«

Ich brach ab, holte tief Luft und fuhr fort: »Er hat das Wort früher gesagt. Es gehörte zu seinem Wortschatz.«

Marc setzte sich neben mich und wartete.

»Schließlich – schließlich fingen wir beide zu weinen an, er und ich.«

Marc war blaß.

»Besser, du rufst Dr. Cohen an. Und Dr. DeCarlo. Oder?«

»Ich schätze, ja.«

Ich konnte den Gedanken an all dies nicht ertragen. Ich wollte Michel nicht zu diesen schrecklichen Beurteilungen schleppen. Ich wollte diese Worte nicht hören. Der glückliche Ausgang von Anne-Maries Geschichte konnte die Wucht des Schlages nicht mildern, den diese Worte für seinen Vater und mich bedeuteten: »Er ist autistisch.« Abschied von Michel. Abschied von dem, was wir in ihm gesehen hatten: das vollkommene Kind, das gesegnete Baby. Es war kein heller Morgen, den er durchlebte, sondern düstere Dämmerung.

In Anne-Maries Schule hatte ich Diane Meier kennengelernt. Diane gehörte zu den wenigen Menschen, denen ich mich anvertrauen konnte. Sie arbeitete als Ärztin in einem New Yorker Krankenhaus und war an den täglichen Umgang mit Krankheit und Traumata gewöhnt. Ihre Klugheit und ihr Einfühlungsvermögen waren Balsam für meine Seele gewesen.

Ich rief sie an.

»Diane, ich brauche Hilfe. Ich muß Michel jemandem vorstellen und ein für allemal eine definitive Antwort bekommen.«

»Erzähl'. Vielleicht kann ich helfen.«

Ich schilderte ihr, nach wem ich suchte.

Erstens wollte ich jemanden, den wir nicht kannten und der uns nicht kannte. Ich wollte ihn nicht zu Dr. Cohen oder Dr. DeCarlo bringen, noch nicht. Ich fürchtete, sie könnten nicht frei von Vorurteilen sein, nachdem sie Anne-Marie in ihrer schlimmsten Zeit gesehen hatten, und würden Michel schon allein deshalb als autistisch einstufen. Darüber hinaus wollte ich, rein gefühlsmäßig, eine Wiederholung dieser alptraumhaften Szenen der Diagnose vermeiden.

Zweitens wollte ich einen Arzt, der normale Kinder ebenso gut kannte wie autistische. Ich klammerte mich noch immer an die Hoffnung, daß Michel nur unter einer verzögerten Sprachentwicklung litt.

Drittens wollte ich jemanden, der nicht mit mir sprach, als wäre ich gerade mal zehn Jahre alt. Ich war nicht in der Stimmung, mich von irgendeinem »Autismus-Experten« von oben herab behandeln zu lassen.

Wunderbarerweise kannte Diane genau die richtige Person: Dr. Maryann Gershwin. Sie hatte langjährige klinische Erfahrung mit den verschiedensten Kindern: Kindern mit emotionalen Problemen, die sich aber normal entwickelten, autistischen Kindern, Kindern mit Sprachfehlern.

Ein paar Tage später kam Dr. Gershwin in unsere Wohnung.

Ich zitterte leicht, als ich Kaffee für sie kochte. Der Löffel klirrte, als er auf die Arbeitsplatte fiel.

»Ich bin ein bißchen nervös.«

»Ich weiß.«

Wir setzten uns und unterhielten uns. Wir spielten mit Michel auf dem Boden. Daniel und Anne-Marie wurden erwähnt. Drei Stunden gingen schnell vorbei.

Dr. Gershwin folgte mir ins Wohnzimmer und setzte sich.

»Ich glaube, Sie wissen es bereits, Mrs. Maurice, nicht wahr?«

Ich lehnte den Kopf gegen die Sessellehne und schloß die Augen, bloß für eine Sekunde.

Dann öffnete ich sie wieder.

»Ja. Ich weiß Bescheid.«

Wir unterhielten uns noch eine Weile. Dann ging sie. Ihren

Bericht, eine detaillierte Analyse von Michels Stärken und Schwächen, würde ich später erhalten.

Diagnose: wahrscheinlich frühkindlicher Autismus.

Marc sollte an diesem Abend früh heimkommen. Ich würde es ihm erzählen müssen.

Michel. Goldenes Kind. Entschädigung für unser Leid. O bitte, halte durch.

Die Angst wurde größer.

Ich fütterte die Kinder, badete sie, steckte sie in ihre Schlafanzüge. Ihre kleinen Körper waren so vollkommen.

Daniel und Anne-Marie wollten nach dem Bad eine Geschichte hören. Ich setzte mich hin und las ihnen vor. Michel spielte in der Bibliothek mit seinem Zug. Von Zeit zu Zeit zitterte ich.

Michel. Du hast mich an Tagen angelächelt, an denen ich es vor lauter Tränen nicht sehen konnte . . . Wohin ist dein Lächeln entschwunden?

Marc kam heim. Es gab keine andere Möglichkeit, wir mußten weitermachen, tun, was getan werden mußte. Laß das Herz seinen Schrei ausstoßen – und tritt ein ins Land des Verlustes.

Ich erzählte es ihm ganz ruhig, stand neben ihm, während wir den Kindern beim Spielen zusahen.

Er fiel in sich zusammen. Nur ein kleines bißchen. Nur für einen kurzen Augenblick.

Er stand ganz still und stieß einen langen Seufzer aus. Dann ging er in die Bibliothek und setzte sich neben seinen kleinen Sohn. Hier fiel er völlig in sich zusammen.

»Marc«, sagte ich. Ich konnte kaum sprechen: »Wir werden ihn heilen. Wir können es noch einmal schaffen.« Ich glaubte es selbst nicht. Wir hatten unser Wunder bereits. Wir würden kein zweites bekommen.

»Ja.« Marcs Stimme klang belegt.

Er schickte sich an, etwas zu sagen. Vielleicht suchte er nach den tröstenden und stärkenden Worten, die mich während Anne-Maries Leidensweg so oft gestützt hatten.

Aber es gelang ihm nicht.

Er saß neben seinem kleinen Sohn und sah ihn an.

Vor und zurück. Vor und zurück fuhr der kleine Zug. Der Zug stieß gegen etwas. Ohne auch nur aufzublicken, kreischte Michel schrill und ungeduldig los. Er packte die Hand seines Vaters am Handgelenk und schob sie auf den Zug zu.

Ich sah, wie es in Marcs Gesicht zuckte. Er stand auf. Er ging aus dem Zimmer. Ich ließ ihn gehen.

Am nächsten Tag ergriff ich die notwendigen Schritte. Ich wußte, was ich zu tun hatte. Es hatte keinen Sinn, sich noch länger dagegen zu wehren.

Ich rief Dr. DeCarlo und Dr. Cohen an und machte mit beiden Termine aus.

Ich rief Bridget an. Ich erzählte ihr, daß ich sofort mit Michels Therapie anfangen wollte, noch ehe die Diagnose bestätigt worden war.

»Ich komme am Freitag und halte eine Sitzung mit ihm ab. Mal sehen, wie er sich dem Programm anpaßt.«

»Danke, Bridget.«

Ich rief Robin an. Sie versprach, ab sofort zweimal pro Woche mit Michel zu arbeiten.

»Danke, Robin.«

Wir hatten noch nicht einmal aufgehört, mit Anne-Marie zu arbeiten. Ihr Programm war noch nicht beendet. Wir stoppten ihre Therapie einfach, um alle verfügbaren Kräfte auf Michel zu richten. Denn Bridget und Robin hatten nicht mehr soviel Zeit wie noch vor zwei Jahren. Besonders Bridget war voll ausgelastet. Sie hatte mit ihrer Doktorarbeit in Psychologie begonnen, arbeitete stundenweise in einer Schule für autistische Kinder und stand mir deshalb nur noch begrenzt zur Verfügung. Robin betreute Privatpatienten und arbeitete ganztags im Mount-Sinai-Krankenhaus.

Nie zuvor habe ich mich von zwei Menschen so abhängig gefühlt. Wo konnte ich noch einmal zwei Frauen finden, die soviel Talent und Hingabe mitbrachten? Als Bridget mir sagte, daß sie – zumindest am Anfang – vier Sitzungen pro Woche halten konnte, wäre ich ihr am liebsten um den Hals gefallen.

Das Programm aufzustellen und in Gang zu setzen war jetzt ein Kinderspiel nach allem, was wir mit Anne-Marie durchgemacht hatten. Wir wußten, was wir taten, und jeder von uns kannte die Rolle, die er zu spielen hatte.

Aber niemand hatte uns auf Michels Reaktion vorbereitet.

Bridgets erste Sitzung mit ihm war schrecklich.

Anne-Marie hatte geweint, gezittert und sich auf den Boden geworfen. Sie schien vor allem verängstigt.

Michel dagegen bekam einen unkontrollierbaren Wutanfall.

Alles, was Bridget in dieser ersten Stunde tat, war, ein paar Spielsachen vor ihm aufzustellen und beständig seine Aufmerksamkeit zu fordern.

»Michel. Sieh mich an. Michel!«

Michel reagierte, indem er sie abblockte und wegstieß, und als sie nicht nachgeben wollte, begann er zu schreien.

Seine Wut eskalierte, und er schluchzte krampfartig. Schließlich fing er an, sich am Boden zu rollen, hin und her, stieß Stühle um und schleuderte alles fort, was sich in seiner Reichweite befand.

Ich war im Zimmer geblieben, um zuzusehen. Ich dachte, ich könnte damit fertig werden. Ich dachte, ich könnte inzwischen mit allem fertig werden.

Ich stöhnte auf, als ich sah, wie er sich am Boden wälzte, nahezu hysterisch vor Wut. Ich verließ das Zimmer. Ich zog mich ans andere Ende der Wohnung zurück, saß dort, die

Arme um Daniel und Anne-Marie geschlungen. Sie redeten mit mir, aber ich konnte sie nicht verstehen.

Nach fünfzehn weiteren Minuten kam Bridget heraus.

»Können Sie hereinkommen und ihn beruhigen? Ich habe ihm gesagt, Sie würden kommen.«

Ich ging hin, um ihn in den Arm zu nehmen. Ich hockte mich neben seine schluchzende Gestalt auf den Boden und streichelte ihn. Als er es schließlich zuließ, nahm ich ihn in die Arme, wiegte ihn und erzählte ihm, wie sehr ich ihn liebte, wie sehr auch Bridget ihn liebte. Schließlich ließ sein Schluchzen nach, dafür schüttelte ihn ein stummes, krampfartiges Zittern.

Als er sich beruhigt hatte, kam Bridget herein, und sie fingen noch einmal von vorn an.

Innerhalb von zwei Minuten bekam er den nächsten Wutanfall.

Diese Szene wiederholte sich am nächsten Tag ebenso wie an den darauffolgenden. Er wollte sich einfach nicht beruhigen.

Jeden Tag ging ich im Flur auf und ab. Unfähig, im Zimmer zu bleiben, aber auch unfähig, mich allzu weit davon zu entfernen. Er muß sich beruhigen. Er wird sich beruhigen. Anne-Marie hat es getan. Er wird es auch tun. Das kann so nicht weitergehen.

Und schließlich fing er tatsächlich an, sich zu beruhigen. Aber was dann kam, war fast noch schlimmer. Er saß auf dem Stuhl, so, wie Bridget es von ihm wollte, die kleinen Füße fest auf dem Boden. Seine Hände hingen zu beiden Seiten herab. Er schrie nicht mehr. Er weinte, als wollte ihm das Herz brechen. Tränen liefen ihm über die Wangen, aber er hob nicht einmal die Hände, um sie fortzuwischen.

Mit einer auf Stativ montierten Kamera zeichnete Bridget alles auf, um ein Programm auszuarbeiten und Michels Fortschritte auf Video festzuhalten. Abends, wenn die Kinder schliefen, wollte ich mir die Aufzeichnung der Sitzung des jeweiligen Tages ansehen. Aber ich stand keine einzige durch. »Es ist zu schmerzlich, Marc. Ich halte das nicht aus.«

Lieber Gott im Himmel, er ist doch erst zwei Jahre alt! Warum geschieht das? Warum das alles?

Nur ein einziger Gedanke spendete mir Trost: Dr. Lovaas' Mitarbeiter hatten mir gegenüber mehr als einmal erwähnt, daß allem Anschein nach die Kinder, die sich anfangs am heftigsten wehrten, später am weitesten kamen. Die schwierigsten Fälle waren die Kinder, die lustlos dasaßen, reglos, fast so, als wären sie überhaupt nicht da.

Michel bekämpfte uns mit allem, was er hatte.

Marc hatte sich eine Woche frei genommen, damit wir uns aneinander festhalten konnten, als wir uns erneut auf die Reise machten. Uns beiden wurde schwindlig. Ich verlor schnell an Gewicht und litt an Herzrhythmusstörungen. Marc wirkte schrecklich traurig. Ich wollte ihn trösten. Ich versuchte, Optimismus auszustrahlen. Aber ich wußte, daß es nicht einfach darum ging, ihm zu versprechen, daß Michel gesund werden würde. Er litt an dem, was jetzt mit seinem Sohn passierte. Ob es eine Wiedergeburt geben würde oder nicht, ein Teil von Michel starb in diesem Augenblick.

Am 5. Februar hatten wir morgens eine Verabredung mit Dr. DeCarlo und nachmittags eine mit Dr. Cohen.

Das Treffen mit Dr. DeCarlo verlief ruhig und still, und das Gutachten war so detailliert wie damals bei Anne-Marie. Am Ende gab es keine Überraschung. Dr. DeCarlos Eindruck lief auf die Diagnose hinaus, die wir erwartet hatten: Frühkindlicher Autismus.

»Aber ich habe große Hoffnung, was ihn angeht«, erklärte sie uns, als wir gingen.

Schweigend fuhren wir nach Staten Island.

Im Institut saßen wir in dem uns nur allzu vertrauten Wartezimmer. Ich ging für einen Augenblick mit Michel auf den Flur hinaus. Als ich mich umdrehte, sah ich Dr. Cohen und Dr. Sudhalter mit ernsten Gesichtern auf mich zukommen.

»Hallo«, grüßte ich.

»Hallo.« Ihre Blicke wanderten von mir zu Michel.

Ich versuchte, die Atmosphäre ein wenig zu entspannen.

»Ich kann nicht behaupten«, fing ich munter an, »daß ich glücklich wäre, Sie zu sehen.« Aber ich stand den Scherz nicht durch: Meine Stimme versagte.

»Nein«, sagte Dr. Sudhalter.

Dieselben Tests, dieselben Fragen, dieselben Videoaufnahmen.

Für die Aufnahmen nahm ich Michel so auf den Schoß, daß er mit dem Gesicht zu mir saß. Dann legte ich alle Kraft, die ich hatte, in den Versuch, ihm Blickkontakt, ein Lächeln, eine Reaktion abzuringen.

Sein Gesicht hellte sich kurz auf. Dr. Cohen wandte sich an Marc, der hinter dem Spiegel stand. »Das ist gut. Das ist ein gutes Zeichen. Tut er das oft?«

»Ich glaube nicht.«

Im Videoraum lehnte ich mich erschöpft zurück.

Niemand konnte ahnen, wieviel Konzentration und Willenskraft nötig waren, um Michels Aufmerksamkeit auch nur für fünf Minuten so zu fesseln. Es war fast, als müßte ich ihn hypnotisieren oder verzaubern. Alles an mir – Stimme, Ausdruck, Blick, Lächeln, Körperhaltung, Hände – vereinte sich in einer einzigen Absicht: Michel dazu zu bringen, sich auf mich, auf meine Augen zu konzentrieren. Mehr noch: es ihm auch noch angenehm zu machen.

Dr. Cohens und Dr. Sudhalters Diagnose: Frühkindlicher Autismus.

Seit dem Vineland-Test vergangenen Juli, vor sieben Monaten also, hatte Michel tatsächlich abgebaut. Er war jetzt zwei Jahre alt, hatte aber bezüglich seiner Kommunikation und seines Sozialverhaltens den Stand eines zehn Monate alten Kindes. Seine motorischen Fähigkeiten sowie sein Anpassungsvermögen waren unverändert geblieben.

Sein rezeptives Sprachvermögen war sogar noch weiter zurückgegangen, und sein stereotypes Verhalten nahm zu. Blickkontakt fand nur noch sporadisch statt, und man konnte sich nicht darauf verlassen.

Er stürzte ab.

Wir konnten nichts weiter tun, als den Kummer zu durchleben und uns an die Arbeit zu machen.

Bridget würde mir anfangs vier Sitzungen pro Woche einräumen, würde sich aber auch nach anderen Therapeuten umsehen, die so bald wie möglich mitarbeiten sollten.

Robin würde mit zwei Sitzungen pro Woche anfangen und dies auf drei steigern, sobald Michel etwas besser sprach.

Ich würde tun, was ich auch mit Anne-Marie getan hatte: am Tag immer hinter ihm her sein, ihn niemals zu lange bei einer Sache verweilen lassen, ständig seine Aufmerksamkeit fordern, versuchen, das zu verstärken und in sein Alltagsleben zu integrieren, was Bridget und Robin mit ihm erarbeiteten.

In den ersten Wochen versuchte ich es auch bei Michel mit der Holding-Therapie, ließ es dann aber sein. Ich glaubte immer noch, daß die Holding-Therapie einen gewissen, wenn auch begrenzten Wert hatte. Sie half manchmal, um erste Kontakte mit sehr introvertierten Kindern aufzunehmen. Sie war eine Methode unter vielen, um Blickkontakt herzustellen, eine Methode unter vielen, um manche Kinder vorübergehend »aufzuwecken«. Aber ich würde mich nicht auf sie verlassen, um unser Kind gesund zu machen. Sie würde ihm nicht alles beibringen, was er lernen mußte. Zu diesem Zweck würden wir uns in erster Linie auf das verhaltenstherapeutische Programm stützen, auf Robins Sprachtherapie und auf unsere Erfahrung, wie man die Programme ins Alltagsleben überträgt und wie man Michel mit Gewalt in seiner Zurückgezogenheit erreicht. Darüber hinaus versuchten Marc und ich, ihn auch weiterhin zu umarmen, zu küssen und zu »knuddeln«, wie wir es immer getan hatten und es auch mit jedem normalen Kind tun würden.

Die Diagnose war gestellt und bestätigt worden. Das Therapieprogramm hatte begonnen. Wir wußten alle, was wir zu tun hatten; wir taten es bereits.

Nach dieser Woche, in der die Diagnose gestellt worden war, in der wir uns der Angst gestellt und die Truppe zusammengetrommelt hatten, ging Marc wieder zur Arbeit. Er hatte den Schock und den anfänglichen Kummer überwunden und schöpfte allmählich wieder Hoffnung. Ich wußte, daß er mir vertraute. Alle vertrauten mir: Dr. DeCarlo, Dr. Cohen und auch all unsere Freunde und Verwandten.

»Du hast es einmal geschafft. Du schaffst das wieder. Mit einer Mutter wie dir und mit denselben Therapeutinnen, die auch Anne-Marie geholfen haben, hat er die besten Chancen der Welt.«

Das einzige Problem war, daß *ich* nicht an Michels Heilung glaubte.

28. Kapitel

Mein Glaube war so schwach und Michels Widerstand so stark.

Der erste Monat seiner Therapie war ein Alptraum. Es wurde deutlich, daß er sich nicht wie Anne-Marie verhalten würde. Rückblickend betrachtet hatte sie sich den Sitzungen recht schnell angepaßt. Seine Wut und sein Widerstand waren dagegen doppelt, ja dreifach so heftig.

Tag für Tag stand ich im Flur vor der geschlossenen Tür und hörte sein Schluchzen. Ich betete um seine Mitarbeit, darum, daß er sich anpassen würde. Ich lehnte den Kopf an die Wand und flehte unter Tränen: »O Gott, bitte, laß ihn zu weinen aufhören. Laß ihn anfangen zu lernen, wie Anne-Marie es getan hat.«

Im weiteren Verlauf der Therapie wurde ich zum reinsten Nervenbündel. Geist und Seele waren in diesem Zimmer, und ich ertrug es nicht, bei meiner Wache abgelenkt oder unterbrochen zu werden. Es mußte einfach klappen. Es mußte. Ich hatte kein weiteres As mehr im Ärmel.

Niemand durfte in die Nähe des Therapiezimmers kommen oder auf dem Gang laut spielen. Bridget kämpfte Tag für Tag um Michels Mitwirkung. Wenn ihr das nicht gelang, dann hatten wir ihn für alle Zeiten verloren, davon war ich überzeugt.

Eines Tages war ich im Schlafzimmer, gleich neben dem Therapieraum. Patsy war mit Daniel und Anne-Marie in der Bibliothek. Michel schluchzte, während Bridget mit ihm arbeitete, und ich lauschte auf jeden Ton, der aus dem Zimmer drang, hoffte trotz allem, daß er einfach damit aufhören und anfangen würde, mitzuarbeiten und zu lernen.

Plötzlich hörte ich, wie die Tür zu seinem Zimmer geöffnet wurde.

Ich stürzte auf den Gang hinaus. Anne-Marie war ins Therapiezimmer gegangen.

Ich rannte hinter ihr her, nahm sie auf den Arm und trug sie in mein Zimmer.

»Ich habe dir verboten, in dieses Zimmer zu gehen! Hast du mich nicht gehört? Hast du Mammi nicht verstanden? Antworte!«

Ich zitterte vor Wut.

Schockiert starrte sie mich an. Dann verzog sich ihr Gesicht. Sie fing an zu weinen.

Alle Wut wich aus meinem Körper. Ich schämte mich und nahm sie in die Arme.

»Tut mir leid, Kleines. Tut mir wirklich leid. Ich hab' dich lieb.«

Sie weinte noch eine Weile, dann hörte sie plötzlich auf und trat von mir zurück. Ihre Wangen waren naß, aber sie brachte ein Lächeln zustande.

»Is' gut, Mammi. War ein Versehen!«

Kinder können uns so vollkommen verzeihen.

In diesem ersten Monat ging es Michel in mancher Hinsicht von Tag zu Tag schlechter.

Ich weiß nicht, wie Autismus funktioniert. Vor allem in den Fällen, in denen er sich spät entwickelt, so wie bei meinen Kindern. Denn selbst wenn man die Störung mit aller Kraft bekämpft, wenn man das Kind in einen Zustand des Zuhörens, des Lernens, des Aufpassens zwingt, selbst wenn ganz langsam ein paar Wörter und etwas Aufmerksamkeit zurückkehren, so beobachtet man dennoch eine Zeitlang nur Verfall. Bestimmte Anzeichen des Syndroms werden abgebaut, aber gleichzeitig treten neue auf. Eines Tages wird irgend jemand herausfinden, was da neurologisch abläuft. Die meisten Fälle von Autismus werden erst richtig diagnostiziert, wenn das Kind drei oder sogar vier Jahre alt ist, wenn das Krankheitsbild voll entwickelt ist. Bei unseren Kindern wurde die Diagnose bereits gestellt, als der Abbau gerade erst augenscheinlich wurde.

Michel lief jetzt nur noch auf den Zehenspitzen und wedelte mit den Händen. Sein Körper war starr, der Kopf wackelte, wenn er stur auf Gegenstände schaute, die er nur aus den Augenwinkeln betrachtete. Dabei versuchte er auch noch, sie falsch herum anzusehen. Er schrie, bekam Wutanfälle, und es wurde immer schwerer, Blickkontakt mit ihm herzustellen. Er schien zwar noch immer ein paar Überreste seines früheren Spiels zu beherrschen, brachte zum Beispiel eine Puppe zu Bett, aber nur, wenn ich die Puppe und das Bett direkt vor seine Augen stellte und ihm das Ganze dann vormachte.

Er verlor die wenigen Wörter, die er kannte, und war sich auch unserer Existenz nicht mehr bewußt.

An dem Tag, an dem er mich im Verlauf des ganzen Vormittags nicht ein einziges Mal angesehen hatte, an dem er nicht reagierte, als ich mit Daniel und Anne-Marie in die Wohnung kam, und sogar versuchte, meinem Blick auszuweichen, als ich mich neben ihn auf den Boden hockte, setzte es bei mir aus. Ich rief Marc im Büro an und weinte nur noch.

»Ich . . . ich kann nicht mehr . . . Es klappt nicht . . . ich verliere ihn!«

Ich glaubte an überhaupt nichts.

Ich betete, aber meine Gebete waren nur leere Worte.

Wenn ich meinen Rosenkranz betete, dröhnte spöttisches Lachen durch meinen Kopf.

Was bildest du dir eigentlich ein? Du bekommst nicht *eine* Wunderkur – du bekommst gleich zwei! Toll. Lustig! Glaubst du etwa, Gott würde dir zuhören? Du glaubst, es gebe einen Gott? Träum nur weiter.

Dort, wo ich geliebt und vertraut hatte, herrschte jetzt der blanke Zynismus.

»O Herr, ich glaube. Hilf meinem Unglauben!«

Es waren diese Worte, die in mir aufstiegen, um mich gegen die Verzweiflung zu schützen. Nicht nur die Worte dieses Vaters eines Epileptikers, der vor Jesus kniete, sondern die des treuen Zenturios, dessen Kind im Sterben lag:

»Herr, ich bin nicht würdig, daß du unter mein Dach eintrittst. Sprich nur ein Wort, und mein Sohn ist gesund.«

Ich mußte wieder zum Kind werden.

Natürlich konnte ich in all dem keinen Sinn entdecken: Wer ist es wert? Wer nicht? Wessen Gebete werden beantwortet? Welche nicht? Warum? Wenn ich meinen Kindern erzähle, daß es einen Gott gibt, und daß ER sie über alle Maßen liebt, dann glauben sie mir fraglos. Konnte mein durch zu viel Wissen überladener Geist seinen Weg zurück zu diesem kindlichen Vertrauen finden, zu dieser Glaubensfülle? Konnte ich wirklich glauben, daß es einen Gott gibt, der sich um uns kümmert? Daß Michel entweder gesund werden würde oder daß – sollte dies nicht der Fall sein – dennoch Frieden in mein Herz einkehren würde?

»Herr, ich glaube. Hilf meinem Unglauben.«

Ich stand draußen vor Michels Tür, Tag für Tag. Ich betete und betete, und das Schluchzen hielt an. Er tat nichts anderes als weinen. »Klopf Tisch«, drängte Bridget, »klopf Tisch«, nahm seine Hand und klopfte damit auf den Tisch.

Tag für Tag blieben die Aufzeichnungen unverändert. Hundert Prozent mit Hilfestellung, null Prozent allein. Herr, gib mir eine halbe Stunde. Die letzte halbe Stunde. Laß ihn ruhig und still sein. Mach, daß er Bridget an sich heranläßt. Laß ihn aufhören zu weinen!

Meine Hände sind zu Fäusten geballt. Ich lehne an der Wand im Flur und lausche auf meinen Sohn.

Das Schluchzen läßt nach.

Es hört auf. Es herrscht Stille.

Dann höre ich Bridget, ganz aufgeregt.

»Ja! Du hast es geschafft! Du hast auf den Tisch geklopft!«

Dann ein anderes Geräusch, ein neues Geräusch: Plappern.

Danach Stille, dann wieder Geplapper.

Und schließlich höre ich das schönste aller Geräusche. Michel lacht. Er lacht über irgend etwas, was Bridget tut. Mein Sohn lacht, weil Bridget etwas Lustiges macht.

Ich schlage die Hände vors Gesicht. Ich zittere am ganzen Körper. Schmerz und Freude vereinen sich zu einer überwältigenden Woge.

Der Gesundungsprozeß hat begonnen.

29. Kapitel

Der Weg erschien manchmal sehr dunkel. Ich war von Hoffnung erfüllt, verlor meine Zuversicht und gewann sie dann wieder zurück. Eines Tages sahen Marc und ich uns an und fragten uns, ob unsere Reise durch dieses Land endlich ein Ende gefunden hatte.

Einige Erinnerungen sind uns gegenwärtiger geblieben als andere: die Wendepunkte, die Augenblicke der Verwirrung und jene des Triumphes. Es gab Zeiten, da schien die Arbeit übermächtig, da überforderten uns die Entscheidungen, dann wieder kamen Zeiten, in denen wir uns unseres Weges sicherer waren.

Michels Programm läuft seit ein paar Wochen. Er und ich sind in meinem Zimmer. Wir sitzen auf dem Boden. Er spielt mit dem hölzernen Zug, den er so liebt. Ich sammle all die kleinen Waggons ein und verstecke sie in der Saumfalte meiner Bluse. Er sieht sich suchend um. Ich zeige ihm einen Wagen in meiner Hand. Er versucht, ihn sich zu nehmen, aber ich mache schnell die Hand zu.

»Tüff-tüff«, sage ich.

Er fängt an zu heulen und versucht, mir den Wagen aus der Hand zu winden.

»Tüff-tüff«, sage ich.

Sein Heulen steigert sich zum Schreien. Er versucht, mich in die Hand zu kratzen. Ich verstecke den Wagen in meiner Bluse, hebe sein Kinn an, um Blickkontakt herzustellen, und bestehe darauf: »Tüff-tüff.«

Fünfzehn Minuten Wut sind die Folge. Kein Schluchzen, Gott sei Dank, nur Wut, Schreien und Treten.

Ich weiß, wie gern er den Zug haben möchte. Ich könnte das nicht mit jedem Gegenstand machen. Ich halte in meiner Bluse ein Reinforcement versteckt, das weit wirksamer ist als jedes Stück Schokolade.

»Tüff-tüff«, sage ich.

»Tü-tü!« keucht er endlich.

Ich stoße einen Triumphschrei aus, überschütte ihn mit Küssen. »Du hast es gesagt! Du hast ›Tüff-tüff‹ gesagt!«

Es gibt noch elf weitere Waggons. Er sagt »Tü-tü« für jeden einzelnen, um ihn zu bekommen.

In den ersten fünf Monaten von Michels Therapie arbeite ich jeden Morgen mit ihm in meinem Zimmer, von 9.30 Uhr bis 11.30 Uhr. Daniel und Anne-Marie sind in der Schule.

Ich habe gelernt, noch konzentrierter zu arbeiten, in weniger Zeit noch mehr zu schaffen. Das muß sein. Ich muß jetzt mehr Zeit mit Daniel verbringen, und ich habe große Angst, Anne-Marie nicht genug Aufmerksamkeit zu schenken. Der Nachmittag gehört größtenteils ihnen, während Michel in der Therapie ist.

An der Wand vor mir hängt eine Liste mit Liedern, Spielen und Aktionen. Ich habe sie aus der Erinnerung heraus erstellt, zum Teil nach Aufnahmen, die wir von der Sängerin Raffi haben, oder nach Büchern; einiges davon habe ich auch selbst erfunden. Christine Allison, eine gute Freundin, hat mir ein Exemplar ihres wunderschönen Buches *I'll Tell You a Story, I'll Sing You a Song* geschickt, und auch das kämme ich durch, suche nach Material, das mir bei Michel helfen kann. Als Widmung hat Christine hineingeschrieben: »Liebe Catherine, lieber Marc – mit Gottes Hilfe können wir die Dunkelheit *doch* bezwingen.«

Mit Hilfe meiner Listen gelingt es mir, Michels Aufmerksamkeit während des größten Teils der beiden Stunden zu binden.

Ring around the rosy: Sein Lieblingslied. Bei diesem Lied gelingt es mir fast immer, ihn dazu zu bringen, mich anzuschauen, während er freudig erregt auf das »All fall down!« wartet.

This is the way the ladies ride: Ich lasse ihn auf meinen Knien hüpfen. Toll für den Blickkontakt.

This little piggy: Die Worte dieses Reimes und auch der anderen Reime sind nicht so wichtig. Hauptsache, das Spiel macht ihm Spaß und er verbindet diesen Spaß mit mir, mit einem Menschen, mit seiner Mutter.

So tun, als würde ich jede einzelne seiner Zehen essen: Dieses Spiel ruft viel Gelächter und Gekreische hervor. Seine Reaktion grenzt an Furchtsamkeit, als würden wir Fangspiele oder Monsterspiele machen. Der Spaß darf nur bis zu einem gewissen Punkt getrieben werden, damit seine Angst nicht *zu* groß wird.

Verstecken: Anfangs nicht besonders erfolgreich. Wir sind körperlich zu weit voneinander entfernt, um seine Aufmerksamkeit aufrechtzuerhalten.

One-Two-Three-squeeze: Noch ein Spiel, das die Erwartung steigert. Ich zähle langsam bis drei und umarme ihn dann kräftig, was ihm zu gefallen scheint.

In sein Gesicht blasen: Das scheint immer seine Aufmerksamkeit zu fesseln, vor allem, wenn ich ein Spiel daraus mache.

Rhythmische Massage, während ich ihm vorsinge: Musik gehört zu den Dingen, die größte Anziehungskraft auf alle meine Kinder ausüben. Ich singe ihnen viel vor, begleite das Lied meistens mit Tanzen, Schaukeln, Wiegen oder Streicheln.

Kitzeln: Solange er nicht zu albern wird.

Trot-trot to Boston: Noch ein Lied für das Wippen auf den Knien.

Little rabbit foo-foo / Itsy Bitsy Spider: Alle Reime, bei denen die Finger eine Rolle spielen, fesseln seine Aufmerksamkeit, so wie auch diese.

Öffne, schließe sie: Ein Lied, bei dem ich meine Hände öffne und schließe. Er muß dabei auf meinem Schoß sitzen, nicht auf der anderen Seite des Zimmers.

Kopf, Schultern, Knie und Zehen: Bei diesem Lied muß man beim Singen die verschiedenen Körperteile berühren. Jede Kindergärtnerin kennt das.

Bumpin' up and down in my little red wagon: Noch ein Lied von unserer Raffi-Platte.

Row-row-row: Bridget hat mir gezeigt, wie man das macht: Wir sitzen uns gegenüber, wiegen uns vor und zurück und halten uns dabei an den Händen.

Six little ducks that I once knew: Noch ein Raffi-Lied. Michel liebt den »Quak-quak-quak«-Teil, vor allem, wenn er wirklich übertrieben und nasal gesungen wird.

The noble duke of York: Noch ein Lied, bei dem sich der Körper bewegt. Die Worte werden durch Bewegungen verdeutlicht.

Jedes andere Lied oder jeder Reim, zu dem Tanzen, Wiegen, Hüpfen, Fingerspiele oder Handbewegungen gehören.

Neben der Beschäftigung mit diesen Reimen und Spielen lesen wir Bücher (Babybücher, ein Wort pro Seite), spielen mit Puppen und mit *jedem* Spielzeug, bei dem man abwechselnd an die Reihe kommt, etwa mit der Kasse von Fisher-Price, bei der große, bunte Münzen in die Schlitze passen. Wie bei den Zügen kann ich diese Münzen festhalten und sie ihm erst geben, wenn er mich ansieht und für jede einzelne ein Wort sagt. Mir war es egal, was er sagte, wenn er mich um diese Münzen bat – solange er nur einfach begriff, um was es ging: Ich (Michel) benutze Töne, um etwas auszudrücken. Ich sage etwas, und wenn ich das tue, gibt mir Mammi, was ich will.

Im April kam eine neue Therapeutin zu uns: Mary Beth Villani. Bridget reduzierte ihre Stunden allmählich. Im Mai kam Anne-Marie Larkin für ein paar Wochen, mußte dann aber aufhören. Im Juni schließlich stieß Kelly McDonough zu uns.

Bis zum Ende des Jahres hatte Michel zwischen zehn und zweiundzwanzig Stunden Verhaltenstherapie pro Woche. Sobald sie die Zeit erübrigen konnte – ab Anfang Mai –, kam Robin dreimal pro Woche.

Bridget wurde mehr und mehr zu einer Planerin. Sie reduzierte ihre Arbeit auf ein, zwei Sitzungen pro Woche und ließ die anderen, weniger erfahrenen Therapeuten mehr Arbeit übernehmen. Meine Aufgabe bestand darin, das Programm zu leiten und zu koordinieren, dafür zu sorgen, daß alle an denselben Zielen arbeiteten und, wie Robin, Michels sprachliche Fortschritte außerhalb der Sitzungen zu festigen.

Mary Beth, Anne-Marie und Kelly erwiesen sich als talentierte und engagierte Therapeutinnen. Jede von ihnen hatte ihre Stärken, und alle verfügten über unterschiedliche Erfahrungen. Mary Beth konnte Michel auch noch an seinen schlimmsten Tagen ein Lächeln entlocken. Anne-Marie machte Bridget Konkurrenz, was die Kreativität anging, mit der sie sich an die Arbeit machte. Und es zeigte sich, daß Kelly die zuverlässigste, verantwortungsvollste und engagierteste Arbeiterin war: Sie ließ niemals eine Sitzung ausfallen, außer ein Grippevirus oder eine andere Unvorhersehbarkeit hinderten sie daran. Sie lernten alle, miteinander zu wachsen und zu arbeiten, und ich lernte es, mich immer mehr auf sie zu stützen, statt mich an Bridget zu klammern, als wäre sie die einzig tüchtige Verhaltenstherapeutin auf der Welt (auch wenn sie meiner Meinung nach noch immer ganz oben rangiert).

Ich beschloß auch, Michel noch zusätzliche Therapiestunden zu geben. Ich traute dem verhaltenstherapeutischen Programm beim zweitenmal viel mehr, und ich wollte nicht alles allein machen: Das heißt, Marc und ich waren nach unseren Erfahrungen mit Anne-Marie der Ansicht, daß ein autistisches Kind, wenigstens in den ersten beiden Jahren der Therapie, soviel wie möglich mit Menschen zusammengebracht werden sollte. Bei Anne-Marie hatte ich diese Last in erster Linie allein getragen, wann immer Bridget und Robin nicht da waren. Jetzt jedoch war ich bereit, die Arbeit mit jedem guten Verhaltenstherapeuten zu teilen. Der Nachteil dabei war natürlich, daß unser Privatleben zunehmend gestört wurde. Der Vorteil war, daß ich mehr Zeit für Daniel, Anne-Marie, Marc und mich selbst hatte. Als wir ins dritte Jahr unserer Krise gingen, war es für mich wichtig geworden, nicht öfter als nötig die Superfrau zu spielen. Je mehr Arbeit ich abgeben konnte, desto leichter wurde sie.

Michel war so ganz anders als Anne-Marie. Sie war ängstlicher gewesen, introvertierter. Er ließ sich besser einbeziehen. Als er schließlich anfing, in seinen Therapiesitzungen auf sekundäre Reinforcements – also auf Lob – zu reagieren, tat er das mit breitem Lächeln und gutem Blickkontakt. Wenn Michel in diesen ersten sechs Monaten der Therapie »da« war, dann war er das auch wirklich – glücklich, wach und so offen, daß wir glaubten, er habe den Bereich dessen, was jeder Arzt als »klassisch autistisch« bezeichnen würde, bereits hinter sich gelassen. Er war nicht in sich gekehrt und in seiner eigenen Welt verloren. Aber zwischen diesen Augenblicken großer Nähe und Zärtlichkeit war er entsetzlich. Seine Schrei- und Wutanfälle waren schrecklich.

Was die Sprache anging, hatte Anne-Marie leichter gelernt. Wo sie sozialen Kontakt gebraucht hatte, da benötigte Michel genau festgelegte Unterrichtsstunden. Wir mußten uns auf verbale Nachahmung konzentrieren. Jackie Wynn aus der Lovaas-Klinik versorgte uns mit ein paar guten, intensiven Programmen zum verbalen Drill.

Lange Zeit blieb seine Aussprache einfach schrecklich. Selbst als sein Wortschatz wuchs, machte seine Aussprache die Wörter für jeden außer seinen Therapeuten und seinen Eltern nahezu unverständlich. Er sagte »Adoh« für Dumbo, »Dis« für »Fisch«.

Trotz all dieser Unterschiede zwischen ihm und seiner Schwester, sowohl in der Persönlichkeit als auch in der Reaktion auf die Therapie, machte Michel schnell Fortschritte.

Im April wiederholte er »Mama«, »Daddy«, »Deedee« für Bridget, »Wah-wah« für Robin und »Mmmm-bah« für Mary Beth. Er begriff noch immer nicht, wer Daniel und wer Anne-Marie waren. Wir hatten ihm fünf, aus zwei Wörtern bestehende Kombinationen beigebracht.

Zwei Monate später hatte er schon deutliche Fortschritte gemacht.

Seine Aussprache war besser, er konnte jetzt »House« anstelle von »Hau« sagen, »Car« anstatt »Keh«.

Eines Tages nahm er eine kleine Traube in die Hand und sagte »Babytraube«. Er bewies damit eine gewisse Überlegung und die Fähigkeit, diese auch in Worte zu fassen. Ein paar Tage später wiederholte er diesen Kommentar beim Spiel mit Play-Doh. Er nahm ein kleines Stück Knetgummi hoch und sagte »Baby-Pay-Doh«, dann ein größeres mit den Worten »Mammi-Pay-Doh«.

Wir stellten fest, daß er auf kleine, dramatische Szenen, die wir für ihn zeichneten oder mit Play-Doh darstellten, gut ansprach: Ich zeichnete einen großen Fisch auf seine Magna-Doodle (eine Metalltafel mit einem magnetisierten Zeichenstift) und half ihm dann, Augen, Mund, große Zähne und einen Schwanz einzufügen. Nach und nach fügten wir Wasser, einen Jungen, ein Schiff und eine Angel hinzu. Michel liebte die Geschichte des Jungen, der den großen Fisch mit den furchterregenden Zähnen fängt. Er wünschte sich immer Geschichten, in denen etwas passiert. Aus einem großen Klumpen Knetmasse formten wir eine Dinosauriermutter und dann aus einem kleinen Klumpen ein Dinosaurierbaby. Er war entzückt, als das Baby vom Tisch fiel und die Mammi hinterherspringen mußte, um es zu retten. »Hilfe, Hilfe!« Er ahmte den Klageruf nach. »Keine Angst, ich komme!« brüllte die Mama. Je dramatischer die Geschichte, je aufregender der Dialog, desto leichter war es, seine Aufmerksamkeit zu fesseln.

Der Sprachdrill in den Therapiesitzungen ließ nicht nach. Verbales Nachahmen, Konsonanten, Vokale, einsilbige Wörter, zweisilbige Wörter, Adjektive. Fotos mußten mit den richtigen Verben beschrieben werden (rennen, schlafen, gehen, usw.), Präpositionen, die Adverbien »hinauf« und »hinab«, alles mußte *funktionell* sein. Wir hatten uns zum Ziel gesetzt, daß er nicht einfach nur ein Wort oder einen Satz wiederholen sollte, sondern daß er Sprache verstand und *benutzte.*

Bridgets Kreativität erstaunte mich immer wieder. Als sie feststellte, daß ihn die endlosen Präpositionsübungen langweilten, beschloß sie, ihn selbst anstelle eines Spielzeugs zu benutzen: Sie stellt ihn oben auf einen Stuhl.

»Wo bist du?«

Sie gibt die Antwort vor: »Auf dem Stuhl.«

Sie hält den Stuhl über seinen Kopf.

»Wo bist du?« Sie lacht. Sie machen ein Spiel daraus. Sie gibt vor: »Unter dem Stuhl.« Sie haben jeden dieser Sätze bereits in vielen vorhergehenden Übungen mit Spielsachen trainiert.

»Wo bist du?«

»Neben dem Stuhl«, antwortet er. (»Neh de Schtu«)

»Hinter dem Stuhl.«

»Vor dem Stuhl.«

Marc und ich hatten den Eindruck, daß Michel in bezug auf sein soziales und emotionales Verhalten noch schneller Fortschritte machte, als seine Schwester es getan hatte. An einem Tag im Mai zwängten wir uns alle ins Auto, um nach East Hampton zu fahren. Anne-Marie saß auf der mittleren Bank, Michel in seinem Kindersitz neben ihr, und Daniel saß auf dem hintersten Sitz, wo Michel ihn nicht sehen konnte. Als Marc aus der Garage fuhr, wurde Michel plötzlich ganz aufgeregt und fing zu weinen an. Er schien völlig durcheinander. Ich drehte mich um.

»Was ist denn los, mein Kleiner?«

»Michel! Michel!« Er schluchzte, starrte mir in die Augen. Er streckte die Hände nach dem Fenster neben sich aus. »Michel!«

»Was? Was? Ich verstehe dich nicht. Marc, halt an! Er ist völlig durcheinander.«

»Michel!« Er drehte sich in seinem Sitz um und versuchte durch das Fenster zur Garage zu sehen, die wir gerade verlassen hatten.

»Großer Gott, er ruft nach Daniel!«

»Daniel!« wiederholte Michel, und diesmal lächelte er unter Tränen.

Der arme Kerl dachte, wir hätten seinen Bruder zurückgelassen. Er konnte den Namen noch nicht richtig sagen, da wir erst kürzlich mit einem Namensprogramm für die Familienmitglieder angefangen hatten, aber eines wußte er: Er wollte seinen Bruder dabei haben.

»Da ist er, Liebling. Siehst du ihn? Er sitzt direkt hinter dir!«

»Hier bin ich, Michel!« lachte Daniel und tauchte hinter dem Kindersitz auf.

Michel lachte vor Freude und Erleichterung. Wir mußten alle lachen. Marc und ich sahen uns an, genossen einen jener Glücksmomente, in denen uns beiden bewußt wurde, daß Michel – welche Probleme er auch haben mochte – seiner Familie gegenüber jedenfalls nicht »gleichgültig« war.

Mit der Zeit gewann ich immer mehr Zutrauen zu mir selbst. Marc und ich fühlten uns jetzt stark genug und trafen unsere eigenen Entscheidungen, was Michels Programm anging. Oder sollte ich sagen: Marc konnte die Entscheidungen nun getrost mir überlassen. Denn auch wenn ich vor ein paar Monaten noch davor gezittert hatte, die Verantwortung für die Zukunft meines Sohnes zu übernehmen, so hatte ich jetzt doch das Gefühl, daß Bridget und ich, Robin, Mary Beth und Kelly, daß wir alle zusammen es schaffen würden.

30. Kapitel

In bezug auf Michels Weinen wollte ich mich auf mein eigenes Urteil verlassen. Ich weiß noch immer nicht, ob ich es richtig gemacht habe. Es schien ewig weiterzugehen. Vielleicht hätte er eher damit aufgehört, wenn ich strenger gewesen wäre.

Aber ich war wohl nicht beharrlich genug.

Es ist sieben Uhr früh. Eines nach dem anderen kommen die Kinder verschlafen in unser Zimmer. Ich quäle mich aus dem Bett – ich bin morgens nicht gerade in Höchstform – und sage: »Laßt uns frühstücken.«

Bei diesen Worten wirft sich Michel auf den Boden und schluchzt. Einfach so, ohne Grund, außer vielleicht, daß jemand eine Bitte an ihn gestellt hat. Ich seufze, Marc seufzt, Daniel und Anne-Marie kümmern sich gar nicht um ihn. Wir sind daran gewöhnt.

Ich wappne mich für die erste von vielleicht fünfundzwanzig solcher Szenen im Lauf dieses Tages.

Ich weiß, was ich zu tun habe. Ich gebe seinem Weinen keine Nahrung. Ich verstärke es nicht, beachte es gar nicht. Ich decke den Tisch und gebe den beiden anderen Kindern ihr Frühstück. Dann hebe ich Michel einfach auf, bringe ihn an den Tisch und halte ihn auf seinem Stuhl fest. Ich lege seine Finger um den Löffel, führe den Löffel von der Schüssel zum Mund, ignoriere sein Gebrüll und halte den Löffel an seinen Mund, bis er ißt. Ich unterstütze ihn verbal: »Mmm. Lecker. Du ißt ›Cheerios‹. Braver Junge. Gut essen Frühstück.«

Irgendwann fängt er schließlich immer an zu essen, weil ich

nicht aufgebe, bis er es tut. Das ist etwas anderes, als wenn ich versuche, Daniel dazu zu bringen, Gemüse zu essen. Daniel haßt Gemüse, und auf den Machtkampf lasse ich mich gar nicht erst ein. Aber Michel ist hungrig, und er mag ›Cheerios‹, aber er weigert sich, weil irgend etwas in ihm ihn zwingt, sich zu Boden zu werfen und zu schreien, anstatt zu frühstükken. Ich versuche, ihn von diesem Verhalten zu befreien. Ich belohne sein Verhalten nicht, damit er damit aufhört und wie ein normales Kind morgens seine Haferflocken oder Cornflakes ißt.

Nach vielen ähnlichen Szenen beginnen meine Maßnahmen auch tatsächlich zu greifen. Herr im Himmel, da kommt er, setzt sich ganz allein an den Tisch, nimmt seinen Löffel und ißt. Und Wunder über Wunder, er genießt jeden einzelnen Bissen.

Dennoch weiß ich nicht, ob es eindeutige Regeln gibt, die sich auf das menschliche Verhalten anwenden lassen. Wenn Michel etwa am späten Nachmittag aus seiner vierten Therapiestunde kommt – müde und frustriert –, ist seine Toleranzgrenze erreicht. Heben Daniel oder Anne-Marie zufällig ein Spielzeug auf, mit dem er gerade spielt, dann wirft er sich auf den Boden und wälzt sich in einem Anfall aus Wut und Tränen hin und her.

Ich hebe ihn dann gewöhnlich hoch, nehme ihn in die Arme, küsse ihn und singe ihm vor, bis er sich in meinen Armen entspannt und der Anfall vorüber ist.

Ich wollte seinen Anfall nicht belohnen. Es gab ja wirklich einen Anlaß für seine Reaktion. Dennoch habe ich ihn in gewisser Weise belohnt, denn in diesem Augenblick setzte sich ein anderes Bedürfnis durch: das Bedürfnis, ihm zu zeigen, daß er geliebt wurde, daß ich verstand, wie hart es war, den ganzen Tag über so gnadenlos angetrieben zu werden, daß er das Recht hatte – genau wie ich – seiner Wut, seinem Kummer und seiner Verwirrung von Zeit zu Zeit freien Lauf zu lassen.

So erhielt er die ganze Zeit über von mir ziemlich unbeständige, manchmal sogar widersprüchliche Botschaften zu seinem Weinen. Es gab nicht einmal eine feste Regel, die ich in Worte hätte fassen können, wann er umarmt und wann er ignoriert werden mußte. Ich entschied das jeweils spontan, abhängig vom Zusammenhang, vom Vorhergegangenen und sogar aus der Laune des Augenblicks heraus – aus seiner und meiner. Ich hatte den Eindruck, es müsse einen gewissen Spielraum geben, auch wir müßten flexibel sein. Mit der Zeit, so dachte ich, wenn seine Kommunikationsfähigkeiten und sein soziales Bewußtsein besser entwickelt wären, würde das Weinen schon nachlassen. Ich kann es nur schwer erklären, aber ich dachte, daß er einfach noch nicht bereit, noch nicht reif genug wäre, dieses extreme Weinen aufzugeben. Er war fast drei, aber in mancher Hinsicht war er noch viel jünger. Für mich war es, als versuchte ich, ein weinendes Baby zu beruhigen.

Auch wenn Bridget meinen Standpunkt akzeptierte, so war sie doch frustriert, weil Michels ausgesprochen problematisches Verhalten so widersprüchlich behandelt wurde. Und problematisch war es: Jedesmal, wenn wir das Haus verließen, bei jeder Therapiesitzung, bei jedem Bad – meistens also, wenn eine Tätigkeit durch eine andere ersetzt wurde – kam es zu einer kürzeren oder längeren Phase des Weinens (häufig noch durch Wut oder Aggressionen verschlimmert). Sein Weinen und seine Launenhaftigkeit hielten bis weit ins zweite Jahr seiner Behandlung hinein an. Das war eine große Belastung für alle, einschließlich Daniel und Anne-Marie. Hätte er nicht in bezug auf seine sprachlichen, spielerischen und sozialen Fähigkeiten solche Fortschritte gemacht, dann hätten wir wahrscheinlich wieder einmal ernsthaft an der Richtigkeit der Verhaltenstherapie gezweifelt.

Genau dieser Zwiespalt macht die Verteidigung der Verhaltenstherapie so schwierig. Man weiß, daß sie wirksam ist, man weiß, daß es den Kindern, wenn sie angetrieben werden, viel besser geht, als man erwartet hat. Also predigt man hundertprozentige Beharrlichkeit. »Wann immer er weint, tun Sie das.« Punkt. Keine Diskussion. In der Praxis jedoch, bei meinem eigenen Kind, war ich in bestimmten Bereichen eben *nicht* hundert Prozent beharrlich, verließ ich mich mehr auf mein subjektives Urteil.

Aber so ist es schließlich immer, oder nicht? Wir Eltern müssen die Waage halten zwischen den Extremen, unsere Kinder entweder bis zu dem Punkt zu analysieren, an dem wir jedes Verhalten akzeptieren, oder ihr Verhalten bis zu dem Punkt zu formen und zu erzwingen, wo wir ihre Individualität zerstören.

Eines Tages kommt ein kleines Mädchen, um mit Anne-Marie zu spielen. Als ihre Mutter das Kind abholen will, ruft es »Nein!« und rennt in die entgegengesetzte Richtung davon. Zwanzig Minuten Bitten, Handeln und Flehen folgen. Ich stehe an der Wohnungstür und sehe zu, wie diese Vierjährige ihre Mutter terrorisiert. Schließlich überredet die Mutter ihre kleine Tochter, den Mantel anzuziehen. Das kleine Mädchen zieht ihn wieder aus und wirft ihn auf den Boden. Das geht noch zweimal so. Dabei seufzt die Mutter, welch »starken Willen« ihr Kind habe.

Lady, seufze ich innerlich, hast du solche Angst, ihre kleine Seele lebenslang zu schädigen, wenn du sie hochnimmst und einfach in den Fahrstuhl trägst? Heb den Mantel auf, zieh ihn ihr an und zeige ihr, daß ihre Mutter einen höheren IQ hat als ein Hampelmann!

Diese übergroße Sorge, einem Kind etwas nicht zu gewähren, was es möchte, macht mich wahnsinnig. Immer wieder sehe ich bei »normalen« Familien mit »normalen« Kindern Beispiele dafür: Mütter brechen in Tränen aus, weil ihre fünfjährigen Kinder sich weigern, einen Mantel anzuziehen; Zehnjährige sprechen mit bitterem Hohn von ihren Vätern. Noch mehr beunruhigt mich nur, wenn ich sehe, daß ein Kind geprügelt wird.

Ich kann gewiß nicht alle Probleme lösen oder habe alle Antworten parat – ich wünschte, ich hätte sie! –, aber ich glaube inzwischen, daß das verhaltenstherapeutische Programm, das wir durchlaufen haben, Marc und mir eine Menge über die Erziehung unserer Kinder beigebracht hat. So haben wir zum Beispiel entdeckt, daß wir sehr wohl leidenschaftliche Gegner der Prügelstrafe sein können, ohne dabei gegen Disziplin zu sein.

Daß wir uns an der Verhaltenstherapie orientieren, heißt noch nicht, daß wir die emotionalen Bedürfnisse unserer Kinder ignorieren. Im Gegenteil, wir stehen der reichen Vielschichtigkeit ihrer Charaktere demütig gegenüber.

Aber wir streben dennoch Ruhe und Ordnung in ihrem Leben und ihrem Verhalten an. Es geht nicht nur um unser Wohl, sondern auch um ihr Glück und ihre Stabilität. Von einem ungezogenen, frechen Kind wird man nicht sagen, es wäre »lebhaft« oder »eben noch ein Kind«: seine genervten Lehrer und Klassenkameraden werden es als Quälgeist betrachten.

Verhaltenstherapeutische Techniken sind weder hart noch gemein. Die meisten von ihnen sind einfach dem gesunden Menschenverstand entsprungen, Techniken, die Eltern immer schon angewandt haben, einige konsequenter als andere.

Hier einige Beispiele:

– Erziehen der Kinder, indem man bestimmte Aufgaben in kleine Schritte unterteilt und die Kinder belohnt, wenn sie einen dieser Schritte gemeistert haben. Das gilt für alles, vom Anziehen über das Bettenmachen bis zu den Schulaufgaben. Außerdem befreit es die Kinder von der übergroßen Abhängigkeit von der Hilfe der Erwachsenen. Sie sind wahnsinnig stolz darauf, etwas »ganz allein« tun zu können. Wir können uns die Zeit nehmen, ihnen beizubringen, mit Knöpfen und Reißverschlüssen umzugehen oder einen Mantel aufzuhängen, und zwar so lange, bis sie es gelernt haben. Es ist nicht schwer, ihnen zu zeigen, wie man seinen Teller sauberkratzt und zum Spülbecken bringt. Das ist weder gemein, noch bedeutet es Kindsmißhandlung; es lehrt sie nur, ihren Teil zur Arbeit in der Familie beizutragen.

– Erklären, was wir von unseren Kindern erwarten, während sie noch lernen, welches Verhalten richtig ist und welches nicht. Wenn wir möchten, daß sich unsere Kinder bei Tisch anständig benehmen, dann ist es nötig, daß wir die Ziele ganz klar darlegen, loben und schimpfen, wenn es nötig ist, so lange, bis sie gelernt haben, was bei uns üblich ist. Die Tischsitten mögen unterschiedlich sein (als mit einem Franzosen verheiratete Amerikanerin kenne ich eine Vielzahl kultureller Unterschiede in dieser Beziehung), aber unsere Kinder können nicht wissen, was an unserem Tisch erwartet wird, solange wir es ihnen nicht deutlich erklären und ihren Manieren ungeteilte Aufmerksamkeit schenken. Es ist viel besser, den Kindern gleich ganz klar zu machen, was wir von ihnen erwarten, als sie eine Stunde lang zu ignorieren und dann vor Wut zu explodieren, wenn wir ihre Unsitten nicht länger ertragen können.

(Jeder, der glaubt, Kinder würden irgendwann aus einer angeborenen Güte ihrer Herzen heraus zu zivilisierten, liebevollen, höflichen und fleißigen kleinen Wesen, glaubt zu sehr an die These des guten alten Jean-Jacques Rousseau, die besagt, daß Kinder, wenn sie sich selbst überlassen bleiben, ganz von selbst das Höchste, Beste und Edelste anstreben würden. Verbringen Sie nur einmal einen Nachmittag auf einem Spielplatz, wo sich eine Horde Kinder fröhlich gegenseitig auf den Kopf schlägt und mit Schimpfworten belegt. Kinder werden vielleicht unschuldig und gut geboren, aber die Welt und ihre eigenen Wünsche machen aus ihnen selbstsüchtige kleine Monster. Übrigens ließ Rousseau seine zahlreichen Kinder in Frankreichs berüchtigtstem, grausamstem Waisenhaus verkümmern.)

– Lob für gutes Betragen, wobei man ganz deutlich sagen muß, muß, was genau gelobt wird. Wenn wir gutes Benehmen ausreichend loben, dann müssen wir schlechtes Benehmen nicht annähernd so oft korrigieren. »Du ziehst dir deinen Mantel schon so schön selbst an, Liebes. Danke.« Man verfällt so leicht in den Fehler, seinen Kindern nur dann Aufmerksamkeit zu schenken, wenn sie sich schlecht benehmen, und sie zu ignorieren, wenn sie sich gut betragen.

– Physisches Unterstützen eines Verhaltens. Weder Schreien noch Brüllen noch Schläge sind nötig. Ein Kind trotz seines Widerstands ganz ruhig durch eine Aufgabe zu leiten, ist nachhaltig wirksam. Meine Freundin Evelyne, eine berufstätige Frau, die von ihrer Karriere stark beansprucht wird, ist eines meiner Vorbilder. Sie scheint ihre Stimme niemals zu erheben! Aber dafür *hält sie durch.* Jedesmal, wenn sie ihren Kindern sagt, daß sie etwas tun oder nicht tun sollen, vergewissert sie sich, daß sie auch gehorchen. Wenn sie sagt »Bitte eßt das Schokoladeneis nicht im Wohnzimmer«, dann meint sie das auch. Sie setzt sich nicht hin und wiederholt es fünfzehnmal. Wenn ihr Kind nicht auf sie hört, dann steht sie unverzüglich auf, nimmt es an die Hand und bringt es in die Küche.

– Konsequenzen bei Regelverletzung. Wir müssen klare Regeln haben, wir müssen loben, wenn sie beachtet werden, und wir müssen Konsequenzen für den Fall, daß diese Regeln gebrochen werden, parat haben. Wenn wir eine Regel aufstellen, dann stellen wir auch eine Konsequenz auf und halten uns daran. Andernfalls sollten wir uns gar nicht erst die Mühe machen, von Regeln zu sprechen. Wir teilen mit, welche Konsequenzen etwas haben wird, und dann halten wir das durch. Und so können wir tatsächlich ohne Schläge erziehen. Denken Sie einmal an Kindergärtnerinnen. Die müssen bis zu zwanzig Vierjährige gleichzeitig beaufsichtigen, und sie brüllen, schreien und schlagen nicht. Wenn sie es mit zwanzig können, dann können wir es mit zwei oder drei Kindern auch schaffen. Sie allein auf einem Stuhl sitzenzulassen oder in ihr Zimmer zu schicken, sind Konsequenzen, die sich bei meinen Kindern als sehr wirksam erwiesen haben. Ich glaube, wenn die Basis aus Liebe und Respekt stark ist, dann kann schon die deutliche Mißbilligung des Verhaltens der Kinder einen wirksamen aversiven Reiz bedeuten – jedenfalls, wenn sie ein gewisses Alter erreicht haben.

Liebende Eltern erwarten oder wünschen keine perfekten Kinder. Kinder machen Lärm, zerbrechen Dinge, rennen wie kleine Teufel herum, streiten sich. Wenn sie das nicht tun würden, wären sie keine Kinder: Dann wären sie Vierzigjährige in fünf Jahre alten Körpern. Ebensowenig kann man erwarten, daß sich Eltern wie Verhaltenstherapeuten benehmen. Wir können nicht hundertprozentig konsequent sein. Wir müssen von Zeit zu Zeit Ausnahmen machen. Aber wenn das Verhalten von Kindern Grundrechte von Erwachsenen verletzt – wie das Recht der Eltern, am Abend Zeit für sich selbst zu haben, oder das Recht der Großeltern auf ein unversehrtes Heim, auch wenn die geliebten Engelchen zu Besuch kommen – und den Frieden daheim zerstört, dann ist es erstaunlich, was man mit ein wenig Konsequenz erreichen kann. Es wird Sie überraschen, wie schnell sich ein Verhalten ändert, wenn man eine Regel und ihre Konsequenzen festsetzt und sich dann auch daran hält. Kinder scheinen sich nach Ordnung zu sehnen. Nach Routine. Ihre Welt ist sicherer, wenn sie ihre Grenzen und Regeln verstehen.

Das ist nicht einfach. Wann wird aus Motivation Bestechung? Aus Anleitung Nörgelei? Aus Verständnis Entschuldigung? Aus gerechtfertigter Konsequenz wütende Bestrafung? Wir Eltern müssen unsere Einstellung ständig anpassen, müssen erkennen, was wir tun, während wir es tun.

Es ist ein »Lernen bei der Arbeit«, leider ohne praktische Übungen vorher.

Aber es gibt etwas, von dem Marc und ich jetzt fester denn je überzeugt sind: von der Bedeutung der Aufmerksamkeit. Wir haben erfahren, was die geballte Aufmerksamkeit bei einem autistischen Kind bewirken kann: Bei einem nicht behinderten Kind ist das nicht anders. Keine verhaltenstherapeutische Regel, kein psychoanalytisches Verständnis ist auch nur einen Pfifferling wert, wenn wir unseren Kindern keine Aufmerksamkeit schenken – und es gehört zu den schwierigsten Aufgaben der Welt, den Kleinen gegenüber wirklich aufmerksam zu sein. Dazu ist es nötig, daß wir all unsere Wünsche nach intellektueller Anregung, nach Anerkennung durch unsere Altersgenossen, nach der Herausforderung einer Diskussion mit Erwachsenen zurückstellen. Es erfordert außergewöhnliche Geduld, etwa einem Satz zuzuhören, der zum sechstenmal von einer kleinen Zunge angefangen wird, die sich an die richtigen Worte herantastet, die endlosen tränenreichen Streitereien um Rechte und Spielsachen zu schlichten oder zum x-ten Mal zu wiederholen: »Sag bitte« und »Gieß die Milch mit beiden Händen ein.«

Wir meinen oft, daß wir den Kindern Aufmerksamkeit schenken, wenn wir mit ihnen im selben Zimmer oder im selben Haus sind. Aber das ist nicht der Fall. Aufmerksamkeit heißt Aufmerksamkeit. Es bedeutet, daß wir uns vom Telefon, von unserer Arbeit, unserem Buch, unserer Unterhaltung, ja sogar von unseren Gedanken losreißen müssen, um sie anzusehen, mit ihnen zu reden, mit ihnen zu spielen.

Aufmerksamkeit bedeutet mehr als ein »Wie war's in der Schule?« Ein Erwachsener findet die Frage nett – »Wie war's in der Arbeit, Liebling?« –, aber die meisten Kinder empfinden dies nur als Aufforderung zur »Leistung«. Wir können ihnen Aufmerksamkeit schenken, indem wir ihnen sofort Freude bereiten, ihnen beispielsweise ganz einfach eine Geschichte vorlesen.

Doch jetzt Schluß mit meinem Vortrag. Interessierten Lesern kann ich nur eines der besten Bücher zu diesem Thema der Kindererziehung empfehlen, das ich gefunden habe: *Family Rules* von Kenneth Kaye. Dieses Buch gefällt mir sehr, weil es beide Seiten berücksichtigt: den Aufbau der kindlichen Selbstachtung wie auch das Setzen von Grenzen, wenn es um das Betragen geht. Der Autor, ein Psychologe, spricht aus seiner Erfahrung mit Kindern zwischen zwei Jahren und dem Teenager-Alter – und für diese Zeit kann man jeden Rat gebrauchen, den man kriegen kann. Denn wie heißt es so schön? »Kleine Kinder, kleine Sorgen – große Kinder, große Sorgen!«

31. Kapitel

An einem warmen Tag im Juli ziehe ich dem fünfjährigen Daniel und der vierjährigen Anne-Marie kurze Hosen, Sandalen und T-Shirts an und spaziere mit ihnen zu Daniels Schule. Anne-Marie wurde in Daniels Vorschule aufgenommen, die im Herbst beginnen soll. Die Schuldirektoren haben ihr erlaubt, früher anzufangen und zusammen mit ihrem Bruder sechs Wochen lang am Ferienlager teilzunehmen. In der Gruppe werden auch andere Kinder ihres Alters sein. Marc und ich sind froh, daß sie diese kurze Vorlaufzeit zu ihrer neuen Schule hat.

Wir haben beschlossen, hier niemandem etwas von ihrer Diagnose zu erzählen, weil wir fürchten, sie könnte abgestempelt werden. Lovaas und seine Mitarbeiter, die über das Thema der Gesundung viel mehr wissen als wir, empfehlen, dem Kind kein »Etikett« aufzukleben, wenn es in eine normale Schule eintritt. Scheinbar stellen die Lehrer an ein Kind mit dem Etikett »autistisch« andere Erwartungen als an andere Kinder und verhalten sich ihm gegenüber auch anders. Auch wenn die Lehrer die besten Absichten haben, fürchten wir doch, daß sie Anne-Marie anders ansehen und für behindert halten könnten.

Dies sind ihre ersten Erfahrungen in einer Schule, in der niemand ihre Geschichte kennt.

Anfangs ist Anne-Marie im Ferienlager recht ruhig. Beim freien Spiel sitzt sie gern in einer Ecke des Zimmers und spielt komplizierte Spiele mit ein paar Plastiktieren. Ich kann das beobachten, wenn ich sie hinbringe und abhole. Was sie in der Zwischenzeit tut, weiß ich nicht, wenn ich mir auch deswegen ständig Gedanken mache.

Eines Tages kommt eine der Erzieherinnen mit einem freundlichen Lächeln auf mich zu:

»Anne-Marie ist so süß! Sie erinnert mich an mich selbst, als ich noch ein kleines Mädchen war.«

»Tatsächlich? Wie das?«

»Ich war genau wie sie. Ich habe auch immer in der Ecke gesessen und viel alleine gespielt, genau wie sie!«

Ich schlucke.

»Ja. Sie braucht eine Weile, um warm zu werden. Vielleicht könnten Sie ... nun ja, sie ermutigen, ein bißchen mehr mitzumachen? ... Sie ist so schüchtern, wissen Sie ... Sie muß ermutigt werden, um Kontakt zu anderen Kindern aufzunehmen ...«

»Ja sicher. Kein Problem. Das kriegen wir schon. In dieser Gruppe kümmert sich jeder um irgend etwas.«

Ich bedanke mich, gebe Anne-Marie und Daniel zum Abschied einen Kuß und gehe.

Draußen treffe ich Diane, die gerade ihren kleinen Sohn gebracht hat.

»Diane ...«

»Was ist los?«

»Sie hat gesagt ... Wendy hat gesagt ... Anne-Marie sitzt in der Ecke, allein ...«

Meine Stimme versagt beinahe. Erschreckende Bilder steigen immer wieder in mir auf. Bilder von Anne-Marie, die für immer allein bleibt, sich von der Gesellschaft zurückzieht. Sie hat bei diesem ersten, wirklichen Test versagt!

»Catherine. Sie hat gerade erst angefangen! Laß ihr Zeit! Sie spielt mit Daniel. Du weißt doch, daß sie es kann. Ich bin sicher, sie haben auch andere schüchterne Kinder hier gehabt.«

Diane beruhigt mich, aber ich habe immer noch entsetzliche Angst. Ich fühle, daß die Zeit gekommen ist, regelmäßig Spielkameraden für Anne-Marie einzuladen.

In Anne-Maries Gruppe gab es ein kleines Mädchen, das auch schon in der vorhergehenden Gruppe gewesen war. Kelly war liebevoll und warmherzig und gehörte mit ihren viereinhalb Jahren zu den reifsten Kindern in der Gruppe. Ihre Mutter war mit einem wöchentlichen Treffen einverstanden.

Jeden Mittwoch waren die beiden kleinen Mädchen nach dem Vormittag im Ferienlager zusammen. Sie aßen gemeinsam zu Mittag, plapperten miteinander und spielten dann. Ich trieb mich in der Nähe herum und belauschte ihre Unterhaltung.

»Anne-Marie, willst du Märchenprinzessin spielen?«

»Ja. Ich bin die Prinzessin, und du kannst der Drache sein.«

»Gut. Aber dann will ich Prinzessin sein.«

»Einverstanden.«

Sie konnten miteinander teilen, spielen und streiten.

»Ich will jetzt mit dem Bär spielen, Kelly.«

»Nein. Ich bin dran.«

»Mammi!« (Tränen.) »Kelly sagt, sie ist dran mit dem Bär, aber es ist *mein* Bär!«

»Ja. Aber Kelly ist dein Gast. Mit seinen Gästen muß man Spielzeug teilen. Du kannst Kelly jetzt damit spielen lassen. Und dann gibt sie ihn dir zurück.«

Fünf Minuten später spielten sie wieder einträchtig zusammen.

Sie verhielten sich vollkommen normal.

An einem Freitag, als Daniel einen seiner Spielkameraden besuchte und Michel in der Therapie war, kam Anne-Marie mit vorgeschobener Unterlippe und kummervollem Blick zu mir.

»Warum ist denn mein süßes Mädchen so traurig?«

Ich wollte ihre Gefühle nicht verletzen, aber ihre Antwort ließ mich dennoch glücklich lächeln.

»Ich hab' niemanden zum Spielen!«

Zwei Monate später, im September, begeben wir uns mit Michel zu einer Neueinstufung ins Institut. Es läuft gut. Sehr gut sogar. Michel befindet sich in den wichtigsten Bereichen – Kommunikation und Sozialverhalten – an der unteren Grenze der Normalität.

»Michels Werte im Sozialverhalten sind in den vergangenen sieben Monaten deutlich angestiegen und liegen jetzt im unteren Normbereich. Das Kind hat in bezug auf die Kommunikation achtzehn und in bezug auf sein Sozialverhalten zwölf Monate hinzugewonnen.«

In seiner Anpassungsfähigkeit liegt er noch immer zurück, hauptsächlich, weil wir noch nicht einmal mit der Sauberkeitserziehung begonnen haben. Bei Anne-Marie hat das so lange gedauert, daß wir beschlossen haben, bei ihm damit zu warten, bis er fast drei ist. Auch seine motorischen Fähigkeiten entsprechen noch nicht seinem Alter – wir haben keine Ahnung, woran das liegt. Aber es beunruhigt uns nicht. Solange er so schnell Fortschritte im Bereich der Kommunikation und des Sozialverhaltens macht, kümmert es uns weniger, wenn er erst mit dreieinhalb Jahren lernt, auf dem Dreirad zu fahren.

Ähnlich wie bei der ersten Neueinstufung seiner Schwester finden sich auch bei Michel Überreste seltsamer Verhaltensweisen und eine eingeschränkte Interaktion mit Fremden. Noch ist die Schlacht nicht geschlagen. Aber diesmal sind wir ungeduldiger, ans Ziel zu kommen. Es kommt uns so vor, als würden wir das alles schon ewig tun.

Trotzdem rufe ich Dr. Rimland an, um ihm unsere gute Nachricht mitzuteilen.

Wir unterhalten uns lange über die Möglichkeit der Heilung bei anderen Kindern. Die Hindernisse scheinen unüberwindlich. Die Diagnose muß sehr früh gestellt werden, die Eltern müssen ein gutes verhaltenstherapeutisches Programm finden oder selbst eines erstellen, und das Kind selbst muß das Potential zur Heilung in sich tragen. Selbst in Dr. Lovaas' Klinik, wo man mehr Erfahrung und Helfer hat als irgendwo sonst, stehen die Chancen erst bei etwa fünfzig Prozent. Das ist ausgesprochen niederschmetternd. »Glauben Sie, daß es Sinn hat, dieses Buch zu schreiben, das ich im Kopf habe?« frage ich ihn. »Lohnt es sich?«

»Für die Kinder, bei denen das Problem früh genug erkannt wird, zweifellos«, antwortet er. »Eine Chance von fünfzig Prozent ist besser als zwei Prozent oder gar nichts.«

»Einigen Eltern wird es vielleicht weh tun.«

»Ja, das ist möglich. Aber dafür kann niemand etwas. Anderen Eltern könnte es auch helfen.«

Wir waren der Meinung, daß Michel Anne-Marie in gewissen Bereichen voraus war, in anderen lag er zurück. Alles in allem glaubten wir, daß er ungefähr die halbe Strecke zurückgelegt hatte.

Aber unsere nächste Herausforderung lag schon vor uns. Michel sollte mit dem Kindergarten anfangen.

32. Kapitel

Michel war in Merricat's Castle aufgenommen worden, einen Kindergarten an der Upper East Side, in dem man versuchte, sich normal entwickelnde Kinder zusammen mit einer gewissen Anzahl von behinderten Kindern zu erziehen. Wieder war Gretchen Buchenholz die Direktorin dieses Kindergartens. Ich hatte ihr von Michels Diagnose erzählt, weil ich glaubte, daß er meine Anwesenheit ebenso brauchte, wie Anne-Marie damals. Sie und Rachel Cullerton, die für die Bildung zuständige Direktorin, waren bereit, ihm eine Chance zu geben.

Ich mußte jedoch auch noch den offiziellen Weg gehen, und als erstes hatte ich Mary angerufen, eine der Sozialarbeiterinnen des Kindergartens. Ich mußte sie über die Diagnose und Michels Fortschritt bis zu diesem Tage informieren.

»Das ist eine lange Geschichte«, fing ich an. »Ursprünglich wurde seine Schwester als autistisch eingestuft. Wir haben zu Hause ein Trainingsprogramm mit ihr gemacht, und es geht ihr immer besser, und jetzt hat sie, glauben wir, einen Punkt erreicht, wo wir sagen können, sie ist gesund . . .«

Ich redete schnell und nervös. Ich wollte, daß sie mich bis zu Ende anhört. Ich wußte, daß meine Geschichte unglaublich klang, und ich wollte ihr alle Fakten in komprimierter Form liefern.

»Offensichtlich eine Fehldiagnose«, sagte Mary.

Ich explodierte. Diese Worte hatte ich einmal zu oft gehört.

»Was soll das heißen, ›eine Fehldiagnose‹? Wissen Sie etwas von ihrer Geschichte? Wissen Sie etwas über uns oder über sie? Was wissen Sie über ... über Autismus? Was ... was ...«

Ich konnte kaum noch sprechen. Zu viele Leute hatten wie sie reagiert. Zu viele Menschen – Menschen, die weder uns noch unsere Kinder jemals gesehen hatten – nahmen es einfach als für alle Zeiten gültiges Urteil: Autistische Kinder können nicht geheilt werden.

Meine ganze Familie hatte einen Kampf hinter sich. Wir waren von den unaufhörlichen Angriffen dieses Feindes, der sich Autismus nannte, geschlagen und gebeutelt worden. Noch waren wir nicht sicher, ob wir es überstanden hatten, noch leckten wir unsere Wunden. Und da erzählte man uns bei jeder passenden und unpassenden Gelegenheit, daß es in Wirklichkeit überhaupt keinen Kampf gegeben hatte – wir mußten uns das alles ausgedacht haben. Man hatte mich einmal zu oft mitleidig angestarrt, mir zugenickt und zugelächelt, mir den Kopf getätschelt. Tststs. Sicher. Wenn Sie meinen, daß Ihre Kinder autistisch waren, dann ist das schon in Ordnung. Hauptsache, Sie fühlen sich wohl.

Dabei ging es hier nicht nur um meine Gefühle und meine Empfindsamkeit. Weit gefehlt. Wenn Ärzte sich weigern, den Beweisen zu glauben, die Dr. Lovaas veröffentlicht hat und die durch meine Kinder bezeugt werden, wenn sie sich zu glauben weigern, daß irgend ein autistisches Kind wieder gesund werden kann, dann können wir einer Sache absolut sicher sein: Keines wird jemals gesund werden. Warum sollte man sich wegen eines Zieles, an das man ohnehin nicht glaubt, soviel Mühe geben?

Von diesem Punkt an ging meine Unterhaltung mit Mary den Bach hinunter. Dabei ist sie eine tolle Frau, die ich inzwischen mag und respektiere. Aber an jenem Tag, bei unserem ersten Telefongespräch, hätte ich sie am liebsten erwürgt.

Später konnten wir darüber lachen.

»Ich habe dich damals wirklich an deiner empfindlichsten Stelle getroffen, was, Catherine?«

»Allerdings. Und in meiner üblichen, ruhigen Art habe ich mit einer beherrschten und vernünftigen Erklärung darauf reagiert.«

»O ja.«

Aber Mary war wenigstens bereit gewesen, zuzuhören und schließlich zu akzeptieren, daß bei Anne-Marie nicht weniger als vier Ärzte – Psychiater, Psychologen und Neurologen, allesamt mit großer Erfahrung in der Diagnose von Entwicklungsstörungen – zur selben Diagnose gelangt waren: Frühkindlicher Autismus.

Auch bei Michel waren die drei, die wir konsultiert hatten, übereinstimmend der Meinung gewesen: Frühkindlicher Autismus.

Allein Dr. Berman hatte festgestellt, daß Anne-Marie nicht alle Autismus-Kriterien erfüllte. Seine Diagnose lautete: Entwicklungsstörung – nicht näher spezifiziert.

In einem Bereich, in dem Eltern so viele Diagnosen hören können, wie sie Ärzte konsultieren, ist es nicht gerade überraschend, wenn es zu abweichenden Beurteilungen kommt. Um so überraschender – und bedeutsamer – war es, daß hier vier von fünf Ärzten einer Meinung waren.

Vor Beginn des Kindergartens hatte ich noch ein Einführungsgespräch mit Patricia, Michels Gruppenleiterin. Sie reagierte ein bißchen nervös, als sie das Wort »Autismus« hörte, akzeptierte jedoch meine Versicherung, daß eine Heilung möglich sei, und drückte ihre Bereitschaft aus, Michel zu helfen, wo immer sie konnte.

Sein erster Tag im Kindergarten war eine Katastrophe.

Anne-Marie war ruhig und schüchtern gewesen. Doch Michel reagierte auf die unbekannte Umgebung mit derselben Wut und Aggressivität, die er auch an seinem ersten Therapietag gezeigt hatte. Sobald sich ihm ein Erzieher näherte, bekam er einen Tobsuchtsanfall.

Ich war entsetzt. Ich konnte den Ausdruck auf den Gesichtern der Hilfskräfte sehen. Sie alle hatten schon viele verschiedene kleine Kinder gesehen, aber sie hatten noch nie ein Kind erlebt, das unmöglich zu beruhigen oder abzulenken gewesen wäre. Seine Schreie erreichten doppelte Lautstärke, wenn sie auch nur in seine Nähe kamen. Immer wieder schaute Patricia mich hilfesuchend an. Aber ich fühlte mich genauso hilflos wie sie. Es war eine Sache, mit diesem Verhalten daheim umzugehen, aber eine ganz andere zu sehen, wie aggressiv er hier reagierte.

Wie sollten wir das nur schaffen? Michel schrie und tobte den ganzen ersten Morgen. Ich konnte von den Erziehern nicht erwarten, ein derart extremes Verhalten zu dulden. Ich konnte den anderen Kindern eine derartige Störung nicht zumuten.

Ich fühlte mich genauso schwach wie an dem Tag, als Anne-Maries Erzieherin mir von ihrer Gewohnheit erzählt hatte, ganz allein zu spielen. Wir saßen in der Patsche. Er würde es einfach nicht schaffen.

Rachel, die Leiterin, traf mich nach dem Unterricht im Flur. Sie sah mich nur kurz an und legte dann die Arme um mich.

»Halten Sie durch, mein Kind. Wir werden alle zusammen daran arbeiten.«

Kann ich jemals daran zweifeln, daß Gott immer wieder Türen öffnet? Wenn Sie dem Autismus ein Kind entreißen müssen, dann ist es eine große Hilfe, wenn die Therapeuten wie durch ein Wunder auf Ihrer Türschwelle stehen. Es ist eine Hilfe, wenn man in normalen Kindergärten bereit ist, mit einem Kind zu arbeiten, das noch nicht ganz »da« ist, das noch auffallende Verhaltensstörungen aufweist. Es ist eine Hilfe, wenn Erzieher genau in dem Augenblick auftauchen, wo die Zeit für sie gekommen scheint, ihre Rolle in diesem Drama zu übernehmen, und wenn sie dann bereitwillig Herz und Hand anbieten.

Sie hatten versprochen zuzuhören, und das taten sie auch. Ich bat um ein Treffen, und sie gewährten mir nicht nur eines, sondern viele. In diesen ersten Monaten versammelten sich Gretchen, Rachel und Patricia sowie die Hilfskräfte und die Lehrer für Sonderaufgaben alle drei Wochen, um mit Marc und mir über Michel zu sprechen.

Ich hatte Angst, sie zu beleidigen. Schließlich hatten sie alle schon viele Jahre Unterrichtserfahrung hinter sich. Ich hatte Angst, sie würden sich ärgern, wenn ich jetzt hereinspazierte und ihnen erklärte, wie sie Michel behandeln sollten.

Aber sie hörten aufmerksam zu. Ich beschloß, soviel wie möglich von unserer Erfahrung mit ihnen zu teilen, alles was ich aufschreiben oder ihnen sagen konnte, damit sie die Komplexität der Situation begreifen konnten. Das Schlimmste für sie war – das wußte ich –, Michel Tag für Tag weinen zu hören, ohne ihn trösten zu können. Aber ich blieb bei ihm im Zimmer und bestand darauf, daß Michel all das tat, was die anderen Kinder auch taten. Michel mußte sich der Routine anpassen, nicht umgekehrt.

So war beispielsweise der »Stuhlkreis« eine Prüfung für uns alle. Alle Kinder saßen im Kreis, während Patricia ein paar Lieder sang. Ich hielt den weinenden Michel auf dem Schoß und erlaubte ihm nicht, aufzustehen und zu tun, was er wollte. Wann immer er zu weinen aufhörte, auch nur vorübergehend, flüsterte ich ihm Lob und Mut zu. Wenn er wirklich störte, brachte ich ihn aus dem Zimmer, setzte mich mit ihm in den Flur und erklärte mit fester Stimme: »Kein Weinen.« Ich ließ ihn erst los, wenn er aufgehört hatte. Tat er das nicht, brachte ich ihn heim – was ihm nicht gefiel, denn trotz all seines Widerstands wollte er dennoch im Kindergarten bleiben.

Ich wußte, daß ich von den Lehrern nicht verlangen konnte, so hart zu sein. Schon gar nicht von diesen. Es ging gegen ihre Ausbildung und gegen ihr liebevolles Verhalten.

Eines Morgens sang Patricia »The Wheels on the Bus«.

Ich hielt den weinenden, sich windenden Michel, und plötzlich gab er auf. Er beruhigte sich und schaute Patricia an. Er reckte die Hände in die Luft und fing auch an, die kreisenden Bewegungen zu machen, die ihre Hände vollführten.

». . . go wownd and wownd . . .« (dreht sich und dreht sich) sang seine kindliche Stimme.

»Braver Junge, Michel! Schön singen!« flüsterte ich ihm ins Ohr.

Ich blickte auf. Patricia sang weiter, aber ihre Augen füllten sich mit Tränen. Die anderen Erzieher, die mit den Kindern im Kreis saßen, wechselten Blicke. Wir alle seufzten erleichtert auf und lächelten einander ein wenig unsicher zu.

»All thwoo da town!« (Überall in der Stadt.)

In den nächsten Monaten nahm ich Michel zuerst nicht mehr auf den Schoß, zog mich dann an den Rand zurück und saß schließlich draußen im Gang.

Im Dezember kam dann der Tag, an dem Patricia und ich das Gefühl hatten, daß er sich im Kindergarten wohl fühlte und ich ihn allein lassen konnte. Er hatte angefangen, ein wenig mit den anderen Kindern zu spielen, und seine Erzieherinnen konnten ihn immer besser verstehen. Er bekam keine Wutanfälle mehr und befolgte Anweisungen, sogar dann, wenn sie der ganzen Gruppe von Kindern gegeben wurden.

Im April 1991 kamen Marc und ich zu einem letzten Treffen in den Kindergarten.

Wie immer fingen wir um 8.15 Uhr an. Alle gähnten verschlafen und tranken Kaffee aus Pappbechern, um sich für den bevorstehenden Tag zu rüsten.

»Ehe wir unser wahrscheinlich letztes Treffen eröffnen, möchten Marc und ich Ihnen allen etwas sagen«, fing ich an.

Erwartungsvolle Stille.

»Dr. Cohen hat Michel gerade neu eingestuft. Er entwikkelt sich prächtig. Dr. Cohen bezeichnete Michels Fortschritte als ›bemerkenswert‹. Er hat sich in allen Bereichen normalisiert, und Dr. Cohen hat den Eindruck, daß nur noch einige Kleinigkeiten zurückgeblieben sind.«

Bei der Untersuchung, so berichtete ich weiter, hatte Michel sehr gut mit Dr. Sudhalter kooperiert. Laut Dr. Cohen »schien Michel das Spiel zu gefallen, und er akzeptierte Dr. Sudhalter problemlos. Er war aufmerksam, willig und reagierte auf die meisten Aufforderungen genau richtig, bewies gute Kenntnis der Beschäftigungen anderer Leute. Er kannte Größen, Farben, Nahrungsmittel und Verben . . .«

Ich erzählte den Erzieherinnen, daß auch sein Zusammenspiel mit mir bei dieser Einstufung zeigte, wie weit er gekommen war:

»Beim Spiel mit seiner Mutter reagierte er angemessen auf die Situation. Seine Stimmung wandelte sich von neugierigem Interesse zu Freude. Er bewies Phantasie im Spiel, schien zu verstehen, wie ›albern‹ das ihm vorgelegte ›Sesamstraßen‹-Buch war, hielt guten Blickkontakt, imitierte (sowohl verbal als auch nonverbal), bewies Interesse an Interaktionen von Angesicht zu Angesicht und zeigte die Fähigkeit, Rückschlüsse aus Worten und Gesten zu ziehen.«

Ein freudiges Seufzen ging durch den Raum. Sie alle hatten unter Michels Tränen gelitten, und jetzt waren sie entzückt zu sehen, wie er aufblühte und glücklich wurde.

Wir unterhielten uns noch eine Weile und beendeten das Treffen dann damit, daß wir ein paar Ziele festsetzten, die Michel in den nächsten Wochen erreichen sollte.

Wir wußten, auf welchen Gebieten er noch zurückgeblieben war: Michels Sprache befand sich jetzt vielleicht im »Normbereich«, aber es fiel ihm immer noch schwer, neue Satz- und Wortkombinationen so leicht und schnell zu übernehmen wie andere Dreijährige. Es war noch einiges an Echolalie und Prosodie zurückgeblieben. Auch seine Launenhaftigkeit war noch ein Problem, vor allem, wenn man Forderungen an ihn stellte.

Aber sein Sozialverhalten und sein Blickkontakt waren jetzt wirklich gut. Außerdem sprach er in immer komplexeren Sätzen und fing sogar an, spontane Fragen zu stellen. Er war in einem normalen Kindergarten und kam mit normalen Gleichaltrigen gut zurecht. Dabei war er erst drei Jahre und vier Monate alt. Außerdem lief seine Therapie erst seit vierzehn Monaten.

Marc und ich fanden, wir hätten mit seinen Erzieherinnen etwas zu feiern. Wir glaubten, wir hätten mit der ganzen Welt etwas zu feiern.

33. Kapitel

Wir schreiben den 18. Dezember 1991. Auf den Tag genau vier Jahre sind seit Anne-Maries Diagnose vergangen. Ich sitze in der Küche und trinke eine Tasse Kaffee. Sonnenstrahlen fallen durch die kalten Fensterscheiben. Die Kinder sind in der Schule, und vor mir liegen noch ein paar Stunden Arbeit.

Heute weiß ich einiges, was ich damals nicht wußte, zu jener Zeit, als jedes Angebot von Hilfe, die bloße Erwähnung einer »Kur« schon wie ein Rettungsanker wirkte. Heute weiß ich, wie viele »Wundermittel« es gibt und wie wenige davon auf einer wissenschaftlichen Basis beruhen, wie wenige erwiesenermaßen wirksam sind.

Es mag sein, daß irgendwann in der Zukunft ein Medikament oder sogar ein chirurgischer Eingriff Autismus tatsächlich heilen kann. Bis dahin bleiben uns nur wenige armselige Alternativen: armselig deswegen, weil keine von ihnen ein Allheilmittel ist. Sie sind bestenfalls sporadisch wirksam, die meisten sind teuer, und alle erfordern beinahe übermenschliche Anstrengungen seitens der Eltern in bezug auf Hingabe und Zeit. Zudem ist schwer vorhersehbar, welche Kinder gut und welche schlecht auf eine bestimmte Form der Behandlung ansprechen.

Trotzdem gibt es Hoffnung – auf Besserung, auf Fortschritte und, in einigen Fällen, auf Heilung.

Marc und ich empfehlen natürlich allen Eltern, die sich ratsuchend an uns wenden, ein intensives, streng strukturiertes verhaltenstherapeutisches Programm. Ein solches Programm schließt natürlich den Versuch mit jeder anderen vielversprechend erscheinenden Methode nicht aus. Wir kennen viele Eltern, die es mit zwei oder mehr Therapien gleichzeitig versucht haben. Aber für uns und für andere stellt die Verhaltenstherapie die erfolgversprechendste Methode für unsere Kinder dar.

Dennoch gibt es scharenweise Menschen, mit und ohne medizinische Ausbildung, die die Eltern von dem verhaltenstherapeutischen Programm abbringen – manchmal mit tragischen Folgen. Diese Leute schüren die elterlichen Befürchtungen gegenüber einer schwierigen therapeutischen Methode: Statt den Eltern zu helfen, die langfristigen Vorzüge zu erkennen, die eine solche Behandlung erwiesenermaßen hat, unterstützen sie ihr verständliches Zögern, es mit einem verhaltenstherapeutischen Programm auch nur zu versuchen. Ich kenne Eltern, denen kategorisch erklärt worden ist, daß eine verhaltenstherapeutische Behandlung ihr Kind unwiderruflich schädigen würde.

Wer aber sind diese Gegner der Verhaltenstherapie? Welche Theorie vertreten sie, und welches sind ihre Methoden? Allgemein läßt sich wohl sagen, daß sie Anhänger verschiedener psychodynamischer Methoden sind: der Holding-Therapie, der Optionsmethode, heilpädagogischer Kindergärten und der Spieltherapie.

Psychodynamische Methoden müssen nicht unbedingt ein Versagen zu Beginn der Eltern-Kind-Beziehung als Ursache für den Autismus annehmen. Einige, aber nicht alle, konzentrieren sich auf frühkindliche soziale und/oder emotionale Verletzungen. Aber alle von mir als psychodynamisch bezeichneten Methoden vertreten folgende Auffassung:

Im Innern des autistischen Kindes steckt eine kleine, verletzte Seele: intelligent, vollkommen, selbstbewußt und fähig, auch komplexe Sprache zu verstehen. Wenn das Kind nicht spricht, dann deswegen, weil es sich *entschieden* hat, nicht zu sprechen. Dieses »verborgene«, normale Kind »im Innern« des autistischen Kindes ist zu verschreckt und verstört, um »herauszukommen«. Das Wort »Durchbruch« taucht in diesen psychodynamischen Methoden so oft auf, weil man von diesem Konzept des gesunden Kindes ausgeht, das irgendwie in einer autistischen Hülle »begraben« oder »eingesperrt« ist. Ein Kind, »das aus seiner Hülle herauskommt«, ist ein sehr beliebtes Bild dieser Theorie.

Und wie holen sie es heraus? Die wirksamste Art, dieses Kind zu »erreichen«, besteht darin, es vollständig zu akzeptieren, zu verstehen und zu lieben. Darüber hinaus versichern diese psychodynamischen Ansätze ausnahmslos, daß *jeder Versuch, gewisse Forderungen an diese verletzte, verborgene Seele zu stellen, nur zu weiteren emotionalen Schäden führt.*

Innerhalb dieses Rahmens wird die Verhaltensmodifikation, die ja gerade darauf abzielt, Anforderungen an das Kind zu stellen, allgemein verachtet.

Das psychodynamische Konzept orientiert sich an drei Richtlinien, denen man immer wieder begegnet.

Die erste unterstreicht die Notwendigkeit, in die Welt des Kindes einzutreten, anstatt das Kind in unsere Welt hineinzuzwingen. In einer Reihe heilpädagogischer Kindergärten laufen die Erzieher dann dem Kind nach – soweit das bei einem Erzieher-Kind-Verhältnis von eins zu zehn möglich ist – und respektieren sein Tun, statt es zu irgend etwas zu veranlassen.

Nachdem meine Freundin Lucille eines Tages dabei zugesehen hatte, was ihre Tochter machte, die in einem dieser Kindergärten untergebracht war, rief sie mich an. »Alison steht im Sandkasten und schüttet den ganzen Tag lang Sand von einer Tasse in die andere«, erzählte sie verunsichert. »Was soll ich bloß tun? Die Leiterin betont immer wieder, daß das ihre Art sei, sich auszudrücken.« Ein Vater berichtete, daß die Angestellten in dem Kindergarten, den sein Sohn besuchte, diesem erlaubten, sich für eine unbegrenzte Zeit auf der Stelle zu drehen. »Warum?« wollte ich wissen. »Sie sagen, er braucht das«, antwortete der Vater. »Warum braucht er das?« beharrte ich. »Ich weiß es nicht, aber die müssen es wissen! Das sind doch die Experten!«

Die Verfechter der Holding-Therapie, die zu den größten Anhängern der Theorie vom »verletzten, verborgenen Kind« gehören, erlauben das gewaltsame, körperliche Festhalten. Aber außerhalb der Holding-Sitzungen lehnen sie jeden Versuch ab, das Kind einem strukturierten, intensiven Lernprogramm zu unterwerfen. Gewaltsame Liebe ist okay. Gewaltsames Lernen nicht.

Natürlich kann das, was einige dieser »Love-And-Understanding«-Therapien predigen, und das, was sie praktizieren, ziemlich unterschiedlich ausfallen. Zu den bekanntesten psychodynamischen Therapieprogrammen gehört die Optionsmethode. Nach Barry Kaufman, dem Verfasser von *Ein neuer Tag,* dem Bericht über die Gesundung seines autistischen Sohnes Raun, besteht die Optionsmethode aus »einer absolut wertfreien Methode zum persönlichen Wachstum, die Menschen hilft, sich mit ihren Problemen auseinanderzusetzen, so daß sie lernen, sich selbst als beste Quelle für die Lösung ihrer Probleme zu akzeptieren. Sie basiert auf einer Einstellung der völligen Akzeptanz, die wir so beschreiben: ›Liebe ist [. . .] miteinander glücklich sein‹. Das heißt, man beschließt, andere Menschen zu lieben – und natürlich auch sich selbst –, indem man mit ihnen glücklich ist, genau wie sie es sind, ohne daß man sie auf irgendeine Art ändern muß, auch wenn man natürlich wünschen und versuchen kann, anderen dabei zu helfen, all das zu werden, was sie für sich selbst sein möchten«.

Derzeit verlangt das Option Institute in Massachusetts von den Eltern fünftausendfünfhundert Dollar für ein fünftägiges Seminar, bei dem sie lernen, mit ihrem autistischen oder sonstwie »besonderen« Kind zu arbeiten – etwas, das ich angesichts des Imperativs, solche Kinder, »so wie sie sind, zu akzeptieren«, erstaunlich finde. Suzi Kaufman, Barry Kaufmans Frau, hat erklärt: »Für mich war es ganz in Ordnung, daß Raun autistisch war.« Sie verbrachte jedoch ». . . mehr als drei Jahre, zwölf Stunden täglich, sieben Tage die Woche mit Raun, wann immer er wach war«. Warum hat sie das getan? Woher wußten die Kaufmans, daß ihr nicht sprechendes Kind anders sein »wollte«, als es war? Und warum wollten sie ihren Sohn dann »verändern«?

Die Optionsmethode, wie sie in dem dicken Paket von Unterlagen beschrieben wird, die mir das Option Institute zugesandt hat – »Ein Ort, an dem noch Wunder geschehen« – hört sich liebevoll und herzlich an. In der Literatur ist häufig die Rede von »wertfreier Akzeptanz . . . Selbstverständnis . . . unkonditionierter Liebe . . . neuem Wählen . . .« Es *klingt* liebevoll und herzlich. Es gibt idyllische Fotos von sich umarmenden Paaren, von Gruppen, die im Kreis im Gras sitzen, scheinbar auf »völlig wertfreie Art« versammelt, von Barry und Suzi Kaufman, die sich umarmen und in die Kamera lächeln.

Aber kann die Optionsmethode tatsächlich Kinder vom Autismus befreien? Das ist fraglich. Zu den Unterlagen gehören zwar viele Briefe begeisterter Eltern, aber keine objektive Einschätzung von Erfolg und Mißerfolg durch einen neutralen Psychologen oder Psychiater. Ebensowenig ist in diesen Briefen die Rede von einem autistischen oder ehemals autistischen Kind, das jetzt eine normale Schule in derselben Klasse besucht wie seine Altersgenossen. Es finden sich auch keine Kopien von Artikeln, die in psychologischen oder medizinischen Fachzeitschriften veröffentlicht wurden und die Anekdoten über diese Wunderkuren unterstützen. Es gibt viele Zeugnisse über Besserungen, aber keine objektive Bestätigung einer Heilung.

Wie bei der Holding-Therapie scheinen sich auch hier vor allem die Eltern besser zu fühlen. Den Briefen nach zu urteilen, die das Option Institute mitschickte, scheinen viele von ihnen mit ihren Kindern glücklicher zu sein und ihren Zustand besser annehmen zu können, nachdem sie an einem Seminar im Institut teilgenommen haben.

Dennoch haben die Eltern auch ein Recht darauf zu erfahren, was sie für ihr Kind erwarten können, wenn sie die Optionsmethode wählen. Das häufige Auftauchen der Worte »Kur« und »Wunder« in den Unterlagen finde ich beängstigend – vor allem, da diese Unterlagen keinen Fehlschlag erwähnen, keinerlei Enttäuschung bei irgendwelchen Eltern. Auch stört es mich, wenn jemand den Eltern über tausend Dollar berechnet, einzig für die Hoffnung auf eine Kur – eine Kur, die durch keinerlei anerkannte Daten in irgendeiner wissenschaftlichen Zeitschrift gestützt wird. Das Werbematerial, das das Option Institute verschickt, wetteifert mit der Werbebroschüre für einen Urlaub auf Gran Canaria: Hochglanzfotos, Anzeigen für Bücher, Platten, Kassetten, Seminare, sogar für spezielle Stühle – all das natürlich zu einem entsprechenden Preis, den viele Eltern überglücklich zu zahlen bereit sind.

Eines Morgens beschloß ich, selbst im Option Institute anzurufen. Eine ausgesprochen freundliche junge Frau war am Telefon, und ich bat darum, mit jemandem sprechen zu dürfen, der mich über ihr Programm für autistische Kinder informieren könnte.

»Da müssen Sie einen Termin mit Cindy Biaggi vereinbaren«, sagte die Dame am Telefon. »Sie kann Ihnen alles über unser Programm für besondere Kinder erzählen.«

Später sprach ich mit Cindy.

»Können Sie mir sagen, wie hoch Ihre Erfolgsrate im Option Institute ist? Wieviele Kinder haben sich mit Ihrer Hilfe vom Autismus erholt?«

»Oh, die Erfolgsrate. Mit Erfolgsraten ist das so eine Sache. Wir haben hier eine Menge verschiedener Kinder, mit einer Menge verschiedener Probleme ... Ich meine, warum wollen Sie etwas über eine Erfolgsrate wissen? Wollen Sie beweisen, daß *Sie* erfolgreich sein können ...?«

Obwohl ich nachhakte, konnte mir Cindy keine konkreten Zahlen nennen. Tatsächlich wich sie der Frage sogar aus, als ich versuchte herauszufinden, ob sie mir von *irgendeinem* autistischen oder ehemals autistischen Kind erzählen konnte, das jetzt wie seine Altersgenossen eine normale Schule erfolgreich besuchte – abgesehen von Raun, dem Sohn der Kaufmans.

Ich fragte sie, was man im Option Institute von der Verhaltensmodifikation halte.

»Verhaltensmodifikation richtet sich völlig gegen das Kind. Sie macht aus dem Kind einen Roboter.«

»Haben Sie in letzter Zeit über die Heilung einiger Kinder durch intensive Verhaltensmodifikation gelesen?«

»Ich muß dazu nichts lesen. Ich weiß aus eigener Erfahrung, daß Verhaltensmodifikation dem Kind schadet.«

Die zweite Richtschnur der psychodynamischen Methoden kreist um das Konzept »Therapeut als Seher«.

Die wichtigsten Eigenschaften des Sehers sind sein Verständnis, seine Intuition, sein Mitgefühl und die Fähigkeit, auf geheimnisvolle Art und Weise mit dem verletzten Kind in Verbindung zu treten. Der Seher ist der Dolmetscher, der die Verhaltensweisen des Kindes auf ihren verborgenen Kern hin analysiert und verkündet, welche Bedeutung sie haben. Der Seher ist davon überzeugt, daß er das geheime Leben des Kindes auf eine Art »lesen« kann, zu der andere nicht fähig sind. Eine Freundin von mir nennt dies die »Kräutertee-und-Kristallkugel-Methode«.

So untersucht zum Beispiel Bettelheim eine Reihe von Zeichnungen, die ein kleines Mädchen namens Laurie angefertigt hat. Sie zeigen am Anfang runde schwarze Motive und enden mit runden weißen »Löchern«. Die runden schwarzen Motive bedeuten nach Bettelheim »schlechte Brust/schlechte Mutter«, die weißen Löcher »gute Brust/gute Mutter« (aber unerreichbar, abwesend).

Martha Welch nimmt das (angelernte? intuitive? mystische? – aber auf jeden Fall überlegene) Verständnis des Therapeuten als Axiom. Die Rolle des Therapeuten, schreibt sie, bestehe darin, »die Signale zu beobachten und zu übersetzen, die Mutter und Kind ausstrahlen, die der jeweils andere aber nicht verstehen kann«.

Einige Mütter haben mir von ein paar interessanten Interpretationen erzählt, die verschiedene Psychologen und Psychiater vertreten haben, die sie aufsuchten:

»Daß Elizabeth Türen öffnet und schließt, zeigt den Konflikt, in dem sie steckt: Soll sie ihrem Ärger Luft machen? Oder soll sie ihn eingesperrt lassen?«

»Michaels unaufhörliches Klopfen auf Gegenstände zeigt, daß er in die Zärtlichkeiten seiner Eltern mit einbezogen werden möchte.«

Der Seher versteht das Kind nicht nur, er benennt auch den Schmerz. Seine »Diagnose« des Kindes wird häufig in wissenschaftlich oder medizinisch klingende Worte gefaßt: »symbiotische Psychose«, »Pathologie der Mutter-Kind-Dyade« und schließlich dieser alles umfassende vage Ausdruck »emotional gestört«. Diese quasi-medizinischen Diagnosen verstärken den Eindruck, beim Seher handle es sich um einen Experten.

Nicht nur in den Vereinigten Staaten sieht man Autismus vor allem unter diesem psychodynamischen Aspekt. Auch in Frankreich werden die normalsten Gesten der Eltern gegenüber ihren autistischen Kindern schon als feindselig verdächtigt. Ein Paar wurde beschuldigt, die autistische Tochter nicht gewollt zu haben. Beweis? Sie hatten das Kind Sylvie genannt. Das klingt im Französischen wie *s'il vit*, was so viel heißt wie: falls er überlebt. Die Eltern hatten den Wunsch, ihre Tochter möge nicht existieren, sogar *doppelt* angezeigt, indem sie den Konditional

»falls« *und* das männliche Pronomen *il* (»er«) in ihren Namen einbezogen.

Ein anderes französisches Paar wurde von den Psychiatern des »latenten Antagonismus« seinem autistischen Sohn gegenüber bezichtigt. Und wieder zeigte sich dieser Antagonismus in der Wahl des Namens. Ihr Familienname lautete Blanco (was Weiß, Helligkeit bedeutet), und sie hatten beschlossen, ihren Sohn Bruno zu nennen (was an Dunkelheit denken läßt).

Die Beispiele ließen sich fortsetzen. Verborgene Bedeutungen, verschlüsselte Botschaften – es liegt alles auf der Hand, aber offensichtlich nur für die wenigen Auserwählten, die die Zeichen erkennen können. »Wir wollen verstehen, *warum* dieses Kind so geworden ist, wie es ist, statt es zu zwingen, sich zu verändern«, erklärt ein immer noch treuer Anhänger Bettelheims die »Love-And-Understanding«-Methode. Das klingt zwar sehr liebevoll, aber durch dieses angebliche Verständnis dessen, was niemand bislang versteht, gehen die Jahre verloren, die am besten dazu geeignet sind, ein Kind in der Welt des Normalen zu integrieren.

Das dritte, häufig wiederkehrende Motiv bei den psychodynamischen Methoden ist die Selbstdarstellung des Therapeuten als Retter und Heiler. Im Gegensatz dazu stehen die Eltern, vor allem die Mutter, die bestenfalls unwissentlich zu den Problemen ihres Kindes beiträgt – wenn sie sie nicht ohnehin ausgelöst hat. Die Rolle des Retters liegt nicht nur im Verstehen, sondern auch im *Heilen der emotionalen Verletzung*, und nicht nur darin, dem Kind ein paar Kenntnisse zu vermitteln (anders ausgedrückt, es einfach zu »trainieren«).

In diesem ziemlich narzißtisch anmutenden Selbstbildnis des Therapeuten als emotionalem Heiler kommt die Bettelheim-These – guter Doktor versus böse Mutter – besonders deutlich zum Ausdruck. Es muß hier betont werden, daß Bettelheims Buch *Die Geburt des Selbst* nicht nur einen Angriff auf »kalte, destruktive« Mütter darstellt, sondern auch ein Loblied auf ihn selbst und seine Mitarbeiter in der Orthogenic School ist, die er an der University of Chicago gegründet hat, um autistische oder anderweitig »gestörte« Kinder zu behandeln. Im ganzen Buch werden das Verständnis und die Fürsorge, die er und seine Mitarbeiter aufbringen, immer wieder erwähnt, ebenso wie die tiefe Dankbarkeit der Kinder ihren therapeutischen Rettern gegenüber: »Als ich Laurie in den Schlafsaal begleitete, lief sie neben mir her, begierig, ihre Lehrerin, ihre Berater und die Kinder wiederzusehen. Doch als ich ihr einige Minuten später erklärte, daß sie die Schule [mit ihrem Vater] verlassen müsse [. . .] kam der Zusammenbruch: Sie kehrte in jenes totale Nichtsein zurück und wurde wieder dieselbe, die sie gewesen war, als sie zu uns gekommen war.«

Auf ähnliche Weise fühlen sich die Tinbergens durchdrungen von einem tiefen, intuitiven Verständnis für die Bedürfnisse autistischer Kinder und stellen sich auch so dar. Sie beschreiben sich selbst als geduldig, unaufdringlich und außerordentlich respektvoll den Kindern gegenüber. Menschen, die seit Jahren damit zu tun haben, und erfahrene Ärzte verneigen sich in Ehrfurcht vor ihnen: »Eine von uns [. . .] hat wiederholt demonstriert, wie sie das ›emotionale Alter‹ selbst schwerster Fälle von autistischen Kindern beurteilt und sich ihm anpaßt [. . .]. Die Reaktion [des Krankenhauspersonals] bestand unweigerlich in: ›Ich hatte ja keine Ahnung, wie vorsichtig und geduldig Sie den Kontakt herstellen und wie schnell man dieses Kind dazu bringen kann, sich reifer zu verhalten, bis ich gesehen habe, wie Sie das machen.‹ Sie versicherten uns [. . .], daß das Kind in einer einzigen Sitzung von weniger als einer Stunde weiter aus seinem Schneckenhaus herausgekommen war, als sie es je zuvor erlebt hatten.«

Diese respektvolle Vorsicht, diese geheimnisvolle Fähigkeit, Kinder »aus ihrem Schneckenhaus zu locken«, stehen im Gegensatz zu dem groben Verhalten der Eltern – mit den Worten der Tinbergens: »Unsichere, traurige oder unerfahrene Mütter oder Väter müssen lernen, verspielt zu sein.«

Ein mir bekannter Psychologe bezeichnete einmal die Helfer, die noch immer für eine derartige psychodynamische Behandlung eintreten, als »irre Randerscheinungen«. Sie mögen irre sein, aber sie sind keine Randerscheinung. Im Gegenteil, sie sind noch immer weitverbreitet.

Beachtet werden sollte in diesem Zusammenhang noch die Spieltherapie, die 1947 von der klinischen Psychologin Virginia Axline erfunden wurde.

Axlines Buch *Kinder-Spieltherapie im nicht-direktiven Verfahren* (1992 in den USA in der achtundzwanzigsten Auflage erschienen) unterstützt und fördert das Konzept: »Verstehen-Respektieren-Akzeptieren«. Ihr folgendes Werk *Dibs. Die wunderbare Entfaltung eines menschlichen Wesens* (inzwischen in der *fünfzigsten* Auflage) überträgt die Prinzipien der Spieltherapie auf ihre Arbeit mit einem kleinen Jungen namens Dibs. Axline selbst stuft Dibs nicht als autistisch ein, sondern zieht es vor, ihn als emotional gestört zu bezeichnen. Aber für jemanden, der mit den Symptomen des Autismus vertraut ist, kann es keinen Zweifel daran geben, daß dieses Kind tatsächlich autistisch ist. Die Tinbergens bezeichnen dieses Buch in ihrem Anhang als ein »Juwel« und fügen hinzu, daß Dibs für die Kinder, über die auch sie schreiben, typisch ist.

Auf jeden Fall scheint der Einfluß des Buches so groß gewesen zu sein, daß die Spieltherapie noch immer für autistische Kinder empfohlen wird. Tatsächlich wird manchen Eltern anfangs überhaupt nicht gesagt, daß es neben der Spieltherapie noch andere Methoden gibt – außer ein bißchen Sprachtherapie, die einmal pro Woche eingeschoben werden sollte.

Bettelheim hatte das Talent, einen gewaltigen Berg von

Psychojargon anzuhäufen, um so seine Angriffe auf die Eltern noch zu untermauern. Axline hat das nicht nötig. Von der ersten Seite ihrer beiden Bücher an ist ihre Botschaft klar und einfach. Die Eltern sind der Feind, sie sind kalt, selbstsüchtig und mißbrauchen ihre Kinder. Axlines Bücher sind die reinsten Orgien selbstgerechten Zorns gegenüber den Menschen, die diesen Kleinen derartige emotionale Schäden zugefügt haben. Die von ihr beschriebenen Kinder sind ausnahmslos »zurückgewiesen, unsicher, ohne Liebe«.

Doch durch die Spieltherapie, durch ihr eigenes, sanftes Akzeptieren, werden die emotionalen Wunden geheilt, findet das Kind die Freiheit, es selbst zu sein. Im Spielzimmer wird das Kind mit Würde und Respekt behandelt. Es gibt keine »Vorschläge, Zurechtweisungen, Beschränkungen, keinerlei Kritik, Mißbilligung, Unterstützung und Einmischung von Erwachsenen.« Statt dessen begegnet dem Kind »eine akzeptierende, verständnisvolle, freundliche Therapeutin [. . .] [die] den Gefühlen des Kindes gegenüber sensibel ist [. . .] das Kind respektiert [. . .] ihm das Gefühl vermittelt, daß sie es immer versteht und akzeptiert, ganz egal, was es sagt oder tut. So macht ihm die Therapeutin Mut, immer tiefer und tiefer in seine innerste Welt hinabzusteigen und sein wahres Selbst ans Licht zu bringen . . .«

Jedoch warnt Axline jede Therapeutin, daß es häufig recht schwierig ist, die Mutter loszuwerden. »Die Mutter wird in das Strukturieren eingreifen, wenn die Therapeutin nicht aufpaßt.« Sie schlägt vor, die Therapeutin solle etwas wie: »Waren Sie nicht mit Herrn X zu einem Gespräch verabredet?« zur Mutter sagen. Diesen Hinweis versteht die Mutter häufig und bleibt draußen.

Innerhalb des Spielzimmers sollte man sich an gewisse feste Regeln halten, nachdem die Mutter verjagt worden ist, sagt Axline. Die Therapeutin muß das Kind so akzeptieren, wie es ist:

»All ihre Bemerkungen dem Kind gegenüber sind *nicht*

richtungweisend. Sie spiegeln nur seine Gefühle wider. Sie schützt vor Kritik und Vorwurf [...]. Sie meidet Lob für Worte oder Taten ...«

Das Kind darf in keiner Weise gehetzt oder gedrängt werden. Schließlich sagt Axline: »Wenn man sich die Zeit nimmt, darüber nachzudenken, daß das Kind in die Klinik gebracht worden ist, weil die Eltern versuchten, es zu ändern, dann schließt man daraus (und – wie es scheint – zu Recht), daß die Eltern einen Teil des Kindes oder sogar das Kind als solches ablehnen.«

Die rettende Therapeutin hingegen weiß genau, wie sie dem Kind helfen kann. Sie baut ein Gefühl völligen Akzeptierens und Zulassens auf, so daß das Kind seine tiefsten Gefühle ausdrücken kann – Gefühle, die unweigerlich auf eine tiefverwurzelte Wut der Mutter gegenüber hinauslaufen:

In der Therapie packt Bill eine Mutter-Puppe. »Er stellt sie auf den Kopf. Er zieht sie aus.«

Bill: Ich werde sie verhauen.

Therapeutin: Du hast Lust, sie zu verhauen.

Bill: Jetzt begrabe ich sie im Sand. Sie wird ersticken.

Therapeutin: Jetzt begräbst du sie im Sand.

Bill: Niemand wird sie jemals wieder sehen.

Therapeutin: Du bist sie los geworden. Niemand wird sie jemals wieder sehen.

Es ist fraglich, ob diese endlose Wiederholung von Gefühlen normalen Kindern hilft, ihre psychischen Wunden zu kurieren. Aber wenn man so etwas für autistische Kinder empfiehlt, dann sehe ich rot. In *Dibs* erreicht Axline neue Höhen im Eindreschen auf die Mutter, im Streicheln der rettenden Therapeutin und im Fesseln des Kindes.

Dibs zeigt folgende Symptome: Echolalie, Verwechslung von Pronomen, extremes Insichgekehrtsein und übertriebene stereotype Bewegungen. Als Kleinkind wehrte er sich gegen die Umarmung der Mutter, erstarrte und weinte, sobald sie ihn hochnahm. Er weist zwar eine ganze Reihe frühreifer Fähigkeiten auf, kann beispielsweise früh lesen und erkennt Zahlen, zeigt aber keine normale Interaktion oder Kommunikation. Sobald jemand gegen seine Routine verstößt, bekommt er einen Wutanfall.

Könnte er autistisch sein? überlegt seine Mutter.

Nein, sagt ein in diesem Buch zitierter Psychiater. Aber er sei »das am stärksten zurückgewiesene Kind, das ich je gesehen habe«.

Axline stimmt dem zu. Und dann malt sie in kräftigen Farben das Bild der Mutter als einer kalten, verbitterten, kopfgesteuerten, unterdrückten und letztlich dummen Frau, »die nicht fähig ist, sich ihrem Sohn mit Liebe, Respekt und Verständnis zuzuwenden«.

In Axlines Gegenwart ist die Mutter sehr vorsichtig und verschwiegen, denn sie hat die »Inquisition« schon hinter sich. Psychiater haben ihr unmißverständlich deutlich gemacht, was sie von ihr halten. Die Lehrer in der Schule ihres Sohnes können ihre Feindseligkeit und ihr Mißtrauen der Mutter gegenüber kaum unterdrücken. Ein Lehrer explodiert vor Wut während einer Konferenz, in der über Dibs gesprochen wird (einer Konferenz, von der die Mutter ausgeschlossen wurde):

»Es wäre ihr vermutlich lieber, er wäre geistig zurückgeblieben, als daß sie zugeben müßte, daß er vielleicht emotional gestört und sie möglicherweise dafür verantwortlich ist.«

Axline hingegen glaubt, die Zurückhaltung der Mutter zu verstehen. Sie fragt sich, was diese Frau zu verbergen hat.

»Was kann diese Frau über Dibs und die Rolle, die sie in seinem jungen Leben gespielt hat, wirklich denken und fühlen, um vor Fragen zur Situation so entsetzt zu sein?«

In einer alles auf den Kopf stellenden Szene gesteht die Mutter Axline schließlich ihre Sünden: »Plötzlich brach die Mutter in Tränen aus. ›Ich weiß nicht, wie ich ihm das antun konnte‹, schluchzte sie. ›Mein Verstand scheint sich in nichts aufgelöst zu haben. Mein Verhalten war verkrampft und vollkommen unvernünftig [. . .] ich konnte nicht zugeben, daß ich ihn abgelehnt habe.‹«

Es versteht sich von selbst, daß dieses zurückgewiesene Kind aufblüht, sobald Axline anfängt, mit ihm zu arbeiten, seinen Durchbruch erlebt, aus seinem Schneckenhaus kommt, usw. usf. In nur wenigen Stunden ihrer liebevollen, unaufdringlichen Spieltherapie erweckt sie »diesen hochbegabten Jungen« zum Leben und ermöglicht es ihm, als glückliches und normales Kind aus dem Ganzen hervorzugehen.

Am Ende des Buches danken Dibs Eltern Axline gerührt für das Wunder, das sie vollbracht hat, und Dibs selbst dankt ihr, seiner »speziellen Freundin«, die ihm »die schönste Zeit seines Lebens« geschenkt hat. Tatsächlich widmet Axline dem Thema ihrer eigenen Bedeutung in Dibs Leben ein ganzes Kapitel. Wie diese Retter nach Anbetung und Bewunderung dürsten!

Als mir klar wurde, wie verbreitet das Phänomen der Aufwertung des Therapeuten gegenüber den Eltern war, rief ich Dr. Rimland an. Er lachte ein bißchen traurig, als ich ihm meine Wut schilderte. »Tut mir leid, daß ich das sagen muß«, meinte er, »aber unter den Tausenden von Autismus-Diagnosen, die ich in den letzten fünfundzwanzig Jahren gelesen habe, findet sich nur sehr selten eine, die *keinen* abwertenden Kommentar über die Eltern enthält!«

Wenn die Anhänger dieser verschiedenen Methoden keine Psychotherapie für die pathologischen Eltern anbieten, dann raten sie zur »totalen, wertfreien Annahme« des Kindes. Häufig gehen diese beiden Empfehlungen sogar Hand in Hand. Nur vor einer Behandlung wird gewarnt: der Verhaltenstherapie, denn es ist viel leichter, lukrativer und dankbarer für das Ego, New-Age-Gefasel zu verbreiten.

Der Verhaltenstherapeut wird gern wie Attila, der Hunnenkönig, gezeichnet, während der psychodynamische Therapeut als Lichtgestalt erscheint. Dem Verhaltenstherapeuten wird unterstellt, er praktiziere eine Art Kindsmißhandlung, während der rettende Heiler sich als Engel der Liebe und Annahme präsentiert, der von geheimnisvollem, intuitivem Verständnis für das Kind geradezu überfließt.

Nicht erst Bettelheim machte die Eltern zum Sündenbock, und Martha Welch, die Tinbergens und die heilpädagogischen Kindergärten, die Autismus noch immer als »emotionale Störung« betrachten, sind auch nicht die Letzten. Das Thema taucht in Variationen immer wieder auf, so kürzlich in Form der Facilitated Communication, abgekürzt FC, die als letzter Schrei auf dem Gebiet der Autismus-Behandlung angepriesen wird.

FC ist eine Methode, autistischen Menschen – häufig ernstlich behinderten Menschen – zu helfen, handschriftlich, mittels einer Schreibmaschine oder eines Computers zu kommunizieren. Ihre Anhänger behaupten, daß nahezu hundert Prozent (!) dieser autistischen Persönlichkeiten in der Lage sind, selbst komplexe Sprache zu verstehen und ihre Gedanken und Gefühle zu äußern – vorausgesetzt, ein Helfer sitzt neben ihnen und unterstützt sie, ohne ihre Hände zu lenken, wenn sie Briefe tippen.

Kann man Eltern oder anderen Erziehern diese Technik beibringen? Nur dann, so versichern die FC-Anhänger, wenn diese Leute die richtige Einstellung mitbringen. Man muß »glauben« und »vertrauen«, wenn man ein wirksamer Helfer sein will.

Gibt es überprüfbare Unterlagen, die die Echtheit der Kommunikation beweisen – beispielsweise, daß die Kommunikation wirklich von dem autistischen Patienten ausgeht und nicht auf den sanften Druck der Hand des Helfers zurückzuführen ist? Die Antwort scheint ein klares Nein zu sein. Robert Cummins und Margot Prior stellen im *Harvard Educational Review* (Sommer 1992) fest, daß »bei keiner einzigen derartigen Gelegenheit die systematische Untersuchung der unterstützten Kommunikation eindeutige und überprüfbare Beweise erbracht hat, daß die Kommunikation vom Patienten ausgeht. Vielmehr haben alle relevanten Untersuchungen gezeigt, daß der Helfer bei jedem überprüften Beispiel bewußt oder unbewußt für die aufgezeichnete Antwort verantwortlich war«.

Verwirrend, wenn nicht gar beunruhigend ist auch folgende Behauptung: Im September 1992 erschien in der *Newsweek* ein Artikel über FC, in dem berichtet wurde, daß nicht nur Autisten in richtig gebildeten, grammatikalisch korrekten Sätzen kommunizierten, sondern daß selbst Kinder aus ausschließlich hindi- oder spanischsprachigen Familien plötzlich Aussagen in perfektem Englisch tippen konnten.

Alarmierender ist jedoch der Anstieg von Vorwürfen sexuellen Mißbrauchs, die die Helfer gegen die Eltern autistischer Kinder erheben. Allein im Gebiet Syracuse (in Syracuse, New York, befindet sich das Zentrum der amerikanischen FC-Bewegung) gab es nicht weniger als vierzig derartige Anklagen. In einem Fall wurden der Vater einer jungen Frau und beide Großväter angeklagt. Nachdem der Vater gezwungen worden war, daheim auszuziehen, stellte sich heraus, daß beide Großväter längst verstorben waren. Nachdem sich dieser skandalöse Prozeß über zehn Monate hingezogen hatte, wurde er schließlich aus Mangel an Beweisen eingestellt.

Zusammenfassend läßt sich sagen, daß dieser letzte scheinbare »Durchbruch« bei der Behandlung von Autismus auffallende Ähnlichkeiten mit den verschiedenen psychodynamischen Methoden aufweist:

– Im autistischen Kind existiert ein verborgenes Kind, scheinbar gesund, nachdenklich, selbstbewußt, mißverstanden.

– Der Therapeut allein weiß, wie er das Kind auf eine mysteriöse intuitive Art erreichen kann.

– Die Eltern werden häufig als Schuldige gesehen: Inzwischen werden einige von ihnen nicht nur beschuldigt, ihr Kind emotional zu mißbrauchen, sondern außerdem auch noch sexuell.

Das muß nicht unbedingt heißen, daß die FC-Methode wertlos ist. Dr. Rimland, auf dessen Urteilsvermögen ich immer vertraut habe, erzählte mir, daß einige Eltern, denen wiederum *er* vertraut, positive Erfahrungen mit der Facilitated Communication gemacht haben.

Das gilt auch für die anderen Methoden, die in diesem Kapitel besprochen wurden. Ich bin überzeugt, daß jede einen wahren Kern enthält. Es scheint aber ebenso deutlich zu sein, daß die Verfechter dieser Methoden deren Wirksamkeit bei weitem überschätzt haben. Darüber hinaus – und das ist wohl das Schlimmste – verführen sie die Eltern dazu, sich auf die eine Wundermethode zu konzentrieren, und nehmen ihnen den Mut, die harte, rücksichtslose, langweilige und anstrengende Verhaltenstherapie zu praktizieren.

Ganz gleich, für wie stark, intelligent und objektiv wir uns auch halten, wir können von jeder dubiosen Behauptung verführt werden, wenn das Leben unserer Kinder auf dem Spiel steht. Einzig die Wirksamkeit der Verhaltensmodifikation ist anhand einer veröffentlichten Studie (die auf Analysen und nicht auf Anekdoten beruht) wissenschaftlich belegt. Die Studie zeigt, daß sich autistische Kinder erholen können, wenn die Notwendigkeit intensiver verhaltenstherapeutischer Behandlung in frühen Jahren rechtzeitig erkannt wird, und selbst dann erholt sich die *Mehrzahl* der Kinder nicht völlig.

Wie sagte ein Vater, der daheim ein Programm mit seinem Sohn durchführte, einmal zu mir: »Es gibt das Durchhalten, und es gibt Lovaas. Es gibt die Holding-Therapie, und schließlich gibt es noch die Verhaltensmodifikation.«

34. Kapitel

Im Juni 1991 ging Anne-Maries Jahr im Vorschulkindergarten zu Ende.

Ein paar Wochen später erhielten wir von den Erzieherinnen, denen wir nichts von ihrer Diagnose gesagt hatten, den Jahresbericht:

»Anne-Marie ist freundlich und fürsorglich. Sie findet immer leichter Kontakt zu ihren Altersgenossen und schließt feste Freundschaften mit ihnen [. . .]. Anne-Marie steht ihren Erzieherinnen nahe und teilt ihnen jetzt häufiger ihre Gedanken mit [. . .]. Anne-Marie ist ein kooperatives, hilfreiches Gruppenmitglied, das gelernt hat, seinen Teil an Verantwortung zu übernehmen [. . .]. Anne-Marie ist ein intelligentes, lernbegieriges Kind [. . .]. Ihre Fähigkeiten, zuzuhören und Anweisungen zu befolgen, haben sich deutlich verbessert [. . .]. Sie konzentriert sich leichter auf eine Aufgabe und bleibt dabei [. . .]. Es macht Freude zu sehen, wie Anne-Marie sich in dieser Umgebung wohl fühlt und entspannt, wie sie aktiv an den verschiedenen Gruppenunternehmungen teilnimmt.«

Nicht schlecht für einen »Roboter«, dachten ihr Vater und ich.

Auch Michels Jahr an der Merricat ging zu Ende. Er kam anschließend in einen Kindergarten, in dem – wie bei Anne-Marie – niemand seine Vorgeschichte kannte. Bei unserem ersten Gespräch mit den Erzieherinnen berichteten diese, daß es »nicht viel zu besprechen gibt: Er hält sich sehr gut«.

»Unterhält er sich mit Ihnen? Ich meine, spricht er viel und gut?« fragte ich.

»O ja.«

»Spielt er mit den anderen Kindern?«

»Ja. Er hat ein paar Freunde in der Gruppe.«

»Ist er aggressiv? Wir hatten früher Probleme mit seinen Wutanfällen und Aggressionen.«

»Davon haben wir nichts bemerkt.«

Wir unterhielten uns noch ein bißchen länger. Ich mußte aufpassen, daß ich die Erzieherinnen nicht zu sehr ausfragte, sonst kamen sie noch auf die Idee, daß mit *mir* etwas nicht in Ordnung war. Warum fragt seine Mutter uns die ganze Zeit, ob es Probleme gibt?

Dr. Cohen untersuchte beide Kinder im Herbst 1991 erneut. Anne-Marie war fünfeinhalb, Michel war drei Jahre und zehn Monate alt.

»Anne-Marie genoß das Zusammenspiel mit ihrer Mutter und ihrem Bruder und schien ein glückliches Kind zu sein. Ihre verbale und nonverbale Ausdrucksweise war altersgemäß, und sie war sehr glücklich, als sie Geschichten erzählte und mit Stoffpuppen ›Einladung zum Tee‹ spielte. Sie konnte geduldig warten, bis sie an die Reihe kam, und wollte ihrem Bruder helfen, als dieser bei einigen Fragen Schwierigkeiten hatte.«

In allen Bereichen des Vineland-Tests, fuhr Dr. Cohen fort, erreichte Anne-Marie die altersgemäße Punktzahl. Und – endlich – er konnte keine Überbleibsel von Autismus mehr feststellen: »Es gab keine Anzeichen für autistisches Verhalten.«

Was Michel anging, »interagierte [er] gut mit seiner Mutter und seiner Schwester und wartete geduldig, bis er an die Reihe kam. Er war recht aufmerksam, stellte und beantwortete Fragen, spielte Phantasiespiele (sowohl spontan als auch nachgeahmt), erzählte auf Aufforderung eine Geschichte (auf Unterstützung hin auch ausgefeilt), und ließ erkennen, wenn er etwas nicht verstand, so: ›Ich habe vergessen, was das ist‹ (und zeigt auf ein Spielzeug). Seine Sprache wies keine Merkmale von Echolalie auf [. . .]. Michels Standardwerte bessern sich weiter und liegen innerhalb der Norm. In den vergangenen acht Monaten hat er dreizehn Monate auf dem Gebiet der Kommunikation, zwölf Monate auf dem Gebiet der Anpassung ans tägliche Leben, fünfzehn Monate im Bereich der sozialen und zwölf Monate bei seinen motorischen Fähigkeiten aufgeholt [. . .]. Michel weist keine Kriterien einer autistischen Störung mehr auf [. . .]. Er scheint ein glückliches, gesundes und zufriedenes Kind zu sein«.

Noch verbleibende Defizite waren, soweit Dr. Cohen es feststellen konnte, »äußerst gering«. Sie beschränkten sich hauptsächlich auf Artikulationsprobleme sowie »kurzzeitiges aufgeregtes Wedeln mit den Händen«. Dr. Cohen bemerkte auch, daß Michels »Tonfall seinen Sätzen manchmal einen fragenden Charakter verlieh«.

Es wurden keine weiteren Nachuntersuchungen empfohlen. »Mr. und Mrs. Maurice haben an ihren Kindern bemerkenswerte Arbeit geleistet. Es hat den Anschein, als wüßten sie jetzt am besten, wie sie (falls nötig) mit Hilfe eines guten Sprach- und Stimmtherapeuten alle noch verbleibenden sozialen oder sprachlichen Defizite behandeln können.«

Die Restdefizite stellen ein komplexes Problem dar. Marc und ich versuchen, uns selbst gegenüber ganz ehrlich zu sein, was die noch verbleibenden sozialen oder sprachlichen Defizite unserer Kinder angeht. Wir kennen mehr als einen Fall, wo Eltern oder Ärzte behauptet hatten, ein Kind sei »geheilt« oder »normal«, wenngleich noch wesentliche Mängel blieben: geringer Blickkontakt, ausgefeilte, aber echolalische Sprache, sehr geringes Interesse, mit anderen Kindern zu spielen. Wir haben versucht, die härtesten Kritiker unserer Kinder zu sein, aber gleichzeitig auch ihre besten Verteidiger.

Doch irgendwann verwischen sich die Unterschiede zwischen »autistischen Überresten« und normalen Persönlichkeitsunterschieden. Unserer Erfahrung nach gibt es keine präzise Trennungslinie zwischen »autistisch« auf der einen und »vollkommen normal« auf der anderen Seite. Wir haben vielmehr ein allmähliches Nachlassen autistischer Symptome beobachtet und demgegenüber einen allmählichen Anstieg sozialer und sprachlicher Fähigkeiten. Wenn wir unsere Kinder heute betrachten, dann sehen wir, daß sie glücklich sind. Sie sind spontan, zärtlich, empfänglich für die Gefühle anderer und fähig, kooperativ miteinander und mit anderen Kindern zu spielen. Bei Michel beobachten wir noch eine gewisse sprachliche Unreife, genau wie bei Anne-Marie damals, als sie etwa in seinem Alter war, aber wir sind zuversichtlich, daß sich das im Lauf der nächsten Jahre bessern wird, genau wie bei seiner Schwester. Inzwischen scheint er mit seiner Geschwätzigkeit alle in der Familie zu übertreffen.

Wie ihre Zukunft aussehen wird, weiß ich nicht. Ich kann nicht vorhersagen, wie irgendeines meiner Kinder mit zehn, fünfzehn oder fünfundzwanzig Jahren sein wird. Ebensowenig gibt es ein Heer von geheilten Kindern, mit denen ich Anne-Marie und Michel vergleichen kann. Wir haben gehört, daß die wenigen Kinder, die Lovaas geheilt hat, weiterhin ein normales Leben führen, aber wir haben nie eines von ihnen kennengelernt.

Ich weiß, daß insbesondere Anne-Marie zeitweise emotional instabil ist. Wir glauben zwar nicht, daß sie jemals wieder autistisch werden kann, aber trotzdem müssen wir sie immer noch schützen, denn sie läßt sich schnell entmutigen und beunruhigen. Sie braucht eine Extraportion Liebe und Beruhigung, ehe sie etwas Neues ausprobiert. Wir arbeiten daran, sie »härter zu machen«. Ich übertrage ihr immer mehr Verantwortung im Haus – sie muß den Tisch decken, sich ganz allein anziehen –, denn mehr als alles andere braucht sie jetzt das Vertrauen in sich selbst.

Michel zeigt nichts von dieser Zerbrechlichkeit und Ängstlichkeit. Wollen sich zum Beispiel beide Kinder etwas Saft zum Trinken holen, dann wird der Unterschied zwischen ihnen recht deutlich:

Anne-Marie: Mammi, kann ich etwas Saft haben?
Ich: Ja, Liebling.
Anne-Marie: Soll ich ihn mir selbst nehmen?
Ich: Ja, nur zu.
Anne-Marie: Soll ich ihn jetzt einschenken?
Ich: Was glaubst du, Anne-Marie?
Anne-Marie (lachend): O ja. Hab' ich ganz vergessen. Ich kann allein entscheiden!
Ich: Richtig. Kluges Mädchen.

Michel dagegen stürzt zum Kühlschrank, wenn er Saft haben will, reißt die Tür auf, packt den Saft, packt einen Becher, schenkt ein und trinkt, ohne auch nur einen Moment zu zögern.

Daraus könnte man schließen – wie es die Gegner der Verhaltenstherapie zweifellos längst getan haben –, daß das verhaltenstherapeutische Programm Anne-Marie zu stark autoritätsabhängig gemacht hat. Abgesehen von der Tatsache, daß Michel dann noch schüchterner hätte sein müssen, glaube ich vielmehr, daß diese Ängstlichkeit immer schon ein Teil von Anne-Marie gewesen ist; sie erschien in pathologischer Form, als sie autistisch war, und manifestiert sich jetzt als normales Persönlichkeitsmerkmal. Wie dem auch sei, sie wird von Monat zu Monat selbstsicherer, und ihre Erzieherin im Kindergarten erwähnte mir gegenüber beiläufig, daß sie sich ganz gut durchsetzen könnte, wenn die anderen Kinder versuchten, sie herumzustoßen. Daß sie Brüder hat, hilft ihr bei beidem: Sie lernt, sich durchzusetzen und auch Kompromisse zu schließen. Hin und wieder zeigt sie jetzt das typische Trotzverhalten einer Fünfeinhalbjährigen. Dann reckt sie ihr kleines Kinn vor, verschränkt die Arme vor der Brust, stampft, so fest sie kann, mit dem Fuß auf den Boden und schleudert uns den wütendsten Ausdruck ihres Vokabulars entgegen: »Pooey!« (Es fällt Marc und mir dann schwer, ernst zu bleiben.)

Aber abgesehen von Anne-Maries gelegentlichem Mangel an Selbstvertrauen, mit dem sich auch die Eltern eines »normalen« Kindes abfinden müssen und der ohnehin nachläßt, müssen wir die Zukunft nicht mehr fürchten. Wir haben die üblichen Elternängste bezüglich des Zustands der Welt und der Gesellschaft, die üblichen Ängste, wie unsere Kinder die gefährliche Reise vom Kind zum Erwachsenen überstehen. Bridget hat gesagt, sie wolle den beiden in den nächsten paar Jahren weiterhin »auf der Spur bleiben« und die Fortschritte alle sechs Monate aufzeichnen, solange Anne-Marie und Michel zur Schule gehen. Ich erklärte ihr, daß sie uns als Freundin immer willkommen wäre, daß Marc und ich diese Geschichte aber zum Abschluß bringen wollten. Wir selbst wollen aufhören, unsere Kinder mit den Augen von Ärzten zu betrachten, sie unter ein Mikroskop zu legen. Wir wollen ihre Kindheit genießen, eine zurückeroberte Kindheit. Wir möchten jetzt gern die Tränen der Vergangenheit und die Ängste vor der Zukunft vergessen und unseren Kindern in die Gegenwart folgen.

Es ist eine schöne Gegenwart. An einem Sonntag im Januar 1992 höre ich die Stimmen der Kinder. Das Thema des Tages sind Dinosaurier. In den letzten sechs Monaten ging es immer um Dinosaurier. In diesem Haus gibt es mehr Bücher über Dinosaurier als über Autismus. Anne-Marie meint, daß Michel zu viele Dinosaurierspiele spielt. Sie liegt auf dem Sofa, die Arme um ihn geschlungen. Daniel spielt in der Nähe. Marc löst das Kreuzworträtsel in der Sonntagszeitung. Ich habe es mir in einem Lehnstuhl bequem gemacht und schreibe. Das süße Auf und Ab der Kinderstimmen plätschert durch den sonnigen Nachmittag und erfüllt ihren Vater und mich wie immer mit einem nahezu ehrfürchtigen Gefühl:

Anne-Marie: Weißt du, warum du mit den Dinosaurierspielen aufhören sollst?

Michel: Warum?

Anne-Marie: Du mußt lernen, andere Spiele zu spielen. Du wirst Dinosaurierspiele langweiliger und langweiliger finden. (Stille.) Hast du das verstanden?

Michel: Ja, aber kann ich noch dreimal Dinosaurier spielen?

Anne-Marie: Ja, wenn du nicht zuviel spielst. (Sie nehmen zwei Dinosaurier in die Hände.) Ich bin der mit dem langen Hals. Nein, ich bin dieser kleine hier.

Michel: Ich bin der Monoclonius.

Anne-Marie: Dieser kann ganz schnell laufen.

Michel: Meiner geht langsam. Meiner läuft langsam.

Anne-Marie: Du kannst doch schneller rennen!

Michel: Ist der Monoclonius ein Pflanzen- oder ein Fleischfresser?

Anne-Marie: Ich weiß nicht. Frag Daddy.

Michel: Daddy, ist der Monoclonius ein Pflanzen- oder ein Fleischfresser?

Marc: Sie sind Pflanzenfresser.

Michel (zu Anne-Marie): Sie sind Pflanzenfresser.

Anne-Marie: Oh. Daddy, wie heißt dieser kleine hier?

Marc: Vielleicht ein Allosaurus.

Daniel: Ist ein Allosaurus einer mit langem Hals?

Marc: Ein Allosaurus ist so etwas wie ein Tyrannosaurus rex.

Anne-Marie: Michel, weißt du was? Ich bin ein Fleischfresser! Und ich kann schneller laufen als du!

Daniel: Aber er kann nicht schneller laufen als der Tyrannosaurus rex, Anne-Marie. Er kann so schnell wie ein Mensch laufen, und der Tyrannosaurus rex läuft schneller als ein Mensch.

Anne-Marie: Michel, weißt du was? Er kann wirklich nicht schneller laufen als ein Tyrannosaurus rex.

Michel: Ich kann euch *alle* auffressen!
(Schallendes Gelächter von uns allen.)

Wir wanderten durch ein dunkles Tal, und jetzt wandern wir im Licht. Güte und Gnade begleiten uns. Manchmal glaube ich, daß wir unsere Kinder leiten und erziehen, dann wieder schaue ich in ihre Gesichter, höre ihre Stimmen, und was ich sehe und höre ist die Reinheit und Heiligkeit aller Kinder. Manchmal aber glaube ich, daß sie Marc und mich erziehen und uns zurückführen zur Quelle des Lichts.

Dritter Teil
HEILUNG?

Oktober 1992

Ich habe festgestellt, daß es lange dauern kann, bis ein Buch erscheint. Seit ich mein – wie ich glaubte – letztes Kapitel niedergeschrieben habe, ist fast ein Jahr vergangen. Auf Phasen beinahe beängstigender Ruhe folgten Perioden hektischer Aktivität, in denen bearbeitet, redigiert und korrigiert werden mußte.

Das Leben ging natürlich weiter, und die Geschichte ist noch nicht wirklich zu Ende. Wie könnte sie? Unsere drei Kinder stehen noch immer am Anfang ihres Lebens. Die Tage vergehen, und ich will weiterschreiben, will ihre kleinsten Gesten der Liebe, ihr leisestes Flüstern bei Nacht für alle Zeiten festhalten.

Ich kenne eine Mutter, deren Sohn Alex jetzt fast fünf Jahre alt ist. Er wurde soeben neu eingestuft, und man stellte fest, daß von seinem ehemals autistischen Zustand »keine merklichen Überreste« mehr vorhanden sind. Er wurde nach einem auf Lovaas basierenden Programm unterrichtet, teils daheim, teils in der Schule, und wie es scheint, hat er jetzt nur noch ein paar sprachliche Schwierigkeiten. Ich habe heute abend bei ihnen angerufen, und Alex war am Telefon.

»Hallo!« rief er. »Wer ist da?«

»Hier ist Catherine. Ist deine Mutter da?«

»Wer?« brüllte er, so laut, wie es für Fünfjährige typisch ist. »Wer ist da?«

»Hier ist Catherine. Und wer ist dort?«

»Hier ist Alex! Ich bin Alex.«

»Alex. Hallo. Ist deine Mutter da? Hier ist Catherine.«

»Mammi! Catherine ist am Telefon!«

Alex' Mutter, Maureen, kam an den Apparat. »Catherine? Das war Alex. Ist das nicht toll? Hast du ihn gehört?«

Ich wußte, was in ihr vorging. Wir werden uns nie an dieses Geschenk gewöhnen. Alles, was die Kinder tun, kann uns immer noch rühren, aufregen, in Tränen ausbrechen lassen.

Mehr als einmal habe ich mich zum Narren gemacht, indem ich den Arm eines fast Fremden gepackt und einen Lobgesang auf meine Kinder angestimmt habe.

»O Gott! Sehen Sie nur Michel!« rufe ich einer anderen Mutter zu, als wir die Kinder vom Kindergarten abholen. »Wie schön er mit den anderen Kindern spielt!« Als sie höflich, aber ein wenig überrascht, zustimmt, nehme ich mir vor, ein bißchen zurückhaltender zu sein, und versuche mich zu erinnern, was für eine Mutter »normal« ist.

Hinter dieser Freude lauern jedoch Verletzlichkeit und Traurigkeit. Im letzten Kapitel, das ich vor fast einem Jahr geschrieben habe, erklärte ich, daß Marc und ich die »üblichen« elterlichen Sorgen hinsichtlich der Zukunft unserer Kinder hätten. Ich glaube, ich habe das zu voreilig gesagt. Marc hat vielleicht das friedliche Gleichgewicht zurückgewonnen, das er immer besessen hat, aber ich für mein Teil muß zugeben, daß ich mir erheblich mehr als die »üblichen« Sorgen mache. Vieles im Verhalten der Kinder kann mich aus der Bahn werfen: negative Einstellung, Schüchternheit, Aggression, Vergeßlichkeit, Geistesabwesenheit. Es fällt mir sehr schwer, mich nicht in verheerenden Schlußfolgerungen zu verlieren. Vor allem, wenn man die Wurzel für jede dieser Eigenschaften oder Neigungen in einem überwunden geglaubten Autismus suchen kann.

Anne-Marie vergißt gern ihre Schultasche. Jeden Morgen, wenn sie schon halb aus der Tür ist, muß ich sie daran erinnern, noch ihre Tasche zu holen. Ich versuche, »mich aus meiner Hilfestellung herauszuschleichen«. Statt zu sagen: »Hast du an deine Tasche gedacht?« frage ich sie: »Hast du alles, was du brauchst?« Irgendwann stehe ich einfach an der Tür und sage: »Anne-Marie«. Schließlich versuche ich, überhaupt nichts zu sagen, sondern sie nur vielversprechend anzusehen, wenn sie mit leeren Händen aus dem Haus geht. Sie vergißt die Tasche immer noch. Was ist nur los mit ihr? Sie kann Informationen nicht behalten. Sie kann nicht aus Erfahrung lernen. Die Lehrerin wird jede Anweisung, die sie ihr gibt, wiederholen müssen. Sie wird schon im ersten Jahr in der normalen Schule versagen.

Die Sorge nagt an mir, bis zwei Dinge geschehen. Zuerst einmal frage ich ganz beiläufig ihre Lehrerin, wie es ihr in der Vorschule geht, und sie erklärt mir, alles laufe bestens. Und dann wird mir eines Morgens plötzlich klar, daß Daniel seine Tasche genauso oft vergißt wie Anne-Marie! Bloß mache ich mir seinetwegen so wenig Gedanken, daß ich nicht einmal merke, wie oft ich ihn daran erinnern muß, zurückzulaufen und seine Tasche zu holen.

Ich will damit nicht sagen, daß die Kinder sich in jeder Hinsicht ähnlich sind. Anne-Marie ist verträumter als Daniel oder Michel. Sie braucht noch immer eine Weile, um mit einer Gruppe von Menschen warm zu werden. Gelegentlich braucht sie Hilfe, um sich auf eine Aufgabe zu konzentrieren, besonders dann, wenn sie die Aufgabe nicht sehr interessant findet. Aber ich glaube, daß diese Eigenschaften auch bei normalen Kindern zu finden sind. Obwohl ich das weiß, muß ich mir dennoch wieder vornehmen, »die Zügel etwas lockerer zu lassen«. Ich begreife, daß es Anne-Marie jetzt *schadet*, wenn ich auf ihr Verhalten überängstlich reagiere. Sie zu schimpfen, an ihr herumzunörgeln, zu versuchen, sie zu sehr anzutreiben, ist weder für sie noch für mich gut. Die Angst, die mich dazu getrieben hat herauszufinden, was nicht in Ordnung war, hat ihren Zweck erfüllt, doch jetzt ist die Zeit gekommen, sie zu überwinden. Anne-Marie ist klug und wachsam genug, zu erkennen, wann sie kritisiert wird, auch wenn es sehr vorsichtig geschieht, und sie ist äußerst sensibel. Bin ich entspannt und liebevoll, dann ist sie es auch; sobald ich mir aber Sorgen mache und mich verspanne, fängt sie an, traurig auszusehen.

Vor nicht allzu langer Zeit saß sie eines Nachmittags auf dem Boden im Kinderzimmer und starrte ins Leere. Dieser

Blick gefällt mir nicht. Er macht mich nervös. »Anne-Marie!« rief ich, »was machst du?«

Sie drehte sich zu mir um. Ihre ernsten irischen Augen sahen mich an. Dann erhellte sich ihr Gesicht unter einem sanften Lächeln. Ihre Antwort war ruhig und vernünftig: »Ich überlege gerade, ob Backenhörnchen eine Seele haben.«

Oh. Okay. In Ordnung. Anne-Marie ist mein kleiner Philosoph. Manchmal verblüfft sie mich mit ihren Fragen über Sein, Leben, Zeit und Gott. Hinter dem überschäumenden Lachen und den Kapriolen einer typischen Sechsjährigen verbirgt sich ein nachdenkliches und introvertiertes Wesen. Und das unterstreicht noch ihren Charme. Doch immer wenn ich das mit jener Zeit in Verbindung bringe, als sie *zu* grüblerisch und in sich gekehrt war, fange ich wieder an, mir Sorgen zu machen. Wenn sie nun in der Schule zuviel träumt und nicht auf den Unterricht achtet? Fragen über Fragen. Ich rede mit mir selbst: Catherine, es ging ihr zwei Jahre lang im Kindergarten gut. Bislang hält sie sich in der ersten Klasse sehr gut. Die Lehrerin hat dir ausdrücklich erklärt, es gebe keine Probleme. Selbst wenn sie gelegentlich träumt, halten die Lehrer das offensichtlich nicht für eine Verirrung. Auch scheinen darunter weder ihre schulischen Leistungen noch ihre Fähigkeiten, Freundschaften zu schließen, zu leiden. Bitte denke daran, wie sehr du sie für das, was sie ist, liebst und schätzt: Sie ist ein nachdenkliches, manchmal schüchternes, verträumtes, zartes, süßes, intelligentes und witziges Kind.

Ähnliche Schwierigkeiten habe ich bei Michel. Im Sommer 1992 verhielt er sich oftmals wieder aggressiv und starrsinnig. Immer wenn irgend jemand ihn bat, etwas zu tun, beispielsweise seinen Schlafanzug anzuziehen oder am Ende des Tages die Spielsachen einzusammeln, stemmte er fast jedesmal die Fersen auf den Boden, heulte und wollte nicht. Außerdem neigte er dazu, gleich zuzuschlagen, wenn er mit seinem Bruder oder seiner Schwester eine Meinungsverschiedenheit hatte.

Doch auch hier muß ich mir vergegenwärtigen, daß »normale« Viereinhalbjährige aggressiv, starrsinnig, weinerlich, launisch und trotzig sein können. Die Frage ist, in welchem Umfang sie es sind und wie schnell man den Zustand beenden kann, indem man mit ihnen verhandelt, Kompromisse schließt oder Ultimaten setzt. Ich erinnere mich noch gut an das strenge »Hör auf damit« des Verhaltenstherapeuten. Deshalb schrillen bei mir fast jedesmal die Alarmglocken, wenn er aggressiv und starrköpfig reagiert. Wird im Kindergarten mit ihm alles in Ordnung sein? Wird er der Erzieherin gehorchen? Werden die Erzieherinnen Geduld mit ihm haben?

Ich habe festgestellt, daß ich mehr Vertrauen in meine Kinder setzen kann, wenn ich ihren Erzieherinnen vertraue. Anne-Maries Kindergärtnerin arbeitet seit etwa zwanzig Jahren in ihrem Beruf, Michels seit etwa zehn. Ihre Beurteilungen enthalten viele konkrete Details über das tägliche soziale und kognitive Verhalten. Man hat den Eindruck, daß nichts, was deutlich anormal ist, ihren Blicken entgehen würde. So finde ich – je mehr ich ihnen vertraue – echten Trost in ihren Beobachtungen meiner Kinder:

»Anne-Marie ist ein süßes, sensibles kleines Mädchen, das unseren Tag mit ihrem freundlichen Wesen und ihrem bezaubernden Lächeln erhellt. [. . .]

Anne-Marie spielt gern ›Küche‹ mit den anderen Mädchen. Sie spielt auch sehr schön mit den Jungen, baut großartige Dinge aus Lego. Die Jungen akzeptieren sie ohne Widerrede als Spielpartner. Sie loben sie immer für das, was sie gebaut hat, und betrachten ehrfürchtig die Lego-Konstruktion, die sie mitgebracht hat. [. . .]

Besonders gut ist Anne-Marie in Kunst und Werken. Sie hat eine natürliche Begabung für das Zeichnen und Malen lieblicher Bilder. Alle Kinder werfen einen Blick auf ihr Bild, ehe sie anfangen, ihre eigenen zu zeichnen. Sie fügt ihrer Kunst immer etwas Ungewöhnliches hinzu. [. . .]

Sie muß nicht kopieren, was ihre Altersgenossen gerade tun. Selbst wenn die Kinder in der Gruppe ein Kunstwerk gestalten, fügt sie ihrem Teil immer den ›Anne-Marie-Touch‹ hinzu. [. . .]

Anne-Marie ist im Lesen und Rechnen wie eine Rakete losgegangen. [. . .] Sie ist ihrer Klasse im Lesen weit voraus. Während einer Lesestunde kann ich mich immer auf sie verlassen. Ich bitte sie, die erste Seite zu lesen, und schon sind die anderen Kinder eifrig darauf erpicht, ihr zu folgen. Vor ein paar Tagen erhielt sie von (einer ihrer Mitschülerinnen) ein aufrichtiges Kompliment: ›Anne-Marie ist das klügste Mädchen in der Klasse.‹ [. . .]

Ihre mathematischen Fähigkeiten sind gut. Sie begreift Beispiele und Zahlenfolgen. Sie kann ohne Hilfsmittel addieren und subtrahieren. Anne-Marie gibt niemals auf, ehe sie eine Aufgabe fertiggestellt hat. Selbst wenn man ihr sagt, sie könnte sie später beenden, antwortet sie immer: ›In Ordnung. Aber ich werde es jetzt tun.‹ [. . .]

Es macht immer Spaß, Anne-Marie vorzulesen [. . .]. Anne-Marie ist immer bereit, Freizeit zu opfern, um ein weiteres Kapitel zu hören. Wir können uns immer darauf verlassen, daß Anne-Marie sich erinnert, was wir bereits gelesen haben. [. . .]

Wir sind froh, Anne-Marie zu kennen . . . «

(Aus Anne-Maries Beurteilung durch den Kindergarten, April 1992)

»Michel ist ein begeisterungsfähiger kleiner Junge. Wenn er in den Kindergarten kommt, ist er schon ganz aufgeregt, weil ein neuer Tag beginnt. Er ist damit zufrieden, für sich allein zu spielen, und kann sich über lange Zeit gut beschäftigen. Er mag alle Kinder in der Klasse und hat große Fortschritte in seinem Sozialverhalten gemacht. Gelegentlich ist er frustriert, wenn seine Annäherungen an einen bestimmten Freund gestört werden, aber er lernt, darüber zu sprechen, statt zuzuschlagen. Er hat viele Freunde gefunden und freut sich immer sehr, wenn einer von ihnen kommt, um zu sehen, was er gerade macht. [. . .]

Wir staunen immer wieder über Michels Fähigkeit, alle seine Ideen zu Papier zu bringen. Seine Feinmotorik ist außergewöhnlich. Er ist ausdauernd und ein Perfektionist bei allem, was er anfängt. Er stellt hohe Erwartungen an sich selbst und überrascht uns immer wieder damit, wie gut er sich an Tatsachen erinnert und seine Umwelt versteht. Er ist sehr stolz auf alles, was er geschafft hat, und liebt es, uns das dann zu zeigen. Sowohl beim Zeichnen als auch beim Bauen ist er sehr kreativ. Eine seiner Spezialitäten ist das Zeichnen von Dinosaurierszenen. Er kann jeden Dinosaurier in allen Einzelheiten zeichnen und plaziert ihn für gewöhnlich in eine prähistorische Umgebung mit Palmen und ausbrechenden Vulkanen. Michels Fähigkeit, Buchstaben und Zahlen aus dem Gedächtnis zu schreiben, ist erstaunlich. Manchmal möchte er seinen Namen in ›Schreibschrift‹ schreiben, und häufig schreibt er in Druckbuchstaben. Zu seinen Lieblingsbeschäftigungen gehören: Zeichnen, Spielen mit Dinosauriern und Bauen mit Duplo und großen Holzbauklötzen. Er spielt auch gerne draußen, vor allem im Sandkasten. Er interessiert sich für Wissenschaft, Musik und Natur. Michel mag die Erzählstunde, und man kann sehen, daß er völlig in der Geschichte aufgeht. Er befolgt Anweisungen gut und faßt neue Informationen schnell auf. [. . .]

Wir haben Michel gern in unserer Gruppe gehabt. Bei seiner Begeisterung für das Lernen und seiner Fähigkeit, gegebene Tatsachen schnell aufzunehmen und zu verstehen, sind wir sicher, daß es ihm im kommenden Jahr in der Vorschule weiterhin sehr gut gehen wird.«

(Aus Michels Beurteilung durch den Kindergarten, April 1992)

Noch ein paar Jahre solche Berichte, dann werde ich es vielleicht lernen, diese zehrende Angst abzulegen.

Denn Angst entkräftet. Das gilt für Anne-Marie ebenso wie für Michel. Die Angst um ihn kann meine Freude an ihm aufzehren, denn er ist ein überschäumender, reizender kleiner Kerl, der seinen großen Bruder vergöttert und hinstürzt, um seiner Schwester einen Kuß zu geben, wenn diese hingefallen ist; er verblüfft Fremde mit seinem Lächeln und begeistert sich für jedwede Art von Streichen. Michel, unser Goldschatz, unsere Entschädigung, unsere Freude.

Mit der Angst, wie die Kinder wohl in der Schule zurechtkommen, kann ich wenigstens umgehen. Sie ist greifbar, ich kann sie analysieren und mit Vernunft angehen. Die Angst in der Nacht ist etwas völlig anderes. Wenn etwa einem der Kinder auch nur die kleinste Krankheit droht, neige ich zu Schlaflosigkeit und Alpträumen und rechne mit einer Katastrophe. Wenn ich im Dunkeln im Bett liege, verlassen mich Glaube, Hoffnung, Logik und meine sonstigen Verteidigungsmechanismen. Alles Übel der Welt marschiert dann um mein Bett herum auf, alle möglichen Traumata, alles Herzeleid, das uns befallen kann, türmt sich unweigerlich vor mir auf. Überhaupt, wozu all das Denken, Beten und Lieben, wenn uns am Ende doch alle der Tod ereilt? Ich kann mich so in eine tiefe Existenzkrise hineinsteigern. Marc ist mir dann eine große Hilfe, einfach, indem er er selbst ist: In der Gegenwart ruhend, überläßt er die künftigen Sorgen dem Morgen. Er zeigt, daß man mit weniger Kummer besser lebt.

Während ich dies schreibe, hat Michel die Windpocken. Letzte Nacht habe ich mich im Bett hin- und hergeworfen und immer wieder gestöhnt und geseufzt, bis Marc es schließlich bemerkte.

»Was ist los?« fragte er verschlafen.

»Ich habe Angst, bei Michel könnte das Reye-Syndrom auftreten«, sagte ich.

»Was ist das Reye-Syndrom?« fragte er.

»Das ist eine schreckliche Komplikation, die manchmal eintritt, wenn Kinder Windpocken haben. Sie kann tödlich sein.«

Er stützte sich auf einen Ellbogen. »Also gut, wie stehen die Chancen, daß er es bekommt?«

»Nicht sehr hoch, glaube ich.«

»Wenn ich so darüber nachdenke, glaube ich, schon von dieser Krankheit gehört zu haben. Man vermutet, daß ein Zusammenhang zwischen ihr und Aspirin besteht. Gib ihm einfach kein Aspirin.«

Komischerweise beruhigte mich dieses Gespräch. Nicht wegen des möglichen Zusammenhangs mit Aspirin, sondern einfach, weil ich meiner Angst hatte Luft machen, sie in Worte hatte fassen können, und ich war beruhigt, weil Marc mir zugehört hatte, so, wie er es immer tut: ernst.

Nicht mehr traurig zu sein, ist dagegen schwieriger, als ich dachte. Ich kann nicht oben auf dem Berg stehen und triumphieren, wenn ich so oft daran erinnert werde, wie dunkel das Tal gewesen ist. Ich habe Eltern um ihre Kinder weinen sehen, und wie so oft stehe ich ihnen hilflos gegenüber. Ich kann ihnen Informationen bieten, aber keine Therapeuten, ich kann ihnen nicht vorhersagen, was die Zukunft ihnen bringt, kann ihnen nichts garantieren. Eine Mutter ruft mich an, wünscht Informationen, und stockt plötzlich, als sie Anne-Marie im Hintergrund etwas fragen hört. Ihre Stimme versagt, und ich höre ihr leises Weinen. Ich kenne ihre Angst, ihre Sehnsucht. Ein Vater meldet sich vom Kennedy-Airport aus. Zwischen zwei Geschäftsflügen ruft er verzweifelt eine ihm völlig unbekannte Frau an. Er fängt an, seinen zweijährigen Sohn zu beschreiben, der gerade als autistisch eingestuft wurde. Die Flughafenlautsprecher dröhnen hinter ihm. Er spricht davon, wie lange er und seine Frau auf dieses Kind gewartet haben. Seine kräftige, zuversichtliche Stimme klingt plötzlich angestrengt. Er bricht ab, bemüht sich um Haltung. »Wir lieben ihn so sehr«, fängt er an, und dann weint er, umklammert den Hörer eines öffentlichen Telefons mitten auf einem Flughafen und weint. Auch meine Augen brennen, weil ich mich noch sehr gut an das erinnern kann. Und weil ich – besser als er – weiß, wie schwer der vor ihm liegende Kampf ist. Ich weiß, daß ich diesen Eltern keine Wunderkur anbieten kann. Ganz und gar nicht. Ich kann ihnen Hoffnung geben, aber keine Garantie.

»Trauern Sie nicht unseretwegen, Catherine«, sagte einmal ein anderer Vater zu mir, als ich versuchte, mit ihm über diesen Schmerz zu sprechen. »Mein Sohn ist nicht gesund geworden, so wie Ihre Kinder, aber wir haben dennoch auch unsere Freude. Es *gibt* wichtige Fortschritte.« Ich bin froh, daß er mir das gesagt hat, aber in meinem Glück wird immer auch das schlechte Gewissen und der Kummer eines Geretteten mitschwingen, der weiß, daß es noch andere gibt, die es nicht geschafft haben.

»Wie könnte Ihre Geschichte mich verletzen?« fragte mich eine Mutter, deren Tochter im verhaltenstherapeutischen Programm nur sehr langsam Fortschritte machte. Sie hatte angerufen, um sich zu erkundigen, wie es Anne-Marie im Kindergarten ginge, und ich zögerte, ihr zu viele Einzelheiten zu erzählen. »Ich kenne die Prognose. Ich habe die Horrorgeschichten gehört. Ich kann von Fehlschlägen hören und lesen, wann immer ich will. Aber ich will jetzt etwas über Erfolg hören!«

Ich glaube nicht, daß mein schlechtes Gewissen, meine Befürchtungen oder meine Traurigkeit jetzt irgend jemandem helfen – weder mir, noch Marc, den Kindern oder den Eltern anderer autistischer Kinder. Wenn ich eine Mutter wäre, deren Kind gerade erst als autistisch eingestuft worden ist, dann hätte ich vielleicht das Bedürfnis, jemanden zu erwürgen, dessen Kind gesund geworden ist und der sich weigert, das zu genießen. Manchmal fürchten wir uns, zu feiern, stolz zu sein oder zu loben, um nicht das Schicksal herauszufordern. Aber eine Feier muß nicht prahlerisch sein. Sie kann nichts weiter sein als ein Dankgebet, muß nicht lauter sein als ein frohes Seufzen.

Ich schreibe die Worte der Kinder auf, und das ist meine Feier. Ich bezeuge nicht nur die Schönheit meiner Kinder, sondern auch die Barmherzigkeit Gottes. Wie immer spiegelt ihr unschuldiger Wortwechsel, die Reinheit ihrer Herzen, diese Gnade und Barmherzigkeit weit besser wider, als ich es je könnte.

Eines Abends nach der Schule versammeln sich die Kinder zum Abendessen: Der siebenjährige Daniel, die sechsjährige Anne-Marie und der vierjährige Michel sind ins Haus gekommen. Nachdem sie ihre Hände schnell unters Wasser gehalten haben, stürzen sie zum Tisch. Ihre Gesichter sind gerötet, die sauberen, weißen Hemden, die sie am Morgen angezogen haben, sind jetzt von Flecken übersät, Schweiß verklebt ihr feines Haar. Sie sind hungrig, gesprächig, lebhaft.

Michel: Ich *mag* keine Erbsen!

Ich: Michel!

Daniel: Michel, du sollst nicht sagen: »Ich mag nicht«, wenn wir uns zum Essen setzen.

Michel: Ich habe nicht gesagt: »Ich mag nicht.« Ich hab' gesagt: *»Entschuldigt*, ich mag keine Erbsen.«

(Es folgt eine Diskussion über Erbsen und Höflichkeit. Dann gehen wir über zur Kultur:)

Daniel: Mammi, da war dieser Junge – du wirst es nicht *glauben* – er hieß »Artsnot« – und er war erst vier Jahre alt und konnte mit geschlossenen Augen Klavier spielen! Und er besuchte all die Schlösser und Könige und Königinnen, verstehst du, und sie haben ihm die Augen verbunden, damit er nichts sehen konnte, und dann hat er Klavier gespielt, ohne einen einzigen Fehler zu machen!

Ich: Artsnot?

Daniel: Ja, Artsnot.

Ich: Und er hat richtig gut Klavier gespielt?

Daniel: Hmm.

Ich: Hieß er vielleicht Mozart?

Daniel: O ja, Mozart.

Michel: Daniel spielt Klavier! Er spielt Klavier ohne Daumen! (Irgendwie sind sie auf die Idee gekommen, Klavier »ohne Daumen« zu spielen, würde bedeuten, »wirklich schnell« zu spielen, und »wirklich schnell« ist dasselbe wie »wirklich gut«. Sie fangen an, über schnelles Klavierspiel zu sprechen, was sie schließlich auf das Thema Zahlen bringt.)

Anne-Marie: Mammi, hat Gott die Zahlen als letztes erfunden?

Daniel: Anne-Marie, Gott hat die Zahlen nicht erfunden. Die Menschen haben die Zahlen erfunden.

Anne-Marie: Menschen haben die Zahlen erfunden?

Daniel: Yeah . . . (Pause) . . . Zahlen sind wie . . . du weißt schon . . . es gibt alle möglichen Zahlen, in verschiedenen Sprachen . . . He! Weißt du was? Gott und Zahlen, das ist fast dasselbe! Willst du wissen, warum? Gott hat kein Ende, und Zahlen haben auch kein Ende! (Ich schwöre, ich habe diese Gespräche nicht erfunden.)

Ich: Weißt du, wie man es nennt, wenn etwas kein Ende hat? Unendlichkeit.

Anne-Marie: Unendlichkeit? Kein Ende zu haben? (Sie schweigt eine Weile und denkt darüber nach.) Eines Tages werde ich das verstehen, nicht wahr, Mammi?

Ich: Genau, Liebling.

Noch blicken wir wie in einen geheimnisvollen Spiegel. Dort werden wir uns von Angesicht zu Angesicht sehen.

Vierter Teil

WEITERE RATSCHLÄGE UND STIMMEN ANDERER ELTERN

Einmal schickte ich eine Mutter zu einem der Programme in New York, bei denen es um ein frühes Eingreifen geht. Sie sollte versuchen, dort Therapeuten für ihr Programm daheim zu finden. Anschließend berichtete sie mir, daß man ihr erklärt habe, es sei »illegal und unmoralisch«, wenn »Amateure« versuchten, diese Art von Arbeit durchzuführen.

Wir Eltern sind tatsächlich Amateure, im wahrsten Sinne des Wortes: Amateure sind Liebhaber. Wir lieben unsere Kinder, und bis uns die Fachwelt etwas Besseres bieten kann, müssen wir die Angelegenheit oft selbst in die Hand nehmen.

Einige Eltern haben Glück und finden für ihr Kind einen Platz in einer bereits vorhandenen, verhaltenstherapeutischen Einrichtung. Doch aus dem, was mir diese Eltern erzählen, geht hervor, daß es gute und weniger gute Einrichtungen dieser Art gibt. Zu einem guten verhaltenstherapeutischen Programm gehören meiner Meinung nach folgende grundlegende Eigenschaften:

– Gut ausgebildete Therapeuten, die wissen, wie man mit Reinforcements und Programmen umgeht, wie man objektive Daten unverfälscht erhält, bis man *sicher* ist, daß das Kind es so gut macht, wie es nur kann. Mit anderen Worten, sie wissen, wie man das Kind drängt, und erkennen, wann sie mit dem Drängen aufhören müssen.

– Eine tägliche Datenaufnahme, individuelle Programme für jedes Kind, eine Eins-zu-Eins-Therapie, Therapeuten, die in den Prinzipien und Techniken der Verhaltenstherapie ausgebildet wurden. Ein Therapeut für zwei Schüler ist wahrscheinlich nicht ausreichend, wenigstens nicht zu Anfang. Später, wenn das Kind ein höheres Funktionsniveau erreicht hat, wird es wahrscheinlich vom Unterricht in kleinen Gruppen profitieren. Aber zu Anfang benötigt Ihr Kind höchstwahrscheinlich Einzelsitzungen, bei denen sich alles um seine Person dreht.

– Der Leiter und seine Mitarbeiter sollten bereit sein, sich mit Ihnen zu besprechen – nicht einmal im Monat oder einmal in der Woche, sondern immer dann, wenn Sie das Gefühl haben, daß es nötig ist.

Leider gibt es diese verhaltensorientierten Programme, ob sie nun ausgezeichnet oder nur mittelmäßig sind, derzeit nur vereinzelt. Mindestens die Hälfte der Familien, die ich kennengelernt habe, mußten irgendwann ihr eigenes Programm für daheim entwickeln, da es für sie praktisch nichts gab.

Wer wird gesund?

Wer wird sich durch diese Methode erholen? Man weiß es nicht. Es scheint, daß man keine »Kennzeichen« liefern kann, die Aufschluß darüber geben, welche Kinder sich erholen können und welche nicht. Autismus ist augenscheinlich eine Störung mit vielen verschiedenen Ursachen und von unterschiedlicher Schwere. Für mich sind die Ausdrücke »Autismus« und »Krebs« analog: Beide bezeichnen ganz generell viele verschiedene Formen einer einzigen Krankheit, von denen einige heilbar sind, andere nicht. Unsere Kenntnisse über den Autismus sind noch sehr dürftig, und auch die beste, uns zur Verfügung stehende Behandlungsmethode ist unzulänglich; wir sind noch meilenweit von einer Wunderkur entfernt. Die Daten, die Dr. Lovaas veröffentlicht hatte, als unsere Kinder mit der Therapie begannen, zeigten, daß bestenfalls die Hälfte der Kinder, die so intensiv und so jung mit dieser Therapie behandelt wurden, »normale kognitive Funktionstüchtigkeit« erzielten. Es scheint so viel davon abzuhängen, wie ein Kind darauf reagiert. Auch hängt so viel davon ab, wie ernst sein Zustand ist und wie früh die Diagnose gestellt wird.

Trotzdem sieht es so aus, als könnten beinahe alle Kinder gewisse Fortschritte machen. Zwei mir bekannte Mütter –

beide kämpfen leidenschaftlich und hingebungsvoll um ihre Kinder – waren einverstanden, die Geschichte ihrer Kinder zu veröffentlichen. (»Sharon« hat um Anonymität gebeten, Lucille Schoales schreibt unter ihrem richtigen Namen.)

Sharons Geschichte

Es scheint so lange her zu sein, daß unser kleiner Sohn stundenlang stumm dasaß, Buchstaben und Zahlen aneinanderreihte und nur wenig Interesse an irgend etwas anderem zu haben schien. Mit zweieinhalb Jahren wurde er als autistisch eingestuft, und man prophezeite ihm eine düstere Zukunft. Wir wußten nicht viel über Autismus, aber wir wußten, es mußte irgend etwas geben, was wir tun konnten, um den Zustand zu ändern. Wir vertieften uns in Bücher und Zeitungsartikel, und immer wieder tauchte der Name Ivar Lovaas im Zusammenhang mit einem Programm an der UCLA auf, das bei siebenundvierzig Prozent der erkrankten Kinder, die einer Verhaltensmodifikation unterzogen worden waren, eine Heilung dokumentierte. Angesichts dieser Zahlen gab es für uns keinen Zweifel, wohin wir uns als nächstes zu wenden hatten. Unsere Befürchtungen, nicht im UCLA-Programm unterzukommen, wurden zerstreut, als wir erfuhren, daß sie uns ausbilden würden.

Achtzehn Monate später haben wir ein völlig anderes Kind. Diese Therapie hat ihn aufblühen lassen. Unser Sohn verhält sich jetzt seinem Alter entsprechend, ja, er liegt sogar über dem Durchschnitt, was seine kognitiven Fähigkeiten und sein Sprechen in ganzen Sätzen angeht, auch wenn er noch nicht so spontan ist, wie er sein sollte. Er ist gern mit anderen Kindern zusammen. Offen gesagt schießt er manchmal mit seinen Umarmungen ein wenig über das Ziel hinaus, und wir arbeiten jetzt daran, die Häufigkeit und Intensität seiner Zärtlichkeiten zu normalisieren. Beim Spielen mit anderen hat er noch Schwierigkeiten, aber es wird schon besser.

Es war auf jeden Fall harte Arbeit. Wir haben Woche für Woche zwanzig bis dreißig Stunden in die Therapie investiert. Wir haben eine Menge gelernt. Ich selbst mußte lernen, daß ein Mensch es nicht allein versuchen sollte, da es einen allein überfordert, was sich auf alle Beteiligten, vor allem auf das Kind, negativ auswirkt. Wenigstens zwei Therapeuten sind nötig (besser noch mehr), und niemand sollte mehr als zwölf Stunden in der Woche einbringen. Wir haben außerdem festgestellt, daß es ratsam ist, die Leute von der UCLA kommen und die Fortschritte aufzeichnen zu lassen, wenn man das Programm mit größtmöglichem Erfolg durchführen will. Wir haben auch festgestellt, daß manche Kinder sich bei bestimmten Drillaufgaben ausgesprochen gut als Therapeuten eignen. Erst kürzlich haben wir einen unerwarteten Erfolg erzielt: In unserer Stadt wird das Programm jetzt als *angemessene Ausbildung* für unser Kind akzeptiert, und die Schule stellt uns auf ihre Kosten zwei sehr talentierte Jugendliche als Therapeuten zur Verfügung.

Die schlechtesten Erfahrungen haben wir hingegen gerade mit denen gemacht, die uns eigentlich am besten hätten helfen können – mit den Fachleuten. Sie scheinen völlig festgefahren und allen ihnen unbekannten Methoden gegenüber verschlossen zu sein. Nicht nur, daß die Prognose der sechs Ärzte, die unser Kind beurteilten und die Diagnose stellten, negativ war, man vermittelte uns auch keinerlei Hilfe. Ich lud sie zu unserem Workshop ein, damit sie das beste, derzeit verfügbare Programm kennenlernen konnten, aber sie lehnten ab. Ich finde das vollkommen verantwortungslos. Andere Ärzte und auch gewisse Abteilungen der Autism Society of America neigen außerdem dazu, nicht sehr objektiv zu sein. Das Wort »kontrovers« haben wir im Zusammenhang mit Dr. Lovaas mittlerweile so oft gehört, daß wir aufgehört haben zu zählen. Wir haben feststellen müssen, daß das Urteil dieser

Leute meist auf Hörensagen, auf veralteten Informationen und Mißverständnissen beruht. Keiner von ihnen hat die Therapie wirklich verfolgt und beobachtet oder kennt jemanden, der es getan hat. Wir laden Eltern und alle anderen ein, die vielleicht in der Lage sind, einem anderen Kind zu helfen, die Therapiestunde unseres Sohnes zu beobachten. Diejenigen, die bei uns gewesen sind, waren alle davon angetan und verblüfft angesichts der überraschenden Resultate.

... Frühzeitiges Eingreifen ist so wichtig ... Wir haben unseren Entschluß, Kontakt zu Dr. Lovaas aufzunehmen, niemals bereut. Wir wissen, daß noch zwei Jahre Arbeit vor uns liegen, aber wir sind sicher, daß unser Sohn sich in nichts mehr (abgesehen von seiner individuellen Persönlichkeit) von seinen Altersgenossen unterscheiden wird, wenn er in die Schule kommt.

Lucille Schoales' Geschichte

Wenn ich heute an den Tag denke, an dem mein Sohn Michael als autistisch eingestuft wurde, dann kann ich mich noch gut an die Gefühle von Angst, Kummer und Schrecken erinnern, die mich beutelten. Ich wünschte mir verzweifelt, daß es nicht wahr sein möge. Wie konnte Gott mein Kind oder überhaupt irgendein Kind an einer solchen Störung leiden lassen? Die Hoffnungen und Träume für die Zukunft meines Sohnes wurden durch ein einziges Wort zunichte gemacht: Autismus.

Er war damals knapp zwei Jahre alt und hatte das Gesicht eines Engels, wie die meisten autistischen Kinder. Aber sein Verhalten hatte sich geändert. Zurückgezogen und in sich gekehrt, allein in seiner ureigenen Welt, war er vollkommen unfähig, zu sprechen oder zu verstehen, was zu ihm gesagt wurde. Das ehemals normale Kind, das ich, wie ich glaubte, zur Welt gebracht hatte, war verschwunden. Ein Fremder hatte seinen Platz eingenommen. Tag für Tag verbrachte ich damit,

Bücher über Autismus zu lesen und nach Ärzten zu suchen, die mir vielleicht helfen könnten. Ich fand keine Antworten, kämpfte allein und suchte verzweifelt nach einer Möglichkeit, meinen Sohn zu erreichen oder ihm mit einer Therapie zu helfen.

Die zwei Jahre, die auf Michaels Diagnose folgten, erschienen mir wie ein ganzes Leben. In dieser Zeit stellte sich eine Vielzahl autistischer Verhaltensweisen ein, und ich begann zu akzeptieren, daß mein Sohn wirklich autistisch war.

In der Gegend, in der ich wohnte, gab es eine ganze Reihe von Vorschulprogrammen für Behinderte. Mike nahm an drei verschiedenen teil, noch ehe er vier Jahre alt war. Während er von einer Vorschule zur anderen wechselte, versicherte man mir bei jeder einzelnen, daß die für ihn geeigneten Programme angeboten würden. Das traf jedoch nur bedingt zu, denn er machte nur geringe Fortschritte. Ich fragte deshalb auch immer wieder nach, ob sie wüßten, wie man Mike die Fähigkeiten beibringen könnte, die er brauchte. Daraufhin wurde ich schnell als »die Mutter, die die Behinderung ihres Sohnes nicht akzeptieren kann« abgestempelt. Aber es mußte doch einen besseren Weg geben!

Als Mike in seiner dritten Gruppe eingeschrieben worden war, lernte ich die Mutter eines anderen autistischen Kindes kennen, die mich mit einer mir völlig neuen Methode, autistische Kinder zu unterrichten, bekannt machte. Sie führte das Programm mit ihrer Tochter daheim durch, jeden Tag. Es basierte auf einem Buch von Ivar Lovaas mit dem Titel *The Me Book.* Dr. Lovaas' Buch enthielt detaillierte Anweisungen, wie man entwicklungsgestörte Kinder unterrichten sollte. Das Programm war streng verhaltenstherapeutisch orientiert, verwendete die Prinzipien der Verhaltensmodifikation – positives Reinforcement, Auflösung in kleine Schritte – und zeichnete die Daten über die Fortschritte der Kinder auf. Ich war sehr neugierig, wollte das Programm angewendet sehen, und so lud mich meine Freundin zu sich nach Hause ein.

Es war wundervoll. Als ich sah, wie aktiv ihr Kind an dem Programm teilnahm, verspürte ich Hoffnung, daß auch mein Sohn die Dinge lernen konnte, die ihr Kind gelernt hatte. Meine Freundin erklärte mir, wie ich dasselbe Programm daheim aufstellen konnte. Ich benutzte *The Me Book* als Anleitung und stellte den besten Ausbilder meiner Freundin ein, damit er mir den Anfang erleichterte. Ich werde meiner Freundin immer dankbar dafür sein, daß sie ihr Wissen mit mir geteilt hat, denn die Ergebnisse in den folgenden Monaten waren unglaublich.

Im Lauf der Zeit lernte ich immer mehr dazu und konnte bald Ausbilder einstellen, denen ich erläuterte, wie sie die Programme mit Mike durchführen mußten. Es war zeitaufwendig und teuer, aber das war es wert. Diese Form der Therapie schuf für Mike die Voraussetzungen, mit deren Hilfe er lernen konnte. Wir brachten ihm Dinge bei wie Blickkontakt, die Erzeugung von Tönen, das Befolgen einfacher Befehle und das Ausführen einfacher Aufgaben. Selbst Mikes Sprachtherapeutin war damit einverstanden, die Prinzipien der Verhaltensmodifikation in ihre Sitzungen mit ihm einzubeziehen.

Die Monate verflogen. Mike machte schnell Fortschritte, die dann langsamer wurden, vor allem auf dem Gebiet des rezeptiven und expressiven Sprachvermögens. Ich war mir nicht sicher, ob wir die Programme vielleicht nicht korrekt ausführten oder ob Mikes Defizite größer waren, als wir vermutet hatten. Dieselbe Freundin, die mich auf *The Me Book* hingewiesen hatte, erzählte mir auch von einer gewissen Bridget Taylor. Miss Taylor sollte in das Haus meiner Freundin kommen, um ihr Heimprogramm zu beurteilen, und ich bat sie, auch zu mir zu kommen und sich Mikes Programm und seine Fortschritte anzusehen.

Bei ihrem Besuch machte Miss Taylor ein paar ausgesprochen hilfreiche Vorschläge zu meinem Heimprogramm. Sie hinterließ einen sehr guten Eindruck bei meinem Mann und mir. Sie wußte sehr viel über Autismus und erzählte uns von einer Schule, die sie und Dr. Linda Meyer in New Jersey eröffnen wollten. Diese Schule – die Alpine Learning Group (ALG) – sollte Kinder mit Autismus und anderen Entwicklungsstörungen auf der Grundlage der Verhaltenstherapie behandeln. Nachdem wir Miss Taylor kennengelernt und von der ALG gehört hatten, wußten mein Mann und ich, daß wir Mike einfach in dieser Schule unterbringen *mußten*.

Obwohl wir nicht wußten, wann genau die Schule eröffnen und ob Mike aufgenommen werden würde, planten wir unseren Umzug von New York nach New Jersey. Wir riefen Miss Taylor und Dr. Meyer an und äußerten unseren Wunsch, Mike bei ihnen unterzubringen; sie erzählten uns, was wir tun mußten, um den Aufnahmeprozeß in Gang zu setzen. Wir vermieteten unser Haus an meine Schwester und verbrachten die nächsten drei Monate damit, immer wieder nach New Jersey zu fahren, um ein Haus zu finden, das wir mieten konnten. Mike machte seine Aufnahmeprüfung und wurde genommen, und vier Monate, nachdem wir Bridget Taylor kennengelernt hatten, zogen wir nach New Jersey.

Noch vor unserem Umzug nach New Jersey mußten wir uns mit den Mitgliedern des Schulausschusses in unserem neuen Schulbezirk treffen. Sie waren, gelinde gesagt, sehr überrascht angesichts dieser Familie mit dem autistischen Kind, die aus einem anderen Staat gekommen war, um ihr Kind in einer Schule unterzubringen, die noch nicht einmal eröffnet war. Sie beabsichtigten Mike in einem jener Programme unterzubringen, die wir gerade aufgegeben hatten. Mein Mann und ich erklärten ihnen, daß Mike in den vorhergehenden Programmen für Behinderte keine Fortschritte gemacht hatte, daß er jedoch deutliche Fortschritte in unserem Heimprogramm erzielte. Wir hatten Mikes Programm und die Unterlagen mitgebracht, um unsere Aussagen zu untermauern. Keines der Ausschußmitglieder kannte Dr. Lovaas' dreißigjährige Forschungsarbeit mit autistischen Kindern näher, und so war es für sie schwer zu verstehen, warum wir glaubten, daß die ALG der einzig richtige Ort für Mike sein sollte. Auch wenn sie skeptisch waren, stimmten sie schließlich zu, Mike in der ALG unterzubringen, sobald diese Schule vom Staat genehmigt worden war.

All unsere Gebete wurden erhört. Die ALG öffnete im Juli 1989 ihre Pforten, und das war einer der glücklichsten Tage in unserem Leben. Zu den vier Kindern, die von Beginn an dabei waren, gehörte Mike. Dr. Meyer und Bridget Taylor arbeiteten hingebungsvoll daran, ihre Vorstellungen umzusetzen. Sie vergewisserten sich, daß die individuellen Bedürfnisse eines jeden Kindes gesichert waren, und die Eltern der anderen Kinder empfingen uns mit offenen Armen und versuchten, uns den Wechsel von einem Staat in einen anderen etwas zu erleichtern.

Wie sich Mike an seine neue Schule gewöhnte, gewöhnte sich meine Familie an das neue Heim. Ich fand eine neue Stelle im Krankenhaus, mein Mann arbeitete weiter auf Long Island und fuhr jeden Tag hin und her. Meine älteste Tochter gewöhnte sich an ihre neue Schule und versuchte, neue Freunde zu finden, und meine eineinhalbjährige Tochter wurde mit allem recht gut fertig. Wir vermißten zwar unser frisch renoviertes Haus auf Long Island, unsere Verwandten und Freunde, aber auch wenn wir das alles zurückgelassen hatten, wußten wir doch, daß dies unsere einzige Chance war, Mike die Möglichkeiten zu geben, die er brauchte. Mein Mann und ich sprachen zwar vorher ausführlich über den Umzug, aber ich glaube, es war uns nicht klar, wieviel Streß er tatsächlich mit sich bringen würde.

Vier Monate später passierten ein paar Dinge, mit denen wir nicht gerechnet hatten. Ich war zum viertenmal schwanger, und mein Mann verlor seine Stelle in der Firma, in der er fast zehn Jahre lang gearbeitet hatte. Wir waren beide wie betäubt und fragten uns, wie wir durchkommen sollten. Wir hatten all unsere Ersparnisse bei dem Umzug aufgebraucht, verfügten also über keinerlei finanzielle Reserven, um die nächsten Monate durchzustehen. Das folgende Jahr war ein finanzielles Desaster. Da ich ausgebildete Krankenschwester bin, fing ich an, ganztags zu arbeiten, während mein Mann soviel Geld wie möglich mit Jobs verdiente, die weit weniger einbrachten als seine vorherige Stellung. Wir arbeiteten zeitversetzt, damit immer einer von uns bei den Kindern sein konnte. Alles, was schiefgehen konnte, ging in diesem Jahr auch schief. Der Streß war kaum auszuhalten. Unsere Verwandten und unsere Freunde unterstützten uns aus der Ferne, aber wir fühlten uns dennoch sehr allein.

Auch wenn wir in jenem Jahr viel Pech hatten, so erlebten wir doch auch viel Freude. Ich bekam einen gesunden Sohn, und Mike machte zwar langsam, aber doch stetig Fortschritte. Ich glaube, Gott hat in jenem Jahr über uns gewacht. Wir fanden eine Menge neuer Freunde, die uns halfen, diese harte Zeit gut zu überstehen. Es gab Tage, da fragten wir uns, ob der Umzug die richtige Entscheidung gewesen war, aber jedesmal, wenn Mike auch nur einen kleinen Schritt weiterkam, wußten wir, daß wir richtig gehandelt hatten.

Seit unserem Umzug sind nun fast drei Jahre vergangen, und wir haben beschlossen, immer nur im Heute zu leben. Mein Mann und ich müssen noch immer viel arbeiten, um dem finanziellen Druck zu begegnen, aber langsam sieht alles wieder ein bißchen rosiger für uns aus. Vor allem für Mike. Als wir hierherzogen, hofften wir, daß Mike sich völlig vom Autismus erholen würde. Doch seine Defizite im rezeptiven und expressiven Sprachvermögen sind schwerwiegender als angenommen. Erst jetzt hat er angefangen, Gegenstände zu unterscheiden und zu benennen. Das war für Mike das bisher Schwierigste, und wir sind sehr stolz auf ihn. Er lernt lesen und schreiben, und er kann lange Zeit allein und unabhängig an verschiedenen Aufgaben arbeiten. Seine Fähigkeit zur Selbsthilfe hat sich deutlich verbessert, und er ist ein glückliches Kind und eine wirklich warmherzige Persönlichkeit. Die Lehrer in der ALG arbeiten ebenso wie mein Mann und ich sehr hart daran, Mike die Fähigkeiten beizubringen, die er braucht, um als Erwachsener unabhängig leben zu können. Ich weiß, daß Mike weiterhin Fortschritte machen wird, solange er auch in Zukunft verhaltenstherapeutisch behandelt wird. Mike muß nicht vom Autismus geheilt werden, um erfolgreich zu sein. Er ist schon ein Erfolg. Es bereitet meinem Mann und mir immer große Freude zu sehen, wie Mike wächst und lernt. Wir haben das Gefühl, den Sohn wieder gefunden zu haben, den wir verloren glaubten.

Auch wenn ich in der Welt des Autismus viel stilles Heldentum angetroffen habe, rührt mich Lucille Schoales' Geschichte immer wieder zu Tränen.

Wer trägt die Verantwortung?

Wer soll die Verantwortung für die Ausbildung des Kindes übernehmen?

Ich glaube an die Befähigung der Eltern. Die meisten Eltern, mit denen ich gesprochen habe, wissen um die enormen Herausforderungen, die auf sie zukommen. Wir alle brauchen die Unterstützung guter Therapeuten und guter Psychologen. Aber anstatt unsere Kinder völlig einem Programm oder einer Institution zu überantworten, anstatt vor Verzweiflung aufzugeben, wollen die meisten von uns doch eines: Daß man ihnen zeigt, was sie tun sollen, daß man sie befähigt, etwas tun zu können. In der Vergangenheit hat man uns entweder die Schuld am Zustand unserer Kinder gegeben oder uns den Kopf getätschelt und uns aufgefordert, alles den Fachleuten zu überlassen – von denen viele ihre Vorstellungen über eine Autismus-Therapie seit ihrer letzten Psychologiestunde vor fünfzehn, zwanzig oder noch mehr Jahren nicht mehr geändert haben. Wenn wir für unsere Kinder die beste und wirksamste Ausbildung fordern und verlangen, daß die Gemeinschaft der Ärzte auch *uns* unterweist, dann sind wir auf dem Weg zu einer weitreichenden und tiefgreifenden Veränderung in der Ausbildung der meisten autistischen Kinder in diesem Land. Die Mutter eines siebenjährigen autistischen Jungen namens Gregg schreibt über ihre Enttäuschung gegenüber einer – wie sie es empfindet – großväterlichen Einstellung, selbst bei gutinformierten Ärzten mit den besten Absichten. Ihr Brief an eine örtliche Gruppe richtet sich gegen die Annahme, daß alles, was Eltern brauchen, ein Ohr zum Zuhören, eine Schulter zum Ausweinen und Mitgefühl sind. Obwohl die Menschen, die die Gruppe leiteten, im Hinblick auf verhaltenstherapeutische Strategien recht versiert waren, schienen sie doch zu zögern, den Eltern »zuviel« Informationen aufzubürden:

»Liebe Mrs. Andrews,

seit mehr als zwei Jahren ist meine Familie jetzt Mitglied Ihrer Organisation, nachdem wir wieder in diesen Staat zurückgezogen sind. In dieser Zeit haben mein Mann und ich an Ihrem siebenwöchigen Workshop zum Elterntraining, an den vielen ›Workshops für fortgeschrittene Eltern‹ und an der Jahreskonferenz teilgenommen.

Vor ein paar Tagen nahm ich an Ihrem Eltern-Workshop mit dem Titel ›Das Lehren sozialer Fähigkeiten‹ teil, zusammen mit fünfzig anderen Eltern autistischer Kinder. An jenem Abend fiel mir erneut die Herablassung auf, die ich bei diesen Trainingssitzungen immer bemerke.

Es scheint unwichtig, wer den Workshop leitet oder um welches Thema es geht. Man verabreicht uns die Informationen löffelweise, und anschließend rät man uns, gar nicht erst zu versuchen, unseren Kindern zuviel beizubringen. So warnte der Vortragende an diesem Abend mehr als einmal: ›Versuchen Sie nicht, zuviel auf einmal durchzusetzen.‹ Ich kann Ihnen versichern, daß wir Eltern derartige Bemerkungen nicht gerne hören. Bei den Workshops zur ›Entwicklung sozialer Fähigkeiten‹ wurden wir auch angewiesen, mit den Schulen zu sprechen, sobald das Thema der Anwendung gewisser Programme angeschnitten wurde. Mit anderen Worten, überlassen Sie nur alles den Profis. Eine Mutter fragte: ›Es gibt so viele soziale Fähigkeiten, die mein Sohn lernen muß. Womit soll ich anfangen?‹ Der Leiter erwiderte: ›Lassen Sie sich Zeit. Versuchen Sie es mit einer Fähigkeit, wann immer Sie können – auch wenn es nur einmal pro Woche ist. Sie wollen sich doch nicht überfordern.‹

Mrs. Andrews, diese Eltern sind bereits alle überfordert. Deshalb haben sie einen Abend geopfert, um zu lernen, wie sie das Leben ihrer Kinder und ihrer Familie ändern können. Diese Eltern wollen sich nicht nur einsetzen, sondern daheim auch anwenden, was sie gelernt haben. [. . .]

Ihre Workshops werden von einem engagierten und bereitwilligen Publikum besucht. Diese Leute wollen die Art und Weise ändern, wie Eltern von den sogenannten Experten aus dem Erziehungsprozeß ausgeschlossen wurden. Sie verstehen, welche Bedeutung sie selbst für die Entwicklung ihrer Kinder haben können. Sie sind sich außerdem schmerzlich bewußt, wie wichtig der Faktor Zeit für viele therapeutische Behandlungen ist. Das Unterrichten ihrer Kinder ist immer auch ein Wettlauf mit der Zeit, der Versuch, aufzuholen. Diese Zeit wird vergeudet, wenn man sie auffordert, zurückzutreten und sich nicht einzumischen.

Mrs. Andrews, ich möchte Sie bitten, Ihre Unterrichtssitzungen dazu zu nutzen, den Eltern die nötigen Fähigkeiten mitzugeben, um bei ihren Kindern wirkliche Veränderungen zu bewirken. Es heißt, ›ein wenig Ermutigung bringt einen sehr weit‹. [. . .]

Ich glaube, daß wir unseren autistischen Kindern am besten dadurch helfen können, wenn wir viel fordern, gut ausgebildet sind, konkrete Informationen erhalten und wenn sowohl in der Schule wie zu Hause hart mit ihnen gearbeitet wird. Meine Erfahrungen mit meinem Sohn haben mich in dieser Überzeugung immer wieder bestärkt.

Ich erkenne Ihre guten Absichten an und danke Ihnen, daß Sie sich so für uns alle einsetzen. Aber bitte haben Sie Verständnis dafür, daß der Erfolg auch davon abhängt, ob und wie wir als Eltern jede erdenkliche Möglichkeit nutzen können. [. . .]

Vielleicht liegt ein Schlüssel zur Heilung unserer Kinder vom Autismus darin, wie früh und wie schnell Eltern auf die Behinderung mit einem gut geplanten und gut ausgeführten Heim-Schul-Programm reagieren können. Ich hoffe, daß Ihre Organisation künftig diese Herausforderung annimmt, daß man dort den Eltern sagt, wie wichtig sie bei der Erziehung und Ausbildung ihrer Kinder sind. Unsere Kinder verdienen das, und wir Eltern von heute werden uns nicht mit weniger zufriedengeben.«

Kürzlich äußerte ein Psychologe gegenüber einer Freundin von mir den dringenden Wunsch, daß »Eltern doch nicht dreißig oder vierzig Stunden Therapie pro Woche« verlangen sollten. Warum nicht? wurde er gefragt. Wie können sie das bezahlen? überlegte er. »Ich möchte nicht, daß Eltern gezwungen sind, eine zweite Hypothek auf ihr Haus aufzunehmen!«

Ich habe lange über diesen Kommentar nachgedacht. Es stimmt, daß Geld für viele Eltern autistischer Kinder ein sehr wichtiger Punkt ist. Trotzdem möchte ich diesem Psychologen bei allem Respekt erklären, daß er weder das Recht noch die Verantwortung hat, den Eltern diese Entscheidung abzunehmen. Ich möchte ihn bitten, nur über eine einzige Frage nachzudenken, wenn er die Eltern so vehement vor dem Wissen »schützt«, das da draußen auf sie wartet: Würde er von jemand anderem auf diese Weise geschützt werden wollen, wenn es sich um sein eigenes Kind handelte?

All diese Geschichten und Kommentare von Eltern spiegeln die Schwierigkeiten wider, denen sie sich häufig gegenübersehen, wenn sie für ihre autistischen Kinder eine geeignete Therapie suchen. Es erfordert Organisationstalent, Hingabe, Mut, Zeit und Geld. Und immer wieder muß deutlich gemacht werden, daß die Verhaltenstherapie, so wirksam sie ist, kein Allheilmittel, keine Wunderkur darstellt.

Dennoch ist sie immer noch besser als die Hoffnungslosigkeit oder die unzähligen Versprechungen, die bis vor wenigen Jahren vorherrschten. Ob das Ergebnis nun die völlige Gesundung ist oder aber ein langsamer und stetiger Fortschritt: Wenn sie so früh wie möglich begonnen wird, bietet eine intensive Verhaltenstherapie den Eltern heute die Möglichkeit, den Autismus zu bekämpfen und ihre Kinder zu unterrichten. Wir sollten deshalb daran arbeiten, diesen Dienst allen autistischen Kindern zu erweisen, ungeachtet ihres Alters und der Schwere ihrer Erkrankung, und allen Familien, ungeachtet ihres Einkommens.

Nachwort von O. Ivar Lovaas

Die Lektüre von Catherine Maurice’ Buch hat mir wieder nachhaltig bewußt werden lassen, daß nur betroffene Eltern den Schmerz und die Verzweiflung, die das Leben mit einem Kind mit sich bringt, das völlig abgeschieden in einer anderen Welt zu leben scheint, richtig beschreiben können. Diese Eltern nehmen ein Kind wahr, das sich endlos lange in grotesken Körperbewegungen verliert, das nicht mit Spielzeug oder anderen Kindern spielt und keine sinnvolle Sprache entwickelt. Tage, Wochen und Jahre vergehen, und sie sehen zu, wie ihre Kinder allmählich verfallen, wie sie immer weiter zurückbleiben. Wenn sie schließlich nach Hilfe für ihre Kinder suchen, erhalten sie widersprüchliche Ratschläge. Manche Berater halten die elterliche Sorge für unbegründet (»Das vergeht schon wieder«). Andere erklären, erfüllt vom Bewußtsein ihrer Autorität, daß das Kind an einer tiefgreifenden Störung leide, die nicht zu beheben sei. Wieder andere behaupten frech, über ein Programm zu verfügen, das helfen würde, können aber ihre Behauptung nicht belegen. Viele geben den Eltern die Schuld am Zustand ihres Kindes. Catherine Maurice beschreibt so eindrucksvoll, wie ich es nie zuvor gelesen habe, die Entwicklung autistischer Kinder und die Probleme, denen man gegenübersteht, wenn man nach einer Behandlungsmethode sucht. Studenten und Fachleute mit abgeschlossener Ausbildung werden die Probleme, die diese Kinder mit sich bringen, und den Streß, unter dem ihre Eltern leiden, besser verstehen, wenn sie dieses Buch lesen. Und dieses Verständnis wird sie befähigen, wirksamere Hilfe anzubieten.

In diesem Buch wird nicht nur vom Leben mit autistischen Kindern und ihrer Erziehung und Ausbildung erzählt, es zeigt auch, wie wichtig es ist, daß man Behandlungsmethoden auswählt, die von wissenschaftlichen Daten gestützt werden. Es ist für die klinische Pathologie, die Psychiatrie und die Sonderpädagogik peinlich, daß Eltern erst darauf bestehen mußten, daß die Fachleute Beweise für das Funktionieren ihrer Behandlungsmethode liefern. Bernard Rimland, der Autor von *Infantile Autism* und selbst Vater eines autistischen Kindes, legte Beweise vor, mit deren Hilfe dem Mißbrauch von Behandlungsweisen, die aus der Psychoanalyse abgeleitet wurden und großen Schaden bei den Betroffenen anrichteten, Einhalt geboten wurde. Catherine Maurice geht auch auf neuere, ebenso schädliche Praktiken ein. Hier werden Methoden vertreten, für deren Erfolg es keine Beweise gibt, und häufig werden den Eltern enorme Summen für diese »Dienste« in Rechnung gestellt. Seitens der Eltern gehört viel Mut dazu, dieser Praxis entgegenzutreten und etwas Besseres zu verlangen. Wenn erst einmal Druck auf die Ärzte ausgeübt wird, damit sie die Wirksamkeit ihrer Methode durch nachprüfbare Daten beweisen, dann ist der Grundstock zu echtem Fortschritt gelegt. Die Wissenschaft wird wirksame Methoden zur Behandlung des Autismus hervorbringen, und die Eltern können dann wählen.

Die Verhaltenstherapie wird in diesem Buch in einem sehr positiven Licht dargestellt, und so ist es nur angebracht, ein Urteil über diese Behandlung abzugeben. Sie basiert auf Untersuchungen des angeborenen und erlernten Verhaltens von Tieren und Menschen. Ihren Ursprung nahm sie in den Arbeiten von Darwin und Pawlow im neunzehnten und frühen zwanzigsten Jahrhundert. Umfangreiche Forschungen folgten, Lernmuster wurden entdeckt. Vor etwa dreißig Jahren fingen

Wissenschaftler an, mit Hilfe dieser Muster autistische und andere entwicklungsgestörte Menschen verhaltenstherapeutisch zu behandeln. In relativ kurzer Zeit ist die Verhaltenstherapie zur meistgewählten Behandlungsmethode für diesen Personenkreis geworden.

Die Auswirkungen einer derartigen Behandlung können wie folgt zusammengefaßt werden: Positiv daran ist, daß alle Patienten scheinbar gewisse Verhaltensweisen erlernen, einschließlich so komplexer Dinge wie Nachahmung und Sprache. Unerwünschtes Verhalten, wie Selbstverletzung, kann zurückgeführt oder behoben werden. Einige Kinder haben auf diese Behandlung sehr gut angesprochen, so wie die Maurice-Kinder, und haben derartige Fortschritte gemacht, daß sie heute als »normal« bezeichnet werden können. Ihr kognitives, sprachliches und soziales Verhalten weist keine Anzeichen eines autistischen Zustands mehr auf. Unseren Unterlagen zufolge entwickelten siebenundvierzig Prozent der autistischen Kinder, die wir behandelten, ehe sie dreieinhalb Jahre alt waren, normale intellektuelle Fähigkeiten und schlossen die erste Klasse in einer normalen Schule im Alter von sieben Jahren ab (O. Ivar Lovaas, »Behavioral Treatment and Normal Educational and Intellectual Functioning in Young Autistic Children«, *Journal of Consulting and Clinical Psychology 55*, 1987, S. 3-9). Neuere Daten, die bei Nachuntersuchungen erhoben wurden, als die behandelten Kinder durchschnittlich dreizehn Jahre alt waren, zeigen, daß die Behandlungserfolge aufrechterhalten wurden und daß ihre kognitiven, emotionalen und sozialen Verhaltensweisen noch immer normal scheinen (John McEachin, Tristram Smith und O. Ivar Lovaas: »Outcome in Adolescence of Autistic Children Receiving Early Intensive Behavioral Treatment«, *American Journal of Mental Retardation.*

Als Problem hat sich erwiesen, daß einige Kinder viel langsamer lernen als andere. Viele Patienten können, auch wenn sie schon seit dem frühen Kindesalter behandelt wurden, nicht erfolgreich in die Gemeinschaft gesunder Gleichaltriger integriert werden und erleiden einen Rückfall, sobald die Behandlung eingestellt wird – auch wenn sich manche Fortschritte wieder zeigen, sobald die Behandlung erneut aufgenommen wird. Die schwierigsten Fragen in bezug auf die Behandlung des Autismus sind also noch ungelöst.

Dazu kommt noch, daß es so wenige gut ausgebildete Therapeuten gibt. Im Idealfall sollte ein Therapeut Kurse über die Grundlagenforschung der Lerntheorie ebenso absolviert wie sechs bis zwölf Monate als Praktikant in der Einzeltherapie gearbeitet haben. Nach der Ausbildung muß ein tüchtiger Therapeut immer auf dem laufenden bleiben, denn die Programme werden ständig weiterentwickelt und verbessert. Es gibt zwar Eltern und Freiwillige, denen es gelungen ist, wirklich gute Therapeuten für ein autistisches Kind zu werden, aber die dazu nötigen Anstrengungen sind erheblich. Die Erfahrung zeigt, daß dringend mehr Schulungsprogramme gebraucht werden, die sowohl theoretische als auch praktische Hilfe auf diesem Gebiet leisten – Schulungen, die die rigorosen und einheitlichen Anforderungen erfüllen. Ebenso sollten sich die Eltern derartige Therapeuten leisten können, wenn sie sie denn finden. Im Augenblick kämpfen die meisten Eltern noch um finanzielle Unterstützung für die Behandlung ihres Kindes.

Auch wenn noch ein langer und steiniger Weg vor uns liegt, können wir doch aus Catherine Maurice' Geschichte Hoffnung und Trost schöpfen. Wenngleich *Ich würde euch so gern verstehen* die Unzulänglichkeiten und Probleme der Verhaltenstherapie durchaus benennt, legt dieses Buch doch auch Zeugnis ab über den Fortschritt, den manche Kinder schließlich machen, wenn sie den Autismus besiegen.

In diesem Buch erzählt eine Mutter die Geschichte ihres Sohnes: ein in einer heilen Familie aufgewachsenes Kind, dem es weder an Liebe noch an Zuwendung fehlte. Um so unbegreiflicher ist für die Mutter daher die Entwicklung, die ihr Sohn nimmt.
Aus harmlosen Kinderstreichen werden kleine Delikte wie Schwarzfahren und Zechprellerei. Michael bricht die Schule und seine Bäckerlehre ab, desertiert von der Bundeswehr, verbüßt mehrere Haftstrafen und macht Erfahrungen mit Drogen. Niemals übernimmt er die Verantwortung für seine Taten, oft schafft er es, sich mit raffinierten Lügengeschichten aus der Affäre zu ziehen.
Das Leben mit ihrem Sohn ist für die Eltern oft genug ein Tanz am Rande des Abgrunds. Trotzdem wird seine Mutter nie aufhören, ihn zu lieben, auch wenn sie sich manchmal fragen muß: Ist das mein Kind?

ISBN 3-404-25596-8

BASTEI LÜBBE

Isabell ist gerade 15 Jahre alt, als sie die grausame Diagnose erfährt, die für sie das Todesurteil bedeutet: Krebs. Ihr Leben ändert sich radikal und der Wettlauf mit dem Schicksal beginnt. Mit beispielloser Energie, mit Mut, Kraft und Liebe kämpfen ihre Familie und Freunde um ihr Leben.
Durch die Krankheit reift Isabell zu einer außergewöhnlichen Persönlichkeit heran, wächst über sich hinaus und hat trotz des Leids, das sie immer wieder erfahren muß, nicht zuletzt durch ihren Glauben genug Kraft, ihr Leben positiv zu sehen, und die Hoffnung, daß sie diese schwere Prüfung überstehen wird.

Mit zahlreichen Abbildungen

Ergänzte und erweitere Ausgabe

ISBN 3-404-25595-X

BASTEI LÜBBE